Modelos de Negócio e Comunicação Social

LEGACY MEDIA, NOVOS *MEDIA*, "TELCOS"
E *START-UPS* JORNALÍSTICAS

Organizadores:

Gustavo Cardoso
Professor Catedrático ISCTE-IUL

Carlos Magno
Presidente da Entidade Reguladora para a Comunicação Social ERC

Tânia de Morais Soares
Diretora do Departamento de Análise de *Media* da ERC

Miguel Crespo
Diretor Executivo Pós-Graduação em Jornalismo do ISCTE-IUL

MODELOS DE NEGÓCIO E COMUNICAÇÃO SOCIAL
Legacy Media, Novos *Media*, "Telcos" e *Start-ups* Jornalísticas
Estudo da Entidade Reguladora para a Comunicação Social
ORGANIZADORES
Gustavo Cardoso, Carlos Magno
Tânia de Morais Soares, Miguel Crespo
EDITOR
EDIÇÕES ALMEDINA, S.A.
Rua Fernandes Tomás, n.ᵒˢ 76-80
3000-167 Coimbra
Tel.: 239 851 904 · Fax: 239 851 901
www.almedina.net · editora@almedina.net
DESIGN DE CAPA
FBA.
PRÉ-IMPRESSÃO
EDIÇÕES ALMEDINA, S.A.
IMPRESSÃO E ACABAMENTO
PENTAEDRO, LDA.
Junho, 2016
DEPÓSITO LEGAL
411560/16

Os dados e as opiniões inseridos na presente publicação são da exclusiva responsabilidade do(s) seu(s) autor(es).
Toda a reprodução desta obra, por fotocópia ou outro qualquer processo, sem prévia autorização escrita do Editor, é ilícita e passível de procedimento judicial contra o infractor.

BIBLIOTECA NACIONAL DE PORTUGAL – CATALOGAÇÃO NA PUBLICAÇÃO
MODELOS DE NEGÓCIO E COMUNICAÇÃO SOCIAL:
Legacy Media, Novos *Media*, "Telcos" e *Start-ups* Jornalísticas
Orgs.: Gustavo Cardoso... [et al.]
ISBN 978-972-40-6600-4
I – CARDOSO, Gustavo, 1969-
CDU 316

CARTOGRAFIA DIGITAL

O Professor Félix Ribeiro diz que Portugal está no "túnel do vento". A frase de um dos nossos mais estimulantes construtores de cenários permite-nos olhar para a Indústria dos *Media* numa perspetiva global.

Sendo uma indústria da Economia Criativa, os Media portugueses sofrem a dupla pressão da fragmentação de públicos e da transição para o digital.

Talvez o velho mundo analógico da nossa produção mediática nunca tenha assumido estrategicamente a sua condição de *cluster*, mas, agora que a mudança é inevitável, chegou a altura de pensar redes e conteúdos numa lógica de produção e distribuição para a geografia de uma língua que continua a crescer...

Passámos da Utopia à Distopia na nossa relação presente com o Futuro, mas a passagem do analógico ao digital não é uma metamorfose de Kafka. É a metamorfose das estruturas. Das tecnologias que transportam consigo novas ideologias. E da relação do real com o virtual. A efervescência digital como sucedâneo da bolha mediática do passado, que produziu ricos e poder politico-mediático, também produz ressacas virais. E angústias reais. Pese embora a dimensão humana dos profissionais do sector a metamorfose é sobretudo dos sistemas (de produção e distribuição), da natureza digital da tecnologia e do tempo que entrou em vertigem. Fundindo-se com o espaço. Ou vice-versa. O tempo e o espaço para realizar mudanças são, por isso, a mesma realidade. Feita urgência e pressão.

Estamos no "túnel do vento" de que falava Félix Ribeiro no seu livro «Portugal, a Economia de uma Nação Rebelde» mas também estamos no túnel do tempo sem grande espaço para gerir o presente. E o futuro hoje, como diria Edgar Morin, já não é o que era dantes.

Quiseram os deuses do destino que o trabalho de campo deste estudo fosse feito num tempo de vésperas. Estávamos na véspera da queda do BES e da vertigem que atingiu um sector tão exposto ao impacto financeiro do grupo que mais influência tinha no mercado mediático português. Por isso é um livro datado. Mas não desastrado. Regista o desejo não materializado. As entrevistas com Zeinal Bava e Henrique Granadeiro devem mesmo ter sido as últimas em que os então líderes da PT/Oi falaram de um projeto luso-brasileiro cujo falhanço teve um impacto estrutural em todo o sistema mediático deste lado do Atlântico. Vale a pena, por isso, revisitar os projectos desse tempo em que o Grupo Espírito Santo não tinha ainda caído no vazio da *Rio Forte*.

Para avivar um pouco a memória desse tempo em que entrevistámos a diversificada lista de personalidades do sector, bastará dizer que o anúncio do encontro da Dona Inércia com Cristiano Ronaldo dominava então todos os ecrãs. A actriz Rita Blanco entrava no Banco Espírito Santo «sem fazer o mínimo esforço» e encontrava o futebolista «de rendimento máximo garantido». Era o grande momento de Cristiano e da D. Inércia, que juntavam o «útil ao rentável»

E, chegados ao mar, registe-se aqui uma outra particularidade deste estudo, ao qual o Professor Gustavo Cardoso sempre teve intenção de aplicar velhas técnicas das artes de marear. A ideia de fazer mapas para navegar no digital parece simples. O segredo está na navegação de cabotagem com terra à vista, rotas, estrelas e marés bem estudadas.

Quem leu a "Nova do Achamento" que Pero Vaz de Caminha escreveu para o Rei D. Manuel, ainda hoje se emociona com a simplicidade da descoberta. Este estudo não é, naturalmente, a "Nova do Achamento" para o Mundo Digital. É um simples Portulano como diz Gustavo Cardoso na sua linguagem náutica. Os cartógrafos sempre foram homens de ciências várias e segredos guardados, por vezes, à vista de todos. Apetece citar António Machado para dizer, «Marinheiro não há rota, faz-se o caminho marítimo navegando!»

Este desafio empresarial, como foi a empresa dos descobrimentos, pode levar-nos a Porto Seguro mas não é provável que os negócios da PT no Brasil descubram a Índia no Panamá ou nos levem a um novo tratado das Tordesilhas.

O Mundo pós-Babel que se abre aos *media* portugueses está na partilha da globalização. E na reserva de uma zona digital exclusiva que os mapas aqui desenhados já apontam. E é pelo domínio dessas rotas que poderemos ganhar espaço no sexto continente. Porque só nessa realidade virtual poderemos passar da velha Idade dos *Media* analógicos e pensar o Futuro. Como Renascimento Digital.

CARLOS MAGNO

INTRODUÇÃO

Este não é um estudo "chave na mão" que solucione os problemas do sector da comunicação social portuguesa, do sector em outros países ou à escala global.

É "apenas" um contributo para a identificação de tendências e de metodologias para reduzir a incerteza na gestão de empresas e redações, procurando oferecer aquilo que, mais à frente, definimos enquanto uma "tecnologia de racionalidade".

Um trabalho híbrido quanto à sua forma e conteúdos. Híbrido entre a dimensão de investigação universitária e a vertente de regulação da comunicação social, e que não esconde o objetivo, por entender ser na construção dessas pontes que pode produzir mais-valias para o sector da comunicação social em Portugal.

Este estudo foi produzido tendo por base dados primários e secundários, obtidos através de inquéritos, consulta de bases de dados, análise de relatórios e de um conjunto de entrevistas concedidas à Entidade Reguladora para a Comunicação Social, realizadas durante o ano de 2014, por personalidades que têm atuado em diferentes dimensões do mundo da comunicação social portuguesa como: Afonso Camões, Alberto da Ponte, António Granado, Bessa Tavares, Fátima Barros, Helena Garrido, Henrique Granadeiro, João Couto, João Marcelino, José Alberto de Carvalho, José Manuel Portugal, Luís Cunha Velho, Mário Vaz, Miguel Almeida, Octávio Ribeiro, Paulo Azevedo, Paulo Fernandes, Pedro Esteves, Pedro Norton, Pedro Santos Guerreiro, Pinto Balsemão, Proença de Carvalho, Rosa Cullell e Zeinal Bava.

Resulta de uma iniciativa da Entidade Reguladora para a Comunicação Social e foi concretizado no quadro do CIES-IUL, em torno de três objetivos essenciais:

1. Realizar diagnósticos da situação da comunicação social portuguesa no atual contexto económico e social;
2. Traçar cenários prospetivos de evolução do sector a partir do papel desempenhado por quatro tipos de *stakeholders*:
   a. Empresas de comunicação social já existentes em Portugal (*Legacy Media*);
   b. Empresas de telecomunicações híbridas ("Telcos") que fazem na atualidade parte do *cluster* da comunicação social, através da distribuição ou financiamento de projetos de comunicação social (embora existam algumas que também produzem conteúdos diretamente);
   c. Empresas de Novos *Media*, que atuam à escala global mas formatam as tendências nacionais (Google, Facebook, etc.);
   d. Empresas que se assumem como *start-ups* de empreendedorismo jornalístico (sendo independentes ou detidas parcialmente por *Legacy Media*, "Telcos" ou Novos *Media*).
3. Identificar áreas de transformação da prática jornalística, da lógica organizacional, das estratégias de monetização e dos modelos de negócio da comunicação social portuguesa.

A nossa expectativa é que a leitura deste estudo – e a utilização das suas grelhas de cenário, listagem de opções e sugestões de atuação – contribua para ajudar as empresas de comunicação social e os seus jornalistas a desempenhar as suas funções sociais e económicas de forma integrada.

As funções económicas do jornalismo são movidas pelo lucro e as funções sociais do jornalismo por atingir dados objetivos sociais; e ambas devem ser definidas dentro das organizações e não por quem as estuda e analisa. Por estes motivos, este é um relatório que não pretende produzir uma lógica normativa sobre as opções mais ou menos corretas para cada *stakeholder*.

Essas funções sociais e económicas podem ser desempenhadas de forma mais ou menos articulada entre si. E essa articulação depende das opções de modelos de negócio decididos por cada empresa.

As opções disponíveis dependem, em conjunto, das possibilidades oferecidas pelas orientações editoriais, pelas opções de gestão disponíveis e do que os quadros regulatórios definirem que é hoje possível – e do que será possível futuramente –, em conjunto com o "inesperado" produzido pela ação humana.

O que procurámos oferecer aos nossos leitores é uma cenarização das opções que aparentam configurar-se em função da incerteza atual e dos sinais fracos que se vão organizando em tendências identificáveis.

Esperamos que este trabalho seja tão útil à prática profissional de gestão e produção jornalística quanto aquilo que acreditamos que representa para o conhecimento científico sobre as "Telcos", *Legacy Media*, Novos *Media* e *Start-ups* Jornalísticas em Portugal.

OS ORGANIZADORES

1. Modelos de Negócio e Comunicação Social

GUSTAVO CARDOSO, SANDRO MENDONÇA,
TIAGO LIMA QUINTANILHA, MIGUEL PAISANA, JOSÉ MORENO

1.1. Fluxos de mudança, Modelos de Negócio e Comunicação Social
Ao lançar um olhar sobre o quadro global dos *media*, num contexto de crise económica e financeira, como o que vivemos desde 2008, verifica-se a existência de diversos fluxos de mudança, mas que são, maioritariamente, contraditórios entre si.

Por um lado, o uso da Internet atesta uma disseminação aceleradíssima de uma tecnologia por via da generalização de um modelo de negócio das "Telcos" assente em pacotes *triple, quadruple* ou *quintuple play*. Por outro lado, as vendas de jornais em papel não param de cair e as compras de bens digitais avulso, sejam jornais, filmes, música ou aplicações, não crescem tanto quanto seria desejável para as empresas ou indivíduos que os produzem.

Ao mesmo tempo que se discute, há décadas, a viabilidade da televisão e rádio públicas, ponderam-se novos modelos de negócio para a televisão comercial que sejam capazes de substituir soluções vigentes nas últimas décadas.

São evidentes, também, as quebras generalizadas de receitas da publicidade em formatos que antes eram resistentes às conjunturas, e verifica-se que o valor económico *per capita* associado à publicidade digital na Internet é ainda, em muito, inferior ao da publicidade associada aos *Legacy Media*.

As empresas de comunicação social (e respetivos reguladores da atividade) gerem a incerteza face a uma sociedade em passo acelerado de mudança convulsiva.

Pelas mesmas razões não se consegue delinear um modelo de negócio estável e único que permita *benchmarking* dentro do sector da comunicação social. Algo que resulta, em grande medida, da segurança oferecida por continuar a depender de um modelo económico que se conhece, mas com prazo de validade incerto.

Comum a estes vários fenómenos é o facto de todos eles se estarem a disseminar à escala do Globo. Por exemplo, assiste-se a despedimentos em massa de jornalistas no Brasil, Reino Unido, Espanha, Austrália ou Estados Unidos da América, tal como em Portugal.

Como contraponto simultâneo, há também a procura de jornalistas para projetos inovadores em todos os continentes.

Por sua vez, muitos profissionais da comunicação social sentem o momento de crise pelas condições concretas em que passaram a trabalhar: exigindo-se-lhes mais e retribuindo-se-lhes menos.

Com o emagrecimento das redações, é a qualidade do trabalho que fica em risco; com menos repórteres é inevitável que haja menos matéria pesquisada, menos ângulos de apresentação da informação, menos factos confirmados, menos histórias inspiradoras para se contar. Ou, pelo menos, é esta a tendência verificada se a gestão das empresas continuar a optar por tentar passar velhas práticas do analógico para o digital.

A dúvida, a que nem a gestão nem a redação conseguem hoje responder, é se essas mudanças não contribuirão ainda mais para uma erosão da relação com o público.

Hoje, mais do que nunca, receia-se pela qualidade do jornalismo praticado num ambiente marcado por indefinições e pela incapacidade de resposta de modelos vigentes no passado recente. Ou seja, embora não se verbalize, em última instância teme-se pela sobrevivência da profissão de jornalista.

Determinarão essas evoluções e tendências a morte do jornalismo enquanto pilar da democracia e também como atividade económica geradora de emprego e lucros?

Em 2012, Chris W. Anderson, Emily Bell e Clay Shirky, investigadores do Tow Center for Digital Journalism da Universidade de Columbia, publicavam um manifesto, "Post Industrial Journalism: Adapting to the Present" e nele advertiam para o facto de a indústria das notícias, tal como dela continuamos a falar e a idealizar, já não existir.

Na visão desses autores, não há nada que se possa reparar ou reconstruir, dado que a indústria das notícias, tal como foi concebida no passado, já nem sequer existe. Resta apenas a aceitação geral de que a mudança está em curso.

Daí o alerta deixado: o futuro dos *media* já se vive no presente, e isso exige que os *players* e *stakeholders* se adaptem às novas realidades (e rapidamente).

O "saber ser" digital já atingiu um nível *mainstream*, determinando a sua presença a vários níveis. No entanto, há uma enorme diferença entre ser-se digital e produzir jornalismo para uma *sociedade digital de massas* e produzir jornalismo em rede para uma Sociedade em Rede.

Em suma, os *media* evidenciam hoje um cariz ubíquo, o qual, no atual contexto de evolução eletrónica, só é possível através de uma ligação permanente via Internet.

Onde estamos então nessa cronologia da evolução da comunicação social? Estamos num ponto onde falta "somente" a definição de um modelo económico consentâneo que possa suportar o novo ambiente social de produção e consumos mediáticos.

A situação atrás descrita justifica este estudo para mapear tendências previstas quanto à evolução dos *media*, para refletir em torno de dados efetivos sobre o atual estado da comunicação social em Portugal, para além da ponderação com maior conhecimento de causa de quais os riscos empresariais em jogo.

Através deste projeto pretende-se apontar caminhos para a análise económica dos *media* em Portugal, perspetivando as práticas que se venham a identificar na paisagem mais ampla das tendências globais, tanto no que tenham de comum como de singular.

A realização desta análise num país como Portugal é ainda mais urgente do que noutros contextos. O Portugal de hoje configura uma sociedade em transição, misturando traços prospetivos com outros nunca ultrapassados, encerrando em si contradições entre um modelo industrial do passado e um modelo informacional de desenvolvimento económico do início do século XXI.

Este relatório assenta, assim, numa hipótese inicial de trabalho: a de que as formas de comunicar contemporâneas desempenham um papel de base para a construção de projetos económicos, capazes de reformar e impulsionar mudanças profundas no tecido social dos dias de hoje, tanto no domínio social como económico.

Embora a Internet surja como ponto de partida nesta construção, é a adoção de uma "comunicação em rede" que importa considerar, pelo seu poder de capacitar a agência de indivíduos e organizações na construção de projetos individuais e coletivos.

Daí que a Comunicação em Rede, no âmbito deste trabalho, represente a base analítica para o estudo da transição da sociedade portuguesa nas suas diferentes formas de transformação económica no sector da comunicação social.

1.2. A força estratégica dos *Weak Signals*

Todos os estudos que pretendam mapear o futuro, ou seja, fazer prospetiva e construir cenários, têm de assumir uma metodologia, uma forma de mapear, que lhes permita fazer mais do que uma simples análise informada.

A informação acerca do futuro é um recurso-chave para criar trajetórias estratégicas robustas para empresas, regiões, nações e grupos de países.

A prospetiva é uma tecnologia social que permite aos atores (*stakeholders*) mobilizarem recursos em torno de visões de longo prazo.

No campo da prospetiva, o pormenor é tão precioso quanto a tendência por todos referida. Assume-se que as grandes mudanças são sempre anunciadas por pequenos eventos que assumem o papel de indicações de alerta prévio.

Neste trabalho, a atenção centrou-se na busca e análise de *Weak Signals* (Sinais Fracos) no quadro da comunicação social. Iniciou-se essa procura a nível global e depois aproximando-se da realidade portuguesa, para poder mapear os cenários em formação no desenho dos modelos de negócio futuros.

Mas o que é um *Weak Signal*? Um sinal fraco consiste em sintomas imprecisos e fora de tempo que indiciam, de forma latente, futuros problemas ou futuras soluções.

Tal como os fenómenos de mudança são diversos, também os sinais o são. A análise aqui proposta baseia-se no trabalho de Mendonça, Cardoso e Caraça (2011) que identifica um tipo ideal de sinais fracos (representados no quadro 1). Os fenómenos de mudança devem ser identificados a partir de um ideal-tipo distribuído em duas dimensões.

A primeira dimensão depende da natureza da mudança, distinguindo-se entre (i) um único evento ou conjunto de eventos discretos e os (ii) fluxos de mudança. A mudança pode também ser caracterizada em termos da intensidade dos dados.

FIGURA 1. Tipos de Fenómenos de Mudança

	DISCRETO	CONTÍNUO
Subtis	Eco no radar	Lume brando
Invisíveis	Vindo do nada	Chama invisível

No entanto, devemos também considerar o caso especial de fenómenos de mudança nos quais não existe sinal prévio, ou seja, em que o fenómeno é discreto, silencioso, invisível. Em que simplesmente não há sinais fracos prévios.

Se essa invisibilidade se traduz numa materialização instantânea, então o fenómeno de mudança deve ser pensado enquanto representando um facto que atinge o sistema como um evento único "vindo do nada", uma "*wild card*". Por sua vez, se a mudança é invisível, gradual e persistente, então transformará o sistema a partir de uma lógica de "chama invisível". Pelo contrário, se o fenómeno emite "vibrações subtis", então esse é o campo no qual a metodologia dos sinais fracos nos é útil.

Esses fenómenos de mudança geram "ecos no radar" que podem ser, em princípio, identificados ou percebidos enquanto um aumentar constante da temperatura ("síndroma do sapo em lume brando"), o que direcionará uma mudança incremental.

Os *Weak Signals* são designados como "fracos", não pela sua falta de importância mas porque são facilmente ofuscados por outros fatores, como o "ruído", ou seja, a enorme massa de factos espúrios e irrelevantes que apontam em direções inconsistentes.

Em última análise, um sinal fraco é uma inferência criativa a partir de um pedaço de dados, a partir do qual se assume a existência de uma qualquer ligação, uma potencial relação com sentido entre ideias emergentes.

Os decisores vivem no presente e, portanto, necessitam de tomar melhores decisões no seu quotidiano. Esta constatação é verdadeira para todos os sectores e em particular para o da comunicação social, pelo que ferramentas que melhorem a qualidade da decisão constituem um ativo de valor elevado para as organizações.

Figura 2. A metodologia dos *Weak Signals*

O que aqui é apresentado não é uma solução tecnológica para a tomada de decisões, mas sim uma "tecnologia de racionalidade", ou seja, um conjunto integrado de modelos conceptuais, procedimentos analíticos e técnicas conversacionais que podem ajudar empresas e organizações na compreensão do ambiente onde atuam.

Neste relatório iremos referir-nos ao conceito de *Weak Signals* como informação prematura e imperfeita (dados não estruturados e não processados), normalmente ofuscados por fatores indutores de leituras confusas, os quais indicam o surgimento de choques discretos ou o desenvolvimento de potentes tendências.

Por definição, o conhecimento sobre o futuro é limitado. O desafio deste relatório (assim como o de todos aqueles que decidem usar esta metodologia de *Weak Signals*) advém do facto de as fontes, natureza e consequências dos sinais fracos desafiarem os modelos cognitivos dominantes – ou se preferirmos, a "forma de pensar" partilhada pela maioria dos *stakeholders* num determinado momento, sejam eles, neste caso, jornalistas, gestores, financiadores ou acionistas.

O que se apresenta de seguida é uma lista, não exaustiva, que permite distinguir evidências de mudança de outros fatores, e que constituiu um ponto de partida para a identificação de sinais fracos indutores de mudança:

- Uma dada tendência atinge um dado patamar;
- Uma dada tendência amadurece muito mais cedo do que o expectável;
- Especialistas estão fortemente em desacordo acerca de um dado tópico;
- Não-especialistas discordam insistentemente do otimismo/pessimismo dos especialistas;
- Uma dada tecnologia ou sistema promissor falha inexplicavelmente;
- Existe uma acumulação de "*outliers*", ou seja, de acontecimentos ou opiniões fora do padrão.

Este relatório não pretende apresentar-se como um trabalho de consultoria que se substitua às necessárias análises e discussões que permitam a cada empresa (e cada redação) do sector da comunicação social em Portugal tomar as decisões que entender serem as mais adequadas à sua estratégia individual ou de grupo.

No entanto, em função do trabalho aqui apresentado e das metodologias postas em prática, entendemos que, para além das recomendações finais deste relatório, há também lugar à sugestão de que as empresas deverão considerar a possibilidade de implementar estratégias internas que permitam incorporar exercícios prospetivos regulares e o seu uso para a correção de trajetórias de gestão e de redação.

Nesse sentido, decidimos apresentar a seguinte lista de condições-chave para a implementação de estruturas de governança internas às empresas e que se assumam como "*Weak Signal's friendly*":

- Certificar-se de que um grupo de indivíduos diferentes está mandatado para tentar identificar sinais fracos;
- Incremento da tolerância face a opiniões marginais ou *"outliers"* que ponham em causa crenças atuais;
- Capacidade de coligir os argumentos qualitativos por trás dessas afirmações;
- Utilização de um processo anónimo de argumentação sempre que for importante decidir novas opções;
- Identificar e reduzir barreiras de comunicação entre diferentes sectores, departamentos e comunidades de especialistas;
- Criar espaço para que decisores possam afirmar-se enquanto campeões de hipotéticos sinais fracos e que possam amplificar a sua dimensão estratégica;
- Promover o uso de informação proveniente de diferentes fontes.

Os *Weak Signals* são indicadores de fenómenos de mudança. No entanto, eles não induzem necessariamente, junto do observador interessado, essa perceção de que fazem parte de uma qualquer mudança que se poderá avizinhar.

Pelo contrário, os *Weak Signals* são construídos a partir de dados crus, não previamente relacionáveis pelos observadores.

A metodologia de *Weak Signals* busca, entre os estímulos sensoriais presentes num universo de ruído informativo, aquele material informacional de cariz prematuro, não estruturado e fragmentado que possa apontar para o emergir de transformações desafiantes do **atual** *status quo*.

Por sua vez, esses processos de transformação e mudança possuem características de elevada incerteza e são desencadeados por pequenas mudanças (*"seeds of change"*) que se desenrolam nos complexos ecossistemas sociais e ambientais.

Noutras palavras, exatamente porque os *Weak Signals* são "fracos", eles necessitam de ser "amplificados". Ou seja, a sua qualidade tem de ser aumentada, a sua veracidade sistematizada e verificada, cruzando diferentes fontes, e a sua amplitude desenvolvida analiticamente.

E como os *Weak Signals* são "sinais", não podem ser obtidos meramente pela observação direta da mudança. Pelo contrário, são essencialmente provenientes de um exercício de apuramento do potencial estratégico futuro de informação não processada.

O poder dos sinais fracos resulta do seu potencial de estabelecerem ligações com outros sinais fracos o que, por sua vez, leva a novas interpretações da estrutura evolutiva de variáveis críticas para um dado sector de atividade económica e social, como é o caso da comunicação social.

Uma característica central dos *Weak Signals* é o seu carácter "estranho". Normalmente, após a sua identificação e integração num modelo prospetivo de evolução de cenários, eles são primeiro ignorados, depois violentamente contestados e, por fim, postos de lado como sendo já conhecidos.

Porque são percebidos como "anomalias", ou descobertas incompatíveis com paradigmas ou modelos mentais existentes, normalmente, tendem a não ser levados seriamente pelos *stakeholders*, porque a sua aceitação implicaria o alterar da sua bagagem interpretativa atual.

Uma metodologia de varrimento de *Weak Signals* é uma metodologia que desafia rotinas, e que pode também colocar em causa crenças fortemente enraizadas quanto aos processos de decisão atualmente implementados.

FIGURA 3. *Weak Signals*, análise e prospetiva

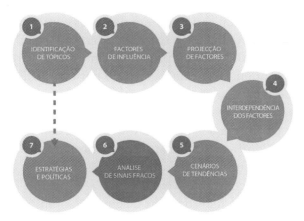

Nesta figura apresenta-se uma representação dos passos seguidos na pesquisa que enforma este relatório.

O ciclo inicia-se com a preocupação que nos convoca para este exercício, ou seja, a evolução futura do modelo de negócio da comunicação social, a sua relação com a evolução das práticas de jornalismo e a busca de identificação de fatores causais (passo 1).

Uma vez esses fatores identificados, descritos e o seu peso relativo de importância avaliado, então foram reduzidos no seu número, agrupados e realizada a sua projeção para o futuro (passos 2 e 3).

Os fatores foram depois combinados, e os seus impactos cruzados estudados de modo a compreender mais interdependências e dinâmicas co-evolucionárias (passo 4).

Com base nesses passos, imagens consistentes do futuro podem ser geradas e, posteriormente, apresentadas como um pequeno número de "cenários de tendências" diversificados e internamente coerentes (passo 5).

Por fim, a análise de cenários e tendências dará origem a um conjunto de recomendações e propostas, ao nível das lógicas e práticas de gestão empresarial da comunicação social e de produção jornalística (passo 6).

1.3. "Telcos", *Legacy Media*, Novos *Media* e *Start-ups* Jornalísticas em navegação digital

A utilização neste relatório da metodologia de sinais fracos na análise das tendências de mudança no contexto dos modelos de negócio da comunicação social produziu um vasto número de dados e informação.

O sumário executivo que aqui se publica deriva das análises realizadas durante os anos de 2013, 2014 e primeiro trimestre de 2015, e pretende caracterizar as tendências evolutivas para o período 2015-2020 no contexto global e, em particular, em Portugal.

Para compreender como os ventos e marés digitais se irão configurar de modo a dar forma aos oceanos digitais que as "Telcos", os *Legacy Media*, os Novos *Media* e as *Start-ups* Jornalísticas irão navegar nos próximos cinco anos, é fundamental centrar a nossa atenção nas incertezas críticas e nos fatores centrais em atuação.

Para tal, recolhemos mais de duas dezenas de opiniões expressas em entrevistas realizadas a gestores de "Telcos", *Legacy Media* e Novos *Media* com atuação no mercado português, realizámos conversas informais com responsáveis de publicações, televisões e rádios nacionais, procedemos à análise de dados secundários oriundos do sector, e recorremos à aplicação de inquéritos à população portuguesa e outros instrumentos de análise a que tivemos acesso durante um período de cerca de dois anos.

Figura 4. "Telcos", *Legacy Media*, Novos *Media* e *Start-ups* Jornalísticas irão dar forma aos oceanos digitais

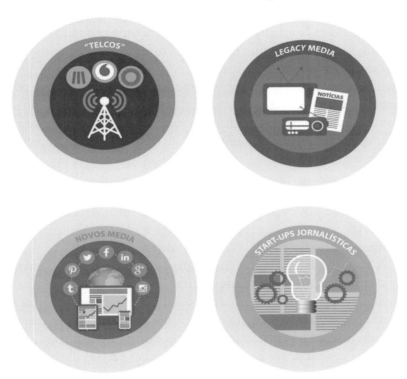

Como referido atrás, neste trabalho de prospetiva a atenção centrou-se na busca e análise de *Weak Signals* (Sinais Fracos) no quadro da comunicação social. Primeiro, realizando essa procura a nível global, e depois aproximando-se da realidade portuguesa para podermos mapear os cenários em formação no desenho dos modelos de negócio para o próximo quinquénio.

1.4. Ventos e marés digitais que moldam o oceano digital de 2020
Partindo de uma meta-análise de 1518 páginas de relatórios de prospetiva realizados nos últimos anos pelas empresas Accenture, Arthur D. Little, A.T.Kearney, Bain & Company, The Boston Consulting Group, Booz & Company, Deloitte, Deutsche Bank Research, Ernst & Young, IBM –

Global Business Services, Insead, KPMG, McKinsey & Company, Oliver Wyman, PwC (PricewaterhouseCoopers), Roland Berger Strategy Consultants e World Economic Forum, em conjugação com um leque alargado de entrevistas e análises, é possível traçar uma primeira representação das 18 grandes linhas que moldam a evolução em curso no sector da comunicação.

Escolhemos apresentar simbolicamente 18 grandes linhas porque, tal como os 18 anos refletem o atingir da maioridade, também no sector da comunicação social se atingiu uma maioridade digital que se reflete numa enorme estabilidade, quer quanto ao tipo de ameaças, quer quanto ao tipo de oportunidades.

1. **Vivemos tempos de transição tecnológica que são também tempo de novos padrões de criação de valor.** O tema dominante das preocupações de todas as análises é a busca de novos e economicamente sustentáveis "modelos de negócio".

2. **A fase inicial da transição digital chegou ao fim, e entrámos numa nova normalidade digital.** Neste contexto, o elemento digital não pode ser uma parte isolada da organização, é necessário um "*mainstreaming*" digital, isto é, uma transição autêntica e multidimensional nos processos e nos produtos da organização. "Saber fazer" digital já não basta, é preciso "saber ser-se" digital.

3. É fundamental **a criação de um espaço empresarial assente no digital e pensado como um "ambiente *media* alargado".** Os vários *media* vão-se adaptando a um contexto eletrónico ubíquo, em ligação permanente via Internet, e essa adaptação tem de ter um reflexo na lógica de gestão organizacional, na dimensão produtiva, na cultura organizacional da redação e de leitura dos públicos.

4. **Não pode haver novas formas de criação de valor sem o recurso, pelas empresas, a um novo quadro mental que se movimente no mesmo espaço dos seus destinatários.** As empresas têm de adotar uma linguagem interativa em que o consumidor tem a possibilidade de decidir usar (ou não) o meio específico de consumo (crescentemente móvel e multimédia) e os tempos de consumo (em direto/*streaming*, *online*/*off-line*, em diferido/*podcast*).

5. Se a primeira década do século XXI foi marcada por uma convergência tecnológica, **a segunda década está a ser marcada por**

uma cada vez menor distinção entre canais de distribuição. O desafio de reconfiguração de ofertas é transversal, mas não sentido com a mesma intensidade em todo o sector de *media*.

6. **O controlo sobre os conteúdos tem de estar assente na fidelização da relação entre produtor e consumidor.** Não é possível controlar a rede sem um desgaste de recursos desproporcional aos ganhos. As empresas e os produtores **têm de ganhar o coração dos seus públicos para depois poderem ganhar a remuneração justa pelo seu investimento.**

7. Enquanto, por um lado, os bastidores tecnológicos do sistema digital se tornam distantes e intangíveis, definidos por C. W. Anderson, Emily Bell e Clay Shirky como uma "nuvem" imanente (infraestruturas de *cloud computing* remotas em relação ao utilizador), por outro **o interface do sistema torna-se psicologicamente mais próximo e fisicamente mais tangível devido a uma multiplicação de ecrãs sensíveis ao toque e ao gesto** (a perda de protagonismo do PC face aos *smartphones/tablets* está também ligada à perda da relevância das "teclas e rato" face a outros modos de navegação mais orgânicos).

8. **A passagem para o paradigma digital faz-se através da produção de conteúdos de raiz digital, e não pela digitalização dos conteúdos analógicos, ditos tradicionais.** Há, além do mais, uma série crescente de experiências que indicam que a mera adaptação de produtos analógicos e estáticos conduz a experiências falhadas e a investimento sem retorno. A experiência digital em plataformas móveis é a forma de consumo que deve ser tida como a experiência-*default* do consumidor, mas não experiência única.

9. Ao nível do marketing é possível dizer que as lógicas de evolução se encaminham para um marketing dialogante e inclusivo. Um marketing que coloca o utilizador no centro da estratégia de mercado das marcas (ideia muito forte no seio do marketing social digital). Ao mesmo tempo é cada vez mais possível utilizar marketing baseado em ***data-mining*, uma tendência que orienta a gestão para a hiper-segmentação e para decisões com fundamentação hiper-analítica.**

10. **A importância da distribuição é sublinhada, na medida em que cada vez mais os donos das redes e agregadores de conteúdos**

se afirmam como atores-chave em termos de poder negocial e capacidade de influenciar os comportamentos de consumo e navegação. Um dos temas cuja ausência se faz sentir no trabalho das consultoras é, precisamente, a questão dos direitos de autor, e da regulação dos direitos conexos, etc. A evolução digital poderá animar, também, o papel dos produtores e pequenos distribuidores de conteúdos.

11. A **crescente tendência para a afirmação da lógica de aplicações (ou *apps*).** Muitas são as formas e os enquadramentos que os utilizadores encontram para consumir e utilizar as suas aplicações, e o mesmo registo diz respeito aos conteúdos, cada vez mais disponíveis e nas mais diferentes formas.

12. **A arquitetura de-muitos-para-muitos que caracteriza as redes sociais *online*, e a facilidade com que os utilizadores podem partilhar conteúdos *online*,** é uma oportunidade para as empresas de *media* expandirem significativamente o alcance das suas marcas de informação. O vídeo, por exemplo, é um tipo de conteúdo cada vez mais importante nas redes sociais *online*. E muitas empresas de *media* estão a tirar benefícios do seu potencial, mesmo aquelas que não trabalhavam tradicionalmente no sector audiovisual.

13. **Os conteúdos gerados pelos utilizadores vão continuar a crescer.** Tirando partido das ferramentas de produção e edição que lhes são disponibilizadas, as pessoas tenderão a procurar – e encontrar – novas formas de criar e reutilizar conteúdos. E fá-lo-ão tanto mais à medida que foram aprendendo a usar essas ferramentas, ou à medida que novas ferramentas que lhes permitam fazê-lo forem sendo criadas. As empresas *online* que têm sido economicamente mais bem-sucedidas na era digital não são aquelas que produzem conteúdos, mas sim aquelas que proporcionam as plataformas para os indivíduos criarem, alojarem e distribuírem os seus próprios conteúdos, sejam eles originais ou adaptados: YouTube, Blogger, Facebook, Twitter, Instagram, etc.

14. **A superabundância de informação também é cada vez mais um problema – e portanto também uma oportunidade.** O facto de a informação digital poder ser facilmente produzida e partilhada, combinado com o efeito de rede que resulta de existirem sempre vários canais de comunicação em aberto, provoca que

exista sempre uma grande quantidade de informação a circular na rede. Neste contexto, o problema não é a escassez de informação, mas a sua abundância. Os utilizadores tendem a valorizar menos a informação, que é abundante, do que os modos de gerir essa abundância, que tanto podem ser ferramentas específicas ou formas de curadoria profissionais.

15. **O *"big data"*, associado à computação em "nuvem", nomeadamente nas plataformas de conteúdos gerados pelos utilizadores, é um sector com alto potencial de receita.** Mas a verdade é que continua a ser quase totalmente ignorado pelas empresas de *media*, ficando à mercê das empresas nativas da Internet, que neste contexto não podem deixar de ser consideradas como concorrentes diretas no negócio da distribuição de informação.

16. **O papel cada vez mais importante desempenhado pelos equipamentos móveis na computação e na paisagem mediática é um efeito da miniaturização da eletrónica e da convergência dos vários tipos de informação digital num único aparelho.** Essa tendência continuará a evoluir no sentido dos equipamentos que podem ser usados pelos utilizadores e no sentido da chamada "Internet das coisas" (*"Internet of things"*). Cada um desses desenvolvimentos irá provavelmente converter-se em tendências separadas (os relógios de *fitness*, os sistemas de monitorização doméstica, etc.), mas colocam ameaças sérias às empresas de *media*, uma vez que a adaptação dos seus produtos e serviços de informação a estes aparelhos (nos quais se faz cada vez mais, também, o consumo de informação) não é uma tarefa fácil.

17. **A convergência dos *media* e a consequente abolição da tradicional separação entre tipos de *media* irá em breve afetar a televisão.** Embora os atuais operadores de TV por cabo estejam a adaptar a sua tecnologia no sentido de permitir a visualização em qualquer altura (tal como o digital permite e os consumidores pretendem), a convergência com a Internet e com as empresas de tecnologia vai continuar. As empresas de tecnologia (como a Samsung ou a Apple) tentarão também ocupar esse espaço, vindas de outro lado. E as empresas nativas da Internet, como a Google, a Netflix ou a Hulu, farão movimentações para ocupar esse mesmo "território" vindo de ainda um terceiro lado.

18. **O "empoderamento" das antigas audiências,** que é potenciado pelas tecnologias de informação e comunicação digitais, **também afeta a forma como as estratégias de marketing as impactam.** E isso é relevante para as empresas de *media* por duas razões: primeiro, porque essas tecnologias dão poder às audiências face às próprias empresas de *media*; e, segundo, porque dão mais poder às audiências que as empresas de *media* vão querer "vender" aos anunciantes. Num contexto digital em que os indivíduos ganham controlo sobre a produção, distribuição e consumo da sua informação, o marketing tem que se tornar relacional.

Esta lista não esgota todas as tendências que as empresas do sector da comunicação social podem vislumbrar no horizonte. No entanto, estas são aquelas linhas que melhor enquadram o campo onde germinam as ameaças aos seus modelos de negócio, mas também as maiores oportunidades para os expandir, ou mesmo para criar novas abordagens para o negócio da comunicação social.

1.5. Portulano Digital 2020 para o desenho de modelos de negócio

A definição de Portulano diz-nos que se trata de uma coleção de instruções para navegar. Poderíamos acrescentar que os Portulanos são os antepassados dos mapas que conhecemos hoje.

Da mesma forma que os Portulanos originais eram representações aproximadas da realidade, também o Portulano digital, que se apresenta nas próximas páginas, corresponde a uma interpretação prospetiva de uma série de sinais fracos e fortes que dão origem à cenarização de modelos de negócio proposta para os próximos anos da indústria de *media*, que será apresentada no final desta introdução.

Não é possível ainda traçar um mapa digital dos modelos de negócio, precisamente porque desconhecemos ainda a totalidade dos fatores e a sua evolução e quais, futuramente, nos darão um mapa claro e fiável da atuação no sector.

No entanto, podemos já desenhar um Portulano digital, construído com base nos sinais fracos recolhidos, que nos apresente as tendências--chave para a evolução dos modelos de negócio nos próximos cinco anos.

Um Portulano que nos permita fazer uso, ao nível da gestão empresarial, das dimensões analíticas-chave obtidas por via de uma metodologia de varrimento de sinais fracos pode, num primeiro momento, ser transposto para uma ferramenta que combina análise ambiental e interna.

Pode-se, assim, fazer recurso a uma matriz *SWOT* centrada nas forças e fraquezas do sector dos *media* (as suas capacidades internas) e das oportunidades e ameaças que sobre ele incidem (as tendências externas com capacidade de influência).

Quanto às **Oportunidades** do sector da comunicação social, as quais podem atuar positivamente sobre as estratégias das empresas do sector da comunicação social no período 2015-2020, podemos apontar:

1. Atualmente o consumo de tecnologia é contínuo;
2. Toque e ecrãs (e não as teclas e o rato) são o *design* de interação dominante;
3. O quotidiano vive-se cada vez mais em múltiplos ecrãs;
4. Os *Legacy Media* (marcas e vias de distribuição tradicionais) estão fortemente implantados na vida mediática dos cidadãos e consumidores, e continuam a produzir efeitos de arrasto para novas marcas e tecnologias;
5. As novas tecnologias não atuam maioritariamente de forma substitutiva mas de forma complementar (ex.: TV na televisão e na Internet; jornais em digital e papel; ouvintes em diferentes suportes);
6. Publicidade e *Legacy Media* (marcas e vias de distribuição tradicionais) estão ainda fortemente dependentes um do outro para atingir os seus objetivos.

Quanto às **Ameaças** ao sector da comunicação social, as quais podem atuar negativamente sobre as estratégias das empresas do sector da comunicação social no período 2015-2020, podemos apontar:

1. A pouca integração entre modelos de gestão da propriedade intelectual e dos direitos dos conteúdos em estratégias integradas de modelos de negócio;
2. Há riscos na gestão de modelos abertos de produção de conteúdos. A acentuação das lógicas de partilha pode pôr em causa o atual modelo de relação entre propriedade intelectual e a sua gestão de valor;
3. A privacidade representa um valor para o consumidor e cidadão e também para as empresas (pelo potencial dos dados da utilização).

Os equilíbrios atuais poderão alterar-se deixando as empresas de deter a atual posição de controlo sobre os dados;

4. Há uma tendência de desequilíbrio das receitas para o lado da distribuição das "Telcos", penalizando criadores e marcas *Legacy* agregadoras de conteúdos;

5. Há uma prática generalizada de canibalização de conteúdos por parte dos Novos *Media* (gigantes globais de Internet mas também pequenos novos atores do sector);

6. O sector tradicional, os *Legacy Media*, estão propensos a menores lucros durante as fases de transição e, portanto, mais vulneráveis à crise.

Entre os **Pontos Fortes** que se configuram como fatores potenciadores da capacidade de resposta das empresas do sector da comunicação social no período 2015-2020, destacam-se:

1. A potencial maior criatividade disponível na organização do trabalho e na produção das empresas;

2. A experiência acumulada feita na passagem do paradigma analógico para a capitalização do digital, com complementaridade entre ambos (ex. imprensa e rádio);

3. A lenta, mas sustentada, migração para uma convergência da envolvência de toda a esfera humana da indústria na definição do modelo de negócio (consumidores, *advertisers*, *key-agents*, etc.);

4. O *"data-mining"* e *"big data"* como ferramentas cada vez mais centrais no desenho de estratégias exploratórias do mercado e principal eixo da publicidade;

5. A tendência de produção de conteúdos *transmedia* destinados a todas as plataformas e *hardware*;

6. O consumo de TV em crescimento, combinando hábitos de consumo tradicionais, lineares (*browsing*), com hábitos não-lineares (*searching*);

7. A integração do recurso às redes sociais no *kernel* dos modelos de negócio (*crowdsourcing*, discussão, partilha de experiências, internacionalização mais fácil, etc.);

8. Experiências de colaboração interindústria e intermarca para segmentos específicos de produtos ou audiências;

9. A convergência deixou de ser entendida como apenas tecnológica, para ser também centrada nos conteúdos;
10. Na imprensa a visão dominante é a da complementaridade "impresso+digital", e tal representa uma diminuição da ameaça ao sector;
11. Assiste-se à massificação do modelo *on demand*, em todos os sectores;
12. A ideia de nuvem (*"Cloud"*) é vista transversalmente como uma oportunidade semelhante à do surgimento da Internet nos anos '90;
13. *App Business Model* é vista como a lógica futura de desenvolvimento dos *media*;
14. Maior liberdade de experimentação e menores custos de entrada no sector podem promover maior número de *start-ups* e de novos modelos de negócio.

Quanto aos **Pontos Fracos** que se configuram como fatores limitadores da capacidade de resposta das empresas do sector da comunicação social, destacam-se:

1. O não acompanhamento em velocidade simultânea, por parte das empresas, da experimentação e das exigências das audiências de consumidores e cidadãos.
2. O eventual travão à continuidade da digitalização dos conteúdos analógicos pode limitar a criatividade de novos modelos *all-digital*;
3. Os modelos de acesso digital baseados em tráfego ilimitado, modelo *"all-you-can-eat"*, pode não ser sustentável tecnologicamente e em termos de modelo de negócio, comprometendo as margens de lucro (por via de um consumo excessivo, a muito baixo preço);
4. As rotinas de produção para TV, demasiado centradas numa única ideia de ecrã, podem barrar uma evolução para uma lógica de TV em múltiplos ecrãs;
5. A transformação de hábitos e rotinas de consumo pode levar a alterações de consumos face aos *Legacy Media*, fazendo valer uma lógica de menores consumos associados às atuais fontes centrais de rendimento: publicidade e valor acrescentado por via telefónica;
6. Manutenção dos formatos tradicionais/lineares, fora da lógica do complemento digital;

7. A previsibilidade de menores lucros durante as fases de transição, sem experimentação simultânea de novos canais de monetização, pode tornar o sector de *Legacy Media* mais vulnerável;
8. Uma perceção de que a tolerância e rotina face à publicidade se encontram em perda, porque o mercado e utilizadores estão saturados face aos atuais modelos publicitários;
9. O surgimento de Novos *Media* globais e locais promove a desintermediação das fontes originais na distribuição e produção de notícias;
10. Maior liberdade de experimentação e menores custos de entrada no sector podem promover maior número de *start-ups* e de novos modelos de negócio.

1.6. As questões-chave para os cenários 2020

Há um novo Oceano Digital a tomar forma no horizonte dos próximos cinco anos. Tal deve-se ao atingir da maturidade de algumas transformações no sector da comunicação social, mas também à erosão de recursos disponíveis, nomeadamente financeiros e, por fim, a alterações produto da experimentação tecnológica, de consumo, da própria envolvente social e ambiental e, também, da aprendizagem realizada pelas empresas do sector da comunicação social.

Neste relatório identificámos três tipos de empresas que pretendem captar a diversidade de papéis existente.

Por um lado, temos as empresas disruptivas de equilíbrios, as empresas de Novos *Media*, que tanto se referem ao Google e ao Facebook que colocam em causa os modelos de distribuição de notícias e remuneração dos *media* tradicionais, como se referem às *start-ups* que procuram mudar a forma de produzir e distribuir notícias, mas também inovar a forma de monetizar a função económica do jornalismo.

Por outro lado, temos os *Legacy Media*, ou seja, as marcas e empresas que ocupam a paisagem mediática há mais ou menos tempo, mas que são reconhecidas como fazendo parte do sector da comunicação social, porque produzem televisão, rádio ou jornais em formato maioritariamente digital, mas também analógico, seja no papel ou nas ondas de transmissão.

Por último, temos as "Telcos" ou, se preferirmos, as empresas de telecomunicações que se hibridizaram. Esse hibridismo coloca-as na fronteira entre a mera distribuição e a produção de comunicação social.

A evolução decorre da transformação tecnológica e social que, por sua vez, tem implicações no seu modelo de negócio tradicional. Maioritariamente, as "Telcos" não produzem conteúdos, mas criam as condições financeiras para que outros possam produzir conteúdos que possam fornecer aos seus clientes e que se adequam à sua própria estratégia de negócio.

Todos estes atores, ou *stakeholders*, questionam-se sobre que forma o futuro irá tomar, que tamanho o mercado irá ter, que papel cada um irá ter nesse oceano da comunicação social e o tempo que demorará até termos maior estabilidade no sector e nos modelos de negócio.

De algum modo, podemos afirmar que todos pressentem que está a terminar o interregno, ou seja, o tempo em que o velho morreu e o novo ainda não nasceu, e que teremos proximamente um novo modelo, que dará origem a um novo sistema dos *media*, sempre em movimento, mas dentro de um quadro de maior estabilidade.

Os três grupos de empresas aqui identificados (*Legacy Media*, Novos *Media* e "Telcos"), aos quais podemos associar ainda as *start-ups* jornalísticas, estão conscientes das suas interdependências e das suas necessidades, de modo a permitir que o Oceano Digital evolua para um espaço de navegação saudável, que tanto crie valor económico como acrescente bem-estar para a sociedade. Ou seja, um cenário que tenha presente o valor económico e o valor social do jornalismo.

O jornalismo constitui a base da indústria dos *media* e é ele que legitima, também, a presença dos formatos de entretenimento. Sem jornalismo não há notícias, sem notícias não há justificação para o seu complemento (que é o entretenimento), nem para a monetização nem para os projetos de marca e segmentação de diferentes produtos, sejam eles exclusivamente de informação, entretenimento, ou *remix* de ambos em formato digital.

O entretenimento justifica o seu posicionamento, por oposição às notícias e vice-versa, dando origem também aos formatos híbridos que hoje conhecemos.

O nosso ponto de partida para a análise centra-se na constatação de que, antes do início da disrupção causada pelo aparecimento da Internet, o modelo de negócio da televisão, jornais e rádios assentava numa lógica que poderia ser descrita como: o lucro e o sucesso do negócio advêm da capacidade da comunicação social de cumprir a sua função social.

MODELOS DE NEGÓCIO E COMUNICAÇÃO SOCIAL

FIGURA 5. Forças em ação no ambiente digital

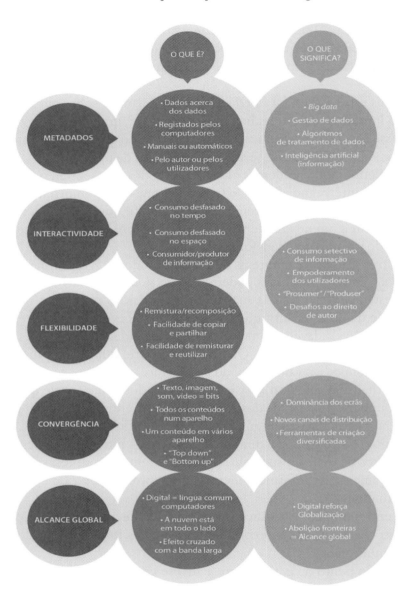

MODELOS DE NEGÓCIO E COMUNICAÇÃO SOCIAL

No entanto, esse equilíbrio foi quebrado e hoje o teste das diferentes experimentações feitas, em termos de modelos de negócio, mostra-nos cenários onde se procura recriar um equilíbrio perdido ou se opta apenas por tentar associar ao modelo de negócio a dimensão económica ou apenas a dimensão social.

Ao refletir sobre o futuro da navegação digital e dos modelos de negócio associados ao mesmo, há duas questões críticas que se destacam:

Figura 6. Modelos de negócio e valor económico e social da informação

A criação de valor económico e social da informação, os modelos de negócio a experimentar e a evolução do ambiente de negócios digital, no sentido de valorizar diferentes abordagens do jornalismo, estão dependentes de uma envolvente decorrente de quatro dimensões: o surgimento da Sociedade em Rede; o final da migração dos códigos comunicativos para o digital; uma maior autonomia comunicacional dos indivíduos; e o surgimento de novos *media* globais a par de *start-ups* locais.

1. **A transformação da nossa sociedade**, de uma sociedade de massas para uma Sociedade em Rede

   - A característica central de um modelo de organização social em rede é que a rede não tem centro, logo não pode ser centralmente comandada. A rede organiza-se em torno dos diferentes centros de poder, os nós, que interligam pessoas ou organizações.
   - No contexto da Sociedade em Rede há sempre canais em aberto, há sempre abundância de canais de distribuição, e com alcance global.
   - O bloqueio de um nó da rede não impede o fluxo de informação, apenas o atrasa momentaneamente.
   - Os recursos tendem a ser alojados na rede e não fora dela. Os recursos existem sempre em mais do que uma versão. Estar na rede é ter múltiplas cópias disponíveis de um mesmo recurso.
   - A rede é uma rede de computadores, operada por uma rede de pessoas.
   - O resultado do surgimento da Sociedade em Rede nos modelos de organização anteriores é a desagregação das unidades sociais tradicionais, como por exemplo os "*mass-media*".

2. **Os códigos comunicativos**, que dão forma à comunicação e informação, **realizaram a sua migração definitiva do analógico para o digital** (mesmo quando são distribuídos analogicamente, como nos jornais e livros em papel). Por o código digital ser numérico, binário e gerido por computadores. Observamos cinco efeitos estruturantes:

   - Aparecimento da convergência, isto é, os aparelhos podem produzir e consumir todo o tipo de conteúdos;

- O surgir dos metadados, isto é, da possibilidade de obter dados manipulados por computadores para produzir algoritmos de gestão de informação;
- O despontar da interatividade; isto é, emissor e recetor podem trocar de papéis. E o consumo pode ocorrer em qualquer lugar e em qualquer momento;
- A transversalidade da flexibilidade, isto é, os conteúdos podem ser decompostos, recompostos, remisturados e recombinados;
- A generalização do alcance global, isto é, os dados digitais atravessam todas as fronteiras geográficas de cariz físico ou humano.

3. **Dá-se um "empoderamento" dos indivíduos** ou, se preferirmos, um aumento da autonomia comunicativa.

- Os modelos de comunicação disponíveis, tanto para o uso do produtor como do consumidor, passam a incluir simultaneamente a comunicação de um para muitos, a comunicação de um para um e a comunicação de muitos para um.
- Como consequência, esse "empoderamento" proporciona uma muito maior facilidade de acesso aos indivíduos e de distribuição de conteúdos produzidos individual ou organizacionalmente.

4. **Surgem Novos *Media* da Sociedade em Rede.** Embora esses Novos *Media* possam ser geridos por poucos indivíduos e dirigidos a um pequeno número de destinatários, na realidade os Novos *Media*, fruto das dinâmicas que caracterizam a economia das redes, tendem a evoluir para o que caracteriza hoje o Google, Facebook, Twitter, Youtube, Instagram, etc.:

- Atuam a uma escala global;
- Distribuem informação em vez de produzi-la;
- Proporcionam ferramentas e plataformas para a participação informativa de cidadãos e consumidores;
- Introduzem uma função social adaptada ao novo paradigma de informação e comunicação.

FIGURA 7. Novo paradigma de informação e comunicação

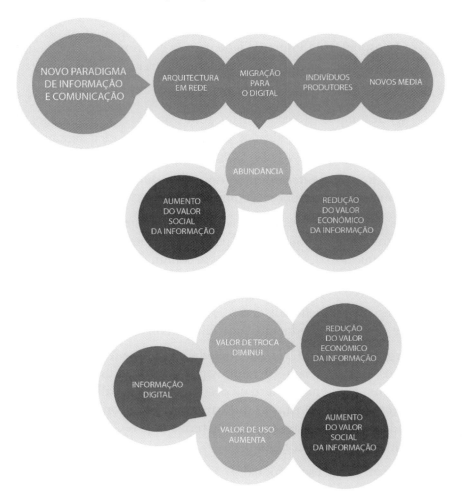

Há um novo paradigma na nossa relação, enquanto indivíduos e sociedade, face à informação e comunicação. Nesse novo paradigma, fruto da abundância informativa, dá-se uma redução do valor económico da informação, a par do aumento do seu valor social.

A questão central na atual e futura gestão dos modelos de negócio na comunicação social é: **como inovar para assegurar lucro, num** ambiente em que o valor de troca da informação digital diminui e o valor de uso da informação aumenta?

1.7. O Jornalismo em Rede

No Jornalismo em Rede alguns dos principais valores do jornalismo permanecem válidos, mas as rotinas, processos e técnicas produtivas escolhidas para os implementar mudam para se adaptarem à Sociedade em Rede mediada por tecnologias digitais.

FIGURA 8. Jornalismo em Rede

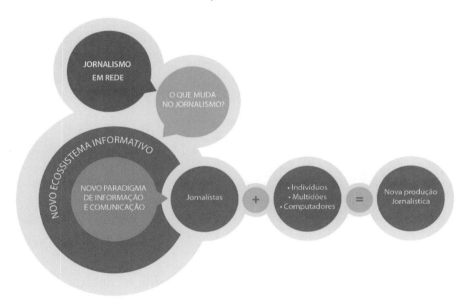

Relacionamo-nos em sociedade através da comunicação e da correspondente partilha de informação. O facto de hoje fazermos uma boa parte da nossa comunicação e partilha de informação, de forma mediada, através de uma panóplia de tecnologias digitais comandadas por computadores globalmente ligados em rede, significa que as características dessas tecnologias, desses computadores e dessa arquitetura revestem e afetam todas as atividades humanas, incluindo naturalmente o jornalismo.

FIGURA 9. Inovação no Jornalismo em Rede

Ou seja, a economia começa a funcionar em rede, a educação começa a funcionar em rede, a saúde começa a funcionar em rede, os nossos relacionamentos sociais começam a funcionar em rede e, inevitavelmente, o jornalismo também começa a funcionar em rede.

Por isso, temos que deixar de falar apenas em "jornalismo" e começar a falar em "jornalismo em rede". Ou então, em alternativa, devemos continuar a falar em "jornalismo", mas no entendimento implícito de que ele será realizado "em rede", ou seja, dentro dos parâmetros do paradigma de informação e comunicação.

Esses parâmetros – a arquitetura em rede, a migração para o digital, o domínio dos computadores, o "empoderamento" dos indivíduos e o alcance global – são precisamente os fatores que abrem as novas oportunidades para o desenvolvimento do jornalismo de que falaremos agora.

Se repararmos bem nessas oportunidades – o *crowdsourcing*, o jornalismo de dados, o *live blogging*, a agregação e curadoria, o jornalismo automático, etc. – repararemos que todas e cada uma delas deriva de um ou vários dos fatores de transformação já aqui referidos: o "empoderamento" dos indivíduos, a importância dos computadores, a convergência de formatos, etc.

Embora muitas vezes isso não seja claro – ou não seja devidamente manifesto – as novas oportunidades que se abrem ao jornalismo são precisamente aquelas que aproveitam os traços distintivos da nova Sociedade em Rede mediada por computadores e tecnologias digitais. Isso significa que o jornalismo se está a adaptar aos novos tempos através destas experiências.

O jornalismo já não funciona segundo uma lógica linear, passível de ser controlada por um agente do processo – o jornalista e/ou a instituição jornalística –, mas numa lógica de rede na qual existem numerosos outros atores com capacidade de influência.

A metáfora da rede, combinada com o "empoderamento" dos indivíduos anteriormente conhecidos como "audiência", pode levar a supor que todos os nós dessa rede – incluindo jornalistas e meios de comunicação social ou órgãos de informação – estão no mesmo patamar. De um determinado ponto de vista – que aliás é decisivo – estão-no de facto: os *media*, como os jornalistas ou qualquer outro indivíduo, têm igual acesso à rede (pelo menos enquanto ela for neutra) e a grande parte das ferramentas de participação na rede.

Mas a metáfora da rede, embora útil e, desse ponto de vista, niveladora, não nos deve fazer esquecer que os nós não são todos iguais e que a relevância de cada um depende de vários fatores, sendo que o mais importante é o contributo que pode dar para o funcionamento da própria rede. É por isso que, como veremos, parece haver uma centelha de esperança para o jornalismo na Sociedade em Rede digital.

Os modelos de negócio tradicionais do jornalismo são em grande parte destruídos pela redução do valor da informação que pode ser economicamente capturado. Mas os mesmos fatores que propiciam essa redução do valor económico da informação – o seu valor de troca – proporcionam um incremento historicamente inédito do valor social da informação, ou seja,

MODELOS DE NEGÓCIO E COMUNICAÇÃO SOCIAL

do valor de uso que ela tem ou pode ter para os indivíduos, para os grupos de que fazem parte e para a sociedade como um todo.

Ora, o jornalismo tem exatamente esse valor de uso, mas apenas se souber encontrar o seu novo papel no quadro da Sociedade em Rede. No entanto, se encontrar esse lugar, a sua presença na rede pode ser suficientemente valiosa para a própria rede e para os seus participantes para possibilitar alguma forma de sustentação económica para essa função.

Há muitas experiências que estão a ser feitas no sentido dessa mudança. Mas é preciso não esquecer que, ao longo de mais de um século, o jornalismo cristalizou muitos procedimentos, muitas regras, e muitas ideias sobre si próprio e sobre a sua função e papel em sociedade.

Essas ideias, regras e processos precisam de ser desconstruídos antes que alguma outra coisa possa ser construída no seu lugar. Não é possível saber se as experiências em curso serão aquelas que irão vingar. Provavelmente muitas ficarão pelo caminho. Como aliás já aconteceu. Mas todas elas apontam caminhos que podem e devem ser trilhados por quem quiser desbravar o futuro do jornalismo.

2. Gerir Incerteza
O Sector da Comunicação Social Portuguesa na Primeira Pessoa

GUSTAVO CARDOSO, CARLA MARTINS, MARTA NEVES, MIGUEL
CRESPO, TÂNIA DE MORAIS SOARES, VANDA CALADO

2.1. Introdução

A Entidade Reguladora para a Comunicação Social procura pautar a sua atuação por um conhecimento sólido sobre a realidade vivida pelo sector da comunicação social em Portugal, integrando e sopesando todas as dinâmicas, variáveis, constrangimentos e possibilidades para assegurar a independência dos órgãos e o respeito pelos direitos fundamentais dos cidadãos.

O propósito de diagnosticar a comunicação social e os modelos de negócio subjacentes pressupôs conhecer o pensamento de quem dirige os atuais *players* no mercado.

Por iniciativa da *Entidade Reguladora para a Comunicação Social (ERC)* e em parceria com o *Centro de Investigação e Estudos de Sociologia (CIES-IUL)* foram realizadas 24 entrevistas a responsáveis sectoriais, operando em diferentes áreas, em 2014, com o objetivo de auscultar o sector, perceber as grandes tendências do mercado e as suas principais preocupações num contexto de crise e de profunda mudança.

Eis a razão do desafio lançado a proprietários, gestores e reguladores, mas também a diretores e editores de títulos de imprensa e de canais de televisão. A todos pediu-se que partilhassem experiências e perspetivas sobre o momento presente e evoluções prováveis dos *media* em Portugal. Estes interlocutores foram também ouvidos relativamente a vias alternativas para a obtenção de (mais) receitas e ao modo como se dirigem aos seus consumidores. Foram igualmente interpelados sobre o papel a desempenhar pelo regulador dos media. E convidados a descrever como seria a natureza do projeto que implementariam num mundo ideal.

MODELOS DE NEGÓCIO E COMUNICAÇÃO SOCIAL

Este conjunto de conversas aconteceu entre janeiro e setembro de 2014, período marcado por recomposições e *volte-faces* no sector dos *media*, o que permitiu obter olhares sobre momentos críticos.

Os contributos vieram da parte da RTP, Impresa, Media Capital, Sonae, NOS, PT, Vodafone, Microsoft Portugal, Controlinveste (agora Global Media Group), ANACOM, Cofina, Sport TV, Agência LUSA. Como se discrimina na tabela em baixo, foram realizadas entrevistas com Afonso Camões, Alberto da Ponte, António Granado, Bessa Tavares, Daniel Proença de Carvalho, Francisco Pinto Balsemão, Helena Garrido, Henrique Granadeiro, João Couto, João Marcelino, José Alberto de Carvalho, José Manuel Portugal, Luís Cunha Velho, Maria de Fátima Barros, Mário Vaz, Miguel Almeida, Octávio Ribeiro, Paulo Azevedo, Paulo Fernandes, Pedro Esteves Carvalho, Pedro Norton, Pedro Santos Guerreiro, Rosa Cullel e Zeinal Bava.

Através do cruzamento de olhares deste conjunto de personalidades reuniu-se uma peça nunca antes disponível para se completar um puzzle sobre modelos de negócio subjacentes a "Telco", *Legacy Media*, Novos *Media* e *Start-ups* Jornalísticas num registo de navegação digital.

GERIR INCERTEZA

FIGURA 10. Personalidades entrevistadas no âmbito do estudo (2014)

NOME	CARGO (à data)	EMPRESA
Afonso Camões	Presidente do Conselho de Administração	Lusa – Agência de Notícias de Portugal, S. A.
Alberto da Ponte	Presidente do Conselho de Administração	RTP – Rádio e Televisão de Portugal, S. A.
António Granado	Professor Auxiliar	FCSH-UNL – Faculdade de Ciências Sociais e Humanas da Universidade Nova de Lisboa
Bessa Tavares	Diretor Geral	SPORT TV, S. A.
Daniel Proença de Carvalho	Presidente do Conselho de Administração	Controlinveste Conteúdos, S. A.
Francisco Pinto Balsemão	Presidente do Conselho de Administração	Impresa – Sociedade Gestora de Participações Sociais, S. A.
Helena Garrido	Diretora	Jornal de Negócios
Henrique Granadeiro	Presidente Executivo	Portugal Telecom SGPS, S. A.
João Couto	Diretor Geral	Microsoft Portugal
João Marcelino	Diretor	Diário de Notícias
José Alberto de Carvalho	Diretor de Informação	TVI – Televisão Independente, S. A.
José Manuel Portugal	Diretor de Informação	RTP – Rádio e Televisão de Portugal, S. A.
Luís Cunha Velho	Diretor Geral	TVI – Televisão Independente, S. A.
Maria de Fátima Barros	Presidente do Conselho de Administração	ANACOM – Autoridade Nacional de Comunicações
Mário Vaz	CEO	Vodafone Portugal – Comunicações Pessoais, S. A.
Miguel Almeida	Presidente da Comissão Executiva	ZON OPTIMUS, SGPS, S. A.
Octávio Ribeiro	Diretor	Correio da Manhã
Paulo Azevedo	Presidente Executivo	SONAE – SGPS, S. A.
Paulo Fernandes	Presidente do Conselho de Administração	Cofina, SGPS, S. A.
Pedro Esteves Carvalho	Diretor de Produto TV	MEO – Serviços de Comunicações e Multimédia, S. A.
Pedro Norton	Presidente Executivo	Impresa – Sociedade Gestora de Participações Sociais, S. A.
Pedro Santos Guerreiro	Diretor Executivo	Expresso
Rosa Cullell	CEO	Grupo Media Capital, SGPS, S. A.
Zeinal Bava	Presidente da Comissão Executiva	Portugal Telecom SGPS, S. A.

Entrevistadores: Carlos Magno, Gustavo Cardoso, Tânia de Morais Soares, Marta Neves, Carla Martins e Vanda Calado.

2.2. O contexto do sector: mais convergente, mais digital

Este conjunto de entrevistas foi concebido em 2013 e realizado em 2014. Este ponto do presente capítulo visa caracterizar brevemente o contexto vivido pelo sector da comunicação no momento em que aquelas foram realizadas.

Conforme explanado nos Relatórios de Regulação da Entidade Reguladora para a Comunicação Social[1], entre as operações do mercado que mais influenciaram a paisagem mediática nacional em 2013 e 2014, destacaram-se a fusão entre a ZON (televisão por subscrição) e a Optimus (comunicações móveis)[2], e a migração da TMN (comunicações móveis) para a Meo (televisão a pagamento). Em sequência, em 2014, as marcas ZON e Optimus deram origem à NOS, enquanto a Meo absorveu a TMN, a mais antiga operadora de telecomunicações portuguesa. Deste modo, acentuou-se o peso dos tradicionais operadores de comunicações eletrónicas na reconfiguração do sector dos *media*, face à indissociabilidade entre plataformas/redes e conteúdos. Por outro lado, potenciou-se a oferta em pacote – consolidando-se a combinação entre serviços outrora separados, nos quais aquelas empresas atuam e possuem relevantes quotas de mercado – e a convergência de clientes.

Outro aspeto a destacar prende-se com o crescimento da utilização da Internet em banda larga móvel, que a Marktest associa ao telemóvel, equipamento com uma cobertura superior a 100% da população. De acordo com o Barómetro de Telecomunicações da Marktest, a penetração de *smartphones* atingiu 40,4% no final de 2013.

Por outro lado, a estrutura da oferta televisiva molda-se às características dos novos serviços de programas, salientando-se a aposta em futebol e no cinema como conteúdos premium. A Benfica TV (atual BTV) é um

---

[1] Fonte: Capítulo "Oferta e Consumos de Media" da responsabilidade do Departamento de Análise de Media da ERC, Relatórios de Regulação 2014 e 2013, Volume I; disponível em < http://www.erc.pt/documentos/Relatorios/ERC_Relatorio_de_Regulacao_2013_Volume1/index.html#/68/zoomed> e <http://www.erc.pt/download/YToyOntzOjg6ImZpY2hlaXJvIjtzOjM4OiJtZWRpY S9lc3R1ZG9zL29iamVjdG9fb2ZmbGluZS83Mi4yLnBkZiI7czo2OiJ0aXR1bG8iO3M6NTA6InJlbGF0b3Jpby1kZS1yZWd1bGFjYW8tMjAxNC12ZXJzYW8tc2VtLWVkaWNhby1ncmFmIjt9/relatorio-de-regulacao-2014-versao-sem-edicao-graf>

[2] Esta operação assumiu a forma de fusão por incorporação total, o que implicou a transferência global do património da Optimus, na qualidade de sociedade incorporada, para a ZON, na qualidade de sociedade incorporante.

exemplo interessante de um serviço de programas associado a um clube de futebol e que, na primeira metade de 2013, solicitou a alteração para acesso condicionado, gerindo diretamente os direitos de transmissão das respetivas competições[3]. Por seu turno, entre os programas mais vistos dos serviços de programas generalistas *free to air* encontram-se os jogos de futebol e rubricas associadas. Aquela análise permite também vislumbrar as respetivas estratégias de programação: o caráter complementar da programação da RTP1 e da RTP2, com apostas claras, mas diferenciadas, nas modalidades desportivas; a ficção, através das telenovelas de produção nacional e brasileira, na SIC; o *reality show* "Casa dos Segredos" e a ficção nacional na TVI.

É inquestionável que as possibilidades tecnológicas contribuem para alterar a experiência de visionamento televisivo. Os operadores de televisão iniciaram a exploração de projetos multiecrã. Segundo a PricewaterhouseCoopers (PwC), no estudo *Portugal Entertainment and Media Outlook: 2013-2017*, a televisão contemporânea apresenta-nos exemplos do *personal media*, por exemplo com o uso crescente dos *second screen* (*smartphones* e *tablets*) para partilhar e comentar conteúdos e programas, muitas vezes através das redes sociais (PwC, 2013: 5). A consultora identifica a tendência, a nível internacional, de uma nova classe média cada vez mais ligada à Internet utilizando aparelhos móveis. A preferência pelo acesso à televisão em qualquer lugar traduz uma evolução em relação ao modelo linear. «Alguns consumidores decidem abandonar as tradicionais subscrições de televisão passando a aceder a conteúdos semelhantes, disponíveis na Internet e portanto mais económicos. Desta forma, começa a surgir uma nova geração de consumidores que só desejam aceder a conteúdos através da Internet» (PwC, 2013: 18). O visionamento de conteúdos mediáticos em diferentes aparelhos e no momento que os consumidores escolhem configura a transição de paradigma dos *mass-media* para os *personal media*. A PwC prevê que a banda larga fixa e, sobretudo, a móvel será uma força motriz dos serviços digitais e do aumento de receitas do sector de entretenimento e *media*.

Também no meio radiofónico se assiste à migração dos meios clássicos para o digital. «A Rádio como que renasceu de uma quase condena-

---

[3] Cfr. Deliberação da ERC n.º 164/2013, de 26 de junho.

ção às margens do nosso ecossistema pós-mediático», vitalidade visível nos *websites* das estações de rádio e também na escuta das emissões em direto através de terminais móveis, interação com redes sociais ou múltiplas aplicações em *web stores* (Revista Media e Jornalismo, n.º 24, 2014: 15). Esta reinvenção da rádio através de uma relação de complementaridade com a Internet permitiu desenvolver «novos contextos narrativos, discursivos e de expansão junto das audiências». Segundo Luís Bonixe, exemplos desta complementaridade são o «fenómeno das web-rádios vistas como espaços para novos conteúdos ou a expansão geográfica da rádio utilizando a rede global» (2011: 30)[4].

A penetração da Internet de banda larga, permitindo um fácil acesso a conteúdos digitais em diferentes dispositivos, afeta também significativamente o sector da imprensa. Segundo a PwC, o intenso aumento do número de equipamentos inteligentes, como *e-readers*, smartphones e tablets, permitiu uma adaptação imediata dos editores de jornais, ainda que o jornal em papel continue a ser uma parte central neste cenário (2013: 74), com a consequência de uma quebra estrutural da circulação em papel nos últimos anos. É visível a aposta na disponibilização de conteúdos *online* por parte dos editores, com a coabitação de distintos formatos e a associação a redes sociais, onde o impacto é alavancado pelos próprios utilizadores, através de partilhas e comentários. Aliás, segundo o Eurostat, em 2013 totalizavam 44% os indivíduos em Portugal que recorriam à Internet para participar em redes sociais (43%, média da UE)[5]. E, complementarmente, no mesmo ano, os primeiros cinco domínios mais visitados da Internet foram motores de busca (Google), portais (Sapo) e redes sociais e plataformas de partilha de conteúdos (Facebook, Youtube)[6]. Porém, num contexto de declínio de um já mitigado e disputado mercado publicitário, a incerteza quanto a modelos de negócio que garantam a sustentabilidade continua a ser um problema. A World Association of Newspapers and News Publishers, no inquérito anual *World Press Trends*, conclui que a combinação entre papel e digital está a

---

[4] «Jornalismo radiofónico e Internet – Um estudo da evolução do uso das potencialidades *online* nas notícias dos *sites* da rádio», *Comunicação e Sociedade*, vol. 20, 2011, pp. 29-41.
[5] http://epp.eurostat.ec.europa.eu/tgm/table.do?tab=table&init=1&language=en&pcode=t in00127&plugin=0 (consultado a 29 de setembro).
[6] Marktest (2014), Anuário de Media & Publicidade 2013,p. 289.

GERIR INCERTEZA

estimular as audiências dos jornais, ainda que o crescimento das receitas provenientes do digital não seja suficiente, o que representa um risco para os editores. Alguns meios optaram pela introdução de paywalls para o acesso a determinados conteúdos (caso do Público), assinaturas específicas (o Diário Digital do Expresso, lançado em maio de 2013). Outros projetos têm existência exclusivamente na Internet, como O Observador, iniciado também em 2013. Analisando os dados da APCT, é evidente que ainda não há uma compensação das perdas de circulação em papel com o aumento das assinaturas digitais. Não obstante, é percetível que os títulos revelam diferentes ritmos e estratégias na transição para o digital.

No que respeita ao mercado televisivo, há a sublinhar dois aspetos fundamentais. Por um lado, continua uma incógnita a evolução do modelo de exploração da TDT em Portugal, com a manutenção de uma oferta de cinco serviços de programas na plataforma free-to-air (RTP1, RTP2, SIC, TVI e ARTV). Por outro, destaca-se a consolidação do segmento da televisão paga em Portugal, com a diversificação das tecnologias de acesso e dos canais disponíveis e o incremento do número de assinantes.

Ao longo de 2013, surgiram 49,4 mil novos assinantes da televisão por subscrição, os quais, em grande medida, aderiram às ofertas suportadas em fibra ótica (FTTH/B) e em rede telefónica pública (xDSL), tendo diminuído o número de assinantes dos serviços de televisão por cabo e satélite.

No plano da oferta televisiva, assiste-se ao aumento e diversificação de serviços de programas nas plataformas a pagamento, de acordo com temáticas e públicos-alvo específicos. O desporto (com destaque para o futebol), o cinema e a informação constituem as temáticas dominantes dos novos canais autorizados pela ERC, a que se somam, entre outras, o entretenimento e infantis. No final de 2012, encontravam-se ativos em Portugal 56 serviços de programas de televisão, dos quais 12 generalistas e 44 temáticos. Deste conjunto, seis eram de acesso não condicionado livre, 36 de acesso não condicionado com assinatura e 14 de acesso condicionado[7].

Em 2013, foram autorizados pela ERC o canal SIC Caras (temático de entretenimento) e o +Novelas (temático de telenovelas e séries). Já

---

[7] Consultar, na edição 2014 do Relatório de Regulação, o capítulo respetivo.

MODELOS DE NEGÓCIO E COMUNICAÇÃO SOCIAL

nos três primeiros trimestres de 2014, a ERC permitiu o início das emissões de dois serviços de programas temáticos de cinema (DStv Pipoca e Cinemundo) e dois serviços de programas temáticos de desporto pertencentes a clubes de futebol (Sporting TV e Benfica TV 2). Em 2014, a ERC permitiu o início da emissão de um canal temático infanto-juvenil (DStv Kids), de quatro canais temáticos de cinema (DStv Pipoca, Canal Blast, FilmFan e Cinemundo) e de dois serviços de programas temáticos de desporto pertencentes a clubes de futebol (Sporting TV e BTV 2). Note-se que duas destas autorizações corresponderam a alterações de denominação (o canal BTV 2, anteriormente designado de Benfica TV 2, e o Canal Blast, anteriormente designado de CNEXPLODE).

A paisagem radiofónica nacional é composta por três operadores de cobertura nacional, dois de âmbito regional e 301 de âmbito local. No final de 2014, encontravam-se ativos nos registos da ERC 321 serviços de programas locais, cinco regionais (TSF, M80, Antena 1 Açores, Antena 1 Madeira, Antena 3 Madeira) e seis nacionais (RFM, Rádio Renascença, Rádio Comercial, Antena 1, Antena 2 e Antena 3).

No final de 2014, encontravam-se ativas nos registos da ERC 2.111 publicações (menos 354 do que em 2013), das quais 27,5% de periodicidade mensal, 10,7% semanárias, 10,1% diárias, 9,2% anuais e 7,6% quinzenárias ou bimensais. Da totalidade das publicações, 33,6% (710) correspondiam a jornais, entre os quais 115 diários, 167 semanários, 133 quinzenários ou bimensais, 200 mensais e 41 anuais[8] (os restantes 54 registos estão englobados noutras categorias de periodicidade que não são detalhadas, uma vez que isoladamente assumem menos expressão).

Segundo o Instituto Nacional de Estatística (INE), os valores agregados da circulação total da imprensa voltaram a subir em 2013, invertendo assim a tendência de descida verificada desde 2008. Após ter atingido um pico em 2008, a circulação total da imprensa decresceu constantemente até 2012, tendo rondado, neste período, os 400 milhões de exemplares. Em 2013, a circulação total voltou novamente a subir, aproximando-se dos 500 milhões de exemplares.

---

[8] Em complemento da informação sobre o setor da imprensa, deverá também ser consultado o capítulo relativo ao Registo dos Meios e Órgãos de Comunicação Social dos referidos Relatórios de Regulação da ERC.

E O PANORAMA SOCIOPOLÍTICO?

Em 2013, quando este projeto e as entrevistas que o apoiaram foram concebidas, a ideia basilar era a de reunir visões e perspetivas relativamente à evolução do sector, num contexto marcado pelas sucessivas avaliações da Troika e por diversas transformações económicas, políticas, tecnológicas e sociais.

Um vasto conjunto de acontecimentos, fortemente mediatizados, marcou o panorama nacional da altura e influenciou o rumo dos acontecimentos, alterando, em parte, a face do sector e produzindo grandes perturbações, transversais à sociedade portuguesa.

A título meramente exemplificativo, este foi o período em que o processo de privatização da RTP foi definitivamente abandonado pelo Governo, na sequência da demissão do Ministro-Adjunto e dos Assuntos Parlamentares, Miguel Relvas, substituído na pasta da comunicação social por Miguel Poiares Maduro. Arrancaram ainda as emissões do Canal Parlamento na TDT e iniciou-se a exibição do programa de comentário na RTP "A Opinião de José Sócrates".

O ambiente político e social agitava-se levando à demissão de outros membros do Governo, como o Ministro das Finanças Vítor Gaspar, após o acórdão do Tribunal Constitucional sobre os cortes dos subsídios dos funcionários públicos e pensionistas. Já na proximidade das eleições autárquicas, foi a vez da apresentação da demissão de Paulo Portas do cargo de Ministro de Estado e dos Negócios Estrangeiros, tendo mais tarde regressado ao Executivo como Vice-Primeiro-Ministro.

O ano 2014, por seu turno, momento crucial na recolha dos testemunhos dos entrevistados, foi igualmente marcado por recomposições e *volte-faces* no sector dos media, o que permitiu obter olhares sobre momentos críticos de que são exemplo a antecipação de uma restruturação do serviço público de rádio e televisão, bem como a transferência de competências para o então recém-criado Conselho Geral Independente. Por outro lado, a estrutura e financiamento do sector da comunicação começam a ser refletidos no mediático caso BES.

No plano político-social, surgem novas agitações, tendo como pano de fundo a antecipação e o rescaldo das eleições para o Parlamento Europeu e a conclusão do Programa de Ajustamento Económico e Financeiro, designadamente, com a manifestação das forças de segurança e tentativa de invasão das escadarias da Assembleia da República, ou a detenção preventiva do ex-Primeiro-Ministro, José Sócrates, no início e final do ano, respetivamente.

No preciso momento ou no rescaldo da realização das entrevistas, assiste-se ainda à consulta pública sobre o futuro da TDT realizada conjuntamente pela ERC e a ANACOM, é anunciada a saída de Ricardo Salgado do BES, Henrique Granadeiro demite-se do cargo de Presidente Executivo da PT e Zeinal Bava deixa a presidência da PT e renuncia à presidência da OI. O ano termina com Isabel dos Santos a retirar a sua oferta sobre a PT SGPS e com a Administração da OI a aprovar a venda da PT à Altice.

2.3. Proprietários e Gestores de Grupos e Empresas de *Media* e Reguladores

Neste espaço agregam-se os depoimentos de proprietários e gestores de empresas e grupos de *media*, assim como de reguladores sectoriais.

Perceber qual a imagem que transmitem dos *media* nacionais, tanto nas suas fragilidades como nos pontos fortes; quais os fatores essenciais que identificam para a promoção do crescimento da comunicação social em Portugal; que cenários possíveis de evolução nos próximos cinco anos são traçados; e que sugestões de projetos e ideias se lançariam para levar a cabo sem quaisquer restrições, eis os pontos aqui explorados.

2.3.1. Estado da comunicação social

Num diagnóstico do estado da comunicação social, a generalidade dos entrevistados reconhece que o momento atual é o mais negro de todos desde há 20 anos e uma das ocasiões mais complicadas depois da crise de 2008. E são coincidentes os olhares relativamente aos motivos estruturais e conjunturais que justificam o atual quadro marcado por dificuldades e a exigir alterações de fundo, de resto já em curso, como sublinham.

Antes de mais, a crise de 2008, provocando a queda do PIB, refletiu-se de forma imediata no mercado publicitário, levando à descida das receitas de compras:

> «O mercado quebrou em média 50% e depois veio quebrar ainda mais em segmentos como a imprensa.» (gestor de grupo de *media*)

A este movimento conjuntural, marcado pela diminuição do bolo total da publicidade, associa-se um outro ponto, de natureza estrutural: a mudança na distribuição do investimento por sectores de *media*. Neste caso em particular é repetidamente invocado o facto de o digital concentrar a «fatia de leão» do investimento publicitário, mas canalizado agora para *players* como a Google ou o Facebook. Na prática chama-se a atenção para o facto de se assistir a uma deslocalização das colocações de investimento publicitário, traduzidas numa desmaterialização do mercado:

> «De alguma forma há um sentimento de frustração, porque o mercado da Internet está a crescer, mas para esses *players* [Facebook, Google, etc.] e não para os produtores de conteúdos. Daí que a regulamentação vá ser importante.» (gestor de grupo de *media*).

Os entrevistados identificam outro impasse, neste caso em torno das empresas de telecomunicações: em tempos de crise, estas fortaleceram o respetivo negócio ao penetrarem no campo da oferta televisiva, separando quem produz conteúdos de quem os distribui, e em termos tais que quem os produz está a recuar na cadeia de valor, dado que esta utilização não é paga aos seus autores, desviando assim o duplo valor dos conteúdos e da publicidade. Daí que nesta área, das "telcos" face a empresas de *media* tradicionais, a maioria dos entrevistados entenda que existem matérias sobre que pensar, tanto a nível político como regulatório, muitos deles sublinhando a necessidade de intervenção do regulador:

> «Este *takeover* das telecomunicações sobre a TV não é bom, nem para a promoção da cultura nem da democracia. (...) Num ecossistema mais saudável, os *players* tradicionais teriam acesso direto aos seus consumidores finais. (...) A situação atual gera abusos da posição dominante.» (gestor de grupo de *media*).

Um dos entrevistados avança um pouco mais ao reconhecer que neste contexto se identifica "iliteracia" da parte dos *media* em geral e das televisões tradicionais em particular, em contraponto com o *know-how* que está a ser desenvolvido entre os operadores de tecnologia. Daí a necessidade de as organizações de *media* alterarem as suas competências, incorporando internamente novas valências.

Ainda sobre este confronto é deixada uma perspetiva diferente por parte de outro entrevistado, que recorda as alterações no modelo de negócio dos operadores – anteriormente centrado no transporte de voz e dados – que, para evitarem o esmagamento das margens e a subida na cadeia de valor, optaram por enveredar pelo negócio dos conteúdos.

Ao longo das entrevistas emergem questões associadas à propriedade intelectual e direitos de autor, sendo várias as vozes que referem a necessidade de intervenção do legislador nacional e de alterações no contexto internacional:

> «O problema dos direitos de autor é fundamental e não está a ser protegido, nem nacional nem internacionalmente. Acaba por se cair numa luta desigual. Os "Googles" têm conteúdos próprios e acabam por colocá-los à frente de outros. A Internet *neutrality* cai por terra.» (gestor de grupo de *media*).

Nesta mesma linha, a questão da regulação da televisão, partilhada entre a ERC e a ANACOM, continua a suscitar problemas que, no entender dos entrevistados, estão por ultrapassar. E exemplificam com a situação da TDT, desigual para os operadores de TV *free to air*, ao estabelecer uma dependência em relação ao trabalho dos canais de distribuição.

Uma outra área que suscita observações críticas quase unânimes por parte dos entrevistados é a que remete para a manutenção artificial de *players* neste sector da comunicação social, e isto não obstante a publicidade ter recuado para metade dos valores registados antes de 2008. O fenómeno é encarado como altamente prejudicial, já que a regeneração não é possível dividindo o pouco que há para dividir por aqueles que se mantêm, tanto de facto como artificialmente. E eis outra área em que alguns dos entrevistados consideram pertinente a intervenção do regulador.

A propósito da evolução dos vários sectores de *media*, os entrevistados vislumbram sinais de recuperação em 2014, mas que não incluem a imprensa em papel. Este sector segmento é encarado pela maioria como aquele que sofrerá mais penalizações num contexto de mudança, conduzido através de alterações tecnológicas e pela supremacia efetiva do *online*:

«Atenção: há sinais de estabilização do mercado, como um todo, mas ao mesmo tempo assiste-se à quebra acentuada na imprensa em 2014.» (gestor de grupo de *media*).

«Os jornais vão diminuir a margem em papel e aumentar o número de leitores através de plataformas *online*.» (gestor de grupo de *media*).

«Temos assistido ao crescimento do número de leitores, no conjunto. Se olharmos para o todo, temos vindo a ganhar quota, mas o momento não é favorável para os jornais impressos, e as circulações provam-no. A imprensa resistiu à televisão, mas não está a resistir à Internet.» (gestor de grupo de *media*).

«A transformação levará à erradicação de alguns *players*: vai ser um momento difícil para o papel. Mas não vai acabar a informação.» (gestor de grupo de *media*).

Noutros segmentos, os entrevistados antecipam grandes as oportunidades, tanto para a rádio como para televisão: as mudanças devem e estão a acontecer por força de novos e fortes investimentos em novas tecnologias. Neste âmbito falam da importância de se implementar a OTT TV e de apostar no formato de vídeo, mas também na necessidade e importância do jornalismo e do entretenimento legitimados e que devem ser sancionáveis.

Ao discutir-se o serviço público e qual o modelo de negócio que o deveria enformar, um gestor de um grupo privado de *media* tece as seguintes críticas:

«O modelo que existe estimula a gestão do modelo público e não protege o serviço público; isto porque o seu financiamento comercial não uniformiza. (...) É mais fácil gerir outros canais se o Estado financiar totalmente um serviço público. (...) A existir serviço público, deveria ser totalmente financiado por fundos públicos. A simples separação destes dois mundos seria salutar.» (gestor de grupo de *media*).

Numa perspetiva distinta, o serviço público de televisão é equiparado a uma visão mitigada do Serviço Nacional de Saúde. A ele atribui-se o papel de assegurar a transmissão de conteúdos diferenciadores, em áreas que por natureza não são lucrativas. Simultaneamente cabe-lhe apostar na inovação tecnológica:

> «O serviço público desempenha uma função higiénica associada a uma função aspiracional.» (gestor de grupo de *media*).

2.3.2. Novas formas de ganhar dinheiro

Ao refletir sobre novas formas de ganhar dinheiro na comunicação social, a maioria dos entrevistados confirma ser necessário o cruzamento de múltiplos aspetos articulados entre si (remetendo para as variáveis que lhes foram sugeridas em registo de entrevista, como conteúdos, jornalistas, formas de consumo dos conteúdos, agências de meios, anunciantes, reguladores, políticas para o sector).

Desde logo é claro o consenso relativamente à necessidade de se dispor de conteúdos diferenciadores, tanto na área da informação como no campo do entretenimento. Para o efeito, os entrevistados referem a importância de a informação se afirmar como uma mais-valia, algo que implica a busca das abordagens certas a cada tema, o saber expor/explicar os assuntos, tudo isto envolvendo a valência da inovação tecnológica.

Ainda nesse contexto dos conteúdos, a médio prazo, os entrevistados convergem na necessidade de os conteúdos digitais deixarem de ser gratuitos, passando a ser disponibilizados contra pagamento, invertendo-se assim a tendência inicial:

> «A gratuitidade no *online* criou um precedente muito mau. Temos que evoluir para situações em que os produtores de conteúdos têm que ser remunerados.» (gestor de grupo de *media*).

Este aspeto alia-se ainda à importância de identificar um modelo de negócio tendencialmente apostado na venda de conteúdos, menos suportado pela publicidade, com uma estrutura mais leve e em que, mais uma vez, o fundamental será dispor de conteúdos distintivos.

O perfil dos jornalistas e a revisão das competências e valências que deles se espera estão em mutação e tenderão cada vez mais a ajustar-se a um novo paradigma, concordam a maioria dos entrevistados. Destes profissionais exige-se ainda, cada vez mais, que trabalhem em diferentes plataformas para transmitirem a notícia:

«Hoje prefiro um bom informático que se torna jornalista do que o contrário.» (gestor de grupo de *media*).

São muitos os aspetos que têm contribuído para grandes alterações na organização das redações, onde o conceito transmédia tende a instalar-se de forma mais ou menos pacífica, sublinham os entrevistados. Um dos entrevistados, ao referir-se ao grupo que gere, deixa um exemplo de articulação mais abrangente entre equipas de áreas distintas dentro da sua organização:

«O que houve de benéfico nesta crise foi a tomada de consciência de haver propósitos comuns, até mesmo entre equipas de gestão e as redações. (...) Neste momento as redações estão preocupadas em adaptar aquilo que fazem para o grupo que integram.» (gestor de grupo de *media*).

Outra área onde se verificam mudanças é a gestão, sendo posta a tónica na criação de estruturas diretivas profissionalizadas, algo que pode acontecer no âmbito de grupos de *media*, mas que está também dependente da dimensão do grupo.

Alguns dos entrevistados preocupam-se ainda com a identificação de uma nova estratégia de aproximação ao anunciante, isto para contornar fenómenos que perturbam essa relação direta:

«Se o meu anunciante quer chegar a um determinado público, eu tenho que o ajudar. Os anunciantes precisam de um tratamento individual. A venda de publicidade deixou de passar apenas pelas agências; temos de conhecer cada vez mais o anunciante diretamente. Podemos usar pequenos truques de *product placement*, os concursos, as chamadas de valor acrescentado...» (gestor de grupo de *media*).

Sobre esta questão algumas vozes vão mais longe e defendem que os próprios anunciantes têm de mudar, tal como os diretores de marketing. Isto na medida em que muitos não fizeram a transição do analógico para o digital, facto que se verifica porque ainda não estão a obter resultados no digital, em parte devido a ainda não se dispor de uma boa audimetria:

> «O digital não está a ser bem medido porque não temos boa audimetria para o digital, e isso é terrível. Também é verdade que muitos diretores de marketing, como muitos jornalistas ou CEO, ainda vivem num mundo que está a morrer. Mas acho que a transição vai ser muito rápida, e na televisão já estamos a ver todos os dias mais anunciantes, mais companhias a querer fazer uma comunicação diferente. Já não é o *spot* de 30 segundos a um minuto, é outra coisa. E também na rádio. Tudo tem que ser mais criativo. O problema é que ainda há pessoas que estão numa zona de conforto e não querem sair dali. A crise, se calhar, está a empurrar-nos para ir mais rápido, e vamos ter que ser muito mais rápidos, muito mais criativos.» (gestor de grupo de *media*).

Há ainda matérias a nível político e regulatório sobre as quais há que refletir como forma de salvaguardar as empresas sólidas do sector da comunicação social de ataques vindos de empresas exteriores ao sector. Neste caso, o pensamento de alguns dos entrevistados remete para a situação de desequilíbrio entre as "telcos" e empresas de *media* tradicionais e a necessidade de regular o espaço entre o *free to air* e o cabo:

> «A regulação tem de acompanhar a mudança. Nós ainda vivemos, tanto com a Lei da Televisão como com outras leis, num registo que já não é atual. E é importante que a regulação acompanhe as mudanças. (...). A regulação e o Governo têm que acompanhar, se querem ter empresas de comunicação portuguesas, em língua portuguesa, sólidas e capazes de ganhar dinheiro e ser bem geridas, seja no público ou no privado.» (gestor de grupo de *media*).

Na ótica de muitos dos entrevistados, a grande mais-valia do sector da comunicação social nacional reside na língua portuguesa enquanto veículo de expansão e internacionalização do mercado, tudo isto baseado no conceito de «geografia da língua»:

> «Tenho a convicção de que a única forma de manter grupos fortes em Portugal é apostar na língua portuguesa e sair para o mercado luso, não só português. Senão, não vamos ganhar mais dinheiro, vamos ganhar menos. Tem de se produzir conteúdos em Portugal mas também para fora: de entre-

tenimento, ficção, conteúdos informativos em língua portuguesa. Com os parceiros certos, com o investimento necessário, se calhar com uma relação diferente com as operadoras, temos de promover esta capacidade de criar conteúdos na própria língua. É o que os ingleses têm feito muito bem: criar conteúdos capazes de sair das suas fronteiras. E Portugal tem uma oportunidade que é a língua. O português é importante.» (gestor de grupo de *media*).

2.3.3. Conceito de consumidor

Em virtude do ritmo a que se produzem alterações tecnológicas no sector da comunicação social, também o consumo de conteúdos se modifica de modo profundo e acelerado; daí a pertinência em identificar os consumidores a quem as várias empresas e grupos de *media* se dirigem, percebendo se existe um conceito tipo para o qual estas trabalhem.

Para um dos entrevistados a ideia de "consumidores" cede lugar aos conceitos de espectadores ou pessoas interessadas na informação e que cada vez são mais diversos. Dito isto, há que lidar em simultâneo com o fenómeno da desmaterialização do consumo linear que obriga a uma nova lógica:

> «Antes só havia um ecrã e era mais fácil. Era um ecrã generalista com horários definidos, em que se sabia bem qual era o público.
>
> Hoje o público não quer uma grelha, está com o seu *iPad* e baixa o programa que quer ver. Há diferentes públicos, e por isso é preciso ter produtos diferenciados e atrativos.» (gestor de grupo de *media*).

Esta mudança implica, antes de mais, conhecer os espectadores, perceber o que querem e fidelizá-los com uma variedade de produtos ajustados a diferentes perfis. Neste novo contexto é obrigatório saber comunicar para a variedade de suportes existentes, em casa e fora dela, atendendo ao registo da mobilidade.

E assim, na ótica de muitos dos entrevistados, os grupos de *media*, que estão presentes no mercado de forma transversal – agregando rádio, televisão, imprensa, multimédia –, são levados a pensar em produtos distintos para diferentes suportes, sobretudo para diferentes ecrãs:

> «Há um conjunto de marcas com diferentes propostas de valor para diferentes públicos.» (gestor de grupo de *media*).

Um contexto tão amplo em possibilidades exige que se esteja atento à sociedade, às suas mudanças, alerta um dos entrevistados. Mais do que nunca coloca-se uma ênfase especial na produção de conteúdos, o que requer também que se disponha de audimetrias:

> «É preciso saber o que se passa nas redes sociais, mas também é preciso saber usar as redes para nos darmos a conhecer.» (gestor de grupo de *media*).

2.3.4. Evolução do mercado nos próximos cinco anos

Ao prospetivar o mercado nos próximos cinco anos, a quase totalidade dos entrevistados preveem a concentração em vez da dispersão da propriedade no sector dos *media*. Nesta linha, muitos entrevistados reiteram a importância do desaparecimento de *players* mantidos artificialmente e a internacionalização da comunicação social.

Um dos entrevistados considera que se irá manter o registo de diversidade e liberdade de informação que hoje existe no contexto mediático nacional, fundado num ambiente democrático. Essencial será a constante tomada de consciência destas mais-valias, preservando-as:

> «O importante é ter informação do teu país e do resto do mundo na tua língua e transmitido de forma independente, por jornalistas independentes, que não dependem de um poder superior concentrado, nem político nem económico. Já não há perigo nenhum de concentração de meios dentro do que são os *media* tradicionais. Podes ter concentração com os grandes operadores de telecomunicações. (...) É por aí, onde está a grande concentração, os monopólios, que pode haver alguma influência. No fim, tudo vai acabar por ser regulado e vamos acabar por encontrar o equilíbrio. Mas, neste momento, a minha sensação é que a democracia está muito bem protegida na parte da comunicação social.» (gestor de grupo de *media*).

Com uma visão mais concreta do sector da comunicação social, outro entrevistado indica que o mercado português não é apetecível, à exceção da TVI. Em termos gerais prevê ainda que venham a surgir novos proprietários e que outros *players* desapareçam naturalmente da paisagem mediática nacional. É ainda sublinhada a ideia de que outros deveriam mesmo desaparecer por intervenção do regulador.

Em relação à RTP também se labora na incerteza, sendo que neste caso em particular se avança que deveria haver informação alternativa e não concorrencial. Em relação à Impresa considera-se que o canal generalista SIC é o suporte da SIC Notícias. Na imprensa, o papel está claramente a cair, mas, segundo os entrevistados, este segmento pode ter uma boa recuperação em digital, transplantando preços da publicidade.

De resto não se duvida que quando a Netflix chegar a Portugal [o que sucedeu em outubro de 2015] mais acentuadas se tornarão as mudanças, ou que a Google continuará a manter a sua preponderância. O papel dos distribuidores habituais tenderá a perder importância porque se prevê que venham a surgir novos métodos de distribuição de produtos. Quanto aos canais temáticos distribuídos por cabo, satélite e *online*, vão ter um papel importante. Por fim, o entrevistado considera que as televisões *free to air* manter-se-ão.

Um dos interlocutores refere-se a mudanças em curso no respetivo grupo ou empresa de *media* que dirige, orientadas para o futuro, chamando a atenção para o grande investimento tecnológico, em moldes novos e diferentes, através da aposta em funcionalidades que vão ao encontro da mobilidade das pessoas.

> «São investimentos fortes, em sistemas caros, para que se possa aceder aos conteúdos a partir de plataformas digitais múltiplas. (...). Lançámos o *multiroom* ou o *second screen* para ir de encontro à possibilidade de as pessoas, se são subscritoras, estão em viagem e querem ver o jogo, ligarem-se e verem o jogo, estejam onde estiverem. Portanto, vamos ao encontro da mobilidade das pessoas.» (gestor de grupo de *media*).

A evolução irá no sentido de haver mais subscritores disponíveis para pagar um preço mais elevado para disporem de todas as condições. O senão desta estratégia esbarra no facto de os consumidores viverem uma situação de crise e não disporem de poder de compra para aceder a produtos mais elaborados e caros.

2.3.5. O projeto ideal
Ao imaginar um projeto sem restrições, o discurso de alguns dos entrevistados remete para a aquisição como ponto de partida para a construção de grupos integrados de *media*, nos quais ganha destaque a televisão

free to air, a necessitar de ser mais protegida. Na perspetiva de um dos interlocutores, a aposta far-se-ia através da aquisição da TVI, pela mais--valia da marca:

> «(...) Porque tem marca e porque haveria de dar produtos *premium*. Comprava um *broadcasting* por ter condições para se transformar e porque tem conteúdos.» (gestor de grupo de *media*).

Outro dos entrevistados apresenta um plano equivalente, recaindo o seu interesse sobre a aquisição de um grupo integrado, que agregasse vários *media*, como forma de aproveitar sinergias vindas da televisão, rádio, jornais, digital, etc. Comum a toda esta construção seria o desenvolvimento de um jornalismo de qualidade:

> «Faria a aposta na qualidade, no jornalismo de referência, porque morreu em Portugal e, portanto, pode ser que haja espaço (não garanto que o haja). Acredito que pode haver espaço para a qualidade da informação. Mas só num grupo integrado.» (gestor de grupo de *media*).

Na perspetiva de outro entrevistado existe o desejo que o grupo que dirige integre uma televisão e esteja na TDT. No entanto, encontra entraves no contexto dos *players*:

> «O que tem resistido à crise tem sido o *free to air*, que continua a ganhar quota de mercado na publicidade; por isso, a médio prazo, só com uma televisão se sobrevive; apenas com jornais impressos não se ganha.» (gestor de grupo de *media*).

A necessidade de a televisão continuar no *free to air* é partilhada por mais responsáveis, que referem a importância de se assegurar um espectro capaz de concorrer e produzir, sob pena de se tornar desinteressante na perspetiva de negócio por falta de escala:

> «Se produzes para um *share* pequeno, não vendes. Portanto, deixas a produção ou acabas por comprar produto internacional. O meu grande medo é que não se regule bem e continuemos com plataformas cheias de canais em inglês e com muito pouca produção própria.» (gestor de grupo de *media*).

A preferência de um outro entrevistado é orientada para a produção de vídeo, criando formatos que ainda não existam no contexto nacional, indo para o efeito buscar parte dos profissionais de uma das suas publicações digitais para se obter um bom produto.

Num outro registo, no qual alinham algumas vozes, aponta-se no sentido da internacionalização da comunicação social, fundada em alianças com vários territórios geográficos, apenas possíveis por terem a língua portuguesa como denominador comum. Recupera-se, assim, a ideia da importância de criar um grande projeto económico e cultural de rádio e televisão, com produção própria, dirigido aos países de língua portuguesa, baseado em parcerias ativas entre Portugal, Brasil e África:

> «Seria ficção em português, capaz de interessar no Brasil, nos países de África e em Portugal. Com sócios desses países faria um triângulo fantástico. (...). E os países que falam português não devem esquecer que a comunicação social baseada na língua é um grande foco de riqueza.» (gestor de grupo de *media*).

Outro entrevistado refere o interesse em fazer uma Al Jazeera em língua portuguesa e com recursos já disponíveis:

> «Nem sequer precisava de muita gente. Acho que os meios já existem, bastava só articulá-los. Redações descentralizadas, pequenas, baseadas na geografia da língua. Penso num porta-aviões e em caças. Tem meios focados nos mercados nacionais, no Brasil, em Moçambique, em Angola, etc., E tem um porta-aviões virtual, *web*, que edita e distribui conteúdos que estão a ser produzidos pelos caças, que são autónomos, independentes, e estão aqui em Lisboa, em São Paulo... E já existem. Só temos que ter um porta-aviões que edite e acrescente. Uma Al Jazeera em língua portuguesa.» (gestor de grupo de *media*).

2.4. Diretores/Editores na área da Televisão

Diretores de informação, de conteúdos e editores da área multimédia são o conjunto de personalidades aqui reunidas e que se pronunciaram sobre as questões já identificadas.

2.4.1. Estado da comunicação social

O pessimismo marca a visão geral que diretores e editores de televisão dão do sector dos *media* na atualidade. Este leque de entrevistados recenseia problemas já assinalados a jusante por outros, como a questão da falência do modelo de negócio e a necessidade imperiosa de reinventar fórmulas de sustentabilidade financeira para os *media*.

Ao mesmo tempo alertam para a emergência de novos *players online* (agregadores e redes sociais), estruturalmente estranhos ao negócio, que vêm dificultar em muito a recuperação dos *players* instalados, na medida em que a sua atividade não é fiscalizada nem tributada em território nacional.

Numa relação direta com esta conjuntura de crise são invocadas as dificuldades económicas suportadas pela classe média portuguesa, grupo tradicionalmente determinante para um funcionamento sustentado dos *media*, a que se alia a falta de literacia da opinião pública:

> «Acho que é a situação mais dramática que temos desde sempre. Porquê? Há aqui um problema de negócio, de sustentabilidade financeira da atividade. E há os *players* não tributados nem fiscalizados. E há falta de literacia da opinião pública, associada às debilidades económicas da classe média portuguesa, que é quem deveria sustentar o grosso da atividade dos *media*. As fontes de financiamento tradicionais para os meios de comunicação sempre foram a subsidiação pública ou a subscrição, preço de capa do jornal, ou a publicidade em formato *display* – exibição de publicidade, contacto de potenciais consumidores com a mensagem publicitária numa relação que em biologia se definiria por mutuamente beneficiária, simbiótica, e que permitiu, ao longo do século XX e até aos últimos anos, garantir uma grande parte da sobrevivência dos meios de comunicação, independentemente da sua distribuição (sejam jornais, rádios ou televisões). Isto mudou radicalmente nos últimos anos e a tendência é dupla: por um lado, diminuiu a utilização de publicidade meramente de exposição, por outro, aumentou a quantidade de agentes que passaram a disputar o mesmo mercado *display*, incluindo-se aqui os motores de busca, as redes sociais, os sites de partilha de vídeo.» (responsável de canal de televisão).

> «Só para vermos um exemplo aleatório, vou meter uma coisa do Youtube porque é bom ver-se o que se diz... [ouve-se o anúncio da Optimus] Eu não

cliquei para ver este anúncio, certo? Isto é o negócio das televisões, com uma diferença: isto é tributado onde? Com que carga fiscal? [termina o anúncio] E agora tenho o conteúdo em que cliquei. E esse conteúdo que eu queria ver foi produzido por quem? Pelo Youtube? Não! Portanto, é ao contrário de uma estação de televisão que cria (podemos discutir depois gostos e estratégias). Mas há um custo de uma estrutura criativa que está completamente *out* desta plataforma que, curiosamente, escolhe exatamente o mesmo modelo de negócio que nós. Mas é como se tivéssemos uma empresa que fica só com a parte boa e tira toda a parte que custa dinheiro.» (responsável de canal de televisão).

Outra variável nova, profusamente referida por diretores e editores de canais de televisão, é a presença das "telco" no contexto dos meios de comunicação e de como a intermediação realizada por estas empresas de telecomunicações provoca uma situação de dependência dos *media* em relação às "telcos":

> «As "telco" estão a fazer de intermediários. Mas é um problema. Se eu não tiver – como acontece em Portugal no caso da televisão – acesso a nenhuma forma de chegar a estas pessoas (e não tenho, com a estrutura de negócio que está aqui montada), o que é que faço? Estou nas mãos deles. Os canais informativos e temáticos dependem da vontade dessas empresas. Um dia podem dizer que "estivemos aqui a fazer uma reunião de acionistas, temos um novo plano estratégico para a empresa e achamos que temos canais de informação a mais, por isso temos que acabar com o vosso. Portanto, assim que acabar o contrato, vocês esqueçam porque não vos vamos incluir na nossa plataforma." No dia em que um deles disser isso, eu fecho na hora.» (responsável de canal de televisão).

Alguns dos entrevistados destacam a falta de incentivos ao audiovisual português, nomeadamente, a pouca defesa que existe da produção de conteúdos em língua portuguesa e à sua difusão sustentada:

> «O mercado audiovisual em Portugal não teve acompanhamento, seja do ponto de vista legal, seja do ponto de vista de incentivos para compensar essa lacuna. Antes pelo contrário, todos os encargos, e tudo aquilo que poderia

ajudar ou que se vislumbrava ser alguma ajuda para o mercado audiovisual, foi exatamente no sentido inverso.» (responsável de canal de televisão).

«Portugal está de tal forma fechado num casulo que, por um lado, não consegue ter mecanismos de desenvolvimento no audiovisual e, por outro, publica leis e interpretações de leis que não permitem aos operadores expandir-se no mercado internacional através da aquisição e divulgação de obras europeias, exatamente porque todas as leis estão a ser canalizadas ou para nichos, ou para conteúdos que à partida terão muita dificuldade em vingar em Portugal. O país estava até há relativamente pouco tempo (agora menos, felizmente) muito americanizado. Já temos mais produtos em português, mas há muito pouca atenção à defesa da língua portuguesa (não só em Portugal, como pelo mundo fora). É um património valiosíssimo, e não há nada que esteja a ser feito que proteja, defenda e incentive que o português seja efetivamente uma língua a defender e a apostar. Um país é tanto ou mais rico, do ponto de vista cultural, quanto maior for a sua capacidade de expansão de língua.» (responsável de canal de televisão).

Em paralelo com os aspetos anteriores é sublinhada uma particularidade do sector português, marcado como poucos pela penetração absoluta da televisão por cabo contra a deficiente implementação/funcionamento da TDT:

«Há ainda outras questões que me parecem importantes referir nesta altura, questões mais concretas, como é o caso do crescimento do cabo em Portugal, ou seja, o TDT em Portugal – e estou a dizer isto já porque interfere diretamente com a perceção que as pessoas têm do audiovisual e do futuro do audiovisual em Portugal. Eu acho que o futuro do audiovisual em Portugal depende efetivamente de uma inversão total, ou então vamos ter muitas dificuldades do ponto de vista de penetração e de algo que devia ser completamente gratuito para os portugueses e que não está a ser, porque o cabo tomou uma capacidade enorme de penetração em Portugal, o que não é replicável na Europa, asfixiando a televisão gratuita e, neste caso, a televisão digital, que teve um mau arranque.» (responsável de canal de televisão)

Muitos dos entrevistados referem a erosão dos jornais, que não conseguem ampliar mercado e que, por esse motivo, se veem obrigados a reduzir redações, conduzindo ao fecho de projetos. No entanto, esse processo não é uma novidade dos dias de hoje. Não obstante, as marcas informativas e a sua chancela de credibilidade no que difundem não são passíveis de alienação, mantendo-se imprescindíveis, ainda que com um círculo de influência menor:

«A imprensa está a passar por um período extremamente difícil. Muitos jornais em papel não souberam adaptar-se a tempo às mudanças, não perceberam também que era necessário fazer alguns investimentos, eventualmente noutros negócios paralelos, como forma de ganhar dinheiro para o negócio principal, e o facto de lhes faltar dinheiro levou a cortes de pessoas. Os cortes de pessoas levaram à perda de leitores, porque os leitores percebem que estão a ler pior. Lendo pior e vendendo menos, vão despedir mais pessoas, e por aí adiante. Portanto, entraram num círculo vicioso de que será muito difícil saírem.» (responsável de canal de televisão).

«A morte dos jornais impressos não é antecipada, é "pós-tecipada", porque os jornais estão a fechar. Portanto, é uma evidência, não é? Estão a fechar, a reduzir redações, não têm leitores, não alargam mercado. Neste momento, a circulação de jornais diários em Portugal é extraordinariamente ridícula. E, portanto, a capacidade de influência dos jornais, salvo uma ou outra exceção, que pode ser detalhada, é mais pela visibilidade que, seja o digital seja a televisão, lhes dão, porque têm a chancela da marca e aquilo que é publicado no jornal merece maior credibilidade por parte da opinião pública do que aquilo que é publicado num qualquer blogue ou que tenha outra proveniência qualquer. A estrutura funcional e profissional de um jornal atribui-lhe uma chancela de credibilidade que faz com que as notícias e as reportagens publicadas, mesmo que sejam consumidas diretamente por pouca gente, tenham ainda alguma capacidade de influência na sociedade, mas de uma forma indireta. Estamos a falar do papel.» (responsável de canal de televisão).

Ao nível de consumos, os entrevistados indicam estar a dar-se uma fragmentação e a polarização do mercado, tanto do lado dos produtores, como do lado dos consumidores, tendente a uniformizar os padrões de consumo, a que se alia ainda a diminuta qualidade dos conteúdos digitais disponíveis:

«Tenho noção de que os conteúdos digitais em Portugal são fracos. Muitíssimo fracos. E ainda mais repetitivos do que os jornais sempre foram. A fragmentação e a polarização do mercado, tanto do lado dos produtores como do lado dos consumidores, estão a uniformizar os padrões de consumo. Está a uniformizar aquilo que se conhece, por absurdo que pareça. Acho que nunca vivemos com tanta informação à nossa volta, nunca vivemos tão ilusoriamente saciados de informação e nunca soubemos tão pouco de cada vez menos coisas. E é aí que entra a história da iliteracia.» (responsável de canal de televisão).

2.4.2. Novas formas de ganhar dinheiro

A propósito de novas formas de obter receitas com os *media*, um dos entrevistados é assertivo ao afirmar a necessidade de esmagar as margens de forma a lutar contra a perda constante da base de clientes (isto apesar de a oferta vir a aumentar). A introdução de outros negócios é uma das vias sugeridas, considerando-se como exemplos possíveis as chamadas de valor acrescentado ou ainda a organização de conferências. A exploração destas vias alternativas prende-se, mais uma vez, com situações atrás assinaladas, como a perda do investimento publicitário nos moldes tradicionais, motivada por novos comportamentos de produção e de consumo face ao digital, mas sobretudo pela concorrência de redes sociais e empresas de telecomunicações num sector a que originariamente não pertencem:

«Eu tenho que baixar os custos, esmagar as margens e tentar alargar, ou manter, ou combater a erosão da minha base de clientes. Como é que faço? Com outros negócios. As chamadas de valor acrescentado... Por que é que não organizo conferências internacionais sobre jornalismo e tento ganhar dinheiro com isso? Já está a acontecer: a funcionalidade permanente de gravação da *box* está a destruir o que restava da publicidade. Todos nós sabemos o que fazemos aos blocos publicitários quando estamos a ver televisão: *fast forward*. Ninguém vê publicidade. Portanto, a publicidade em modo *display* morreu. E ao morrer, significa que está a morrer também a televisão em modo linear. Apesar do modo *display* estar ali no Youtube. Está é de outra maneira. Portanto, eu vou tentar ganhar mais dinheiro com aqueles *pre rolls*. Mas não chega para compensar, estamos só a adiar o inevitável. Porque há aqui um problema comportamental e de paradigma: nós construímos profissões e modelos de negócio com base na tecnologia disponível na altura. Essa tecnologia formatou o jornalismo da mesma maneira que formatou os consumidores do jornalismo. A tecnologia disponível hoje em dia formata as pessoas e os jornalistas de outra maneira e exige outro comportamento.» (responsável de canal de televisão).

Neste sentido, e para que se possa falar de novas formas de ganhar dinheiro no sector da comunicação social, um dos responsáveis de televisão ouvidos propõe que se dê um passo atrás e se faça um exercício de transparência com as contas de todos os *players* do sector dos *media* em Portugal que disputam o investimento publicitário disponível:

> «Acho que em Portugal este valor é muito superior ao declarado e isso é evasão fiscal e é concorrência desleal.» (responsável de canal de televisão).

Para além destes aspetos, o pensamento da maioria dos entrevistados aponta, reiteradamente, para duas situações no contexto dos *media* nacionais a necessitar de atenção: por um lado, os termos em que o serviço público de televisão é subvencionado, e que pressupõe que à RTP sejam retiradas receitas de publicidade; por outro, sublinha-se a importância de equilibrar o peso da TDT face à televisão por cabo, retirando uma parte considerável do peso ao cabo:

> «Em primeiro lugar, é preciso retirar a publicidade da RTP. Porquê? Porque a RTP já está subvencionada com os orçamentos gerais do Estado. Se retirar a publicidade da RTP verificará que haverá mais dinheiro para ser investido nos canais que existem. Para mim, esse é o principal foco.» (responsável de canal de televisão).

> «Do meu ponto de vista, a segunda solução é criar condições para que o cabo tenha um peso menor do que aquele que tem. E um peso menor para que os portugueses tenham cada vez mais acesso a conteúdos que não seja preciso pagar e, portanto, que através da publicidade isso seja de certa maneira compensado para esses operadores. Por outro lado ainda, acho que não devemos baixar os preços de tudo, ou seja, acho que também há um sobredimensionamento dos valores praticados em Portugal para algumas rubricas.» (responsável de canal de televisão).

Os conteúdos, os termos da sua produção, em obediência a uma estratégia de raiz em função das plataformas de consumo a que se destinam com o intuito de promover uma real inovação em projetos, nomeadamente os digitais, são uma preocupação deste conjunto de diretores e editores de canais de televisão:

> «Acho que o investimento que foi feito no Sol, se tivesse sido feito num media digital, provavelmente teria mais retorno e seria mais influente do que foi o Sol em papel. Não há nenhum grande projeto. Acho que vai haver um agora, pelo que se sabe. Mas não há nenhum grande projeto editorial, de nenhum media, feito por uma empresa nova. Há é migrações e tentativas e experiências de migração de *old media* para a nova realidade em que, como costumo dizer, aquilo que se faz é lei de Lavoisier, "nada se perde, nada se cria, tudo se transforma". E são os mesmos conteúdos, em regra literalmente os mesmos conteúdos, que passam da televisão para o Facebook, para a página *web*, para a *app* de não sei quê dos tablets e dos dispositivos móveis. Com o programa de rádio acontece a mesma coisa: é o jornal em PDF, ou as notícias do jornal publicadas na *web*.» (responsável de canal de televisão).

Aprofundando este ponto, um dos entrevistados não tem dúvidas de que o valor do jornalismo depende não só do investimento nos seus conteúdos, como se acaba de mencionar, mas também da importância que possam ter para os seus leitores, por isso mesmo não devendo, num primeiro plano, ser encarados apenas enquanto chamariz de audiências:

> «Tenho que me preocupar em fazer o melhor produto possível como jornalista. Acho que é evidente que o valor do jornalismo está nos seus conteúdos, portanto o valor do jornalismo está em fazer conteúdos suficientemente importantes para as pessoas. E conteúdos que, de alguma forma, mantenham aquele que é o papel tradicional do jornalista, que é um papel (que, de alguma forma, pode ter caído em desuso) de verificar o que os outros poderes estão a fazer. E acho que isso se tem perdido muito, que, cada vez mais, muitos dos conteúdos são feitos exclusivamente para o clique, para chamar a atenção.» (responsável de canal de televisão).

> «É possível, num mundo em que os conteúdos são mais abundantes e diversos, ganhar dinheiro com este tipo de jornalismo mais sério? Não sei,

se calhar não é e, portanto, há uma ameaça séria ao jornalismo. Porque a verdade é que o jornalismo está intimamente ligado à publicidade (e sempre esteve) e, muitas vezes, o que eu sinto como leitor é que para ler nos mesmos jornais a mesma coisa, acabo por... Alguns órgãos de comunicação social não perceberam, ou perceberam tarde, que estamos agora a competir num mercado que é global.» (responsável de canal de televisão).

2.4.3. Evolução do mercado nos próximos cinco anos

Ao conjunto dos entrevistados parece plausível que ocorram movimentos de concentração da propriedade no mercado dos *media* num prazo de cinco anos, o que se revela pacífico para alguns mas também preocupante na perspetiva de outros.

Ainda segundo o pensamento de alguns destes diretores, é possível que se desenhe uma terceira via, assistindo-se à concentração da propriedade nalguns sectores dos *media* em particular e à fragmentação noutros. Referem-se ainda outras questões como o surgimento e extinção dos projetos digitais.

Um dos diretores ouvidos considera este novo contexto como um momento propício para se repensar e reposicionar a noção de Democracia representativa:

«Acho que vai haver mais diversidade, essa é uma tendência absoluta. Mais diversidade a todos os níveis. Não tenho a certeza se isso se transformará em algo de bom para a democracia. O que acho que está a acontecer é a revisão do próprio conceito de democracia representativa tal como o conhecemos.» (responsável de canal de televisão).

«Em relação à concentração de propriedade, muito sinceramente, não é algo que me preocupe. Repito o que já disse: se há canais, empresas ou grupos em que já passaram uma série de acionistas e todos eles mantiveram independência editorial, não vejo nenhum problema nessa concentração. Muito sinceramente, uma coisa são as empresas, outra são as pessoas que trabalham nessas empresas, ou melhor, uma coisa são os acionistas, outra são as pessoas que trabalham nas empresas. E, hoje em dia, há regras, normas, leis, códigos deontológicos e bom senso. (...) Portanto, repare no leque de diversidade de pensamento do acionista. Não me preocupa a concentração.» (responsável de canal de televisão).

Para o conjunto dos entrevistados, a verdadeira preocupação remete para o risco de se perder diversidade nos conteúdos que chegam aos consumidores e a tendência para o seu nivelamento por baixo por efeito de um mau exercício por parte de quem gere o serviço público. Idealmente, deve fazer-se um equilíbrio de ofertas de diferentes sectores e televisão, revendo a questão do enraizamento do cabo face à TDT:

> «Preocupa-me a falta de diversidade na RTP, que é o canal que não tem contas a dar (permitam-me esta expressão). Nós, os privados, temos contas a dar porque temos que sobreviver. Nos próximos cinco anos, aquilo que vamos fazer é tentar encontrar um equilíbrio entre o custo de produção e outros géneros de programação. Nós temos de encontrar equilíbrios através de canais específicos para determinados públicos, temos de encontrar equilíbrios de canais abertos para outras pessoas e, portanto, será a mistura destes conceitos que vai permitir ter uma oferta mais diversificada, atingindo quem queremos atingir, e não quem eu não quero.» (responsável de canal de televisão).

Em relação ao mercado da imprensa, as opiniões são coincidentes, prevendo-se que muitos serão os projetos em papel a ser erradicados:

> «Tenho a sensação, no que diz respeito à imprensa (que é a área que eu conheço melhor), que há jornais que não resistirão, quando há alguns que vendem dois mil ou seis mil. Jornais diários a venderem 12 ou 15 mil exemplares não podem resistir no formato papel. Mais tarde ou mais cedo esses jornais fecham a sua edição em papel, ou haverá alguém que os mantém como um gasto.» (responsável de canal de televisão).

2.4.4. O papel do Regulador

A importância do regulador é reconhecida pela maioria dos entrevistados. Na mesma medida, defendem que o regulador deveria ajustar a sua intervenção nalguns aspetos. Os diretores expressam a opinião que a ERC segue assuntos menores e não dá a mesma atenção a questões maiores. Também entendem que o regulador deve estar atento às condições formais e substanciais dos vários operadores de televisão para não se criarem injustiças:

GERIR INCERTEZA

«O regulador não regula demais, mas muitas vezes tem interpretações que nem sempre vão ao encontro daquilo que deve ser o seu papel, focando--se em assuntos menores e esquecendo outros maiores. Não é possível um canal generalista ter mais regulação do que tem uma FOX ou AXN no cabo, a todos os níveis. Mas, se calhar, o regulador olha mais para o atraso de um minuto...

O regulador deve olhar, na minha opinião, com alguma distância, mas também com alguma determinação, porque estamos num país que se rege por leis, e não é por se emitir um canal de Espanha que se deve ter condições e obrigações diferentes daquelas que tenho. Porque, se não, mais uma vez, academicamente falando, peguemos todos na tralha e vamos todos para Espanha, emitimos de Espanha e já não sou obrigado a ter uma série de coisas que sou obrigado a ter aqui.» (responsável de canal de televisão).

O mesmo entrevistado refere ainda que o regulador deveria ser mais ativo e atento para garantir a igualdade de condições de intervenção dos vários operadores no mercado:

«Em Portugal as condições de mercado são iguais para todos? Não. A RTP recebe subsídio do Estado? Recebe. Recebe também a publicidade? Recebe. Recebe só seis minutos? É verdade, mas recebe seis minutos de publicidade. O que é que isso dá? Qual é o orçamento da RTP? O que é que empresa faz? Onde é que leva a mensagem de Portugal ao estrangeiro? (...) Nisso acho que o regulador deveria ser mais interventivo, na igualdade do mercado, na diversidade que o canal público tem que dar, na vergonha que está neste momento a acontecer – e posso utilizar este adjetivo – em relação ao Mundial de Futebol; como é que os contribuintes vão pagar aquilo tudo? Tenho muita pena de não ter Mundial de Futebol, mas vou combater com cinco horas de ficção em cada dia. É uma forma um bocado arbitrária de dizer, mas tenho muita pena porque não houve bom senso, que é algo que está a faltar no audiovisual em Portugal. Neste momento há uma concentração. Ora, a concentração devia ser para formatos novos, para apostar mesmo em pilotos a sério, para divulgação de como é Portugal pela RTP Internacional. Era preciso olhar aquilo que os outros fazem lá fora de uma forma sustentada e com metas.» (responsável de canal de televisão).

A transparência do mercado ao nível do negócio que suporta os *media* seria outro campo onde a ERC deveria desenvolver uma ação mais efetiva e ativa:

«Deveria auxiliar em tudo o que tem a ver com a transparência da propriedade e da tributação fiscal. A regulação de tudo o que tenha a ver com a transparência, com o que move o mercado, ou seja, o negócio. *Follow the Money*. É como na investigação criminal. Quando se suspeita de um crime de corrupção, o que é que dizem os investigadores? *Follow the Money*. Isso é garantia de que, independentemente de quem difunde, se respeitam as regras...» *(responsável de canal de televisão)*.

Por seu turno, um dos entrevistados questiona a forma de eleição do regulador, apesar de achar interessante a intervenção que tem acontecido até agora:

«Não me parece que um regulador eleito pelos partidos políticos tenha alguma credibilidade, portanto, eu tenho sempre dificuldade. O trabalho que têm feito parece-me interessante, mas acho que a falta de credibilidade desta forma de nomeação do conselho regulador é sempre um problema.» *(responsável de canal de televisão)*.

«Acho que algumas das coisas que a ERC tem feito, de tentativas de regulação, de colocar algumas balizas no que os órgãos de comunicação social fazem, é importante. Acho que a autorregulação seria também muito importante, como o Conselho de Imprensa que já existiu e que existe no Reino Unido. Acho que poderia funcionar melhor.» *(responsável de canal de televisão)*.

2.4.5. O projeto ideal

Os projetos ideais avançados por este conjunto de entrevistados com cargos de direção em televisões pautam-se pela sua diversidade: entre eles existe o desejo de apostar na língua portuguesa através de um canal generalista com uma emissão permanente:

«Conseguir ter um canal generalista que só transmita em português. Esse é o meu maior sonho. Em português, com qualidade, evidentemente. Portanto, o maior sonho não é ter filmes americanos, ter filmes europeus, é ter a nossa vida, a nossa cultura, sem aquela visão da prima daquela amiga que é a da senhora que chega de avental aos EUA e que nem sabe falar inglês. Não com essa visão, mas a de um país moderno, atual, vanguardista, com grandes oportunidades, com o conhecimento que temos, mas que tivesse uma emissão, durante 24 horas, falada em português de Portugal.» (responsável de canal de televisão).

Um dos diretores de informação defende uma modificação nos temas a destacar na hierarquização da informação, isto em nome de uma abordagem integral e simultaneamente mais especializada, o que exigiria uma organização bem mais complexa de uma redação, afastada do modelo tradicional:

> «Uma abordagem holística do ponto de vista de agenda, incluindo temas habitualmente segregados para lugares absolutamente secundários de exposição pública, incluindo o misticismo, por exemplo, a religião, a dimensão moral e espiritual das pessoas, a sexualidade (...).
>
> Qual é a dificuldade? É que sendo a abordagem muito mais integral, também tem que ser muito mais especializada. Não há ninguém que seja *all in one* e, portanto, preciso de ter pessoas com sensibilidades muito diferentes e muito cruzadas para ter alguém que trabalhe histórias de nutrição, outra que trate de histórias de cinema e *entertainment*, outra da política, outra da economia, outro das empresas, outra dos mercados, outra dos temas da ecologia e da economia verde, outra que trate das coisas espirituais...» (responsável de canal de televisão).

Um outro entrevistado põe a tónica no termo "sinergia" em nome de uma arquitetura múltipla do serviço público, abarcando televisão, rádio, *online*, mas também a imprensa escrita:

> «Um projeto de comunicação que tivesse um pouco daquilo que acho que pode ser visto, ou começamos a ver nos dias de hoje, que é uma convergência entre a rádio, a televisão e o online, o multimédia, no sentido de garantir a arquitetura de um serviço público feito em todas as plataformas. Juntaria eventualmente um jornal impresso, apesar de saber que estou um bocadinho em contraciclo e que o papel pode ter os dias contados. Mas eu

acho que, apesar de tudo, é importante que o papel fique aqui classificado e caracterizado como importante. Portanto, seria um projeto abrangente, de sinergias entre todos estes meios.» (responsável de canal de televisão).

Outra ideia seria a de criar um projeto de nicho, multimédia, no qual se pudesse ser líder de informação – dado que os órgãos de comunicação generalistas tendem a estar condenados – com menos pessoas:

«Só é possível se for buscar os melhores profissionais aos sítios tradicionais, porque não é possível fazer um projeto deste tipo baseado em estagiários ou iniciados. Vamos supor: há milhares de professores, dezenas de universidades, muita gente interessada na área do ensino superior e da ciência (também podíamos puxar para o ensino secundário), para produzir uma espécie de jornal da educação. Teria que ir buscar as melhores pessoas dessa área, o jornalismo de ciência, e tentar dentro desse nicho construir algo, porque ninguém está a dar suficiente atenção a essa área. Ia buscar uma série de pessoas aos jornais, para os deixar completamente limpos, que é uma das coisas que os jornais não fizeram. É evidente que as melhores pessoas para fazerem vídeo para os jornais são pessoas de televisão. Se quero lançar um grande projeto *online* que tem vídeo tenho que ir buscar o melhor operador de câmara da SIC, custe ele o que custar. Não vamos arranjar aí umas pessoas que sabem fazer uns vídeos. Mas isso não aconteceu. Não há mudanças em Portugal. Por exemplo, eu dizia isso muitas vezes no jornal: se queremos fazer vídeo temos que convencer pessoas da área de televisão, operadores de câmara, editores de imagem de televisão. Claro que a televisão é um outro meio, mas já temos um tipo que está num nível muito acima dos outros e sabe que imagens quer e editar um vídeo muito bem. E, se calhar, tenho que arranjar um realizador de televisão. E isso nunca aconteceu. Não me lembro de pessoas da TSF serem chamadas a fazer *podcasts*. Se quero fazer uma coisa interessante tenho que ir buscar um bom jornalista de rádio, que domine completamente o meio, e que possa fazer os *podcasts*. Claro que o multimédia não é exatamente rádio nem é bem televisão. Mas o que eu faria, eventualmente, era uma coisa de nicho, segmentaria, porque acho que os órgãos de comunicação social, quando começamos a ver o que é que está a acontecer, são claramente piores.» (responsável de canal de televisão).

2.5. Diretores de Jornais

Este painel é composto por diretores de jornais de grande consumo e nos quais se incluem um título especializado em economia e dois nacionais de informação geral.

2.5.1. Estado da comunicação social

De entre o conjunto dos entrevistados, os diretores de jornais impressos apresentam um olhar comum sobre o estado da comunicação social em Portugal, pautado por grande pessimismo, sobretudo no que toca ao segmento da imprensa:

> «Foi o pior de que me lembro, sem dúvida. O ano de 2013 foi um ano terrível, muito mau. Eu falo sempre do meu ponto de observação (...), mas a situação é pública, começa a ser notória. A situação dos *media* tem-se vindo a degradar de forma muito significativa, e todos os diagnósticos que têm vindo a ser feitos correspondem à realidade, não só aqui em Portugal mas no mundo desenvolvido, nos EUA e na Europa.» (diretor de jornal).

> «Muitos jornais vão morrer e os jornais, tal como os conhecíamos há alguns anos, já estão a morrer.» (diretor de jornal).

O diagnóstico feito por este grupo de entrevistados é coincidente em quase todos os pontos: todos referem a falência do modelo de negócio tradicional (da imprensa) que deixou de tutelar as relações de mercado provenientes das vendas em banca, da publicidade e também de marketing alternativo. Este contexto de crise é justificado, de acordo com os entrevistados, por dois fatores de base: por um lado, a conjuntura de recessão económica desde 2008, acentuada ainda com a entrada da Troika, e que veio provocar a perda do poder de compra dos portugueses. Por outro, soma-se o choque tecnológico, promotor de um maior consumo de conteúdos, sob diferentes formatos, em que o cariz de gratuitidade criou um precedente de difícil inversão, para além de se ter desviado a tradicional distribuição de fluxos da publicidade pelos *media*.

Os entrevistados recordam igualmente a necessidade crescente de investimentos avultados em meios tecnológicos para sustentar os novos formatos digitais em que os títulos de imprensa se estão a multiplicar – sendo, para já, residual o lucro gerado por estes canais.

MODELOS DE NEGÓCIO E COMUNICAÇÃO SOCIAL

Independentemente de o valor dos orçamentos das empresas poder vir no futuro a subir, o que preocupa este grupo de diretores de jornais é o facto de a sua distribuição pelos *media* não voltar a fazer-se como antes. Esta inflexão é justificada pela entrada no sector de empresas como redes sociais e agregadores: o seu *modus operandi* pressupõe a apropriação/distribuição de conteúdos de terceiros e a canalização para si de investimentos publicitários, a preços mais baixos, propondo uma abordagem muito mais personalizada junto dos vários *targets*. Esse dinheiro não volta mais, afirma um dos entrevistados:

«Acho que é irreversível por causa do fenómeno das redes sociais e dos agregadores, como o Google, que é de longe o maior concorrente dos jornais. Por causa das receitas de publicidade, o Google terá faturado em Portugal, o ano passado, 40 milhões de euros. Tem uma pessoa a trabalhar em Portugal, e não paga cá impostos. E esse é um valor que antes era distribuído pelos jornais. Mas não vai voltar, ou não vai voltar todo, porque enquanto os jornais vendem perfil – a proposta comercial dos jornais aos anunciantes é anuncie num determinado jornal porque o nosso perfil tipo é a classe A/B, eleitoral, etc. –, o conhecimento que as redes sociais têm é tão específica que eles conseguem não vender amostra, conseguem mesmo vender população, portanto, não perfil, mas exatamente as pessoas... E as empresas estão a aperceber-se – isto não pode ser dito muito alto, mas a verdade é esta – que não só investem menos dinheiro nas redes sociais e no Google como têm um retorno maior. E portanto estou muito pessimista, porque não só estes últimos anos foram tenebrosos para a comunicação social, como acho que já não voltam os principais canais de financiamento.» (diretor de jornal).

«As receitas de publicidade caíram e o marketing alternativo desapareceu. Em compensação, o que é que as empresas de comunicação social estão a fazer ou deviam estar a fazer? Procurar receitas no digital através da venda de conteúdos, o que não tem muita expressão; através da publicidade nos seus sítios da Internet, como nas aplicações *mobile*. Isso tudo está a acontecer, mas as receitas que se geram não são de molde a substituir aquelas que se perdem. Portanto, é nesse ponto que estamos. Tanto em Portugal como no mundo inteiro há coisas a ser tentadas nas direções mais diversas. Há jornais que estão a tentar fechar tudo e há jornais que tentam publicar tudo de borla e apostar nas receitas... E depois acresce que esta crise, influenciada não só pela crise financeira, mas também pela erupção do digital, está a levar as pessoas a consumir informação... Hoje consome-se mais informação do que no passado. Quem disser o contrário não saberá o que está a dizer. Mas isso não está tutelado por um modelo de negócio e, portanto, as receitas, mesmo da publicidade, têm-se deslocado, e hoje em dia as grandes marcas de Internet não são os media tradicionais. É o Facebook, o Youtube, o Google.» (diretor de jornal).

Nesta sequência, e à semelhança das observações da maioria dos entrevistados, entre os diretores de jornais também existe preocupação face ao fenómeno de transferência do poder efetivo das mãos de quem produz conteúdos para as de quem os distribui, referindo-se mais uma vez à proeminência ganha tanto pelas redes sociais e agregadores mas também pelas empresas de telecomunicações:

«É interessante porque a grande transformação que aconteceu no negócio, do meu ponto de vista, não foi passar do papel para o online, foi a transferência de valor da produção para a distribuição. Isso já aconteceu em muitas indústrias... Das últimas em que aconteceu terá sido na música, com o iTunes, e com os livros também. Quando o autor de um livro recebe 10%, quem investe, que é a editora, recebe 25%, o Estado recebe impostos e o Continente recebe 50%. Isto é o valor que está na distribuição, não está na produção. Assim é com a música e passou a ser assim também com a comunicação social, seja porque quem distribui hoje a imprensa são redes sociais – nós produzimos e eles é que distribuem e ganham valor –, seja porque quem está a cobrar aos telespectadores é o MEO e a NOS. É a mesma coisa, ou seja, eles estão a distribuir e os canais a produzir... Neste caso, apesar de tudo, ainda há um pagamento, porque a PT e a ZON depois pagam aos canais para os distribuir mas, lá está, eles apropriaram-se do valor. Quando nós pensamos, há 10 anos, no escândalo e nos grandes debates sobre a PT ter a Lusomundo; quando a PT comprar a TVI e por aí fora vamos ver... Eles não têm neste momento produção, mas têm um poder brutal porque distribuem todos! E a única maneira de fazer face a isto seria através da concentração, para equilibrar forças, para ter capacidade de negociação. É muito difícil – imagino eu que não estou na televisão –, mas deve ser muito difícil negociar como uma PT ou com uma ZON, porque é preciso estar lá. Não se pode dizer "isso eu não aceito".» (diretor de jornal impresso).

A perda do monopólio do jornalismo/jornalistas no fornecimento de informação e na sua validação é também apontado com fenómeno decorrente do surgimento da Internet no contexto dos *media*:

> «Nós, até à *web*, eramos validadores de informação, mas também eramos monopolistas (...). Quando passo de uma situação em que sou monopolista, em que tudo tem de passar por mim e nenhuma instituição consegue falar diretamente com os cidadãos, para uma situação em que todas as instituições conseguem falar diretamente para os cidadãos e, além disso, o cidadão comum pode apresentar-se como jornalista, há uma fase de grande confusão. As próprias pessoas, nós todos, não sabemos muito bem o que é informação e o que é conversa de "ouvi dizer que", que não está validada. Penso que a maturidade na forma de consumir o *online* vai criar um novo espaço para aquilo que vamos designar como jornais, como *media* (...).» (diretor de jornal).

Ainda a propósito da questão central da transferência do jornalismo praticado para formatos digitais, associada ao risco de destruição de valor no pagamento de conteúdos, um dos entrevistados indica que este estado de coisas é crítico para a imprensa escrita, enquanto reduto último do jornalismo de investigação, assim colocado numa situação de maior fragilidade. Ainda neste contexto, o entrevistado alerta para a tendência de os jornais em suporte digital se transformarem em máquinas de audiências, seguindo uma lógica que os afasta do seu registo e os aproxima da televisão, deixando de ser fenómenos editoriais para se tornarem fenómenos virais:

> «A transferência para o *online* destrói valor na publicidade e destrói valor no pagamento de conteúdos. Isso é bastante preocupante, na minha opinião, porque, apesar de tudo, os jornais, a imprensa escrita, é onde quase sempre se faz e consegue mais eficazmente ter capacidade de investigação, ainda que se propague depois através de outros canais. A falta de viabilidade e a passagem para os *sites* está a transformar muitos jornais em máquinas de audiências, está a torná-los parecidos com as televisões. Nós conseguimos ter uma audiência instantânea, como nas televisões, sabemos que em função do título a notícia é muito mais lida, sabemos que a fotografia tem efeito ou não... É exatamente como nas televisões. (...) São fenómenos incríveis de

propagação da informação: não são fenómenos editoriais, não são fenómenos jornalísticos, mas são fenómenos de informação, e isso está a fazer com que muitos de nós vão atrás deles e, portanto, percam um bocadinho a sua identidade jornalística para se transformarem em máquinas de audiências.» (diretor de jornal).

Não obstante todas as alterações sofridas, nenhum dos entrevistados põe em causa o conceito geral de jornalismo e a necessidade de referências jornalísticas. No entanto, preveem o desaparecimento de títulos de imprensa, concebidos em moldes tradicionais, por falta de condições favoráveis por parte do mercado; enquanto isso, alguns antecipam a emergência de grandes marcas de informação, num futuro próximo:

> «Num conceito geral (passando por cima do conceito de o jornal ser em papel ou não), os jornais impressos não vão morrer, mas há muitos que vão morrer. Primeiro por falta de dimensão do mercado e, segundo, porque muitos vão-se tornar noutras coisas. Podem até chamar-se jornais, mas não serão projetos jornalísticos como classicamente os conhecemos. Mas isso também quer dizer que haverá espaço para as grandes marcas de informação. Não para todas, mas haverá necessidade de referências jornalísticas. Portanto, eu suponho que daqui a dez ou 15 anos, haja, se calhar, até mais marcas de informação, mas menos marcas de jornalismo ativas.» (diretor de jornal impresso).

Neste âmbito, o conjunto dos entrevistados preocupa-se com a falta de renovação do sector e o não surgimento de novos projetos, algo que levanta uma questão crítica para todos: a manutenção artificial de projetos editoriais de imprensa que não são economicamente viáveis, mas que são sustentados por interesses particulares:

> «Não é normal, do ponto de vista económico, que em Portugal tenha havido uma quebra de 50% das receitas de publicidade e 60 e tal por cento de quebra de receitas dos jornais impressos e não tenha fechado nenhum jornal. Do ponto de vista económico é uma aberração, não faz sentido. Como é que desaparecem dois terços das receitas e não desaparece nenhum jornal?» (diretor de jornal impresso).

Mais uma vez, e à imagem de processos em curso, é recordada a pressão transversal ao sector para contratar jornalistas com competências técnicas em áreas tecnológicas e o desencontro daí sentido em relação ao perfil tradicional do jornalista, aparentemente obsoleto:

«Do ponto de vista dos recursos, há neste momento uma grande pressão em toda a Europa, não só cá, para contratar técnicos. Jornalistas com competências técnicas (...) a quem se vai ensinar depois jornalismo. Há muito desemprego de jornalistas e, no entanto, anda tudo à procura de pessoas com um perfil ideal que é muito difícil de encontrar, porque não é o jornalista de mochila como há 15 anos achámos que ia ser: é o jornalista que domina o texto e ferramentas de imagem, som e até mais conhecimentos, como ferramentas técnicas – que perceba minimamente de html, CSS3, Java Script, por aí fora... É uma pessoa completamente diferente e que vai criar nas redações – e este é o momento em que isso já está a acontecer –, um desencontro entre os jornalistas tradicionais, que não sabem mexer nessas ferramentas e que, naturalmente, vão ter algum horror e vão dizer que o que interessa é o jornalismo e que o resto são questões técnicas não essenciais (e provavelmente é verdade), e os outros que acham que os jornalistas da velha guarda são uns tipos que ainda não perceberam que o mundo mudou.» (diretor de jornal).

2.5.2. Novas formas de ganhar dinheiro

A dificuldade em identificar novas formas de ganhar dinheiro na comunicação social é um fenómeno comum entre Portugal e muitos outros países, referem os entrevistados, que apontam sobretudo o que dificulta esse objetivo e, nalguns casos, identificam saídas possíveis. Nesse âmbito, alguns dos entrevistados assinalam como determinante a renovação dos recursos humanos dentro dos grupos de *media*, não só na área dos jornalistas como também na dos gestores. Mas, para além disso, neste contexto também reconhecem como determinante o papel a desempenhar pelas agências de meios, às quais se atribui uma quota de responsabilidade no atraso em que se encontra a transição da publicidade para o *online*:

«Os jornalistas já migraram todos para o *online*, os leitores foram os primeiros a migrar para o *online*, e a publicidade ainda não. A publicidade está relativamente atrasada nessa migração, embora isso seja inevitável, e eu atribuo isso, de facto, às agências de meios.» (diretor de jornal).

A relação a estabelecer com os consumidores é outra área a ser trabalhada na perspetiva da obtenção de receitas. Um dos entrevistados refere como determinante desenvolver trabalho na área do *data mining* para se conhecer com exatidão o perfil específico dos consumidores e, em função disso, saber o que lhes vender:

> «Que eu saiba, em Portugal ninguém está a fazer um projeto a sério que permita conhecer os leitores dessa maneira.» (diretor de jornal).

Em relação aos conteúdos jornalísticos, ao nível da sua distribuição, é unânime que se deve ultrapassar a resistência ao pagamento de conteúdos jornalísticos, antes oferecidos gratuitamente, um problema mencionado recorrentemente e longe de estar resolvido:

> «De facto habituámos as pessoas a não pagarem por informação, e agora é muito difícil retroceder. Acho que é basicamente uma questão de hábito, porque a informação não é cara. Como é que nós convencemos as pessoas a voltarem a pagar aquilo que não pagam há dez ou 15 anos? É muito difícil. Não está a acontecer na Europa nem em quase lado nenhum. Nos EUA acontece, e a habituação das pessoas a gastar dinheiro *online* vai favorecer os jornais. Mas é muito difícil e acho que só há uma maneira: os jornais têm de criar plataformas que sejam confiáveis no pagamento e CRM que permitam ter atendimento em condições – porque hoje as empresas de *media* não são muito focadas no cliente e, portanto, é difícil criar uma relação de confiança e de ligação, etc. Isso tem tudo a ver com gestão e não com o projeto jornalístico mas, além disso, só vejo duas hipóteses: ou a exclusividade ou um movimento mais ou menos agregado de todos começarem a fechar. E é isso que está a acontecer.» (diretor de jornal).

Nesta linha, para alguns, a aposta em jornais com conteúdos especializados de elevada qualidade seria um modo de assegurar a disponibilidade dos leitores para pagar pelos mesmos:

> «Os jornais económicos já estão muito bem posicionados para isso, porque dão aquilo que outros não conseguem dar em termos de especialização e de ferramentas, por exemplo, para investidores... E, portanto, para esses

muito especializados, muito exclusivos, com muita qualidade, sim, vamos conseguir ter leitores que pagam. Nisso acredito.» (diretor de jornal).

De um modo geral os entrevistados aceitam a ideia de que na imprensa a venda de formatos digitais de um título implica que se disponha a jusante do formato em papel, algo que hoje se confirma.

Enquanto isso, e ainda em relação ao suporte em papel, um dos entrevistados fala da existência de leves indícios que nos conduzem a um novo espaço para o papel enquanto objeto, dedicado não ao "tempo real" mas ao "tempo parado". Enquanto nicho, poderia vir a ser rentável a prazo, num registo *back to basics*:

> «São pequenos sinais, sintomas muito ténues de que alguma coisa pode estar a mudar e que podemos estar a entrar numa fase de maturidade no consumo destas novas tecnologias. Isto não significa que elas vão acabar, podem é ser consumidas de maneira diferente. E, se forem consumidas de maneira diferente, há um espaço para o papel, que não tem a ver com o papel do jornal diário, que não tem a ver com aquilo que foi a nossa primeira reação ao aparecimento de novas tecnologias (...). Se de repente as pessoas começarem a sentir-se inseguras, a sentirem que isto não lhes está a satisfazer as necessidades, eu posso ter espaço para um produto que é um objeto, que me faz uma hierarquização e uma organização da informação, que em vez de ser em tempo real é em tempo parado. É um retrato em tempo parado das últimas 24 horas e uma antecipação do que pode vir a acontecer. E isto é *back to basics*, é um jornal como sempre foi.» (diretor de jornal).

2.5.3. O leitor tipo

Para a generalidade dos diretores de jornais, a ideia de leitor tipo não se pode conjugar no singular, é um conceito múltiplo; tanto quanto as formas que este dispõe para se relacionar com o seu jornal. A alteração nos termos em que se consome informação, com a pluralidade introduzida pelo digital, exige que os jornais prestem muito mais atenção a quem os segue, assegurando presença no "tempo real" e no "tempo parado", para diferentes sexos e faixas etárias (as mais e as menos envolvidas com o *online*) com diversos interesses informativos, dos generalistas aos mais especializados:

«O cliente tem diversas formas de relação com o jornal. Os jornais são apenas uma parte e, portanto, já não são nem o elo exclusivo de informação, nem, se calhar, o elo preferencial. E é preciso termos a noção de que já não somos a única coisa, nem necessariamente a coisa mais importante na vida daquela pessoa. E, portanto, nós é que temos que andar atrás dos leitores, e não eles atrás de nós.» (diretor de jornal).

Este contexto ampliado implica o aprofundamento da presença no digital mas também exige que se repense a organização das redações para se dar resposta a exigências de informação em "tempo real" e em "tempo parado":

«Ultimamente utilizei muito a frase "Negócios só há um, negócios são vários", porque nós somos vários – somos *mobile*, tablet, papel, etc. –, mas somos jornalistas e o que fazemos são notícias, independentemente do canal para onde vão. (...) No que pensei, e tenho andado a olhar com atenção, é na forma de organizar redações, porque é muito difícil organizar redações em que tenho tempos reais e tempos lentos, ou seja, o jornalista tem de ser capaz de estar no tempo real (e o nosso ADN é muito tempo real, é informação o mais depressa possível, obviamente validada) e conciliar isso com o que eu chamo tempo lento, ou o tempo parado, que é quase o do jornal impresso.» (diretor de jornal).

A presença cada vez mais intensa no digital implica mesmo que os jornais sigam os leitores nos lugares que estes frequentam, como as redes sociais, e comuniquem a partir daí:

«O que fazemos para conseguir estar no dia-a-dia do leitor e na sua relação com as redes sociais, por exemplo? Nós aqui ainda fazemos pouco. Não há muita gente em Portugal que trabalhe muito bem nas redes sociais. O Público faz umas coisas bem-feitas, quer-me parecer, mas, enfim, há várias teorias sobre isso. O New York Times, por exemplo, está introduzido nas redes sociais e a dar formação aos jornalistas para que eles próprios façam essa animação.» (diretor de jornal).

«Acredito que o leitor do papel e o leitor do digital são substancialmente diferentes. Espero que sim, porque costumo dizer que por cada leitor de jornais que morre não aparece outro, e não aparece. (...) Portanto, espero que tenhamos perfis diferentes. É óbvio que o papel é para uma faixa etária a partir dos 40 anos... E espero que nós, até com o número de seguidores que já temos no Facebook, as partilhas, asseguremos o digital com gente mais jovem. E podemos também publicar no nosso sítio notícias que às vezes nem publicamos no jornal. Precisamente para isso, para abrir caminho no futuro para fazermos uma marca...» (diretor de jornal).

Os diretores têm noção de quem seja o seu público-alvo, esforçando--se não só para o manter mas também para o ampliar, sem, no entanto, subverter a identidade das suas marcas:

«O (nome do jornal) tem vários leitores tipo, é fácil definir o perfil dos leitores do (nome do jornal) e isso é muito importante quando se tenta conquistar novos leitores (todos tentamos), seja por camadas etárias, seja por... O (nome do jornal), por exemplo, é muito masculino, portanto é natural que se pense em componentes, em abordagens, em grafismos para captar público feminino. Esse é apenas um exemplo, mas é preciso fazê-lo sempre sem trair a identidade do jornal.» (diretor de jornal).

«(...) O (nome do jornal) é absolutamente transversal. E o trabalho que a minha direção fez desde que entrámos, e está agora a fazer anos, foi um pouco de requalificação, mas sem nunca abandonar os leitores-matriz. Porque acho que nunca se consegue... Quer dizer, se quiser movimentar um corpo com um íman e for brusco não movimento nada. Tenho que vir aqui e levá-lo devagarinho. O (nome do jornal) agora tem muito mais opinião, tem jornalismo de investigação, e com a criação das atualidades – estamos a falar do suporte em papel –, empurrou a área das ocorrências muito mais para o meio do jornal. Por acaso era um exercício interessante ver o (nome do jornal) de há 30 anos, de há 20, de há 10, de há sete e de agora.» (diretor de jornal).

Independentemente do grau de especialização dos conteúdos, pela sua natureza e complexidade, pensados para o leitor tipo, existe um desafio, que é o de simplificar a linguagem:

«Nós gostamos de pensar que somos lidos pela classe A e B, pelos decisores políticos, económicos, empresariais, gestores. E penso que esse é o leitor que temos como referência. Isto tem vantagens e tem inconvenientes porque, se interiorizamos que estamos a falar para especialistas, tendemos a ter uma linguagem muito fechada. O grande problema dos jornais especializados às vezes é esse. É um bocadinho conciliarem a simplificação com alguma relação com as fontes. Eu não posso dizer isso assim porque isso não é bem assim... O rigor em excesso pode afastar leitores e, muitas vezes, o que me parece é que temos de interiorizar que o nosso jornal devia conseguir ser lido por todo o tipo de pessoas. Mesmo um gestor de telecomunicações não percebe nada de banca. É igualmente gestor, mas se calhar também gostava de perceber alguma coisa da informação sobre banca. Mesmo falando para as classes A e B – que nós admitimos e gostamos de achar que sim, embora também apanhemos bastante da C –, a informação tem de ser simplificada, e isso é muitas vezes o grande desafio do jornalismo: a simplificação da linguagem.» (diretor de jornal).

2.5.4. O Papel do Regulador dos *Media*

É com facilidade que o conjunto dos diretores de jornais aponta algumas áreas por tutelar no sector da comunicação social; não obstante, fica a interrogação sobre até onde poderá a ERC intervir em termos substanciais, para além da dimensão dos conteúdos que lhe é naturalmente associada. Entre aspetos importantes a explorar, os entrevistados sugerem a educação para os *media* dos consumidores, como forma de esclarecer o papel do jornalismo e a observância de um método de produção de notícias, o que as diferencia de demais conteúdos ditos informativos, valorizando-o:

> «Educação para os *media* era muito importante. Saber o que é um jornalista e porque é que um jornalista não pode dizer a primeira coisa que lhe contam. Não é diretamente do produtor para o consumidor. Não pode ser, porque não podemos nem devemos fazer isso, porque temos de proteger os interesses em presença, de proteger as pessoas, porque isso criava aquilo que é muitas vezes o espaço digital, uma sala em que toda a gente diz o que lhe apetece. Isso é um aspeto em que as autoridades podiam contribuir e todos nós, que temos consciência do que é ser jornalista, podíamos contribuir. Para que as pessoas percebam que, elas também, com certeza, não gostariam que alguma vez contassem alguma coisa sobre si que fosse escrito diretamente nos jornais. (...) Além de permitir que as pessoas compreendam melhor o que

é um método, também contribuiria para qualificar e tornar a concorrência entre os meios de comunicação social menos agressiva, no sentido em que eu tenho de ir cada vez mais longe para ir ao encontro desta quase ansiedade das pessoas de "vocês têm é de trazer e têm é de dizer". (...) As autoridades públicas podiam contribuir de alguma forma, e cada um de nós como cidadão, e não só explicar porque é que os jornais não dão e porque é que ainda bem que não deram, porque aquilo era mentira e ia degradar-se alguma figura pública ou alguma instituição, ou o que quer que fosse.» (diretor de jornal).

Mas o aspeto que a maioria dos diretores de jornais mais menciona, exigindo uma intervenção, prende-se com os movimentos de concentração empresarial, ligados ao risco de se vir a promover concentração da publicidade, em última análise pondo em causa a viabilidade financeira do negócio dos jornais:

«A concentração da publicidade é um dos problemas que pode diminuir ou limitar a margem de manobra dos órgãos de comunicação social. Nem é tanto na independência editorial, é mais pela forma como podem ameaçar a viabilidade financeira de um negócio pelo poder negocial com que ficam e pela pressão que vão fazendo nas diversas áreas, porque o jornal não são só os jornalistas, é também a área comercial que terá que os enfrentar em primeira instância e na lógica de funcionamento de um jornal. A área comercial de qualquer órgão de comunicação social funciona muitas vezes como o primeiro embate com poderes que vão em crescendo e, muitas vezes, nós, os jornalistas, esquecemo-nos que eles acabam por ser os primeiros a proteger o produto e a tentar que não entrem por ali adentro, muitas vezes em ligação com as direções e isso tudo. Mas confesso que é dos aspetos que mais me preocupa num país como o nosso, a concentração de anunciantes (quando há concentração empresarial há concentração de anunciantes). Gostava de ver, não sei dizer como, algumas regras quanto à maneira como produzem os anúncios e os espaços que querem ocupar.» (diretor de jornal).

«Confesso que aquilo que me preocupa mais é a concentração em si do sector empresarial. Como os jornais vivem da publicidade, quanto mais segmentada for a publicidade – fragmentada é a palavra correta –, e quanto mais concentrado for o sector empresarial, em princípio, melhor para os jornais, que têm mais poder negocial do que a publicidade. Eu já não queria ter mais poder, só queria que os *media* tivessem um poder igual. Significa que, para nós, quanto mais concentrado estiver o sector empresarial, mais condicionada fica a margem de manobra da comunicação social. Desse ponto de vista não sei se a ERC pode fazer alguma coisa, porque a vida é o que é. Não podemos impedir que as empresas se comprem umas às outras. E a lógica na Europa vai muito nesse sentido.» (diretor de jornal).

Ainda em relação à publicidade e ao seu valor, são apontadas práticas de *dumping*, vindas do canal público de televisão, responsáveis por desequilíbrios profundos na obtenção de receitas do sector:

> «Se eu sou pequenino, e se os grandes vendem a esse preço, o que hei de fazer com o valor da publicidade? Não sou eu, é a equipa comercial, o que havemos de fazer? Vendemos publicidade quase ao cêntimo! Isso é dramático! E ter aquilo que deveria ser um farol de regulação, que é uma televisão pública, a ser quem mais desregula, quem puxa mais para cima o custo hora, quem vende mais barato publicidade, isso é assustador! (...) Mas garanto que prejudica imenso todo o sector, porque depois é uma reação em cadeia. Depois vai refletir-se: "- O quê? Vocês querem não sei quanto pela página? Então eu meto em *prime-time* por..." Isto é uma questão de regulação muito importante. Obviamente, o mercado deve funcionar, não é o regulador o responsável, mas como é que se verifica o *dumping* na venda de publicidade? Como é que se afere a razoabilidade, principalmente quando um dos operadores é público e, curiosamente, é tão ou mais opaco do que os privados? Para se saber verdadeiramente o que se passa, de onde vem o dinheiro e para onde vai... Agora, disse uma coisa que me preocupa imenso.» (diretor de jornal).

Em nome deste conjunto de situações, os entrevistados questionam a ausência de aplicação de sanções efetivas e até onde pode chegar uma entidade como a ERC no exercício mais efetivo de autoridade:

> «Alguns aspetos não funcionam, desde as pessoas... Não há sanções, está a ver? Não se paga, ninguém paga o preço de ser "mal comportado". Ninguém paga! Tanto faz fazer bem como fazer mal, porque ninguém tem qualquer custo por não cumprir as regras, e vocês isso sabem até melhor do que eu. Agora, como é que isso se consegue fazer? Não sei. E há um código deontológico a brincar.» (diretor de jornal).

2.5.5. Evolução do mercado nos próximos cinco anos

Em relação ao futuro do sector da comunicação social no horizonte dos próximos cinco anos, o conjunto dos diretores indica que há condições para que se dê um movimento de concentração da propriedade. Este é encarado pela maioria dos entrevistados como o caminho natural, sem que se ponha em causa a liberdade existente:

> «Claramente parece-me que há espaço para consolidação, porque alguns grupos são, a meu ver, complementares de outros. Acho que isso não condicionaria a liberdade.» (diretor de jornal).

De outra perspetiva ainda, a concentração empresarial é vista como vantajosa em nome de eventuais sinergias que possa trazer consigo:

> «O que são sinergias? É cortar custos e ter propostas comerciais mais agressivas. Eu acho que não é muito fácil explicar como é que isso ainda não aconteceu, sobretudo quando metade destas empresas está a perder dinheiro há muitos anos.» (diretor de jornal).

Com um olhar mais concreto, um dos entrevistados faz uma súmula dos movimentos em curso na comunicação social portuguesa em 2014 que poderiam alterar a sua face:

> «Acho que este ano vai ser muito importante. Pode ser coincidência, mas acontece... Há um grupo editorial que foi comprado, muito forte na imprensa escrita e na rádio, há uma televisão que está à venda... Isso é público. Há um novo projeto, o Observador, que aparece como órgão de comunicação mas é um novo projeto, há o Expresso que faz um movimento surpreendente no mercado e que se move e investe quando está bem e não quando está mal (o Expresso não foi por estar desesperado, foi o contrário, quando está bem é que faz este movimento) e tudo isto vai coincidir num mesmo ano. Portanto, acho que vai ser um ano muito importante, porque vai acontecer algo em todos os grupos de comunicação social que vai precipitar essas mudanças.» (diretor de jornal).

Em relação à sobrevivência do papel, alguns entrevistados preveem que vá continuar a perder relevo, e duvidam que todos os jornais diários que hoje existem se mantenham como atualmente, sublinhando que, para lá do suporte, o mais importante é a preservação da credibilidade da marca:

> «O futuro do papel... Como disse, não estou muito preocupado com o futuro do papel, estou preocupado com o futuro das marcas e o futuro da comunicação. Se as pessoas deixarem de consumir papel, porque é que eu vou perder tempo a tentar impingir-lhes papel? Quero impingir-lhes a credibilidade da minha marca... Impingir, quer dizer... Quero vender-lhes o valor da intermediação jornalística, que é aquilo que eles não têm, acho eu, nos media sociais.» (diretor de jornal).

A ampliação da diversidade por via do surgimento de projetos é outra ideia aqui partilhada:

> «Acho também que vão aparecer coisas que nem nos passam pela cabeça neste momento, e que podem nem ser necessariamente projetos jornalísticos. Podem ser os tais projetos de informação sem serem jornalísticos, mas que fazem concorrência aos projetos jornalísticos, sobretudo *online*, que é onde há menos barreiras à entrada, e isso pode trazer diversidade, também.» (diretor de jornal).

Uma nota final para um dos motivos de maior apreensão por parte do conjunto dos entrevistados, e cuja solução se deseja nos próximos anos: a manutenção de projetos editoriais financeiramente não viáveis e que não são erradicados, o que afeta diretamente a sua independência, impede o surgimento de novos projetos e desequilibra o investimento publicitário:

> «Tem de haver espaço para todos, todos cumprindo as mesmas regras e submetidos às mesmas restrições. O que é que isto significa? Que não há um mercado de *media* em Portugal. Porque se houvesse mercado de *media* em Portugal alguns *media* já não existiam há muito tempo. Por isso é que eu não sei responder a essa pergunta. Só se as regras do jogo fossem regras de mercado. Se é preciso ser viável para estar no mercado, eu conseguiria responder a essa pergunta. Agora, se as regras não são essas, não sei. Porque há outras regras. Eu sei quais são as regras aqui. Nós somos bastante austeros e espartanos e somos viáveis. É isso que o acionista deve exigir, e penso

que é fundamental sabermos para que é que isto serve. É um negócio e tem de ser rentável porque, se não for, para que é que serve? Que interesses é que anda a servir? Eu confesso que sou muito na lógica de que um órgão de comunicação social, para garantir a sua independência enquanto órgão de comunicação social, tem de ser financeiramente viável. Isso é o maior selo de garantia que ele pode dar aos leitores. (...). Mas, hoje, no mercado português, há vários projetos que estão vivos artificialmente, estão ligados a uma máquina que lhes retira alguma possibilidade de serem independentes, logo, de servirem a sua comunidade de consumidores. Portanto, o mercado português, no papel, vai tender a seriar, vai haver um efeito quase "darwiniano" e que seria saudável.» (diretor de jornal).

2.5.6. O projeto ideal

Ao desafiar os entrevistados a sugerir o projeto ideal que teriam em mente, de um modo geral indicam o que estão a implementar ou o que gostariam de vir a desenvolver no âmbito do jornal que hoje dirigem.

O responsável por um título da área económica apostaria nesse nicho, aprofundando muito mais o digital, mas em simultâneo dando uma atenção particular ao papel na lógica do objeto *premium*, caro. Tudo isto se não tivesse restrições financeiras:

> «Eu queria um jornal de economia, isso não há dúvida. E um projeto sem restrição financeira, que é sempre o que mais preocupa, neste momento. Sem restrição financeira fazia o exercício de aprofundar o digital. É um bocadinho o que estamos a fazer. Tentar as diversas plataformas digitais, e no papel tentava o objeto. Informação diária mas numa lógica de jornal a regressar ao passado, o jornal tradicional: aqui está a informação do que se passou, o mais importante, há uma parte que é analisada e aprofundada, mas numa lógica de objeto, o que não é barato.» (diretor de jornal).

O pensamento dos entrevistados permite identificar o interesse em aprofundar mais intensamente as potencialidades do digital na multiplicidade de plataformas disponíveis. No campo do *online* quer ir-se ainda mais longe através da criação de uma marca originariamente digital, algo ainda por tentar nos *media* portugueses – esta lacuna é relacionada com a dificuldade por parte das fontes jornalísticas em migrarem para o *online* até ao momento:

«Ainda não apareceu (mais vai aparecer) um projeto que consiga impor-
-se e criar marca de jornalismo apenas *online*. Uma das razões acho que tem
a ver com as fontes. No nosso sector não há muitas a migrar para o ambiente
online. Portanto, os jornalistas migraram, estão todos a migrar, os leitores já
migraram, mas as fontes tradicionais vão ser as últimas. Quer dizer, se pedir
a um ministro uma entrevista para o jornal, ele se calhar dá; se pedir para
um *site*, se calhar não dá. É incrível mas ainda é assim. Isto para dizer que a
maior parte do investimento iria sempre para o *online*, e é um investimento
grande.» (diretor de jornal).

Uma ideia-chave, partilhada pelo diretor de outro jornal (mas que foi
ecoando ao longo do conjunto geral das entrevistas realizadas), indica
que o futuro passa por milhares de pequenas receitas em milhares de
sítios diferentes. Nesta lógica, é sugerida uma estrutura pequena, que
aposte na investigação, explore o digital e se dedique à criação de novos
e diferentes produtos com a chancela de uma marca editorial forte,
ampliando o leque do que se possa transacionar:

«(...) [um projeto] Mais pequeno, mais interativo nas diversas plataformas
e sempre com a preocupação de investigar e de dar coisas novas às pessoas.
Mas com certeza mais pequeno do que aquilo que tenho agora. (...)

Eu acredito que os jornais podem e devem surpreender e que devem
ter estratégias para o concretizar. E que devem construir redações capazes
de acrescentar algo que as pessoas não sabem, perspetivas diferentes sobre
acontecimentos que foram mostrados pelas televisões, ir sempre ao outro
lado das coisas e investigar, investigar, investigar. (...)

Hoje em dia há gente a ganhar dinheiro à nossa volta na comunicação
social, até ao nível das conferências, ao nível de realizações que têm pouco a
ver com a comunicação social... Nós temos o *know-how*, outros estão a ganhar
dinheiro e as empresas de comunicação social estão, digamos, a deixá-los
ganhar. Porque estamos só – alguns –, concentrados no papel. (...)

Há uma série de miúdos a fazer conteúdos, que vão meter nas televisões
corporate, nas grandes empresas. Tudo isso está a preocupar. Era muito mais
fácil esse espaço ser ocupado pelas empresas tradicionais. Há conteúdos

que são necessários às grandes empresas, mesmo na área das redes sociais.» (diretor de jornal).

2.6. Gestores da Indústria de Telecomunicações
Sob a designação de gestores da indústria das telecomunicações integraram-se os dirigentes máximos de várias empresas de base tecnológica, nacionais e estrangeiras, atuando em Portugal.

2.6.1. Estado da comunicação social
Ao pronunciarem-se sobre o estado da comunicação social em tempo de crise e a influência da entrada de empresas de telecomunicações neste sector (através da oferta de produtos televisivos agregados a pacotes multisserviços), alguns entrevistados consideram que este contexto se modificou para melhor, tanto para as empresas de telecomunicações como para as de comunicação social, detentoras de conteúdos, e ainda para os consumidores. Neste âmbito, a televisão é apontada como grande motor de uma transformação, com 80% dos lares dispondo atualmente de serviços de televisão por subscrição. Quem protagoniza esta mudança são as empresas de telecomunicações.

Existia a necessidade da parte das "telcos" de transformarem o seu negócio, para rentabilizarem o investimento na rede para transporte de dados, o seu fito inicial. Essa rentabilização deu-se através do negócio da televisão paga:

> «O negócio das telecomunicações, há dez anos, era um negócio de voz em que os dados davam os primeiros passos, em que havia ligações de Internet com velocidades reduzidas... Em que a voz era um negócio de mobilidade, em que assistíamos todos os meses ao crescimento da penetração de telemóveis em Portugal, em larga escala, até aos 100% da população. Portanto, era um negócio muito focado nisso: em crescimento, em penetração, em dados, em que a voz fixa caía. Só que a voz fixa é o negócio de *legacy*, em que os operadores mais investiram ao longo do tempo e que, portanto, têm uma rede instalada que tem de ser rentabilizada. A rentabilização dessa rede foi feita sobretudo pelo negócio de televisão e, falando muito concretamente da Portugal Telecom, chegou a uma franja de clientes muito significativa com o negócio de televisão. Se não tivesse feito esta transformação do negócio, hoje

não seria a empresa que é. (...). E daí a razão para ter transformado o negócio em negócio de televisão.» (gestor de empresa de base tecnológica).

Desta forma, os operadores de telecomunicações foram elementos-chave na mudança da comunicação social, ao tirarem partido de uma plataforma que permite levar conteúdos a um número significativo de pessoas:

> «Houve um enfoque muito maior e uma canalização de investimentos nestas plataformas, o que permitiu em troca a obtenção de mais e melhores conteúdos disponíveis. Portanto sim, acho que está melhor e é um sinal dos tempos. E se fizermos um *benchmark* com outros países mais evoluídos do que Portugal, julgo que chegamos à conclusão de que na televisão, seguramente, estamos no patamar dos países mais desenvolvidos. (...). Mas também pela própria qualidade, não só dos conteúdos mas também das funcionalidades que o serviço permite aos clientes.» (gestor de empresa de base tecnológica).

Na ótica dos entrevistados, também os grupos de comunicação social investiram nestas plataformas, através da criação de canais por cabo, de canais de TV por assinatura; ou seja, apostaram numa plataforma diferente de distribuição para suportar o respetivo negócio. Daqui resultou que mais consumidores acedam a mais conteúdos e mais eficientemente, graças ao investimento nas infraestruturas (exemplo disso é a passagem para a fibra), o que permitiu que os conteúdos chegassem a zonas mais remotas e mais rapidamente a uma franja muito significativa de clientes. Caso não tivesse ocorrido esta transformação/ampliação do objeto do negócio, defendem os entrevistados, as empresas de telecomunicações limitar-se-iam a gerir uma rede explorada por terceiros.

Alguns interlocutores referem que este sucesso da televisão paga em Portugal aconteceu devido às fragilidades de uma oferta reduzida de televisão aberta, linear e com muitas lacunas, colmatadas através das propostas de agregação de vários serviços num só por parte das empresas de telecomunicações.

Esta perspetiva simbiótica não é, no entanto, defendida de forma consensual por todos os entrevistados. Um dos gestores nesta área adverte para o facto de as telecomunicações não ganharam em absoluto neste período de crise, porque se encontrarem num mercado saturado; como um todo, o sector tem perdido receitas nos últimos cinco anos. Apesar de a penetração da televisão paga ter passado dos 30, 40% para os 70%, ou seja, quase duplicado, as receitas não se alteraram face a um mercado que entretanto cresceu. É chamada também a atenção para os investimentos brutais que têm sido feitos, permitindo o crescimento da televisão paga integrada com largura de banda, dado que as pessoas desejavam dispor de mais tecnologia e queriam ligação *online*. Contudo, verificou-se um desfasamento no retorno:

> «Hoje somos 20% das preferências dos consumidores, mas representamos apenas 2% dos orçamentos familiares.» (gestor de empresa de base tecnológica).

Ou seja, segundo o olhar das "telcos", existe um desfasamento entre as preferências dos consumidores e as receitas que deviam ser obtidas, pois consideram que os lugares cimeiros ocupados nas preferências dos consumidores acabam por ter um valor residual nos orçamentos familiares.

De acordo com alguns entrevistados, o sector das telecomunicações tem visto as suas margens de receitas reduzirem-se de forma progressiva e paulatina devido à regulação e à concorrência, sendo que uma desencadeia a outra. Por um lado, a regulação tem vindo a quebrar barreiras que protegem o negócio das telecomunicações, como é o caso da prevista proibição da remuneração do *roaming*, em nome da neutralidade da rede em território europeu. Por outro, lida-se cada vez mais com uma concorrência, irracional e agressiva, assente numa constante diminuição de preços (desligada da concorrência baseada na inovação), a exigir escala no mercado. Contudo, é unânime que se está a atingir o limite máximo de crescimento, não existindo espaço marginal para mais ampliação da televisão paga em Portugal:

> «Temos quatro milhões de famílias e três milhões de assinantes. Acho difícil que esse número possa crescer mais em Portugal.» (gestor de empresa de base tecnológica).

De resto, esta taxa de penetração da televisão paga é percebida como anormalmente elevada, resultante das limitações do *free to air*, ligadas à deficiente implementação do projeto TDT.

2.6.2. Novas formas de ganhar dinheiro

Ao inquirir o que será necessário para que, em Portugal, se possa ganhar mais dinheiro no sector dos *media*, o conjunto dos gestores entrevistados aponta dois caminhos articuláveis entre si: num mercado com margens de receitas cada vez mais curtas, sempre que possível dever-se-á baixar os preços; por outro lado, sempre que se proporcionar, devem cobrar-se pequenos *fees* por um dado serviço ou aplicação (numa ordem de valor de alguns cêntimos). Nesse contexto, alguns entrevistados preveem que os consumidores estejam disponíveis para pagar por produtos/serviços associados a fiabilidade, segurança e velocidade. Esta é a lógica seguida pela Apple, recordam, que gere um negócio em que o consumidor vai sempre tendo de adquirir algo mais.

Em suma, sempre que a tecnologia entre em áreas nevrálgicas para os consumidores, estes estarão dispostos a pagar um extra pela mais-valia em causa. Daí a importância do investimento em inovação.

Nesse sentido, para alguns dos gestores ouvidos, as receitas serão possíveis e mais fáceis para os operadores que já tenham evoluído para soluções integradas, como o *triple* e o *quadruple play*. Ou seja, esta estratégia de perseguir um valor extra tem de ser sustentada por empresas de telecomunicações seniores no mercado e que devem dar especial importância à publicidade interativa, alinhada para públicos-alvo específicos. Isto porque, depois de anos de crescimento assinalável, as receitas de publicidade caíram para um patamar muito baixo, dificilmente recuperando valores anteriores a 2008. Dado que uma parte das receitas publicitárias desapareceu, no momento presente, o investimento nesta área deve organizar-se em função dos consumidores-alvo que se pretende atingir, tirando partido das várias plataformas disponíveis.

A mais-valia de alguns operadores é o facto de conhecerem em detalhe o perfil dos seus clientes, do seu agregado familiar, etc., o que lhes possibilita fazer propostas direcionadas, tirando partido da interatividade. Mas para se continuar a disponibilizar um serviço de qualidade é preciso um investimento continuado nas infraestruturas da rede. Daí a importância da fidelização de receitas. Segundo um dos entrevistados, as subscrições mensais são a grande fonte de receitas, o porta-aviões da empresa. Já os canais *premium* e a publicidade interativa integram-se na categoria de receitas marginais, ligadas a ciclos e eventos, e que por esse motivo não se controlam.

2.6.3. A natureza do negócio dos operadores de telecomunicações

Ao questionar se as empresas de telecomunicações passaram a atuar no mesmo mercado que os grupos de *media*, é unânime a resposta dos entrevistados:

As "telcos" definem-se a si mesmas como "um meio para...", excluindo a produção e edição de conteúdos das respetivas cadeias de valor.

> «O nosso enfoque é na tecnologia e na experiência do cliente. Sempre estivemos no negócio do acesso aos conteúdos e não nos conteúdos. O que importa é apostar em equipamentos que permitam aos clientes aceder aos conteúdos de terceiros tendo à sua disposição a melhor rede possível.» (gestor de empresa de base tecnológica).

Ou seja, as empresas de telecomunicações assumem o papel de facilitadoras no acesso aos conteúdos, intervindo pela complementaridade:

> «As empresas de telecomunicações, no contexto do *e-trade*, têm uma função que é a de transporte de dados.» (gestor de empresa de base tecnológica).

> «O nosso negócio é largura de banda.» (gestor de empresa de base tecnológica).

Um dos entrevistados sublinha que a sua empresa não é dona dos conteúdos nem os produz, é a sua plataforma de distribuição, baseada em parcerias com os produtores de conteúdos locais:

> «A alternativa é criar novos canais, com os seus produtores locais, de acordo com as necessidades mútuas: devemos ser a autoestrada da comunicação que favorece que os outros façam os conteúdos.» (gestor de empresa de base tecnológica).

Todos excluem também a possibilidade de empresas de telecomunicações e de *media* se sobreporem, pelo facto de as primeiras agregarem canais televisivos e as segundas o fazerem em relação a programas. Há quem caracterize esta relação como sendo de simbiose entre empresas de telecomunicações que necessitam dos canais de *media*, enquanto os *media* tradicionais de televisão necessitam de plataformas que organizem canais para chegar ao cliente final. Na prática, são distintas as relações cliente-fornecedor que aqui se desenham, concluem.

Um dos entrevistados recorda que a agregação de canais e de programas pressupõe uma cadeia de valores que é diferente e considera que uma empresa de telecomunicações não tem presença nem na produção nem na edição de conteúdos:

> «Os operadores estão num patamar completamente diferente do dos produtores de conteúdos, que têm uma grelha de programação.» (gestor de empresa de base tecnológica).

Daqui deriva outra questão que gera absoluta coincidência no pensamento dos gestores da área tecnológica, a saber, que os canais de televisão são financeiramente sustentados pelas empresas de telecomunicações que os vieram salvar:

> «Esta plataforma é cada vez mais uma receita importante dos detentores de conteúdos. Isto porque esta plataforma tecnológica paga um *fee* aos canais de televisão e estes ainda obtêm receitas através da publicidade que conseguem angariar por esta via.» (gestor de empresa de base tecnológica).

Dentro desta lógica existem mesmo vozes mais críticas, que consideram que quem veio assegurar fontes de rendimento alternativas aos grupos de televisão em Portugal foram as operadoras de telecomunicações, que assim vieram pôr termo à dependência daquelas em relação às receitas da publicidade:

> «Quem salvou a Impresa e a Media Capital foram as operadoras. Eles conseguiram deixar de pagar para transmitir o sinal e passaram a ter receitas via pagamento das operadoras, salvando-se da falência.» (gestor de empresa de base tecnológica).

Contudo, ao subsistir esta obrigação por parte das empresas de telecomunicações, é-lhes retirada capacidade de investimento nas suas próprias infraestruturas, destruindo assim indiretamente o sector das telecomunicações.

MODELOS DE NEGÓCIO E COMUNICAÇÃO SOCIAL

O fenómeno dos produtores, e sobretudo dos agregadores de conteúdos, à escala mundial é outra das grandes questões em aberto que une os representantes das empresas de telecomunicações; o facto de empresas como a Google, o Facebook ou o Youtube disporem de um mercado do tamanho do mundo permite-lhes praticar preços de publicidade muito baixos, mas com o retorno substancial das receitas a ficar concentrado nas suas mãos:

«Os operadores de telecomunicações queixam-se que a Google usa as suas infraestruturas e consegue receitas com a publicidade que faz. Esta é uma guerra em aberto, porque sem rede não há hipótese de levar a cabo esse transporte. Contudo, o negócio da Google e dos agregadores de conteúdos não pode matar o das telecomunicações.» (gestor de empresa de base tecnológica).

A opinião geral é a de que as autoridades europeias estão atrasadas a discutir este problema.

A propósito do conflito gerado pela distribuição de conteúdos informativos, que são produzidos por grupos de *media*, por grandes agregadores e redes sociais, um dos CEO da área tecnológica indica que a marca que representa optou por uma filosofia diversa no campo das notícias, no tratamento de direitos de autor e na estratégia de negócio quanto ao *online advertising* e a relação com o cliente:

«Nós lançamos campanhas dirigidas em função do público. (...) No nosso motor de busca a lógica que está por trás vai para além da pesquisa específica que o cliente realiza. O motor vai sugerir outras ofertas que possam ser interessantes, vai tentar perceber o contexto. O motor de busca está a tentar dar uma experiência mais vasta. (...).

Em relação ao projeto de conteúdos, temos um grande respeito pelos direitos de autor. O nosso motor era feito com conteúdos próprios, mas o novo portal representa uma viragem: há uma maior riqueza de conteúdos disponibilizados, através das parcerias estabelecidas com os seus produtores. Estes fornecem os conteúdos diariamente e a nossa empresa faz a agregação e edição dos mesmos. Mas também dá visibilidade aos seus autores, colocando o link dos autores, e assim pode sair-se para fora do nosso universo. (...) Esta estratégia dá mais destaque ao produtor de conteúdos. A ideia é promover o portal e os seus produtores de conteúdos.» (gestor de empresa de base tecnológica).

No entender do entrevistado, caso os direitos de autor não sejam respeitados, corre-se o risco de a sua produção perder qualidade, podendo simplesmente desaparecer a nível local, restando apenas conteúdos internacionais.

Neste processo, e em relação às receitas de publicidade, a empresa opta por partilhar uma parte com os produtores de conteúdos, outra nota distinta que poderá abrir um precedente.

Verifica-se ainda um respeito pela privacidade dos clientes, traduzido no facto de a publicidade apenas se fazer se estes expressamente o indicarem.

E mais uma vez em nome da manutenção da credibilidade junto do cliente, e pela defesa da neutralidade da rede, a empresa não abre nem divulga informação seja de quem for.

Por outro lado, para o mercado funcionar com regras mais transparentes, os modelos de negócio têm que evoluir de forma mais rápida no digital. E neste contexto é importante estar atento a exemplos, nomeadamente a dimensão gratuitidade, que já se percebeu não ser a solução, e outras experiências no campo dos conteúdos *premium*.

2.6.4. Evolução do mercado nos próximos cinco anos

São várias as hipóteses que se levantam para a evolução do mercado nos próximos cinco anos. Alguns dos gestores entrevistados antecipam movimentos de concentração do mercado das telecomunicações, nas mãos da MEO, NOS e Vodafone:

> «Sim, temos dois *players* grandes, que dificilmente irão perder a sua dimensão, e vamos ter um ou dois *players* mais pequenos... Ou se calhar esses dois até se podem juntar. Por exemplo, Espanha é um mercado para que começo agora a olhar; em Espanha a Vodafone fez uma oferta para comprar um operador de cabo, para ganhar escala na televisão, para um mercado em que existem dois operadores grandes e um pequeno – pequeno, salvo seja, tem 800 mil clientes. Mas para a dimensão espanhola é pequeno. Dos dois grandes, um aparentemente também está à venda e, portanto, em Espanha se calhar vamos ter dois operadores. Aqui, a Cabovisão já foi com-

prada e vendida uma série de vezes. Acho que tem para aí 200 mil clientes. Quem a comprou foram sempre grupos de *private equity* ou grupos de televisão estrangeira que nunca olharam para isto com muita atenção. Ora, se o que a Vodafone está a tentar fazer em Espanha – até é público que a oferta que fizeram sobre o operador de cabo foi rejeitada, mas isso também vale o que vale, pode ser apenas pressão negocial –, se esse movimento aconteceu lá, pode acontecer aqui? Vão fazê-lo? Não sei. A Vodafone, devido às vendas que fez recentemente nos EUA, é uma empresa com uma liquidez muito grande, e que tem até usado o mercado português como mercado bastante evoluído, em que tentam testar algumas coisas. Se vai fazer isso aqui? Eu acredito que sim e que venham a existir em Portugal três operadores de comunicações integrados. Ou seja, a PT, que é um operador integrado já há muitos anos e que agora está a fazer um movimento de convergência com a marca única e enfim, com movimentos que ao nível societário acompanharão este movimento. Mas a extinção da marca TMN é um sinal de que a marca MEO vai vingar e é um operador integrado que oferece voz fixa e móvel, banda larga fixa e móvel, televisão fixa e móvel. Na verdade, a televisão hoje não é apenas casa, é mobilidade. A Zon era um operador integrado de televisão e evoluiu para os outros negócios da rede fixa, banda larga... E agora consolida a sua posição no mercado móvel com a aquisição da Optimus. Consolida, salvo seja, porque a Optimus está no mercado desde 1998, por aí, portanto há 15 anos, e nunca consolidou – no início teve uma quota de mercado de 20% mas hoje deve estar nos 12, 13%. Portanto, põe um pé no móvel da Zon, mas também vamos ver o que é que sai dali. À Vodafone falta-lhe a oferta no fixo e, na minha opinião, estas ofertas que faz de televisão são uma forma de parar a perda de clientes que devem estar a ter no móvel. Com estas ofertas de convergência da PT e da Zon, tenho a certeza de que a Vodafone tem assistido a uma perda de clientes no móvel para ir para uma oferta *triple play*, e a Vodafone tem uma grande lacuna, que é não ter rede própria significativa. Mas sim, acho que estes vão ser os três operadores de relevo de telecomunicações integradas no mercado português. A Cabovisão é uma peça que pode ser integrada num deles ou então pode viver autonomamente – eu acho até que a Cabovisão foi o primeiro operador de televisão paga por cabo em Portugal, ainda antes da TV Cabo, na altura, e mais uma vez tem 200 mil clientes, mais ou menos. Se é comprada ou não...» (gestor de empresa de base tecnológica).

Em relação aos grupos de *media*, existem dúvidas sobre a probabilidade de a concentração da propriedade ocorrer no mercado da comunicação social, prevendo por isso que continuem a coexistir três grupos independentes de televisão generalista, lado a lado com a oferta de televisão por subscrição:

«A montante, na parte dos grupos de *media*, se vai haver consolidação? Tem havido muitos movimentos, mas acho que tem sido sobretudo troca de participações societárias. Acho que o mercado está inundado de grupos de *media* – é um facto –, mas tenho sérias dúvidas de que isso se resolva ou que haja um movimento de concentração nessa matéria. A TVI está à venda – mais uma vez também é público. Quem a vai comprar? Não acredito que seja a RTP ou a SIC. E sim, acho que vamos continuar a ter três grupos independentes de televisão generalista.

Em cima disto temos outros grupos relevantes, como a Cofina ou o grupo Impresa, que acho que vão continuar a ser autónomos. E depois tem a Controlinveste, que muda de mãos mas não me parece que haja movimentos de concentração junto da PT. (...) Mais uma vez, na altura foi importante comprar aquele negócio porque a PT queria conteúdos e não os tinha, na altura da PT Multimedia (isto foi em 2000). Mas de facto veio a provar-se que ter um grupo de *media* não estava no ADN da empresa, por isso é que foi vendida em 2005. Mas não acho que vá haver grande concentração, respondendo objetivamente.» (gestor de empresa de base tecnológica).

A multiplicação de ecrãs é outro aspeto a firmar-se cada vez mais. O conjunto dos entrevistados encara esta tendência crescente como uma particularidade potenciada pelas ofertas comerciais disponíveis no mercado a preços especialmente baixos, mais até do que as próprias funcionalidades que lhes vão associadas. Independentemente da justificação por trás do fenómeno, as condições de acesso e consumo de conteúdos serão especialmente vantajosas no contexto português, daí que a difusão de conteúdos pelas empresas de *media* encontre um campo propício. O que não invalida que necessitem de dispor de uma escala maior, advertem os entrevistados.

Hoje dispõe-se de uma multiplicidade de plataformas de acesso aos conteúdos. Lado a lado assiste-se à explosão do vídeo em 3 e 4 G e verifica-se a complementaridade de vídeo de longa e curta duração. O que interessa que venha a dar-se é a adaptação do conteúdo à tecnologia (tal como o exemplo da complementaridade do visionamento linear de televisão com a OTT TV no caso norte-americano). A preocupação dos gestores de "telco" é garantirem o multiecrã com o elemento transmediático.

No caso português, em relação à TVI, SIC e RTP, alguns entrevistados são da opinião que estes têm de saltar para a OTT TV; enquanto isso, os operadores de telecomunicações terão o papel de facilitador do acesso, intervindo em regime de complementaridade, defendem.

2.6.5. O projeto ideal

Ao discutir-se que projetos ideais seriam levados a implementar sem restrições de natureza alguma, há entrevistados que dão a conhecer etapas futuras planeadas para as respetivas empresas que dirigem. Nesta linha, um destes gestores de "telco" reforça a necessidade de entrar em força no mercado de televisão, mas também o empenho em desenvolver-se em meios e infraestruturas com apoio do acionista. Para além disso, partilha o seu interesse em investir ainda na fundação de centros de competências em Portugal que prestem serviços noutras operações, noutros países, assim como em recursos humanos adaptados às novas realidades.

Há depois entrevistados que partilham a sua visão de continuidade de projetos a crescer noutros países de língua portuguesa, especialmente interessantes devido à possibilidade de crescer em escala.

Numa visão bem diversa, um dos entrevistados elege o espaço local como a área em que se deve apostar preferencialmente, montando negócios que sejam rentáveis e que vão ao encontro de necessidades e apetências específicas de pessoas, localmente:

> «Ganha quem encontrar o formato para a oferta local de proximidade geográfica. Isto porque tem havido várias soluções para a globalização, mas neste momento há pouco para a localização.» (gestor de empresa de base tecnológica).

Há quem reitere a ideia da importância de se dispor de conteúdos locais na língua autóctone para empresas locais:

> «No caso da comunicação social o importante é ter conteúdos locais com a sua língua; há espaço para empresas locais, mas tem que haver uma raciona-

lização do mercado. Se houvesse um único jornal, por exemplo, todos pagariam.» (gestor de empresa de base tecnológica).

Em relação à imprensa, um dos entrevistados refere que os problemas foram esta não ter sabido reinventar-se, excesso de erros e também devido à concorrência. A existência de menos oferta, associada ao recurso de *paywalls*, seria um caminho viável:

> «Se (a *paywall*) fosse um modelo hoje adotado por todos, então valeria a pena. (...) Cometeu-se o erro de não se fazer pagar pelos conteúdos. O conceito de *paywall* faz sentido pensando que a publicidade continua a sustentar os projetos.» (gestor de empresa de base tecnológica).

Tal como a oferta a mais na imprensa, na televisão deve evitar-se o mesmo erro. Daí que se prevejam efeitos negativos em torno do surgimento de um quinto canal:

> «Parece equivaler a mais uma opção, o que é bom. Mas o quinto canal equivale também a uma diluição da publicidade, o que é a pior solução possível. O país tem que ter dimensão. Existem jornais a mais, tem as TV suficientes. Ter um quinto canal não é nada interessante para o país: vai destruir a SIC e a TVI.» (gestor de empresa de base tecnológica).

A necessidade de que os negócios tenham escala para se obter retorno (como já se referiu) é uma opinião partilhada pelos gestores da área tecnológica, implicando explorar novos mercados e apostar na qualidade dos conteúdos e serviços prestados, na maior parte dos casos ancorados num denominador comum, ou seja, explorando o filão da "geografia da língua".

Dado que o número de assinantes em Portugal para uma das operadoras não tem mais hipóteses de aumentar no contexto do negócio, para o seu CEO, um caminho possível é a aposta na produção de conteúdos para comunidades estrangeiras:

> «Conteúdos de *media* equivalem a audiência. Com conteúdos em português podemos chegar onde se fala português. O mesmo se aplicaria para con-

MODELOS DE NEGÓCIO E COMUNICAÇÃO SOCIAL

teúdos em inglês, desde que se mantenha o denominador comum da qualidade necessária para se competir.» (gestor de empresa de base tecnológica).

Uma das operadoras, através de um projeto criado num país de língua oficial portuguesa, pretende tornar-se numa empresa global para se poder posicionar de forma concorrencial na guerra de telecomunicações e empresas de conteúdos, para que o português se torne uma língua da Internet, servindo uma comunicação à escala de 260 milhões ou 270 milhões; neste caso, ao produzir conteúdos em grande escala, seria possível posicionar-se com maior vantagem nos mercados.

2.7. Conclusões

O Departamento de Análise de *Media* da ERC, no acompanhamento sistemático dos conteúdos informativos veiculados pelos *media*, verificou uma tendência crescente para a mediatização de assuntos relacionados com o contexto de crise. Em Portugal, a partir de 2011, assistiu-se ao agravar dos cenários de crise, nas suas múltiplas dimensões. Foi um ano marcado por transformações sociais, políticas e económicas significativas, com a assinatura do memorando com a tróica e a eleição de um novo governo de coligação, após legislativas antecipadas. Os discursos nos espaços público e mediático foram dominados por estes temas.

A Entidade Reguladora para a Comunicação Social assume um papel privilegiado no contacto com os órgãos de comunicação social e, no âmbito dos objetivos de regulação e do seu leque de atribuições e competências, tem sempre procurado conhecer o contexto da sua ação, de modo a tomar decisões informadas. O regulador dos *media* acompanhou sempre com preocupação os sinais do acentuar de uma putativa crise sectorial. Por conseguinte, além de proceder a uma análise periódica da informação, a ERC traçou igualmente como objetivo perceber como os meios de comunicação se posicionavam no então quadro de crise e mudança social, bem como quais os ajustamentos que o mercado mediático sofreria na tentativa de a superar.

Assim, como referido, por iniciativa da Entidade Reguladora para a Comunicação Social (ERC), em parceria com o Centro de Investigação e Estudos de Sociologia (CIES-IUL), foram realizadas 24 entrevistas, ao longo de 2014, com vista a auscultar o sector da comunicação social, no sentido de perceber as grandes tendências do mercado e as preocupações dos seus responsáveis num contexto de crise e de profunda mudança em Portugal.

A preocupação do regulador da comunicação social prende-se com a necessidade de pautar a sua atuação com base num conhecimento sólido sobre a realidade vivida pelo sector da comunicação social em Portugal, integrando e sopesando todas as dinâmicas, variáveis, constrangimentos e possibilidades para assegurar a independência dos órgãos e o respeito pelos direitos fundamentais dos cidadãos.

A oportunidade de realizar esta ronda de conversas constituiu um momento único, ao ter permitido o cruzamento de um conjunto de vozes essenciais na comunicação social, provavelmente difícil de se repetir. Com efeito, ao longo dos nove meses em que foram decorrendo as entrevistas, o mercado de *media* confirmou a sua especial fluidez, assistindo-se a alterações de fundo, como a fusão da Zon com a Optimus, a queda do negócio com a OI, as modificações na direção de jornais como o Diário de Notícias e o Jornal de Notícias, do grupo Controlinveste (que passou a designar-se Global Media Invest), o surgimento de uma edição diária *online* do Expresso, a emergência do Observador, título criado de raiz para o digital, entre outras alterações.

Mais do que certezas, obteve-se uma visão combativa de um sector que conhece as suas fragilidades (pessimista, até) sobre o contexto de crise em que se mergulhou mais gravemente desde 2008. Não obstante, todas as conversas apresentam um denominador comum: em todos os sectores, independentemente dos recursos mais ou menos limitados de que se disponha, a palavra de ordem passa pela inovação e pela busca e investimento em novas soluções.

Este aspeto é aferível através das sugestões deixadas ao nível dos projetos ideais preconizados pelos vários interlocutores, que na maioria dos casos nada mais são do que estratégias a implementar a prazo, deixando-se antever alguns indícios de inversão da conjuntura negativa. Retenha-se uma das ideias mais repetidas, como a importância em investir na "geografia da língua" como mais-valia a explorar na perspetiva da internacionalização da comunicação social e o interesse em estabelecer parcerias com países lusófonos.

Em relação ao atual ambiente de crise, percebe-se que esta assume *nuances* em função dos diversos segmentos: a situação apresenta contornos mais degradados junto da imprensa, marcada pelo emagrecimento de recursos e, em última instância, pelo desaparecimento de títulos. Em paralelo, e de um modo geral, assiste-se a um desenvolvimento preferencial dos jornais em formato digital, numa tentativa de criação de conteúdos originais para as plataformas *online* (tendência ainda algo incipiente).

A televisão, apesar de fragilidades internas e externas, dá sinais de tentar introduzir mudanças ao nível da inovação tecnológica, seja através da articulação a redes sociais, seja apostando na OTT TV, etc.

As questões levantadas de forma recorrente em relação ao modelo de negócio indicam a sua falência, devido à quebra geral nas receitas tradicionais dos vários meios. Este cenário é justificado em grande parte pela entrada de *players* estranhos ao sector da comunicação social, ao nível de grandes agregadores mundiais e as redes sociais. O novo *status quo* prejudica os *media* tradicionais, que veem os seus conteúdos ser usados sem que obtenham retorno por esse facto (à exceção da Microsoft, que está a abrir um precedente nesta área). Além disso, o investimento publicitário, mais barato e mais fino no alinhamento para *targets* específicos, também é preferencialmente desviado para estas plataformas, exaurindo o negócio das televisões.

Em paralelo, é profusamente mencionada a concorrência vinda da parte de empresas de telecomunicações portuguesas, e a situação de dependência que as televisões criaram em relação às primeiras. Neste contexto, as "telcos" assumem o papel de distribuidores de conteúdos que não são por si produzidos, ao mesmo tempo que concentram nas suas mãos informação acerca do tipo de consumo associado a cada conteúdo que distribuem e desviam para si receitas publicitárias sem retorno para quem está no início da cadeia de valor, os seus autores. Esta situação de conflito é perspetivada de modo diametralmente distinto pelas empresas de telecomunicações, que se arrogam como as grandes viabilizadoras financeiras de muitos grupos de *media* nacionais.

Num outro nível, também se menciona de forma reiterada o problema da manutenção artificial de projetos editoriais que, não tendo sustentabilidade no mercado, levantam a questão de estarem ao serviço de interesses específicos que nada têm a ver com a razão de ser dos *media*, tal como aconteceu noutras épocas e noutros sectores.

Importa ressaltar mais dois aspetos apontados como elementos de desequilíbrio no contexto da comunicação social portuguesa, impeditivos de um são desenvolvimento.

Por um lado, o binómio TDT *versus* televisão por cabo; mencionando--se os níveis altíssimos (e únicos, comparativamente com os demais países europeus) de penetração da televisão por subscrição, não se permitiu uma real implementação do projeto TDT.

Por outro lado, muitas são as vozes que apontam para a indefinição estratégica em torno do conceito de serviço público, e o modo irracional do seu financiamento, que enviesa as possibilidades de uma saudável redistribuição do investimento pelo sector.

Ao auscultar proprietários e gestores de grupos e empresas de *media* e reguladores, responsáveis editoriais na área da televisão, diretores de jornais e gestores da indústria de telecomunicações há muitas posições coincidentes, mas também visões diversas sobre a situação dos *media* em Portugal, a evolução do negócio ou, até, quais seriam as linhas orientadoras para um projeto ideal.

O balanço dos responsáveis de "telcos" e grupos de *media* sobre o estado da comunicação social aponta o momento atual como o mais negro desde há 20 anos, por motivos estruturais (a explosão da Internet) e conjunturais. Na sequência da crise de 2008, verificou-se uma queda acentuada do mercado publicitário, em paralelo com uma migração para o digital, mas para fora do mercado tradicional de *media*, ou seja, outros *players*, como a Google ou o Facebook.

São também alvos de crítica os projetos sem viabilidade económica, mantidos à luz de outros interesses, que distorcem o mercado e não permitem aos restantes ter os meios necessário para uma regeneração, considerada indispensável, de modo geral. No entanto, há a esperança de que o mercado se limpe e abra caminho a uma recuperação sustentada.

Há também muitas vozes apologistas da concentração como forma de equilibrar a relação de poderes entre os *media* e o mercado publicitário, considerado por vários dos entrevistados como demasiado poderoso e antiquado, face à realidade do mercado atual e às lógicas e práticas de consumo de *media* por parte dos portugueses.

Do lado dos *media* há também críticas aos operadores de telecomunicações que, ao ocuparem o papel indispensável de intermediários, consomem uma fatia considerável dos recursos financeiros cada vez mais escassos no sector. Mas, do lado das "telcos", há quem se considere parte da solução e não do problema, gerando receitas para os grupos de *media* através da distribuição dos seus conteúdos.

MODELOS DE NEGÓCIO E COMUNICAÇÃO SOCIAL

É unânime que são necessárias alterações de fundo no mercado dos *media*, e todos parecem concordar que é preciso descobrir, explorar e sedimentar novas formas de ganhar dinheiro. No entanto, não há grande otimismo relativamente ao futuro da imprensa, que é o único sector que não apresentou sinais de recuperação em 2014.

O farol parece ser o mercado digital (leia-se Internet), pois todos afirmam que é aí que estão (e irão) apostar. Conteúdos diferenciados que possam ser pagos pelos leitores, jornalistas com uma formação mais abrangente e tecnológica, estruturas mais ágeis e com custos fixos mais baixos são alguns dos caminhos apontados.

Também no que diz respeito ao leitor tipo e consumidor de *media* e de telecomunicações há coincidência de opiniões. O leitor e consumidor de *media* é fragmentado, diferenciado e tem de ser encarado como indivíduo e não como um grupo homogéneo, como no passado. Já não há um público-alvo para cada projeto, mas sim clientes individuais, que têm de ser satisfeitos de forma personalizada, como os agregadores e redes sociais internacionais já fazem. A isto junta-se a necessidade de produzir para uma multiplicidade de plataformas de distribuição e consumo diferenciado.

A natureza do negócio dos operadores de telecomunicações parece estar a sedimentar-se numa lógica de oferta integrada de todo o tipo de produtos (TV por cabo, voz e dados fixos e móveis). Sem o dizerem abertamente, todos admitem que um próximo passo poderá ser a aquisição, fusão ou integração por parte dos canais de distribuição (e das empresas que os detêm) de alguns dos principais grupos de *media*, ou seja, de adquirir, seja qual for o modelo de negócio, os conteúdos para valorizar e complementar a oferta.

O papel do regulador dos media é valorizado em termos gerais, ainda que não se deixem de fazer algumas sugestões quanto à sua atuação. São também referidas diversas questões legais, que vão desde o facto de *players* internacionais esvaziarem o mercado publicitário português sem investimento ou pagamento de impostos em Portugal, até haver concorrentes diretos na distribuição de conteúdos que, por terem sede noutros países, se podem reger por regras diferentes e consideradas mais benéficas pelos *players* portugueses.

A regulamentação e evolução legislativa serão importantes, talvez até decisivas, tanto na regulamentação da publicidade como no poder dominante que as "telcos" detêm atualmente sobre os grupos de *media* em geral e as TV em particular. Uma transferência de poder considerada preocupante por muitos. Há quem defenda que o regulador deveria promover a educação para os *media*, ou seja, a literacia mediática do público português.

O caso específico do serviço público é também abordado, não só devido a críticas ao modelo e estratégia de internacionalização da língua portuguesa, como ao facto de ter receitas do Estado e ao mesmo tempo concorrer com os privados no mercado publicitário (em todos os *media*, não apenas na TV), o que parece originar distorções nas receitas e nas negociações com o mercado publicitário. É também apontada a inflação de custos que será provocada, segundo alguns entrevistados, pelo facto de o prestador de serviço público não se reger por regras de mercado.

Prever a evolução do mercado nos próximos cinco anos não é fácil, mas todos admitem ter estratégias de evolução e desenvolvimento dos seus negócios, estando atentos às tendências e práticas internacionais. Mas há muitas concordâncias quanto ao facto de o mercado da língua portuguesa ser uma necessidade a curto prazo, ou seja, que os projetos não podem ser para Portugal, mas sim em português, e que as estratégias de internacionalização através do mercado da língua são o principal caminho para garantir futuro aos grupos de *media* nacionais. Certo é que a erosão publicitária será irreversível.

A consolidação de grupos de *media* entre si não parece ser expectável, mas a sua consolidação com "telcos" é considerada muito provável ou, mesmo, inevitável. Por seu lado, as "telcos" terão tendência a ser menos e mais fortes.

O projeto ideal, reunindo todas as ideias recolhidas, passa por apostar na qualidade dos conteúdos, no que toca aos *media*, conhecer muito bem e trabalhar para públicos-alvo muito bem definidos, e valorizar todo o *know-how* e credibilidade que os *media* (ainda) têm para obter receitas através de novos modelos de negócio. No entanto, se há ideias muito concretas prontas a serem postas em prática, elas ficaram quase sempre de fora das declarações, muito mais focadas em expectativas, planos gerais a médio ou longo prazo ou conceções sobre o que seria o mundo (dos *media*) ideal.

Ninguém faz a apologia do fim do jornalismo e, até pelo contrário, se releva a sua necessidade como garante democrático do pluralismo. Para

MODELOS DE NEGÓCIO E COMUNICAÇÃO SOCIAL

os entrevistados, os jornais continuarão a existir, bem como os outros *media*, mas o impresso terá menos peso e representatividade, com uma migração acentuada da imprensa tradicional para a Internet. Em vez de jornal, pensar em marcas de jornalismo fortes que ultrapassam qualquer colagem aos *media* tradicionais ou que lhes deram origem. O papel ficaria então reservado a produtos *premium*, numa lógica de *back to basics* do papel de um jornal impresso.

Se há palavras presentes em todos os discursos elas são criatividade e inovação, ou seja, o futuro dos *media* passará por fazer diferente. Agregar por um lado, fragmentar por outro, ir à procura de nichos, especializar.

A evolução e migração da publicidade é outro requisito considerado fundamental por muitos responsáveis, ou seja, passar o valor aplicado nos *media* tradicionais para o digital, e não apenas uma pequena parte. Arranjar formas de cobrar por conteúdos *online* simples e eficazes e também educar os leitores a pagar por conteúdos de qualidade são outras necessidades apontadas.

3. Os Desafios da Sociedade em Rede

GUSTAVO CARDOSO, JOSÉ MORENO

3.1. Introdução

A emergência da Sociedade em Rede mediada por computadores e a migração para o digital estão a alterar profundamente as arquiteturas sociais que construímos e o modo como nos relacionamos uns com os outros em sociedade. Uma das mais importantes transformações em curso afeta o paradigma de informação e comunicação em que vivemos, ou seja, as instituições, os agentes e os processos usados na disseminação social da informação necessária à formulação das decisões individuais e coletivas dos cidadãos, sejam elas económicas, políticas ou outras.

A adoção das novas tecnologias de informação de base digital altera a forma como, enquanto cidadãos, recebemos todo o tipo de informações que são necessárias à nossa vida em sociedade e à nossa convivência uns com os outros.

FIGURA 13. Os desafios do Jornalismo na Sociedade em Rede

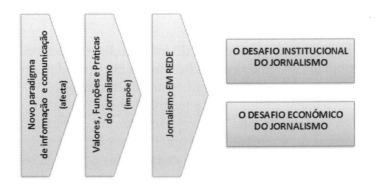

Ora, o jornalismo é precisamente um dos sectores mais profundamente afetados por essas alterações, tanto ao nível dos seus processos e das suas ferramentas, como também, ainda mais profundamente, ao nível dos seus objetivos, das suas instituições e valores e da sua sustentação económica.

Em face das funções especiais que o jornalismo desempenha nas sociedades complexas em que vivemos e da importância que assume nas escolhas individuais e coletivas dos cidadãos, essa desregulação causa perplexidade e impõe que tentemos perceber se existe alguma regulação para tomar o seu lugar.

Ou seja, importa olhar para a forma como a Sociedade em Rede e as suas características afetam o jornalismo e que evolução é possível antever ou propor para as funções sociais que o jornalismo desempenha.

Vários fatores correlacionados explicam as transformações que têm vindo a afetar o sector da comunicação social em geral e do jornalismo em particular. Em primeiro lugar, o facto de o surgimento e propagação da Internet ter seguido uma arquitetura em rede. Essa arquitetura materializa uma forma de distribuição de informação que é radicalmente diferente da distribuição linear que existia antes do surgimento da Internet e da Sociedade em Rede.

Em segundo lugar, a rede de que falamos é uma rede de computadores e de aparelhos computorizados, que usamos cada vez mais abundantemente para a nossa comunicação e distribuição de informação. Isso significa que a capacidade de computação das máquinas que usamos para comunicar ou informar pode ser (e é) colocada ao serviço do processamento dessa comunicação e dessa informação.

Em terceiro lugar, as novas tecnologias de informação e comunicação digitais colocam ao dispor de todos os utilizadores um conjunto de ferramentas autorais que lhes permitem facilmente passar de (exclusiva ou predominantemente) recetores de informação para seus produtores ou redistribuidores, o que altera radicalmente os papéis desempenhados por cada um no processo de comunicação e de informação.

Em quarto lugar, a migração de tecnologias analógicas para tecnologias digitais, conjugada com a computorização da comunicação, altera radicalmente as características da própria mensagem e o modo como ela pode ser processada e distribuída em cada um dos pontos da rede.

OS DESAFIOS DA SOCIEDADE EM REDE

Em quinto lugar, a conjugação e combinação destes diversos fatores leva ao surgimento de novos atores no quadro da distribuição de informação em sociedade, cuja função é menos a produção de informação, como anteriormente, e mais a sua distribuição e processamento, assim como a disponibilização de plataformas para a participação dos indivíduos no processo de comunicação e produção informativa.

O resultado é um conjunto de mudanças profundas que afetam em geral todas as facetas da sociedade, mas em particular aquelas que têm a ver com a comunicação e a distribuição de informação. Estamos perante transformações que têm um impacto grande sobre os modelos de negócios das empresas de comunicação social e por essa via colocam em causa a quantidade e qualidade do jornalismo que é ou pode ser praticado. Importa por isso perguntar: de que modo é que a Sociedade em Rede e a migração para o digital afetam especificamente o jornalismo? O que é afinal o jornalismo no início do século XXI? Qual é a sua função no contexto da Sociedade em Rede mediada por computadores e ligada por tecnologias de informação e comunicação digitais? Há futuro para o jornalismo fora dos modelos de negócio tradicionais? O jornalismo ainda faz falta no mundo em que vivemos? Se o jornalismo tiver futuro, que futuro é esse?

Estas são algumas das perguntas para as quais pretendemos, com este trabalho, contribuir com respostas. Na sociedade que conhecemos, o jornalismo desempenha funções de grande relevância social, económica e política. Investigar de que modo é que a Sociedade em Rede, a migração para o digital e as novas tecnologias de informação e comunicação afetam essas funções é o objetivo das páginas que se seguem.

Na segunda parte deste capítulo, começaremos por identificar as principais transformações verificadas na Sociedade em Rede ligada por computadores e mediada por tecnologias digitais e tentaremos perceber de que forma é que essas transformações podem afetar a forma de o jornalismo exercer a sua função social. Na terceira parte deste trabalho olharemos para os valores e objetivos específicos do jornalismo para tentar perceber se eles são compatíveis com o novo paradigma de comunicação e informação. E, na quarta e quinta partes, olharemos mais em detalhe para um conjunto de novas experiências e projetos inovadores que estão a decorrer no campo do jornalismo, nacional e internacionalmente, para tentarmos perceber se eles podem apontar caminhos para a evolução do jornalismo na Sociedade em Rede. Concluiremos analisando de que modo é que as alterações apontadas se relacionam com a desregulação dos modelos de negócio que têm sustentado o jornalismo ao longo dos últimos 100 anos e se os novos tipos de jornalismo que despontam serão ou não economicamente sustentáveis e como.

Este trabalho não pretende ser exaustivo nem sequer ter a palavra final sobre os caminhos que o jornalismo pode ou deve trilhar para se manter sustentável no quadro da Sociedade em Rede. Mas pretende dar alguns contributos nesse sentido, derivando esses contributos de uma análise detalhada dos fundamentos sociotécnicos da Sociedade em Rede e das suas consequências para o exercício do jornalismo.

É nossa convicção que a compreensão plena dos fundamentos da Sociedade em Rede é uma condição *sine qua non* para que os jornalistas e as instituições que fazem jornalismo sejam capazes de compreender o paradigma de comunicação e informação em que estamos a viver e sejam capazes de inovar em função dele.

3.2. Transformações em curso

Não é possível apontar um único fator que esteja na origem das transformações em curso na forma de comunicar e de informar em sociedade. Há vários fatores que concorrem para essa transformação: a arquitetura em rede dos fluxos de comunicação, o carácter digital das tecnologias que são usadas, a preponderância que os computadores assumem na sua gestão, o "empoderamento" dos indivíduos dotados de novas e poderosas ferramentas de comunicação e a importância dos intermediários que disponibilizam as novas plataformas nas quais os indivíduos participam.

E, além disso, mesmo que sejamos capazes de apontar claramente cada um dos fatores dessa transformação, não é fácil isolar o contributo de cada um, uma vez que existem entre eles relações de interação mútua.

Por outro lado, a desregulação operada por esses fatores na paisagem mediática tem repercussões sobre todas formas e tipos de comunicação e informação em sociedade e, portanto, também sobre o jornalismo.

Ainda mais neste caso porque, como veremos mais à frente, o jornalismo funciona segundo regras muito estritas e num ambiente de alto controlo sobre o conteúdo informativo. Ou seja, é um sector altamente regulado, que, por isso mesmo, tende a ser grandemente afetado pelo tipo de desregulação imposta pelos fatores de mudança que vamos agora enumerar.

3.3. Sociedade em Rede

O conceito de Sociedade em Rede foi teorizado, na aceção em que aqui o utilizamos, pelo sociólogo Manuel Castells, no livro "The Rise of the Network Society", editado pela primeira vez em 1996 (Castells, 2011). Para Castells, a "Sociedade em Rede" é uma arquitetura particular da sociedade em que a estrutura social se baseia numa rede de nós ligados por tecnologias de informação e comunicação digitais comandadas por computadores.

Os nós desta rede são os indivíduos ou instituições que compõem a sociedade e os fluxos de informação entre eles é aquilo que estabelece os seus relacionamentos sociais mediados. Os indivíduos e as instituições relacionam-se socialmente em rede através dos fluxos de informação que trocam uns com os outros.

Daí que as transformações de vulto registadas nas tecnologias de informação e comunicação nos últimos anos signifiquem muito mais do que apenas o surgimento de um novo canal de comunicação; elas alteram objetivamente o tipo e frequência dos relacionamentos sociais que se estabelecem entre os indivíduos e desse modo alteram a arquitetura da sociedade. Aquilo a que muitas vezes chamamos "Internet" ou "world wide web" corresponde exatamente a esta rede de relacionamentos sociais mediados. E, portanto, embora também seja isso, é muito mais do que apenas um novo canal de distribuição de informação ou notícias; é um novo modo de os indivíduos se relacionarem uns com os outros, ou seja, em rede.

Jan van Dijk, por seu lado, considerou a Sociedade em Rede o novo sistema nervoso central da sociedade, correspondendo à forma como a sociedade se organiza aos níveis individual, grupal/organizacional e societal (van Dijk, 2006). Para van Dijk, a arquitetura em rede distingue-se radicalmente da arquitetura linear e hierárquica que a antecedeu por causa dessa distinção, e implica uma transformação radical da sociedade e das funções e processos de informação que a sustentam.

Para Van Dijk, na Sociedade em Rede, a unidade básica determinante do funcionamento da sociedade deixa de ser o grupo social – mais ou menos alargado – para passar a ser a própria rede. De uma sociedade de massas em que a organização social se fundava primordialmente em grupos sociais de tamanho e configuração variável (famílias restritas, famílias alargadas, sindicatos, empresas, bairros, cidades, países, etc.), com laços sociais relativamente densos, passámos a uma sociedade muito mais individualizada, na qual a experiência social dos indivíduos é simultaneamente global e local, a qual transcende os grupos em que se filiam, com um conjunto alargado de laços sociais mediados que são mais fracos que os laços pessoais muito mais numerosos e abrangentes.

Estes novos relacionamentos mediados que os indivíduos desenvolvem com recurso às novas tecnologias de informação e comunicação articuladas em rede não substituem os relacionamentos tradicionais, mas complementam-nos e nalguns casos suplementam-nos, permitindo manter ativos à distância relacionamentos que de outra forma se deteriorariam (Granovetter, 1983; Castells, 2011:388).

O resultado desta mudança é uma pressão fragmentadora sobre as unidades sociais tradicionais, incluindo as instituições que a sociedade de massas criou ou adotou para assegurar a distribuição de informação socialmente relevante, ou seja os *mass-media* em geral e o jornalismo moderno em particular.

Para Castells, esta fragmentação é mais do que apenas uma fase de transição entre dois sistemas de organização social; ela é um elemento estrutural (e estruturante) da Sociedade em Rede (Castells, 2004). O sistema social de processamento da informação deixa de ser a comunicação linear do tempo dos *mass-media* e passa a ser a comunicação em rede fragmentada da era da Internet.

É por isso que tanto Castells como van Dijk – os dois principais teóricos da Sociedade em Rede – consideram que a função social dos *mass-media* tradicionais é desconstruída pela arquitetura em rede e pelas novas tecnologias de informação e comunicação digitais. Não se trata apenas, sugere a leitura de ambos os autores, de os *mass-media* desempenharem a sua função por outras vias, de outra forma ou com outras ferramentas.

É a própria função que é posta em causa pela Sociedade em Rede. Isso, como veremos ao longo deste trabalho, afeta igualmente as funções e objetivos do jornalismo tal como era praticado na era dos *mass-media*.

Como refere Castells, a primeira distinção decisiva entre a comunicação na Sociedade em Rede face à comunicação na sociedade de massas é que, pela sua própria arquitetura, uma rede não tem um centro e portanto não pode ser centralmente comandada. Numa rede, todos os nós podem participar nos processos e fluxos de rede.

OS DESAFIOS DA SOCIEDADE EM REDE

Obviamente, na comunicação de massas o controlo dos *media* sobre o fluxo de informação era maior do que numa situação em que todos os indivíduos e instituições que participam na rede podem produzir ou redistribuir informação.

Se entendermos os *mass-media* onde os jornalistas desempenham a sua função (ou os próprios jornalistas individualmente considerados) como nós da rede, isso significa que – só pela simples arquitetura em rede – se reduziu substancialmente a sua capacidade de controlar e comandar os fluxos de informação em sociedade.

Mas a arquitetura em rede tem pelo menos três outros atributos teóricos com consequências práticas altamente impactantes sobre o funcionamento do sistema social de processamento de informação. O primeiro é que numa rede há sempre canais em aberto e portanto há sempre informação disponível. Num fluxo de comunicação linear, a ausência de sinal num canal determina a ausência de informação.

Numa arquitetura em rede, pelo contrário, cada nó tem acesso a múltiplos canais e, através deles, a uma progressão geométrica de ainda mais canais. Ou seja, este é o princípio teórico subjacente à abundância de informação que tantos autores diagnosticam na Sociedade em Rede (Anderson, 2006) e que se manifesta na prática informativa dos nossos dias. A informação é abundante na Sociedade em Rede por várias razões conjugadas, sendo que uma delas resulta da própria arquitetura em rede.

A outra consequência prática decisiva de uma comunicação em rede resulta do facto de o bloqueio de um nó não impedir o fluxo de informação. Como refere Castells, quando bloqueado num nó, o fluxo de informação tenderá a percorrer um caminho diverso, através de outro ou outros nós, para chegar ao seu destino (Castells, 2004).

Ou seja, mais uma vez, o controlo do fluxo de informação dentro da rede torna-se impraticável, o que desafia o modo de funcionamento dos *mass-media* em geral e do jornalismo em particular. O efeito viral com que muitas informações se propagam na rede, mesmo quando existe alguma tentativa de as controlar, é uma manifestação prática deste atributo teórico do próprio conceito de rede.

O terceiro atributo teórico importante do conceito de rede que tem consequências práticas profundas é o facto de as redes de comunicação e informação digitais serem globais e portanto terem tendência a tornar também globais as estruturas sociais que os seus fluxos alimentam (Castells, 2004: 22).

Na prática, isto significa, primeiro, que qualquer indivíduo que participe na rede pode recolher informação em qualquer outro ponto da rede, independentemente da geografia, se necessário em tempo real; e, em segundo lugar – efeito muitas vezes despercebido – que podem e tendem a ser globais os serviços de rede e as plataformas de participação dos indivíduos, como veremos mais à frente quando falarmos dos "novos *media*".

Ainda com Castells, devemos sublinhar que, com a adoção destas redes de comunicação social, os recursos da rede tendem a estar alojados na própria rede (Castells, 2011: 52). É o que acontece atualmente com as plataformas de comunicação que usamos na Internet, que são quase integralmente *web-based* e não exigem do nosso computador outro *software* que não um navegador de Internet. Como veremos mais à frente, isto é decisivo para a forma como os computadores gerem a rede e partilham informação entre si.

Por fim, é importante notar – mais uma vez com Castells – que a rede de que falamos não é na realidade, em termos puramente técnicos, uma rede de indivíduos e organizações, mas sim uma rede de computadores que ligam indivíduos e organizações.

A rede existe e funciona como tal porque todos os nós da rede partilham a mesma "linguagem". Essa "linguagem" é o código digital com o qual todos os computadores trabalham e com o qual comunicam entre si. É por isso que a migração para o digital é outro dos fatores centrais de caracterização da Sociedade em Rede, como veremos já a seguir. Como já tinha sido sugerido acima, não seria concebível uma comunicação em rede sem computadores nem estes sem a tecnologia digital que lhes está subjacente.

3.4. Do analógico ao digital
A passagem de um paradigma de informação analógica para um paradigma de informação digital é o substrato tecnológico sobre o qual assentam todos os outros desenvolvimentos que ocorrem nos campos da computação, microeletrónica e telecomunicações (Castells, 2011: 70; van Dijk, 2006: 44). Em resultado da digitalização de boa parte da nossa memória coletiva e da produção de cada vez mais informação em formato

digital, podemos dizer que vivemos hoje numa sociedade que, para todos os efeitos práticos, se rege pelo paradigma digital (Hilbert e López, 2011).

A passagem do analógico para o digital é determinante porque o código digital tem características que o tornam fundamentalmente diferente da codificação analógica da informação, com consequências a todos os níveis e em todos os aspetos do processo de comunicação e informação (Moreno, 2013). Desde logo, o código digital é numérico, o que significa que se adequa ao funcionamento matemático das sofisticadas máquinas de calcular que hoje conhecemos como computadores.

Em segundo lugar – não menos importante – o código digital é binário, o que significa que todas as comunicações e operações se realizam com recurso a "zeros" e "uns", numa lógica de exclusão/inclusão (*"on/off"*) que, por um lado, impede a intromissão de ruído e, por outro, permite a reprodução, decomposição ou recomposição do código através dos seus elementos constitutivos. É por isso que Negroponte considerou o código digital como sendo o ADN da informação na era digital: o código digital pode sempre ser decomposto ou recomposto nas suas unidades básicas em qualquer computador que o manipule (Negroponte, 1995).

Como vivemos numa sociedade de computadores ligados em rede, esta "maleabilidade" do código digital é um dos elementos estruturantes do paradigma de informação e comunicação em que vivemos.

Do ponto de vista analítico, é possível apontar cinco efeitos estruturantes que as características do código digital induzem na forma como usamos as novas tecnologias de informação e comunicação digitais no paradigma de informação e comunicação em que vivemos.

O primeiro – e provavelmente mais conhecido e debatido desses efeitos – é a convergência. A convergência resulta do facto de os computadores e/ou aparelhos computorizados que hoje usamos para comunicar serem capazes de processar e reproduzir qualquer tipo de conteúdo – texto, áudio, imagem fixa ou imagem em movimento – desde que esteja em formato digital. Por um lado, isto abre às empresas de comunicação social um leque de oportunidades de distribuição de uma diversidade de conteúdos até hoje desconhecida (e muitos *media* tradicionais já aproveitaram ou estão a aproveitar essas oportunidades).

Mas por outro lado, acontece que os utilizadores de computadores ou aparelhos computorizados (*tablets, smartphones,* etc.) também incorporam a convergência na sua produção de conteúdos, fazendo-o com texto, mas também com áudio, imagem ou vídeo. Ou seja, a convergência quebra as barreiras entre diferentes formatos de mensagem (e até entre diferentes géneros jornalísticos, por exemplo), mas é um fenómeno que tanto funciona "de cima para baixo" como "de baixo para cima" (Jenkins, 2006: 18).

O segundo efeito da digitalização da comunicação e informação é a criação de uma camada adicional (e invisível) de dados que caracteriza e contextualiza a informação e que permite aos computadores fazerem a respetiva gestão: os metadados (van Dijk, 2006: 45). No processo de comunicação e informação digital, os computadores (e aparelhos computorizados) não se limitam a transmitir e processar informação. Eles recolhem e processam também os dados sobre essa informação que estiverem instruídos para recolher. É com base nesses dados que os computadores constroem e aplicam os algoritmos com que manipulam a informação para a adequar às necessidades do utilizador. De certa forma, pode dizer-se que esses algoritmos têm uma função editorial, em sentido lato. Essa função editorial resulta precisamente do processamento digital da informação, por um lado, e da recolha de metadados sobre a mesma, por outro. Estes metadados são, portanto, também um elemento estruturante do novo paradigma de informação e comunicação na era digital e um fator muitas vezes esquecido por quem tem que "pensar" a evolução do jornalismo.

O terceiro grande efeito da migração do analógico para o digital é provavelmente o mais importante: a interatividade. Claro que uma mensagem emitida por um *mass-media* também era interativa, no sentido em que, por um lado, era criativamente interpretada e rececionada, e, por outro, podia suscitar uma reação que estabelecia um *feedback* comunicativo.

Mas a interatividade permitida pelas tecnologias digitais é de uma natureza diferente e inerente ao próprio código. Segundo van Dijk, a interatividade das tecnologias digitais expressa-se a três níveis: ao nível do espaço, pois permitem que duas ou mais pessoas comuniquem qualquer que seja o local físico onde se encontrem; ao nível do tempo, pois as comunicações digitais tanto podem ser instantâneas como diferidas; e ao nível comportamental, porque, com as ferramentas disponíveis, emissor e recetor podem trocar de papel a qualquer momento (van Dijk, 2006: 8).

O quarto efeito das tecnologias digitais sobre o paradigma de informação e comunicação em que vivemos é a flexibilidade que permite. Pas-

OS DESAFIOS DA SOCIEDADE EM REDE

sível de ser decomposto nas suas unidades constitutivas básicas ("uns" e "zeros"), o código digital pode ser recomposto ou recombinado em qualquer outro computador que entre em contacto com ele, como acontece numa arquitetura em rede, por exemplo. Isto significa, primeiro, que a reprodução e partilha fica grandemente facilitada (o que explica parte do carácter viral de muitas informações nos nossos dias); e, segundo, que torna o *remix*, a recombinação de partes das mensagens, tão fácil como a sua produção e reprodução.

Na verdade, do ponto de vista digital, nem sequer é teoricamente correto falar de um "original" e uma "cópia". Um conteúdo produzido com ferramentas digitais – como este texto que estou a escrever no meu computador – não tem na realidade outra existência que não os "zeros" e "uns" que estão dentro da máquina. Que são os mesmos "zeros" e "uns" que estão a ser registados no servidor Google onde estou a trabalhar. Não se pode falar aqui de uma "cópia" no sentido clássico, mas sim de duas manifestações de um só código digital.

Tanto a facilidade de reproduzir como de recombinar informações e conteúdos resultam afinal da desmaterialização da informação associada à passagem de um paradigma analógico para um paradigma digital. Ou seja, essa desmaterialização da informação é um elemento estruturante da nova paisagem informativa em que vivemos.

O quinto e último efeito estruturante da migração para um paradigma digital prende-se com o fenómeno da globalização. Obviamente, as tecnologias digitais não criaram a globalização, que era algo já manifesto antes do seu surgimento. Mas as tecnologias de informação e comunicação digitais – pelo facto de serem digitais – aceleram grandemente esse processo (Cardoso, 2006: 113). Se uma informação digital existente num determinado computador fica imediatamente disponível também noutro computador que entre em contacto com ele, uma vez que ambos trabalham sobre um código digital comum, isso significa, por um lado, que não há fronteiras (desde que existe rede) e, por outro, que não há línguas diferentes.

Ainda estamos a ver os sistemas de tradução automática a refinarem-se e aperfeiçoarem-se, mas já hoje podemos consultar notícias, informações e documentos de outro país ou noutra língua quase sem darmos por isso. Para os computadores que gerem essas informações, elas não têm língua nem fronteiras. O que significa que as tecnologias de informação e comunicação digitais reforçam a facilidade de criação de laços de informação globais e desse modo reforçam o processo de globalização. Mas significa também – que para os fins deste trabalho é ainda mais relevante – que qualquer informação em formato digital tem um alcance potencialmente global.

Da conjugação destes efeitos resultam algumas mudanças de fundo que os *media* e os jornalistas devem ter em conta na sua abordagem informativa à Sociedade em Rede mediada por computadores e tecnologias digitais.

A primeira é que, ao contrário do que acontecia na era dos *mass-media* – em que a informação era tendencialmente "empurrada" ("*pushed*") pelos *media* – agora, no modo digital e em resultado daquilo que foi referido acima, ela tende a ser sobretudo "puxada" ("*pulled*") pelos utilizadores. E isso, naturalmente, corresponde a um maior grau de controlo dos indivíduos sobre o processo de comunicação e informação (Negroponte, 1995: 168-170).

A segunda mudança de fundo para os *media* e para os jornalistas prende-se com dois conceitos que Castells teorizou e que são uma decorrência da interatividade e flexibilidade com que as tecnologias digitais permitem tratar a informação: os conceitos de "*space of flows*" e de "*timeless time*" (Castells, 2011: 46). O primeiro indica que o espaço informacional em que os indivíduos se movimentam hoje já não é um espaço físico, mas sim um espaço virtual de fluxos de informação.

O que conta na nova realidade informativa em que nos movimentamos é menos onde está o indivíduo e mais que informação chega até ele. O que significa que, se quisermos chegar os destinatários interessa menos a informação que nós produzimos do que a capacidade de a colocar no fluxo de informação onde os destinatários a podem ir buscar.

O segundo conceito – "*timeless time*" – indica que a informação passa a poder ser fruída quando e em que contexto o utilizador desejar, o que necessariamente desafia os nossos conceitos de atualidade e inclusivamente de periodicidade da produção informativa. O conceito de atualidade é central na definição do que é uma notícia e nos valores subjacentes ao jornalismo (como veremos) e a periodicidade é um dos elementos centrais do processo produtivo de notícias por parte dos meios de comunicação e dos jornalistas (e mesmo da sua organização). Como se pode

OS DESAFIOS DA SOCIEDADE EM REDE

ver, ambos os conceitos são diretamente desafiados pela ideia de *"timeless time"* que Castells identifica na nova Sociedade em Rede.

Outro conceito que é central no paradigma de informação e comunicação da era dos *mass-media* e que é desafiado pelas tecnologias digitais é o conceito de *"copyright"*. O conceito de *"copyright"* foi durante muitos anos a melhor solução institucional encontrada para remunerar e proteger o trabalho criativo de vários produtores de informação, incluindo os jornalistas.

Acontece que este é uma solução institucional que está indelevelmente associada aos formatos analógicos de distribuição de informação, em que o *"copyright"* é o direito de fazer uma cópia do suporte analógico no qual viaja a informação, seja um livro, um jornal, um filme em celuloide ou uma emissão hertziana.

Ora, como referido acima, o formato digital da informação implica uma desmaterialização da mesma, que por sua vez tem como consequência a impossibilidade de institucionalizar o *"copyright"* nos mesmos moldes em que isso era feito para a informação analógica.

Por fim, a facilidade de produzir, redistribuir e remisturar informação, a par do facto de haver sempre canais de informação abertos é aquilo que explica que vivamos agora num ambiente de abundância de informação por oposição ao ambiente de escassez de informação em que vivíamos antes (Anderson, 2006: 143-146) e para o qual os meios de comunicação social, o jornalismo e os jornalistas estavam preparados e organizados.

Obviamente continua a haver elementos de escassez no novo paradigma digital de distribuição de informação da Sociedade em Rede, como a atenção ou o tempo disponível que cada indivíduo tem para consumir informação, por exemplo. Mas, uma vez que se tornou abundante, a informação não é um desses elementos. O que significa que os meios de comunicação social e os jornalistas têm que procurar outras fontes de valorização do seu trabalho, como veremos mais à frente.

3.5. As pessoas anteriormente conhecidas como "a audiência"
"The people formerly known as the audience" foi como Jay Rosen caracterizou os indivíduos na era da Sociedade em Rede, referindo-se ao facto de eles se terem transformado de uma audiência mais ou menos passiva num conjunto de pessoas com capacidade para produzir, redistribuir e recom-

binar informações segundo as suas necessidades e desejos particulares (Anderson, Bell & Shirky, 2014: 16).

Ora, a audiência, seja ela composta por leitores, ouvintes ou telespectadores, é precisamente a entidade a que se dirigem a maioria dos *media* tradicionais. Veremos de seguida mais em detalhe porque é que isso é um problema.

Os *mass-media* tradicionais trabalhavam quase exclusivamente sobre um paradigma de comunicação "de-um-para-muitos". Mas, com as transformações identificadas acima, na Sociedade em Rede mediada por computadores e tecnologias digitais, os fluxos comunicativos em sociedade são alternadamente "de-um-para-muitos", "de-um-para-um" e mesmo "de-muitos-para-um".

O que isto significa é que o efeito conjugado da arquitetura em rede e das tecnologias digitais dilui a distinção tradicional entre meios de comunicação de massas e meios de comunicação interpessoais (Cardoso, 2006: 123). Castells chamou a este novo modo de comunicação "*mass-self communication*", que poderíamos traduzir como "auto-comunicação de massas", no sentido em que é uma forma de comunicação de massas porque o seu alcance é potencialmente global, mas é ao mesmo tempo uma comunicação pessoal porque é individualmente produzida, consumida e distribuída (Castells, 2011).

A distribuição de informação em sociedade tem por função fazer chegar aos indivíduos os dados suficientes e necessários para que estes tomem as suas decisões individuais – que em muitos casos compõem escolhas coletivas – nos mais variados aspetos da vida social. O que acontece na Sociedade em Rede mediada por tecnologias de informação e comunicação digitais é que cada indivíduo tem muitos mais canais de comunicação para ativar e portanto muitas mais fontes de informação disponíveis, uma vez que cada nó da rede é também produtor de informação. Se alguém tem dúvidas sobre uma informação – "É verdade que morreu o ator X?", por exemplo – simplesmente pergunta à sua rede de amigos e conhecidos. Como cada um deles é, além de recetor de informação, também seu produtor e distribuidor, a resposta surge com naturalidade e rapidez.

A facilitação do acesso dos indivíduos às ferramentas autorais necessárias à produção de informação (mesmo que seja um *remix* ou redistribuição de informação alheia – não nos podemos esquecer que uma conta de Twitter, por exemplo, é uma ferramenta de produção de informação)

OS DESAFIOS DA SOCIEDADE EM REDE

proporciona que se alargue muito o número de indivíduos que produzem informação em rede.

Além disso, muitas organizações que num contexto de *mass-media* não poderiam ter acesso à produção de informação passam a poder fazê-lo no contexto de acesso facilitado da Sociedade em Rede. O resultado, em ambos os casos, é que quer os órgãos de informação, quer os jornalistas passam a ser apenas mais um nó na rede global de nós produtores de informação. Como veremos mais à frente, isso altera o seu papel face àquele que tinham no paradigma de informação e comunicação anterior.

Para alguns autores, esta nova capacidade de produzir, redistribuir e recombinar informações que transforma os anteriores consumidores de informação também em seus produtores e redistribuidores, dá origem a uma nova categoria de sujeito do processo comunicativo e informativo, a que Axel Bruns deu o nome de *"produser"* (Bruns, 2007) e a que Ritzer e Jurgenson chamaram *"prosumer"*, um termo originalmente usado por Alvin Toffler (Ritzer & Jurgenson, 2010). Anderson, Bell & Shirky, por seu lado, consideraram mesmo que os *media* deviam abolir por completo o uso da palavra "consumidor" neste contexto (Anderson, Bell & Shirky, 2014:81).

3.6. *Mass-media* e Novos *Media*

Quando olhamos para trás, não podemos deixar de notar que a história dos *mass-media* nas sociedades ocidentais, apesar de algumas mudanças significativas (a introdução da eletrónica, por exemplo), se caracterizou por uma notável estabilidade do paradigma de informação e comunicação em que se baseiam até ao advento da Internet. Na verdade, esse paradigma – uma só "emissão", de um para muitos, com carácter unidirecional, controlada por quem a emite – pode ser visto como remontando até à invenção da imprensa, em 1453, com Gutenberg.

Aliás, essa é precisamente a tese de Thomas Pettitt, que identifica o paradigma em que vivemos como o "Parêntese de Gutenberg" (*"Gutenberg Parenthesis"*, no original), um período de relativa estabilidade dominado pela palavra impressa. Para Pettitt, a emergência da Internet e das tecnologias digitais desregula o paradigma anterior e faz a comunicação regressar à dominância da oralidade que era característica do período anterior à invenção da imprensa (Pettitt, 2014). Daí a ideia do fechamento de um parêntese histórico.

MODELOS DE NEGÓCIO E COMUNICAÇÃO SOCIAL

Para Gustavo Cardoso, por seu lado, um paradigma de informação e comunicação é constituído pela interdependência entre a tecnologia, os *media* e os modelos de funcionamento económico (Cardoso, 2006:16). Todos os três parâmetros são afetados pela comunicação em rede mediada por computadores, mas o modelo de funcionamento económico é particularmente ameaçado pela nova realidade com que os *media* são confrontados.

Conforme se pode ver no gráfico relativo às receitas de publicidade dos jornais e revistas norte-americanos desde 1950, existe uma queda abrupta nos últimos anos que não é compensada pelas reduzidas receitas conseguidas na área digital. De seguida, olhemos para o gráfico correspondente às receitas de publicidade conseguidas pela Google, que domina o sector da publicidade *online*, por comparação com as receitas de jornais e revistas, entre 2004 e 2013.

A interpretação destes dados torna evidente que à erosão dos modelos de negócio dos *media* tradicionais se contrapõe o surgimento de um conjunto de novas empresas que prosperam na Internet, que o gráfico exemplifica com a Google. Chamamos a estas empresas os Novos *Media* da Sociedade em Rede.

Empresas como Google, Facebook, Twitter ou YouTube partilham algumas características que – por comparação com os *mass-media* tradicionais – permitem perceber qual a posição que ocupam no novo paradigma de informação e comunicação da Sociedade em Rede e por que razão essa posição lhes permite prosperar em vez dos *media* tradicionais. Em primeiro lugar, estas são empresas que atuam a uma escala global, por oposição à escala local, regional ou nacional em que operam a maioria dos *mass-media* tradicionais (Cardoso, 2006: 113). Em segundo lugar, são empresas que distribuem informação em vez de produzi-la. A informação que manipulam e distribuem globalmente é produzida e gerada pelos próprios utilizadores.

E, em terceiro lugar, proporcionam aos utilizadores as ferramentas para tirarem partido das potencialidades das novas tecnologias em termos de participação na Sociedade em Rede. O "serviço" que estas empresas prestam aos utilizadores é uma decorrência direta da sua adaptação ao novo paradigma de informação e consumo e é isso que explica o seu sucesso. Ou seja, os Novos *Media* têm uma função social distinta dos *mass-media*, para os quais os seus processos e a sua estrutura se adequam. Os

Novos *Media* não existem, como os *media* tradicionais, para produzir e transmitir conteúdos; eles existem para proporcionar aos utilizadores as ferramentas para produzirem e distribuírem os seus próprios conteúdos (Moreno, 2014).

O que se conclui desta análise é que, na Sociedade em Rede, os Novos *Media* parecem ter tomado o lugar dos *mass-media* tradicionais, embora com funções diferentes e adaptadas a um novo paradigma de informação e comunicação. De uma sociedade de massas na qual os *mass-media* desempenhavam o papel fundamental na distribuição de informação socialmente relevante, passámos a uma Sociedade em Rede mediada por computadores na qual as plataformas de participação dos indivíduos têm o papel principal na distribuição social de informação socialmente relevante.

Este, obviamente, também é um motivo de reflexão para quem se quiser debruçar sobre os desafios colocados ao jornalismo na Sociedade em Rede. Porque, ao longo dos últimos 100 anos, pelo menos, as funções sociais desempenhadas pelo jornalismo estiveram sempre associadas à institucionalização social dos *mass-media* e aos seus modelos de negócio. Por isso, uma das questões que se tem que colocar ao olhar para o futuro do jornalismo é se essa associação é necessária e se o jornalismo enquanto função e atividade pode subsistir fora do quadro institucional dos *mass-media*. Essa é uma questão que abordaremos mais à frente.

3.7. O valor económico e social da informação

Quando falamos do valor da informação, podemos estar a falar de duas coisas muito mais diferentes do que parecem à primeira vista: o valor de uso e o valor de troca da informação (Fuchs, 2014: 175). O valor da uso da informação corresponde ao benefício que alguém pode retirar de uma informação, seja para si próprio ou para outrem, seja imediato ou mediado no tempo e tenha um carácter intrinsecamente ou extrinsecamente vantajoso.

O valor de troca, pelo contrário, corresponde ao preço a que uma determinada informação pode ser transacionada no mercado. Ou seja, o valor de troca tem uma decorrência lógica mas não uma decorrência material do valor de uso. O valor de troca existe porque a informação tem um valor de uso para alguém, mas não é possível fazer uma correlação direta entre esse valor de uso e o valor de troca. A razão por que isso não é possível é porque o valor de uso é sempre subjetivo, ao contrário do valor de troca, que é objetivo, manifesto e mensurável.

Mas é porque existe um valor de uso da informação para os indivíduos que ela pode ter um valor de troca no mercado. No entanto, esse valor de troca está de certo modo ao serviço do valor de uso, uma vez que o fim último da informação, a sua função social, é prosseguir determinados tipos de valores intrínsecos (verdade, identidade, pertença, etc.), instrumentais (participação democrática, compreensão, aprendizagem, etc.), sociais (comunidade, participação, integração social, etc.), individuais (conhecimento e compreensão, apoio à decisão, etc.), etc. (Picard, 2010).

Ou seja, o valor de uso da informação tem uma correspondência com aqueles que são os objetivos do jornalismo no contexto social. Como veremos na próxima parte, o jornalismo existe para prosseguir um conjunto de valores relacionados com a coesão e funcionamento da sociedade que correspondem ao seu valor de uso. E é precisamente porque o jornalismo tem por objetivo a prossecução de alguns desses valores, que ele tem um estatuto especial – e instituições específicas – no quadro da distribuição social de informação.

Do ponto de vista do negócio e enquanto bem com um valor de troca no mercado, a informação é um produto com características muito especiais, que no essencial explicam as dificuldades atualmente sentidas pelos *media* tradicionais em manter a validade dos seus modelos de negócio ou mesmo em encontrar outros que os substituam. A primeira dessas características é que a informação é um bem não-rival, ou seja, o ato de um indivíduo transmitir uma informação a outro não priva o primeiro dessa mesma informação. O que constitui uma diferença fundamental em relação aos produtos físicos transacionados no mercado (Shapiro e Varian, 1999).

Uma outra maneira de dizer a mesma coisa é que a informação é um bem não desgastável. Ou seja, a informação não se desgasta pelo uso. Pelo contrário, como veremos à frente, a sua disseminação aumenta a sua utilidade em vez de a diminuir (Picard, 2010:45).

A outra característica distintiva da informação enquanto produto é que ela é dispendiosa de produzir, mas, pela facilidade de partilha, é muito fácil de reproduzir. O que significa que, em termos económicos, ela tem custos fixos muito elevados, mas custos marginais muito baixos. A primeira produção de uma notícia, por exemplo, envolve um investi-

OS DESAFIOS DA SOCIEDADE EM REDE

mento avultado em tempo e trabalho. Mas a sua reprodução e partilha custa praticamente zero. Aliás, do ponto de vista económico, pode mesmo dizer-se que os custos marginais da informação tendem para zero. O que tem decorrências sérias em termos da sua viabilidade como negócio.

A terceira característica da informação que é muito relevante neste contexto prende-se com a abundância. Como acontece com a generalidade dos produtos, o facto de a informação se tornar abundante reduz o seu valor económico. Alguém que esteja na posse de uma informação exclusiva pode colocar-lhe um preço (valor) superior àquele que poderá colocar alguém que esteja na posse de uma informação que não seja exclusiva e que toda a gente já conheça.

A quarta e última característica decisiva da informação como produto, e que a distingue da generalidade dos produtos físicos, prende-se com o facto de a informação ser ao mesmo tempo *input* e *output* do processo de produção. Ou seja, quem produz informação precisa de usar informação no processo de produção. O que significa que qualquer incremento no custo da informação usada como *input* vai refletir-se no seu preço final e, inversamente, qualquer redução do custo da informação como "matéria-prima" irá refletir-se numa redução do seu valor de *output* (Benkler, 2006: 3).

Estas quatro características da informação são aquilo que explica que – despojada dos seus suportes físicos – a informação veja radicalmente reduzido o seu valor económico, entendido como valor económico aquele que pode ser apropriado no mercado. Quando transportada nos seus suportes analógicos – o papel do jornal, por exemplo – a informação pode ser entendida como um produto convencional, sujeito às leis económicas gerais vigentes no mercado.

Mas quando despojada desse suporte analógico – como no seu formato digital – a informação tem um comportamento económico diferente e perde parte significativa do valor economicamente capturável. Dito de outro modo, a desmaterialização da informação que a migração para o digital implica tem como consequência uma redução inevitável do valor económico da informação (Moreno, 2014).

Essa redução resulta do facto de, uma vez despojada dos seus suportes físicos, a informação ficar sujeita às características específicas enunciadas acima. Ao longo da história dos *mass-media*, o valor da informação enquanto produto económico esteve sempre associado a uma ou mais de

MODELOS DE NEGÓCIO E COMUNICAÇÃO SOCIAL

três formas de conferir carácter económico a um "produto" que de outra forma não o teria. A primeira dessas formas é a limitação do acesso, que tanto pode resultar de licenças de operação – como no caso de televisão hertziana, por exemplo – como dos custos de investimentos associados à montagem do negócio – como no caso de implantação de uma gráfica, por exemplo.

A segunda forma de assegurar o carácter económico da informação resulta da sua associação a suportes físicos, como o papel do jornal ou o plástico do disco de vinil. Nesses casos, como já foi dito, o produto informativo comporta-se como um produto convencional e portanto pode ser comprado e vendido no mercado como qualquer outro produto.

A terceira forma de conferir valor económico à informação é através das regulamentações de *copyright*, cujo objetivo é precisamente impedir que as características não-económicas da informação que foram enunciadas acima lhe retirem valor económico.

Aliás, é interessante notar que a instituição do *"copyright"* é precisamente o "direito de fazer uma cópia" do suporte analógico no qual viaja a informação. Estas três formas de conferir valor económico à informação são todas elas desconstruídas pelas novas tecnologias de informação e comunicação digitais e pela rede de computadores sobre a qual funcionam. Em relação à limitação de acesso, o paradigma digital significa não apenas que os indivíduos acedem mais facilmente à informação, mas também que os produtores a produzem com mais facilidade e menor custo, o que reduz substancialmente os obstáculos ao acesso à produção de informação ou de plataformas para produzir informação (Castells, 2014: 140).

Como veremos, algumas das novas experiências que estão a ser realizadas no campo do jornalismo resultam precisamente desta maior facilidade de acesso que o paradigma digital permite. Em segundo lugar, o valor da informação em suportes analógicos é desconstruído pela própria natureza tecnológica da passagem do formato analógico para o formato digital. Desligada dos seus suportes analógicos e portanto desmaterializada, a informação flui entre os vários computadores que compõem a rede digital sem qualquer limitação, consumando precisamente o conceito de custos marginais tendentes para zero.

Em terceiro lugar, a atual institucionalização do *copyright* parece cada vez mais incompatível com as características da produção, distribuição e consumo de informação no paradigma digital. Neste aspeto, a luta entre os produtores de informação e os "piratas" que a partilham junto dos utilizadores continua, mas novas formas de licença – como as licenças *"commons"* – têm surgido para tentar uma solução institucional intermédia que concilie a defesa dos direitos (e remuneração) dos autores e a máxima disseminação da informação.

Num trabalho recente sobre o valor económico e social da informação, procurámos analisar com dados empíricos a redução do valor económico da informação usando dados referentes às receitas dos *media* tradicionais por comparação com receitas dos Novos *Media* da Sociedade em Rede (Moreno, 2014).

A tese subjacente é que o novo paradigma de informação e comunicação – com a migração para o digital e arquitetura em rede – tem como consequência uma redução inevitável do valor económico da informação (o seu valor de troca, portanto). Analisámos os dados dos *media* tradicionais e de alguns dos Novos *Media* da Sociedade em Rede (como a Google ou o Facebook) com recurso a dois indicadores indiretos do valor económico da informação: o preço pago pela publicidade distribuída pelos *media* analógicos e digitais (através do CPM, Custo Por Mil) e o rendimento médio por utilizador (RMPU – Rendimento Médio Por Utilizador). A conclusão é que a transformação em curso não é apenas uma transferência de valor de umas empresas para outras ou mesmo de um tipo de empresas para outro tipo de empresas.

Os Novos *Media* da Sociedade em Rede são tão afetados pela redução do valor económico da informação como os *media* tradicionais e apenas podem subsistir graças à escala global em que necessariamente operam. Aquilo a que estamos a assistir é à redução do valor económico da informação em resultado da migração para o digital e em resultado das características especiais que a informação tem neste paradigma.

Em termos práticos, a redução do valor económico da informação significa que as empresas que trabalham com informação são cada vez menos capazes de capturar valor dos fluxos de informação em sociedade. E isso não depende da sua maior ou menor competência para o efeito; é uma decorrência lógica da redução do valor económico que é possível capturar. Isto aplica-se tanto aos *media* tradicionais como aos Novos *Media* da Sociedade em Rede.

Mas se o valor económico da informação se reduz na transição para a Sociedade em Rede mediada por tecnologias digitais, o valor social da informação, pelo contrário, aumenta na mesma proporção e pelas mesmas razões (Moreno, 2014: 23). Do ponto de vista social, as transformações operadas pela Sociedade em Rede mediada por computadores e alimentada por tecnologias de informação e comunicação digitais vão no sentido de enriquecer a existência social dos indivíduos, conferindo-lhes uma mais ampla gama de recursos e ferramentas para agirem socialmente, seja do ponto de vista individual ou coletivo.

As ferramentas de comunicação digitais e a arquitetura em rede permitem aos indivíduos e aos grupos de que fazem parte manterem mais relacionamentos sociais do que antes e manterem mais ativos os relacionamentos sociais que possuem. Ambas as coisas são condições para que possam mobilizar os mais diversos tipos de recursos sociais das suas redes de relacionamentos sempre que deles precisam.

Como os relacionamentos sociais são alimentados por fluxos de informação, a maior disponibilidade de canais e de fluxos de informação emitidos pelas tecnologias digitais são um elemento de enriquecimento dos indivíduos, dos grupos e da sociedade como um todo, o que significa um acréscimo do valor social da informação (Moreno, 2014: 27).

Ora, se recuperarmos os conceitos de "valor de troca" e "valor de uso" da informação que usámos no início desta secção, repararemos facilmente que esta oposição entre a redução do valor económico da informação e o aumento do seu valor social corresponde literalmente a uma diminuição do valor de troca e um aumento do valor de uso da informação.

E isso parece apontar para uma maior relevância da informação no contexto social e portanto, como sugerem alguns autores, também para a possibilidade de revitalização do jornalismo no quadro da Sociedade em Rede mergulhada em informação digital. Os valores e objetivos do jornalismo estão intimamente relacionados com o valor de uso da informação – nalguns casos existe mesmo sobreposição entre objetivos – e muito pouco ligados, nalguns casos mesmo em oposição, ao valor de troca da informação.

Se a Sociedade em Rede, tal como a descrevemos, reduz o valor de troca da informação e aumenta o seu valor de uso, isso aponta claramente no sentido de o jornalismo ter um papel a desempenhar na nova Sociedade em Rede.

Yochai Benkler concorda que as condições materiais e económicas da produção e distribuição da informação na Sociedade em Rede abrem

OS DESAFIOS DA SOCIEDADE EM REDE

caminho ao surgimento de novas formas de produção social de informação e do crescimento de um sector "não proprietário" e não sujeito às regras do mercado ao lado dos modos tradicionais (e comerciais) de produção de informação (Benkler, 2006). Isso vai ao encontro do foi dito atrás e enquadra-se com algumas das experiências mais inovadoras que têm estado a decorrer no campo do jornalismo.

No entanto subsistem dúvidas em relação aos modelos de negócio. Nos últimos 100 anos, o jornalismo viveu sempre associado ao modelo de negócio dos *mass-media*, o qual é desconstruído pela Sociedade em Rede mediada por computadores através da redução do valor economicamente capturável da informação. E, como já vimos, os Novos *Media* da Sociedade em Rede não são produtores de informação, mas apenas seus distribuidores. Será esse o papel que está reservado para o jornalismo? Ou será outro o papel social que deverá ter na Sociedade em Rede?

4. Os Novos Jornais
A Imprensa Escrita, Tendências e Prospetivas

GUSTAVO CARDOSO, TIAGO LIMA QUINTANILHA, MIGUEL CRESPO,
JORGE VIEIRA, SANDRO MENDONÇA, MARTA NEVES

4.1. Introdução: dez ideias para os "novos jornais"
1. Na sociedade de informação os leitores fazem parte do jornal. O jornal não é só feito por jornalistas. O jornal espelha o ar do seu tempo, um tempo onde o número de protagonistas que relatam a realidade aumenta. É neste contexto cada vez mais aberto de participação, e num ciclo de vida cada vez mais curto da informação, que os jornalistas (editores, diretores e comentadores) se situam.

2. Se algo não for facilmente acessível ao leitor, ele encontrará forma de o obter em qualquer outro lado e de qualquer outro modo. Por um lado, o custo de oportunidade do tempo tende a aumentar, assim como aumentam as pressões sobre a atenção individual. Por outro lado, com a Internet, aumenta também a facilidade de aceder a outras fontes de notícia. Imaginar novos modelos de negócio viáveis significa, também, ter de gerir estas restrições, experimentando, e alternando, pagamento e gratuitidade baseados na publicidade.

3. Os jornais não são de papel – nem apenas de palavras escritas. Os jornais são feitos de todos os materiais e suportes tecnológicos que possam transportar signos e projetar o seu valor informacional. A articulação entre palavra escrita e fotografia, infografia, vídeo, ou som, tem sido acelerada pelo elemento digital. Um "jornal" é um descodificador de um mundo dinâmico e interativo do qual também faz parte. O "jornal" torna--se uma plataforma de mistura (e remistura) multimédia onde o texto continua central mas já não é elemento absolutamente predominante.

4. Os jornais sobreviventes e renovados serão as novas agências noticiosas do século XXI. A descoberta da ligação a fontes originais é uma característica distintiva do jornalismo de imprensa. É essa a sua marca histórica. Aos jornais tradicionais do final do século XX sucedem "marcas" de jornais, ou seja, jornais desdobrados em múltiplos suportes com vários ciclos de processamento e distribuição. Os jornais não produzem para uma só audiência estática no espaço e imutável. Um segmento crescente da audiência habita simultaneamente vários contextos físicos e virtuais (redes sociais e blogues), é móvel no espaço (movimenta-se, viaja) e evolui com as tendências (é crítica, aprende). É para a soma das "velhas" e "novas" audiência(s) que se produzem e distribuem conteúdos dos "jornais".

5. Os jornais são organizações que servem propósitos económicos e éticos. A imprensa assenta a sua filosofia na informação objetiva e no sucesso empresarial. A dimensão crítica do seu modelo de negócio resulta da capacidade de conseguir criar um diferencial sustentável (de longo prazo) entre os custos e as receitas. Estas duas componentes da equação, de longo prazo, são influenciadas por forças externas que, no curto prazo, exercem variados graus de pressão, normalmente contraditórios.

6. Os jornais trabalham num território situado entre os dados brutos e o conhecimento refinado. A sua existência num quadro constitucional de imprensa livre é, também, uma condição-base geradora de dinamismo e evolução. O público de um jornal é, também, um (potencial) intérprete do posicionamento do jornal no mundo. Esse público não procura apenas um ideal de objetividade mas, igualmente, a transparência de linhas ideológicas, de olhares sobre o mundo. Essas duas dimensões são pontos de referência para o desenvolvimento de valores como a confiança e a credibilidade nas sociedades contemporâneas.

7. A "marca" de um jornal tem vida para além das páginas. A marca de um jornal não termina na publicação e distribuição de informação. Porque o jornal está presente no nosso quotidiano, alimenta também eventos e expectativas. Os jornais são espelhos de muitas outras dimensões do dia-a-dia do seu público, desde interesses e política, a entretenimento e desporto, até emoções e negócio. Novas áreas de negócio, que não a informação distribuída, podem ser imaginadas fazendo evoluir a identidade da "marca" (associações e conotações) de um jornal com novos produtos e serviços que não 100% informação.

8. O jornal foi uma rede social antes das redes sociais. No entanto, hoje, as redes sociais são um ambiente com mais seguidores do que qualquer jornal. O jornal será obrigado a ser pró-ativo em relação a este fenómeno e não poderá esperar que os seus amigos nas redes sociais o escolham. O jornal, tal como escolhe ouvir fontes, tem também oportunidade de escolher os seus amigos nas redes sociais. É possível que este tipo de micro segmentação venha a funcionar melhor que uma estratégia de micro pagamentos. Um caminho que pode traduzir as aspirações de um jornal em aumentar a sua procura por anunciantes e de aumentar as suas redes de "correspondentes". Em cada leitor poderá haver um potencial correspondente.

9. Num jornal e no jornalismo há novas profissões a emergir. Aos editores e jornalistas juntam-se agora os moderadores. Os moderadores são aqueles jornalistas cuja função é interagir com o público, quer seja na resposta a *e-mails*, comentários ou entradas em blogues, na validação de *posts* no Facebook e de notícias enviadas pelos leitores ou, ainda, na criação de eventos em espaços públicos para mobilizar ou desenvolver o grau de fidelização por parte das audiências de um jornal.

10. O jornal de hoje pode bem ter de ser diferente do de ontem. O modelo de negócio do jornal contemporâneo é o de estar a todo o momento comprometido com os públicos que já o seguem mas, também, com os públicos que ainda não imaginou. Sobrevivência e crescimento dependem de manter os públicos já existentes, ganhar o interesse dos que surgirem e "prospetivar" os que irão surgir. O jornal é um produto informacional (um bem físico feito de papel) em transformação para um processo comunicacional (um serviço feito de ligações). Inovação constante de formatos e conteúdos informativos terá de ser o lema dos novos jornais, os quais serão mais do que nunca "jornais em rede".

Se pesquisar as expressões "Fim da imprensa" ou "Morte dos Jornais" no Google, encontrará milhares de entradas discutindo o futuro da imprensa escrita nesta nova era digital em rede. Mas até aqui, nada de novo. Já em 1845, o jornal New York Herald anunciava um fim da imprensa motivado pela invenção do telégrafo. No início da década de 80, a chegada da Internet, ainda que em fase primitiva, levou a que logo se falasse da chegada do jornalismo eletrónico e das suas potenciais consequências sobre o jornalismo tradicional.

Ora, quais as lições a retirar desta pesquisa? O "The Economist", em resenha histórica, avançava que o telégrafo, inicialmente equacionado como uma ameaça à imprensa escrita, foi posteriormente "coadaptado e transformado em vantagem".

Qual a grelha de leitura que estas observações sugerem? A inovação nos mercados de bens e serviços será vista como oscilando sempre entre dois polos: o da "Destruição Criativa" (como argumentava Joseph Schumpeter, 1943) e o da "Acumulação Criativa" (como argumentava Keith Pavitt, 1999). A dificuldade é prever qual das forças efetivamente dominará cada fase específica de evolução de um determinado sistema técnico e de negócio.

É certo que a indústria da imprensa atravessa um período instável e se caracteriza por uma velocidade de mudança sem paralelo nos últimos cem anos. Estas transformações fundam-se na revolução digital, uma autêntica revolução (pós-)industrial assente na transição de uma sociedade baseada numa comunicação em massa para uma moldada pela comunicação em rede (Castells, 2000; Cardoso, 2007, 2008; Freeman, 2001). Existem no ar muitas ameaças aos modelos de negócio que provaram o seu valor no passado. No entanto, a história ensina-nos que estas transformações terão o potencial de ser, a dado ponto, usadas a favor dos próprios jornais. É claro que essa adaptação envolve um elevado sentido de inovação e adaptação, engenho e criatividade, e é para esses territórios de debate que procuramos trazê-lo, indiciando tendências e sugerindo hipóteses e métodos para a transformação da oferta informacional e dos modelos de negócio dos jornais em Portugal.

4.1.1. Os múltiplos percursos de mudança

Com o intuito de clarificar a análise, optámos por desdobrar as principais tendências desta revolução na imprensa e por descrever as suas consequências para editores, consumidores e anunciantes.

Do lado das empresas de *media*, a revolução digital baixou as barreiras à entrada de novos concorrentes e de novos produtos e ampliou o raio de ação da imprensa *online*, contribuindo simultaneamente para uma maior concorrência e um crescimento do mercado como um todo.

Se, por um lado, esta nova amplitude de mercado global amplifica a concorrência, permite, por outro lado também, a exploração de segmentos impossíveis de alcançar na tradicional imprensa escrita em papel. Por exemplo, pela compressão da distância, o mundo da lusofonia poderá assim ser explorado por jornais portugueses *online*. Mas, complementarmente, os meios de produção digitais permitem, também, distribuir em tempo real conteúdos, fazendo-os surgir em versões papel – como demonstra o lançamento do Sol e da Exame em Angola.

Assistimos a um período de reflexão profunda por parte dos operadores de imprensa, caracterizado pela procura de adaptação à volatilidade da mudança num período de procura de soluções para monetizar, quer no formato papel, quer no formato *online*. No entanto, devemos ter sempre presente que os dados da consultora PricewaterhouseCoopers revelam que, na maioria dos casos, a principal fonte de receitas provém ainda do papel – e previsivelmente o continuará a ser, pelo menos, no espaço de uma década em Portugal.

Do lado dos consumidores, assistimos à ascensão do seu poder negocial com a emergência da figura do prosumidor (termo cunhado por Alvin Tofler, contração de Produtor com Consumidor). Para além de leitor, o consumidor é agora, também, ativamente, comentador, revisor, mediador, distribuidor e ocasional cidadão-repórter. Com a chegada da esfera digital, o comentário do leitor deixou de ficar restrito aos que o acompanham no pequeno-almoço, à volta de uma mesa, para chegar a todos os que lerem a mesma notícia na Internet.

Assim sendo, os objetivos desta proposta passam por:

- Descrever o panorama conceptual e estratégico do momento, através de uma compilação extensa de fontes complementares nacionais e internacionais, das mais institucionais e provenientes do interior do sector às mais chegadas à perspetiva de analistas e de líderes de opinião em matéria de *media*;
- Localizar tendências emergentes e identificar sinais ainda ténues de novas direções para o futuro dos jornais;
- Tentar apontar os campos críticos da mudança que podem indicar por onde passarão os caminhos dos jornais portugueses;
- Avançar com um mapeamento de possíveis modelo(s) de negócio(s) futuro(s) tendo em conta a atual conjuntura de incerteza e a complexidade dos fenómenos emergentes;
- Propor um portefólio de sugestões, princípios e ideias gerais que consideramos serem necessárias para assegurar a navegação numa trajetória de continuidade, crescimento e desenvolvimento futuro da imprensa escrita.

Tudo porque este novo paradigma comunicacional e relacional complexifica e altera os hábitos de consumo de informação. As vendas de jornais estão a cair em certas zonas geográficas do mundo, sobretudo nos países desenvolvidos. Por seu turno, em outros contextos, as vendas ascendem, como é o caso do Brasil.

E em Portugal? Segundo dados da Marktest, no primeiro período auditado, 2004, «**as publicações de "Informação Geral" recolhiam uma audiência média de 34,1% e os "Jornais Diários" atingiam uma audiência média de 27,5%**. Nos anos seguintes, depois de uma queda da audiência média dos "Jornais Diários" (25,8%) e de "Informação Geral" (33%), em 2006, os valores subiram aos 33,7% nos "Jornais Diários"», 40% em 2008 e desceram novamente em 2009 e 2010.

FIGURA 14. Evolução Anual da Audiência Média de Publicações (%), 2004 a 2008

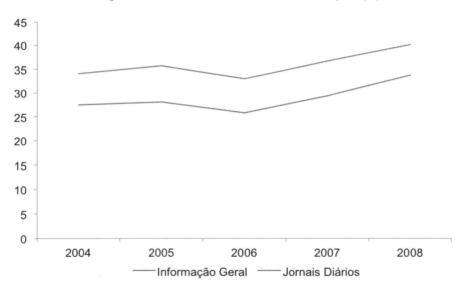

(Fonte: Dados Marktest, Anuário da Comunicação 2007-2008, OberCom)

Poder-se-á dizer de uma forma geral que, por um lado, se perdem leitores, pelo envelhecimento populacional, que já não são substituídos, por outro, as audiências que emergem já não partilham das mesmas práticas mediáticas. Os seus hábitos de informação são diferentes. E é preciso conhecer de perto os diferentes perfis de clientes e aprender a pensar como "eles" para poder oferecer-lhes algo que seja apelativo para as suas preferências, gostos e hábitos.

Observando os anunciantes, vemos que em fase negativa dos ciclos económicos, os investimentos publicitários estão entre os primeiros a ser afetados. Os anunciantes pretendem investir com métricas que indiquem de forma minimamente fiável a eficácia do seu investimento publicitário.

Embora havendo mais dúvidas do que certezas sobre a alteração do ROI (Retorno sobre investimento) associado à inserção de publicidade na imprensa escrita, é um facto que a dúvida surgiu e com ela o repensar por parte dos anunciantes das possíveis estratégias publicitárias. Mas importa desde já alertar que esta distinção por *media* não assenta numa perspetiva *suport-centric*, mas sim num paradigma *media(s) audience(s)-centric*. Ou seja, a cada tipo diferenciado de audiência corresponderão diferentes dietas mediáticas e, consequentemente, soluções diferenciadas.

Ou seja, a compartimentação em jornais é meramente analítica, sugerindo que devemos considerar uma estratégia *platform agnostic* em que o que está em causa são as notícias e combinações de caminhos possíveis que os públicos escolhem para o seu acesso e não o tipo de *media* usado para as fornecer.

O objetivo específico deste relatório é contribuir para melhor compreender os contornos empíricos da situação de mercado em Portugal. Esta sistematização permitirá informar a estratégia de cada grupo de *media* e de cada publicação, nomeadamente no que ao posicionamento diz respeito, ou seja, o desempenho relativo quanto ao número de tiragens, o volume de circulação impressa paga, e também o peso que cada publicação e grupo de *media* têm na população, na forma de audiências.

De um ponto de vista analítico, o que se pretende é estudar no caso português três ordens de grandeza (tiragem, circulação impressa paga, audiência média), por forma a compreendermos qual é a real situação dos jornais e *newsmagazines* em termos do seu posicionamento e peso neste mercado específico, jogando com estes dados na construção de dois índices específicos para três tipos de abordagem: a análise das publicações, isoladamente; a análise dos vários grupos de *media*, após agregação das respetivas publicações; e a análise dos géneros/temas que são possíveis a partir da leitura deste conjunto de publicações. Os índices criados visam perceber duas questões distintas:

1) a questão do consumo pela procura, que é obtido com base na circulação paga de cada publicação, por relação com a audiência média associada também a cada título (Índice Procura e Consumo de Publicações, IPCP);
2) a questão da eficiência, ou força, que pode ser calculada a partir da circulação impressa paga, pelo volume de tiragens de cada publicação (Índice de Eficiência de Publicações, IEPU).

Para a realização deste estudo utilizámos dados sobre tiragens e circulação impressa paga, com origem nos boletins informativos da APCT (Associação Portuguesa para o Controlo de Tiragem e Circulação) e dados sobre audiências na imprensa extraídos dos Anuários de *Media* e Publicidade da Marktest. A análise levada a cabo reflete os dados referentes aos anos de 2008 a 2013.

Esta análise reveste-se de particular interesse para o estudo da imprensa em Portugal, na medida em que pretende ir além da simples descrição que habitualmente é levada a cabo em anuários estatísticos, onde observações relativas ao volume de exemplares em tiragem ou em circulação impressa paga, bem como a estimativa e cálculo de audiências, são feitas sem uma leitura mais exaustiva dos resultados, com eventuais relações entre si e com o meio e conjuntura característicos. Assim, apesar de estes dados serem conhecidos e estarem disponíveis para muitos especialistas, o nível de sistematização e análise que lhe é aqui conferido é inovador.

Para além da organização dos dados, pretende-se ir mais longe, com a introdução de duas novas discussões, como sejam o caso da evolução dos preços de capa como potencial fator inclusivo no processo de mudança, ou a introdução de um indicador relacionado com a questão do investimento publicitário e das suas oscilações. Estes dois pontos poderão ser úteis, dado que potenciam uma análise ainda mais ampla do meio e das tendências em surgimento, e que podem estar mais ou menos relacionadas com a erosão das plataformas tradicionais e do avanço progressivo dos formatos digitais na disseminação de notícias.

Fazemos ainda uma incursão na relação que se possa estabelecer entre o diferente peso que o *online* e o tradicional assumem na interpretação do consumo de jornais e notícias. Pretende-se perceber qual a dimensão dominante e em que sentido se processa a tendência de consumo, não sendo demais lembrar que ao falarmos aqui em consumo de jornais e notícias no formato tradicional, não nos reportamos apenas ao que é consumo mediante pagamento, mas também consumo de exemplares em formato papel que não dependem da compra do exemplar, como a típica consulta de um jornal numa qualquer mesa de café, sala de espera de hospital, etc.

4.2. Enquadramento geral e internacional

CONSUMIDORES E IMPRENSA
Dados referenciados pela revista The Economist revelam que a grande maioria dos jornais norte-americanos assiste a um decréscimo das suas vendas físicas em papel. A circulação diária no período auditado caiu 10,1% em relação ao período homólogo. E esta queda afetou a totalidade dos 20 maiores *players*, excetuando o The Wall Street Journal.

Ainda do lado das receitas, os dados indicam um desinvestimento por parte dos anunciantes, segundo a Newspaper Association Of America. Os dados revelam assim a imagem global de uma indústria de notícias em papel em crise. O mercado *online* também não tem escapado às flutuações da conjuntura.

PROPENSÃO PARA PAGAR CONTEÚDOS *ONLINE*
Dados publicados no The New York Times, através de um estudo da consultora Boston Consulting Group, indicam que cerca de metade dos internautas norte-americanos (48%) estariam dispostos a pagar uma taxa mensal por conteúdos noticiosos relevantes distribuídos em rede (via computador pessoal e dispositivos móveis). O resultado apresentado pela BCG para os EUA é dos mais baixos entre os nove países estudados, lado a lado com o Reino Unido, onde a consultora desencadeou a pesquisa.

Nos restantes países europeus, a BCG observou uma disponibilidade para pagar desagregada da seguinte forma: Finlândia (66%), Alemanha (63%), Itália (62%), Noruega (60%), Espanha (56%) e França (54%). A análise destes dados não parece indicar a existência de uma qualquer relação entre alta taxa de penetração de Internet e alta propensão a pagar

– dois países com elevado uso de Internet, Finlândia e EUA, têm diferentes propensões ao pagamento *online*.

No entanto, o hipotético preço a pagar pelos consumos mensais seria baixo. O intervalo aceite é balizado por uma média de cerca de dois euros/mês nos Estados Unidos e Austrália a cerca de 4,7 euros por mês em Itália. Ou seja, há potenciais clientes dispostos a pagar, mas a um preço relativamente baixo, sendo claro que nem toda a informação tem o mesmo preço aos olhos dos consumidores.

Para além desse desdobramento nacional/cultural, o estudo da BCG observa também que os conteúdos mais valorizados são os conteúdos definidos como de qualidade e relevantes: notícias únicas, tais como as locais/regionais ou especializadas e continuamente disponibilizáveis – exemplo dos alertas em tempo real. O estudo revela ainda que os consumidores estarão potencialmente mais dispostos a pagar por conteúdos provindos de jornais do que outro tipo de *media*, tais como a televisão. Para além destas especificidades, os conteúdos terão de estar disponíveis em todas as plataformas nas quais o consumidor se move, do telemóvel ao portátil passando pelos *tablets*. Isto é, um único pagamento para acessos em multiplataforma digital.

No entanto, a propensão a pagar (para além de o ser a uma tarifa plana baixa) está diretamente associada à inexistência de alternativa gratuita ou próxima do valor zero.

Ao existirem formas alternativas e grátis, o modelo de negócio pode ser empurrado para um "curto-circuito" – os mesmos estudos apontam para esse perigo, isto é, a presença de concorrência grátis ou mais barata e com uma qualidade *"good enough"*, poderá levar ao cancelamento do modelo de subscrição por parte do consumidor.

Para além disso, tende a existir uma distância entre o discurso (o que se diz) e a prática (o que realmente se faz). E a separação entre essas duas extensões poderá ser ainda maior quando se apela à capacidade projetiva do inquirido neste estudo da BCG – ou seja, uma ação hipotética e no futuro, daí a reserva com que devemos encarar este tipo de leituras.

Desta forma, tal como sugere a leitura de um estudo da Forrester, também no The New York Times este número poderá estar algo inflacionado. Segundo este relatório, cerca de 80% dos utilizadores norte-americanos e canadianos afirmaram não estarem dispostos a pagar para aceder a *websites* de jornais ou revistas, sendo que os 20% de interessados

OS NOVOS JORNAIS

estariam mais inclinados a optar por modelos de subscrições do que por micro pagamentos.

Estes dois estudos, tornados públicos quase simultaneamente, e defendendo dados contraditórios, demonstram bem a dificuldade na operacionalização, inquirição e medição das atuais dietas mediáticas dos consumidores – informação indispensável nas tomadas de decisão de gestão.

A resposta à pergunta "Estarão as pessoas preparadas para pagar por notícias?", tal como foi articulada numa peça publicada na BBC, dependerá de aceitarmos que em diferentes suportes haverá lugar a pagamentos e noutros não? Há alguns dados que nos podem fazer pensar assim, como um inquérito conduzido pela Harris Interactive. Entre os mais de dois mil adultos inquiridos, 77% disseram que não pagariam para ler notícias de um jornal na Internet. E entre aqueles que estão dispostos a pagar subscrições mensais, o valor variava entre um a 10 dólares por mês (19%) e apenas 5% previam desembolsar mais de 10 dólares por mês.

Outro relatório da WAN ajuda a perceber que os consumidores atribuem diferentes valores a diferentes tipos de notícias e suportes. Os consumidores preferem *breaking news* em suportes móveis e o desenvolvimento das mesmas em papel ou *sites*. Segundo o mesmo relatório, os consumidores atribuem um elevado valor às análises profundas dos jornalistas quando comparadas com "notícias de última hora". Os consumidores percecionam as "notícias de última hora" e as notícias generalistas como mercadorias indiferenciadas (*commodities*), mas haverá sempre um mercado para conteúdos especializados.

As pesquisas demonstram que há consumidores dispostos a pagar por este tipo de informação. No entanto, estas análises não apontam às empresas de *media* quais as estratégias a desenvolver mais adequadas à monetarização destes conteúdos.

O que se poderá deduzir destes estudos é a ideia comum de que a propensão a pagar será mais elevada para os suportes impressos e para o jornalismo de fundo e/ou especializado – e que, portanto, se equacione a importância crescente dos nichos especializados de notícias sem descurar produtos de oferta generalista.

Os relatórios refletem também uma tendência emergente: a participação crescente dos consumidores. Um conjunto dos consumidores, ainda que minoritários, quer fazer parte do jornal que lê, quer através

MODELOS DE NEGÓCIO E COMUNICAÇÃO SOCIAL

de comentários, quer através da produção de conteúdos. Mark Briggs cunhou o termo de Journalism 2.0 em 2005. Esta vontade de participar, a figura do cidadão jornalista, pode ser encarada como um fenómeno com potencial comercial. Por exemplo, o Youtube tem um canal dedicado aos consumidores-produtores que queiram publicar conteúdos noticiosos, o Citizen Tube.

DIETAS MEDIÁTICAS EM TRANSFORMAÇÃO

Da leitura deste conjunto de informação podemos concluir que a proliferação de novos *media* fragmentou o tempo despendido por *media*. As dietas mediáticas dos consumidores estão assim a mudar e, com elas, também os hábitos de procura e consulta de informação. Cada vez mais o consumidor tem liberdade e também quer decidir sobre. Quando consumir? Onde consumir? O que consumir?

Os jornalistas e gestores devem, então, interiorizar esses princípios na sua cultura profissional e organizacional e transpor os mesmos para as suas práticas de produção e gestão.

EDITORES

A leitura dos dados globais publicados mostra-nos um mundo onde as empresas de *media* se encontram mediante um desafio estrutural: dar resposta ao atual, ou previsível, declínio da circulação paga de jornais e à diminuição de receitas publicitárias – quer pela mudança dos anunciantes para outras plataformas, quer pela retração do investimento global em tempos de recessão económica.

IMPRENSA ESCRITA, *WEB* 2.0, *FAIR USE* E *COPYRIGHT*

Quais as ligações da imprensa escrita com o pano de fundo mais abrangente de mudanças *online* a que se chama de *Web* 2.0? Procura de sinergias ou corte de relações?

As questões dos direitos autorais, do *Fair Use* de conteúdos *online*, são cada vez mais centrais no mundo em rede no qual vivemos, levando a que, inclusive, o dia 12 de janeiro fosse, a partir de 2010, considerado como o World Fair Use Day, na altura assinalado com a promoção de um encontro internacional e inúmeras palestras e discussões.

GOOGLE NEWS E SERVIÇOS DE AGREGADORES NO CENTRO DE POLÉMICA

Um estudo patrocinado pelo Fair Syndication Consortium, *How US newspapers content is reused and monetized online* (2009), defendeu que, num espaço de 30 dias, mais de 75 mil *sites* reutilizaram pelo menos um conteúdo noticioso provindo de um jornal norte-americano. Nesses *sites* foram detetadas cerca de 18% de cópias quase-perfeitas. Ainda segundo este estudo, a Google e a Yahoo foram responsáveis por cerca de três quartos da utilização não licenciada de conteúdo (53% e 19%, respetivamente).

Por um lado, temos a posição da NewsCorp, de Rupert Murdoch, contra a agregação grátis de notícias por terceiros, com especial atenção no Google, defendendo que se tal não deixar de acontecer, a "morte dos jornais" será um dado iminente. Para Rupert Murdoch, o conteúdo terá de ser pago, por exemplo, quando descarregado em *tablets*.

Mas será essa posição uma solução ou uma arma negocial da Newscorp na procura de parcerias? E até que ponto a própria Newscorp não é também espaço de contradições sobre o Fair-Use quando a Fox News, de Murdoch, é muitas vezes processada por violação de direitos autorais?

Por outro lado, importa perceber a visão oficial da Google. A postura da Google passa por, segundo os próprios; não estar "aqui para acabar com a imprensa, mas sim para trabalhar num novo modelo de negócio". Assim, o Google (tal como o telégrafo) seria um parceiro e não uma ameaça. Eric Schmidt, chairman e CEO da Google Inc., afirma:

> «*Google is a great source of promotion. We send online news publishers a billion clicks a month from Google News and more than three billion extra visits from our other services, such as Web Search and iGoogle. That is 100,000 opportunities a minute to win loyal readers and generate revenue – for free.*»

Por exemplo, observamos *players* importantes como o The New York Times e o Washington Post a firmarem parcerias com a Google, com o intuito de adaptarem a forma de contarem narrativas à Web 2.0, neste caso específico sobre a forma da experiência *Living Stories*. Mas os casos de sinergias não se esgotam aqui, sempre numa tentativa de dar ao consumidor um grande leque de informação num formato *user-friendly*.

Mas não é apenas a Newscorp a referir a necessidade de terminar com a gratuidade de acesso aos conteúdos. A editora Springer, que publica o

MODELOS DE NEGÓCIO E COMUNICAÇÃO SOCIAL

maior diário na Europa, o tabloide Bild, bem como outros jornais na Alemanha e na Europa Oriental, afirma que os editores devem ser pagos pelo seu trabalho *online*, numa altura em que a representação hegemónica é da gratuidade das notícias *online*.

Christoph Keese, diretor de relações públicas e mentor da estratégia *online* da Springer, defendia uma solução integrada, estandardizada e partilhada por todos os *publishers* – "*one-click marketplace solution*" – para os conteúdos *online*. Ou seja, avançar para um modelo pago implica que a grande maioria dos produtores adira em simultâneo a essa nova forma de estar *online* pois, caso esta adesão não seja total, os produtos podem "barricar-se", vendo os consumidores *online* mudarem-se para quem se mantiver sem pagamentos.

Neste sistema proposto pela Springer, a Google ou outros agregadores e motores de busca exibiriam links para artigos de jornais, vídeos e outros conteúdos de uma variedade de provedores, mas também uma etiqueta de preço. Os leitores poderiam também adquirir pacotes de conteúdos de várias origens através de uma tarifa plana de acesso.

Pensemos num exemplo. É mais provável um gestor pagar uma quantia "x" para receber informação sobre o mercado bolsista. Haverá ainda uma probabilidade superior de pagar um pouco mais se essa informação for sobre as ações em que investiu (personalizável pelo consumidor) e de pagar mais ainda se tal for mediado em tempo real e acessível no dispositivo móvel que escolher.

Do lado dos anunciantes, é mais provável que um anunciante pague mais por uma introdução de publicidade relevante a esse gestor – a publicidade semântica na web. Logo, caberá às agências negociar cachos de notícias customizadas a cada grupo de clientes – ou ao limite a cada cliente. Ou seja, o anunciante negociará "y" espaço a ser introduzido adequadamente consoante a adequabilidade semântica da notícia e do consumidor. Mas é, também, claro, que esse hipotético gestor só pagará se não conseguir encontrar essa informação de forma grátis e expedita.

Ou seja, é impossível concorrer com um conteúdo *good enough* gratuito. O paradigma do *good enough* não implica conteúdos de fraca qualidade. É importante perceber que "*content is (still) king*". É claro do lado do consumidor comum: essa informação específica sobre bolsas terá pouco ou nenhum valor. Esta lógica de relação entre editor, anunciante e leitor implicaria também uma total alteração das lógicas de produção e inserção publicitárias atuais. Daqui se pode concluir que a monetarização de conteúdos depende tanto da mudança desencadeada pelos jornais quanto por parte dos publicitários e anunciantes. Há um interesse comum que tem de ser transposto para colaborações conjuntas no transformar da paisagem da imprensa escrita, tanto entre os grandes editores como entre os grandes anunciantes e os grandes editores com o objetivo de criação de massa crítica para impulsionar uma mudança do modelo de negócio, seja no sentido de aumentar a gratuitidade através de novos modelos publicitários ou de novos modelos de pagamento.

4.3. Modelos de negócio

Tendo em consideração as mudanças identificadas, quais as direções que se estão a abrir? Quais os modelos de negócios emergentes no espaço digital para o consumo de informação?

PAGAR TUDO

Uma das opções mais radicais será a de erigir *paywalls* para todo o tipo de conteúdos, quebrando assim com a cultura instituída com o aparecimento da Internet e com a decisão de manter os *sites* noticiosos com acesso relativamente aberto.

FREEMIUM VS. PREMIUM

O modelo *freemium* consiste, genericamente, em permitir a uma audiência vasta a experimentação do produto, criando um hábito – um modelo já bastante presente em várias áreas de negócio. Este modelo oferece aos consumidores os serviços básicos de forma gratuita, cobrando apenas por conteúdos *premium*. Permite alcançar um conjunto vasto de consumidores, criando assim a necessária massa crítica publicitária. A distinção entre conteúdo pago terá de ser devidamente enquadrada através da quantificação do seu valor.

Pagar apenas conteúdo antigo? Pagar apenas conteúdo recente? Algumas propostas têm sido experimentadas, como por exemplo pagar apenas se o leitor lê mais do que um determinado número de artigos por mês. Um exemplo comum, a consulta de mais de X (10, 20, etc.) artigos por mês implica que seja levantada ao leitor uma *paywall*. Ou seja, não é exatamente uma parede de pagamentos "dura", podendo ser considerada um compromisso entre o acesso gratuito e a mediação pelo preço.

MODELOS DE NEGÓCIO E COMUNICAÇÃO SOCIAL

A possibilidade de um cada vez melhor *data-mining* pelo uso do *online* permite uma melhor monitorização dos comportamentos dos consumidores e, como tal, perceber melhor não só o que oferecer a cada perfil, mas também o valor que um dado cliente poderá atribuir a conteúdos noticiosos diferenciados.

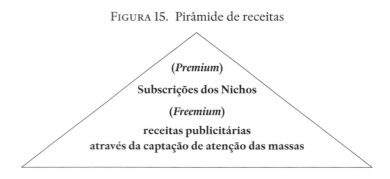

FIGURA 15. Pirâmide de receitas

(*Premium*)
Subscrições dos Nichos
(*Freemium*)
receitas publicitárias
através da captação de atenção das massas

Por exemplo, um dado utilizador que pesquise quotidianamente um jornal, atribuirá valor a esse jornal. É preciso, claro, saber como monetizar esse valor e não afastar o cliente com ofertas que não lhe sejam interessantes. Há no campo da imprensa a clara necessidade de aproximar a relação com o leitor através do princípio "cada leitor é um caso". No entanto, tal implica que os jornais sejam capazes de ter um leque tão vasto de opções de pagamento (do grátis ao *premium*) para os leitores, tal como os operadores de telemóveis desenvolveram. Ou seja, tarifários diferenciados para os mesmos produtos – o que um leitor paga por algo pode ser diferente do que outro paga.

PAYWALLS: PRÓS E CONTRAS

O levantamento de *paywalls* poderá introduzir receitas consideráveis. Não obstante, uma opção destas poderá ter *trade offs* não negligenciáveis, tal como nos alerta, entre outros, o relatório *Media Predictions*, da consultora Delloite:

«The biggest challenge of pay walls is to ensure, before the walls are put in place, that the number of subscribers gained and print customers retained is of greater economic value than the drop in traffic that will almost certainly accompany the mode to a paid model.» (pp: 11)

Scott Rosenberg, ex-Editor Manager do *site* Salon.com, refletiu no The Guardian sobre as consequências (não desejadas) deste tipo de muralhas:

> «*Pay walls are psychological as much as navigational, and it's a lot easier to put them up than to take them down. Once web users get it in their head that your site is "closed" to them, if you ever change your mind and want them to come back, it's extremely difficult to get that word out.*»

Rosenberg avança ainda dizendo que tal aposta será bem-sucedida apenas se os produtos por detrás da muralha forem escassos – *i.e.* informação especializada.

Mas numa economia da abundância é bastante provável haver uma alternativa grátis (legal ou não). Logo, se houver alternativa, há uma fuga de consumidores. Há também que ter presente que, no mundo atual, há um "padrão" que tende a reger os comportamentos: "se algo existir e não estiver facilmente acessível, por preço ou por disponibilidade, alguém o facultará a todos de forma 'legal' ou 'ilegal'". Esta predisposição de atuação comportamental é algo que deve ser levado em conta por gestores de produtos editoriais e jornalísticos na definição das suas estratégias comerciais.

O que está por detrás deste comportamento prende-se com a questão da partilha em rede. Uma das tendências centrais da Sociedade em Rede passa pela partilha (viral). Como avança o *site* especializado Techdirt: "*people today want to "spread the news" and "share the news" more than they just want to receive the news*".

A impossibilidade de partilha, como consequência da proteção dos conteúdos, poderá levar ao abandono do serviço e, logo, a menos tráfego, implicando também menores receitas publicitárias, visto que a publicidade só estará *online* onde estiverem as multidões ou as "pequenas" multidões dos segmentos mais elevados de rendimentos.

Clay Shirky, num artigo para a consultora McKinsey defende que os consumidores pagarão por conteúdo *online* apenas se este for: necessário, insubstituível e não compartilhável. Shirky continua afirmando que:

1. A maioria dos conteúdos não é necessária. É opcional;
2. A substituibilidade está nos olhos de quem lê, não de quem produz;
3. Os consumidores gostam de partilhar conteúdos, por norma.

MODELOS DE NEGÓCIO E COMUNICAÇÃO SOCIAL

Ou seja, para Shirky, num mundo digital de pós-escassez, cobrar pelo acesso leva quase sempre ao êxodo e decréscimo de leitores.

Por outro lado, Steven Brill, outro guru do espaço digital, responde a Shirky com a ideia de que dois modelos de receitas são melhores do que apenas um, defendendo que se deve cobrar aos leitores mais regulares – que serão, à partida, os mais ávidos por informação, ou, por exemplo, cobrar apenas certos conteúdos tidos como contendo mais valor. Desta forma, Brill sustenta a aposta paralela nos dois modelos de negócio. Parece assim ser evidente que estratégias que só privilegiem um modelo de acesso (só pago ou só grátis) têm maior probabilidade de falhar do que modelos híbridos.

O distribuidor regional Tindle, com 220 títulos em toda a Inglaterra, caracterizou a sua experiência de cobrança *online* como um sucesso e, como tal, decidiu alargar o sistema para cerca de cem dos seus jornais. A experiência inicial consistiu em monitorizar seis dos seus títulos, numa comparação entre três gratuitos e três pagos via subscrição através do *software* PageSuite, e permitiu observar resultados muito para além das expectativas.

Por sua vez, um estudo publicado pela City University de Londres, *Taking the Paper Out of News* (2009), sugere que os jornais têm mais a perder do que a ganhar se optarem pela publicação exclusiva *online* em detrimento da versão impressa. O estudo focou-se no exemplo do jornal de negócios finlandês Taloussanomat, que extinguiu a sua versão em papel passando a mediar conteúdos apenas *online*. A decisão ocorreu após perdas substantivas. Não obstante, tal solução não foi bem-sucedida. Os custos baixaram para metade mas, por sua vez, a audiência baixou em 22% e as receitas caíram também em mais de 75%. Neil Thurman, um dos autores do estudo, baseando-se neste caso particular, defende que a passagem exclusiva para o digital se torna viável apenas se as receitas forem, pelo menos, superiores aos custos em 31%.

Na verdade, trata-se de uma opção complexa. Vejamos o exemplo de um dos grandes *players* mundiais, o The New York Times. Após muita reflexão, Arthur Sulzberger Jr., CEO do respetivo jornal, afirmou convicto estar preparado para levantar *pay walls* no The New York Times. Após um ano de discussão entre prós e contras (e num *site* que tem um tráfego superior a 20 milhões de utilizadores únicos), a discussão acabou por pender para o lado da subscrição – sendo que na altura o anúncio

154

motivou reações críticas junto de analistas importantes, que acharam que este poderia ser um passo em falso. Vejamos, por exemplo, casos de insucesso, tal como o do jornal generalista Newsday da CableVision que, após três meses de *paywalls*, conseguiu acumular 35 subscritores apenas. Tal fracasso pode ser explicado pela falta de valor acrescentado do jornal em relação aos inúmeros concorrentes gratuitos que existem *online* perante um preço (elevado) de cinco dólares por semana.

É certo que o The New York Times poderá capitalizar as suas mais-valias. Num interessante artigo, Robert Wright, no mesmo jornal, explanou os desafios do Times, categorizando os diferentes tipos de consumidores. Um primeiro desdobramento terá de ser realizado entre "leitores comprometidos", que leem e procuram um elevado conjunto de informação de qualidade e estarão, à partida, dispostos a pagar por tal acesso, e um segundo grupo de "leitores menos regulares". Esse segundo grupo de leitores pode ser dividido em leitores que chegam através de pesquisa e aqueles que chegam ao *site* do jornal através de *links* em blogues e ainda outro tipo de *sites*. Este último grupo, apesar de menor, é crucial.

Se, por causa da *paywall*, os bloguers deixassem de "linkar" para conteúdos do The New York Times, isso iria baixar em muito as audiências, e, como tal, os ganhos em publicidade e notoriedade. Ora, o The New York Times está ciente deste facto. A *paywall* do The New York Times é assim relativamente porosa, permitindo o acesso sempre que tal seja mediado por links de páginas *online* externas. Ou seja, apenas consultas diretas ao sítio do NYT ou em motores de pesquisa são teoricamente pagas; links a partir de terceiros não. Mas tal estratégia de negócio, num panorama mediático em que cada vez mais a informação é mediada em segunda mão, ou seja, onde o consumidor não parte diretamente da fonte, poderá não ser uma solução *killer application* mas sim mais um contributo para a construção de um modelo de negócio complexo.

Um artigo do The Guardian, que explora um relatório da Pew, revela como são incertas as formas de monetizar das organizações de *media*. O artigo segue citando o livro *Public Opinion*, de Walter Lippmann, de 1922:

> «He will pay a nominal price when it suits him, will stop paying whenever it suits him, will turn to another paper when that suits him. Somebody has said quite aptly that the newspaper editor has to be re-elected every day.»

MODELOS DE NEGÓCIO E COMUNICAÇÃO SOCIAL

MICROCOMÉRCIO E MICROPAGAMENTOS

Outra estratégia emergente passa pelos micropagamentos que funcionam em economia de escala e terão de ser *hassle-free*, ou seja, de forma descomplicada e *user-friendly* – tal como acontece com o sucesso do iTunes, da Apple Store ou da Amazon.

A revista The Economist e o relatório da consultora Delloite apontam para essa tendência como via a seguir no mundo dos jornais. Da vontade de compra à compra efetiva dista apenas um clique. Trata-se de uma transformação do comportamento de compra. O baixo preço leva ao impulso imediatamente convertido em monetarização, que terá de ser cultivado e prescrito na relação entre jornal e leitor de uma forma indutiva de parceria e não de imposição. No entanto, tal poderá querer dizer que, tal como no caso da música, em que a Apple se tornou um mediador (e portanto recebedor de percentagem da venda), também os jornais poderão ter de aceitar partilhar parte da receita de vendas *online* com as entidades de comércio eletrónico de sucesso – como a Apple e Amazon – as quais detêm já o registo das contas de cartão de crédito e Paypal dos seus utilizadores.

E, tal como nota Daniel Roth na revista Wired, no artigo *The Future of Money: It's Flexible, Frictionless and (Almost) Free*, há que ter em linha de conta a emergência de novas formas de pagamento. Um estudo da consultora Javelin Strategy and Research, citado nesse mesmo artigo, defende que cerca de 20 por cento de todas as transações *online* processam-se mediante sistemas alternativos de pagamento. Segundo Daniel Roth, "*as money becomes completely digitized, infinitely transferable, and friction-free, it will again revolutionize how we think about our economy.*"

MERCADO MÓVEL

Nesta análise é também preciso não descurar o mercado móvel, pois o telemóvel apresenta-se como o único dispositivo que tende a estar permanentemente ao lado do consumidor e que possui uma taxa de penetração bem superior à dos computadores pessoais.

O telemóvel, na sociedade portuguesa, tende a ser visto como uma necessidade e não um luxo. A evolução da Internet e da tecnologia móvel criou um mercado para suportes móveis – com especial peso da chamada "geração Internet". Muito embora estes suportes sejam preferidos para as "notícias de última hora", em que a questão do imediatismo ganha relevo, também perdem relevância quando se tratam de notícias de fundo – por óbvias contingências tecnológicas que tornam a experiência de ler textos extensos num ecrã pequeno pouco aprazível.

APLICAÇÕES MÓVEIS E *APP STORES*

O mercado das aplicações para dispositivos móveis também não deve ser descurado na estratégia empresarial. Os números, sempre na casa dos muitos milhões, de aplicações distribuídas pelas lojas de aplicações da Apple, Google e Microsoft, obriga a equacionar a presença dos jornais em mais um formato de distribuição, com ou sem pagamento associado, sendo que as aplicações tendem em si a gerar e perpetuar mais receitas – seja pela sua compra ou pelo facto de serem outro mercado para a inserção publicitária. Como tal, também os jornais entram neste mercado. No entanto, a rentabilidade nestes segmentos assenta na maioria das vezes na publicidade e não na compra da aplicação. Os editores procuram ainda as oportunidades de anúncios em dispositivos móveis em formatos como patrocínios, pesquisa, vídeo e *banners*.

ANUNCIANTES

O mercado publicitário, em contexto de crise, encontra-se em retração. Para além desta conjuntura económica, a fragmentação por vários suportes dispersa os investimentos publicitários. É este o contexto onde as decisões estratégicas dos jornais têm de ser desenvolvidas. Logo, as empresas de *media* precisam de revolucionar a maneira de vender, apostando em soluções de comunicação integradas. Ou seja, através de comunidades de valor em torno da marca.

Nem todos os dados são negativos para a imprensa. Dados de uma investigação patrocinada pela Microsoft defendem que a publicidade na imprensa é duas vezes mais eficaz que na televisão.

De acordo com a WAN, os anunciantes têm como objetivo procurar a melhor forma de potenciar o retorno sobre o seu investimento e, ao mesmo tempo, melhorar o diálogo com os clientes. Assim, apostar em várias plataformas é, e continuará a ser por enquanto, uma tendência marcante. No entanto, ainda segundo a WAN, a televisão continua a ser o *media* preferido dos anunciantes.

As crises económicas tendem a acelerar a mudança de investimentos publicitários para os *media* entendidos como mais seguros e mais facilmente mensuráveis – a *accountability* e o retorno sobre o investimento são parâmetros intensamente procurados. Ou seja, as estratégias de comunicação são normalmente escolhidas de acordo com os *targets*, e no balanço entre investimento e retorno (mais ou menos mensurável), os comerciantes preferem plataformas que consigam medir com sucesso a sua eficácia.

Desta forma, os jornais terão de inovar e oferecer os melhores pacotes (impresso e *online*), mas revestidos com a mais-valia do *online*, isto é, jogar na eficácia do *online* pelo uso de *context-based advertising*. Ou seja, a introdução de conteúdo publicitário tido como relevante e não intrusivo – direcionado através de *data-mining*. As palavras de ordem são hoje o uso de anúncios em contexto temático de acordo com as notícias e a sua orquestração sob o lema: "a minha publicidade é diferente da tua!". O "meu" perfil de leitura de um jornal produz contexto publicitário diferente daquele que será visto por qualquer outra pessoa que tenha consumos de informação diferenciados dos meus.

No entanto, os jornais terão ainda de continuar, durante muitos anos, a desenvolver pacotes de publicidade, combinando *off-line* com *online*, procurando assim defender a sua marca e manter a confiança junto das audiências como a melhor forma de projetar as marcas dos anunciantes. Tal como referiu Penny Stevens, presidente da agência Media Experts, ao Financial Post:

> «*It's that whole notion of trust, integrity and reliability. I don't trust my flyer. There is that wonderful halo effect, one hopes, as an advertiser, that the integrity and credibility of the content will somehow be seen to be rubbing off on the advertiser.*»

Muitos jornais conseguiram ganhar e manter a lealdade e confiança dos leitores por décadas – a denominada *stickiness* – e, em geral, conseguiram mesmo migrar clientes do impresso para o *online*. Tanto o anunciante como as agências publicitárias são atores fundamentais no processo de transformação do modelo de negócio dos jornais. Neste contexto histórico é tão importante atrair consumidores para as versões *online* dos jornais, pagos e não pagos em papel, quanto é mudar as atitudes dos anunciantes e publicitários, obrigando-os a quebrarem as suas rotinas de alocação de meios no seu plano publicitário – fazendo-os também pensar que dos 16 aos 86 anos há audiências de todos os tipos dispostas a serem "leitores" de jornais.

OS NOVOS JORNAIS

No lado das agências de meios e de publicidade há a tendência de tipificar os consumos em perfis demasiadamente estereotipados (por exemplo: até aos 35 anos, urbano, classe média alta) esquecendo muitos sectores sócio demográficos. Por outro lado, será que os anunciantes não se esquecem que mais de 50% da população portuguesa utiliza a Internet e que parte substancial visita *sites* de jornais, e que a tendência é de crescimento tanto absoluto como percentual?

4.4. Inovação e produtos

INOVAÇÕES
Para além de *media* e tecnologias já bem implantados no quotidiano, há uma série de inovações que importa reter para pensar o futuro dos jornais, sendo estas desdobradas em inovações de produtos e de conteúdos.

LEITORES DIGITAIS
Para além dos editores, também os criadores de *hardware* tentam adaptar-se à mudança, procurando inovar as formas de digitalizar o conteúdo e de se apresentarem às audiências, apostando sobretudo numa *user-experience* agradável que possa igualar ou superar o folhear de páginas de papel.

Além do desenvolvimento de várias versões do Kindle, da Amazon, desde o lançamento do iPad, da Apple, que a plataforma *tablet* se tem vindo a estabelecer a nível internacional como a preferida para o consumo de muitos conteúdos jornalísticos. A interface de tipo ecrã táctil parece estar a instalar-se como uma norma. E os produtores de conteúdos não param de promovem novas versões das suas publicações, desde os pioneiros, como a Sports Illustrated ou a Wired, da editora Condé Nast.

IPAD E IMPRENSA
Não querendo entrar em discussão de especificações técnicas, dimensões de ecrãs ou (eco)sistemas operativos, importa, sim, pensar nos potenciais impactos do iPad e seus similares, no paradigma da indústria de conteúdos contemporânea.

As ligações entre as duas indústrias não são espúrias. Na apresentação oficial do iPad, Steve Jobs convidou mesmo Martin Nisenholtz, do The New York Times, para uma apresentação do seu jornal numa versão adaptada ao iPad. A visualização, sem constrangimentos com o uso total de cor, conjugada com a facilidade de integração de vídeo, prometeu logo uma redefinição dos *standards* do jornalismo digital, tal como o conhecíamos até então.

Sobre a experimentação dos *tablet*, pode dizer-se que o consumo de jornais, do ponto de vista do utilizador, parece ser agradável e revolucionário, através de interfaces simples e de mãos dadas com o ecrã táctil. Mas sabemos que para além das potencialidades tecnológicas interessam sobretudo os seus usos sociais e, é claro, a sua aceitação generalizada. A elevada taxa de crescimento de adoção do produto, no entanto, não garante ainda uma massa crítica suficiente para uma economia de escala que substitua o papel em termos de monetização.

REALIDADE AUMENTADA E INTELIGÊNCIA GEOESPACIAL

O conceito de Realidade Aumentada (*augmented reality*), que visa sobrepor informação virtual à realidade em articulação com SemaCodes e códigos de barras 2D é explorado também pelos produtores de conteúdos noticiosos, sendo exemplos pioneiros o número de dezembro de 2009 da versão americana da Esquire ou o jornal belga La Derniere Heure a lançar uma edição em versão 3D.

A integração de conteúdo informativo cruzada com a localização GPS, presente na maioria dos novos produtos, surge também como importante mais-valia – a chamada inteligência geoespacial. Os produtores de conteúdos, bem como os anunciantes, podem assim fornecer soluções em tempo real e adequadas à localização do consumidor. Os jornais precisam assim de, em conjunto com os anunciantes e criativos publicitários, explorar a monetarização da publicidade associada ao GPS e à localização do "leitor" de jornal, situação em que apenas quando o "leitor" consome algo a partir do uso de "cupões eletrónicos" em lojas específicas há lugar a partilha de receitas entre jornal e anunciante, etc.

INOVAÇÃO DE CONTEÚDOS

Smart Content

O conteúdo também pode ser potenciado na era digital. Poder-se-á falar de conteúdo inteligente, conteúdo 2.0, ou *individuated news*, adaptado por um lado ao gosto do consumidor e, por outro, capaz de perceber em que suportes irá ser mediado.

Tal como descreve Nick Bilton, um sistema inteligente que alterna e atualiza automaticamente os conteúdos de acordo com os suportes com os quais interagimos. Ou, tal como projetava há meia dúzia de anos o CEO da Google, Eric Schmidt:

> «*The compact device in my hand delivers me the world, one news story at a time. I flip through my favorite papers and magazines, the images as crisp as in print, without a maddening wait for each page to load. Even better, the device knows who I am, what I like, and what I have already read. So while I get all the news and comment, I also see stories tailored for my interests. Some of these stories are part of a monthly subscription package. Some, where the free preview sucks me in, cost a few pennies billed to my account. Others are available at no charge, paid for by advertising. But these ads are not static pitches for products I'd never use. Like the news I am reading, the ads are tailored just for me. Advertisers are willing to shell out a lot of money for this targeting.*»

O panorama mediático tem vindo a fragmentar-se e, como tal, as mensagens terão de estar acessíveis em todas as plataformas que o consumidor desejar – o *cross-screen* será o modelo de jornal do futuro.

INOVAÇÃO NA MEDIAÇÃO

Web-to-Print. A customização impressa

Emergem também no mercado soluções que pretendem juntar a mais-valia do *online* e do papel. O consumidor seleciona, previamente, a informação que deseja receber impressa. Uma espécie de *unbundling* com posterior *bundle* configurado de acordo com a vontade do leitor. Veja-se, por exemplo, as experiências pioneiras do Niiu, jornal individualizado pelo próprio consumidor, entregue impresso em papel ao domicílio ou qualquer outro local definido pelo consumidor, a €1,20, ou ainda o The Printed Blog ou o Zinepal.

DISTRIBUIÇÃO DIGITAL

Esboroar de fronteiras

A revolução digital e distribuição em rede tem como principal impacto o baixar as barreiras à entrada, quer na produção quer na distribuição, e o esboroar das fronteiras entre tipos de *media*, aumentando assim a concorrência.

A fragmentação e atomização de *media* é assim crescente, mas este ritmo de crescimento não é acompanhado sincronicamente pelos consumidores. Ou seja, há um teto máximo para consumo diário de *media* e assistimos a um *overload* de oferta de informação. Essa sobrecarga precisa de ser gerida, sistematizada e transformada em conhecimento. Por cada abundância de produto, mais procura será gerada sobre outra escassez, como por exemplo com uma quantidade volumosa, no limite infinita, e grátis de informação: tempo, atenção e acessibilidade são um bem escasso numa economia da abundância, numa economia da pós-escassez.

Assim, uma importante mais-valia competitiva será produzir conteúdos com valor acrescentado, nomeadamente, informação disponível a tempo, com análise, interpretação, prospetiva, mas também dotada de seleção, sistematização e resumo. Ou seja, uma seleção e sistematização da informação.

Mas, acima de tudo, é preciso conhecer os vários tipos de clientes e adaptar os conteúdos a cada *cluster* de clientes e a cada suporte e às combinações possíveis entre *online* e papel.

É também necessário monitorizar essa evolução constantemente e, sempre que preciso, (re)introduzir mudanças. É assim determinante possuir e estimular uma grande adaptabilidade à mudança. Para tal, é preciso perceber as tendências emergentes e distinguir entre sinais fracos (antecipadores) de mudança e sinais fortes (confirmadores de mudança já ocorrida).

Mas mesmo com essa informação é cada vez mais difícil fazer previsões a médio prazo. Isto porque a velocidade da mudança é cada vez mais implacável, como sugeria o Twitter do influente Clay Shirky já em 2010:

> «*Why I ignore all '5 year plans': 5 years ago, YouTube and Twitter didn't exist, and Facebook was only for college kids.*»

Shirky sintetiza uma ideia a ter em consideração: o ritmo e imprevisibilidade da mudança são cada vez mais difíceis de gerir. Ou seja, é preciso monitorizar e perceber os hábitos e usos sociais dos utilizadores em tempo real e ser flexível para adaptar/refinar estratégias constantemente.

A hipótese de Wolfgang Riepl, de 1913, que defendia que os *media* existentes nunca serão totalmente substituídos ou tornados obsoletos pelos *media*s emergentes, continua válida. Mas os *media* terão de se adaptar à mudança e coexistirem num ambiente mediático volátil e multiplataforma. Ou seja, importa ultrapassar perspetivas dicotómicas do problema (velhos *media vs.* novos *media*) para englobar os *media* tradicionais com os novos *media*.

Poder-se-ia invocar um provérbio chinês:

> «*Quando os ventos da mudança sopram, alguns constroem abrigos, outros constroem moinhos de vento.*»

Interessa perceber reflexivamente como capitalizar as possibilidades da tecnologia. Para tal, será preciso nomeadamente pensar nas mudanças que ocorrem no consumidor e, como tal, introduzir mais elementos de *social media*. De facto, a rede social mais populosa, o Facebook, teve uma taxa de crescimento vertiginosa e obtém altas receitas publicitárias.

Os jornais não poderão ignorar este paradigma, através de comentários, possibilidade de partilha dos conteúdos com terceiros e interatividade, porque tal se traduz em lealdade do consumidor ao serviço e à marca, isto é, em querer voltar ao *site* no dia seguinte – criar uma relação empática. E um estudo da PEW mostra que a lealdade é um conceito relativo entre os consumidores de informação *online*, a saber, quase dois terços utilizam intensamente vários fontes para recolher a sua informação.

Passando para a relação entre os jornais e anunciantes, os jornais deverão pensar em preços dinâmicos variáveis de acordo com as inserções contextuais no meio *online*, as quais, por se apresentarem como menos disruptivas porque relevantes, são potencialmente interessantes.

John Carlin, num artigo de fundo para o periódico El País, relembra que os tempos que correm são revestidos de uma grande ambivalência. Afirma que nunca houve um melhor momento para a prática jornalística, mas que, ao mesmo tempo, atravessamos um período onde nunca foi tão difícil fazê-lo. Ou seja, o que está em causa é o "modelo de jornais" e não o "jornalismo".

E neste processo de experimentação contínua de procura criativa e reformulação inovadora das formas de investigar e apresentar narrativas, o consumidor de conteúdos sai a ganhar. No final de contas, o consumi-

MODELOS DE NEGÓCIO E COMUNICAÇÃO SOCIAL

dor será sempre a variável mais importante da equação. Tal como afirma Adam Broitman, numa declaração baseada no modo de funcionamento do Facebook e que poderá ser adaptada aos jornais: *"Consumers will un--friend all brands that don't add value."*

Os jornais necessitam de usar as inovações que estão já à sua disposição e adaptá-las através do conhecimento acumulado pelas suas experiências ao longo dos anos, monetizando essa experiência. Mas, para além disso, necessitam de mudar a cultura que os impede de pensar o público como "1000" indivíduos diferentes ao invés de "1000" indivíduos com muito em comum. Ambas as tarefas são necessárias, sem esquecer que, acima de tudo, o que faz o "leitor" buscar os "jornais" são os dois valores fundamentais da comunicação social: o profissionalismo e a credibilidade.

Há que olhar públicos, jornalistas, anunciantes, publicitários e a todos dar razão para serem *friends* dos jornais e não efetuarem nunca um *un--friend* dos jornais.

4.5. O *case study* The New York Times

O New York Times levou a cabo um exercício inédito de reflexão, orientado para a identificação dos seus pontos fortes e fragilidades. A soma destes aspetos reflete o seu desempenho e, por consequência, o lugar que o título ocupa no ecossistema de *media* norte-americano.

Segundo o NYT, a sua principal missão é a de produzir o melhor jornalismo do mundo.

Contudo, tal não anula o facto de estar perder demasiado terreno numa área crítica, a de saber como levar o jornalismo que produz até aos seus leitores. E, apesar de sempre ter existido a preocupação de dar o máximo alcance ao jornalismo com esta chancela, os seus responsáveis ainda não descobriram como assegurar o impacto do trabalho realizado no específico contexto digital.

Esta questão, intrincada para o NYTimes, parece estar a ser resolvida por muitos dos títulos seus concorrentes e que assim o estão a ultrapassar: The Washington Post e The Wall Street Journal realizaram movimentos agressivos para se reposicionaram em sintonia com a era digital. O First Look Media e o Vox Media criaram redações digitais. O The Guardian e o USA Today desenvolveram uma série de boas práticas orientadoras para o crescimento de leitores.

Em contraponto, o NYTimes refere que em 2013 se deu uma queda significativa do número de leitores e em várias frentes: está a perder público no *site*, lado a lado com a diminuição de audiências nas *apps* para *smartphones*, sinal muito preocupante para uma plataforma recente, supostamente em crescimento.

O grande desafio que uma empresa de *media* enfrenta na era digital é o de produzir um jornalismo de excelência. Perante as alterações no campo da tecnologia, a que se associam a mudança de hábitos dos leitores e a reformulação dos modelos de negócio, é cada vez mais premente identificar novas e inteligentes estratégias de crescimento das audiências. Esta urgência prende-se com o facto de os *media* digitais ocuparem um espaço tendencialmente superlotado. Como levar uma estratégia à prática e ser bem-sucedido, é a grande questão com que se debate o NYT.

É necessário explorar em profundidade como alcançar o chamado *"audience development"*. Neste contexto, a redação do jornal é identificada como eixo central das estratégias e recomendações orientadas para o crescimento de leitores.

E o seu relevo determina a necessidade de apontar sugestões específicas para fortalecer a redação na era digital; daí que se sugira uma reflexão a partir das tradições do Times enquanto jornal impresso; a ponderação do atual ambiente digital em que tudo acontece, a necessidade de trabalhar com departamentos externos à redação, mas também eles dedicados à experiencia do leitor; a importância de definir uma estratégia de contratação de profissionais e talentos do meio digital, empoderando-os numa nova estrutura a criar para a redação.

Esta abordagem equivale a um momento original em que o NYTimes parou, deu um passo atrás e fez um exercício de auto-reflexão, abarcando também nesse olhar a sua concorrência na era digital, assinalando o que funciona e o que se tem de abandonar – ou não resultou – neste trajeto.

A reunião de informações e *insights* baseados em centenas de entrevistas esmiuçou a forma de trabalhar e as operações que lhe são inerentes a cada passo. Envolveu ainda um olhar atento à paisagem competitiva. Segundo o NYTimes, algumas das recomendações que daqui resultam parecem óbvias, mas outras podem ser controversas à primeira vista.

A intenção foi a de levar o jornalismo que já se pratica até mais longe. Não existe qualquer pretensão de alterar os valores ou a integridade que fazem do NYTimes a maior instituição jornalística do mundo. No entanto o NYTimes está ciente de que é preciso evoluir, e depressa, para manter um estatuto destacado no futuro.

DESENVOLVIMENTO DE AUDIÊNCIAS COMO PARTE CENTRAL E URGENTE DA MISSÃO

Mais do que nunca, a tarefa de fazer crescer a audiência recai sobre a redação. As realidades dominadas por uma Internet superlotada e um mundo móvel em ebulição requerem que se faça um esforço suplementar para se chegar aos leitores. Este trabalho exige criatividade, capacidade de decisão editorial e oferece a possibilidade de se criar um jornalismo com maior impacto do que o praticado até aqui.

Deveria existir um líder sénior da redação, encarregue da área de *audience development*, aspeto que deveria no entanto estar presente e ser trabalhado por todos os colaboradores em geral. Depois de exploradas várias áreas, o Times acredita que se pode posicionar para um crescimento continuado a três níveis, todos eles da responsabilidade da redação: Descoberta (*"Discovery"*), Apresentação do produto (*"Packaging"*) e Distribuição (*"Distribution"*).

DESCOBERTA

Tirar mais partido da tecnologia para dispor de mais e melhores ferramentas é a fórmula para garantir que o trabalho do jornal é levado até aos leitores certos, no lugar e momento certos. Este objetivo é pensado segundo uma tripla oportunidade:

- *Evergreen*: Trabalhar conteúdos que nunca perdem a atualidade e o interesse dos leitores (*"evergreen"*);
- *Personalization*: A importância dos conteúdos personalizados que vão ao encontro dos leitores;
- *Packaging*: Um tratamento mais inteligente dos produtos jornalísticos.

EVERGREEN

O Times dá-se conta da situação privilegiada em que está, por dispor de um leque de conteúdos extensíssimo e de tremendo valor. Face a esta mais-valia, a estratégia aqui pensada implica recuperar este material.

Exemplo: no mundo digital o arquivo do Times oferece uma clara vantagem sobre todos os seus concorrentes. Contudo, os seus responséveis reconhecem que raramente pensam no rico manancial que isto representa, de tão centrados que estão no que é novo. «*You have a huge advantage. You have a tremendous amount of high-quality content that you have a perpetual licence to*», indica Henry Blodget, fundador do Business Insider.

Exemplo: as áreas de artes e cultura estão entre os assuntos mais lidos, mesmo depois das suas datas de publicação. Uma solução possível foi trazida pela equipa de notícias interativas: apresentar os conteúdos culturais como guias. Estes poderiam servir de suplemento (mas não como substituto das notícias da secção em causa), passíveis de ser otimizados, quer para pesquisa quer para difusão em redes sociais, dando a possibilidade de ser usados pelo leitor que gosta de guias intemporais.

PERSONALIZATION

Identifica-se a necessidade de apostar na organização e na forma de tratamento e apresentação do trabalho do The New York Times em termos mais úteis, indo ao encontro de leitores relevantes, personalizando a comunicação com estes.

A personalização oferece incontáveis possibilidades de conferir frescura a conteúdos de formas inteligentes. Pode-se usar a tecnologia para assegurar que as histórias certas são encontradas pelos leitores que as procuram no momento e lugar certos. Daí que se enfatize a importância da redação dar mais atenção a este aspeto, refletindo e decidindo que níveis de personalização se querem, por exemplo para a *homepage* ou nas *apps* do Times.

Nesta mesma ordem de ideia emerge o termo "seguir", "*following*": é voz corrente que leitores jovens cada vez mais esperam que as notícias venham ter com eles, seja através das redes sociais, via alertas ou da personalização, com a ajuda de funcionalidades. O Times fala a esse propósito de se poder criar um botão "*follow*" que ofereceria aos leitores os seus próprios *feeds* de notícias, em diferentes plataformas, assegurando que nunca perderiam aquilo que querem mesmo ver/ler. Estas "*following features*" têm-se revelado em projetos como CIRCA, The Verge, Breaking News e outros *outlets* digitais de notícias. As equipas de *design* e produto do Times têm vindo a explorar uma funcionalidade desta natureza para associar a colunistas, algo que idealmente deveria contar com o apoio da redação do jornal.

MODELOS DE NEGÓCIO E COMUNICAÇÃO SOCIAL

PACKAGING OU ESTRUTURAÇÃO E ORGANIZAÇÃO DE DADOS E CONTEÚDOS

Para dar força a esses esforços, o Times está ciente de que é preciso investir, em paralelo, num trabalho essencial de estruturação e *tagging* de dados. A este nível foram realizadas experiências de *repackaging* com conteúdos antigos que podem gerar tráfego significativo, apesar de não surgirem na primeira página.

Exemplo: foi elaborada uma página composta por uma coleção de vídeos sobre o amor, escolhidos a partir dos arquivos pelos editores da secção "casamentos", organizada para o dia dos namorados. Outro caso semelhante foi o recurso a artigos de opinião e notícias sobre tráfico sexual. Não se criou nada de novo; reformulou-se apenas a sua apresentação e este trabalho foi intencionalmente colocado fora da *homepage* do *site*, seguida pelo lançamento de uma campanha promocional também longe da página principal do jornal *online*. Ambos os casos revelaram ser êxitos enormes, isto porque os leitores partilharam estes trabalhos nas redes sociais, indica o Times.

PROMOÇÃO: COMO CHAMAR A ATENÇÃO PARA O NOSSO JORNALISMO?

O NYTimes prefere que o trabalho que desenvolve fale por si e promova a sua marca. No entanto, a concorrência está a fazer exatamente o oposto; está a demonstrar melhor desempenho ao colocar, através de estratégias promocionais agressivas, o jornalismo que pratica junto dos seus novos leitores.

"A lot of institutions that are doing well are marketing themselves well", indica Amanda Michel, a responsável máxima pelas redes sociais no The Guardian. A abordagem do NYTimes não tem seguido este caminho, mas tem-se noção de que os *media* sociais devem surgir como ferramenta--chave neste processo.

Partindo desse ponto percebeu-se que é preciso criar estruturas no interior da redação que destaquem e ampliem o alcance do trabalho mais importante feito pelo NYTimes. Soma-se ainda a necessidade de identificar e partilhar as melhores práticas, desde o nível zero, para que editores e jornalistas se sintam encorajados e empoderados para promover o seu próprio trabalho. Além disso, sugere-se que se preste atenção aos processos de otimização a jusante do trabalho realizado. Por exemplo, a associação de dados trabalhados e associados em apoio dos artigos principais,

OS NOVOS JORNAIS

aumentou imediatamente o tráfico dos motores de busca em 52%, o que se refletiu no aumento de receitas.

A ideia de promoção abarcaria o aspeto institucional e também uma promoção de linha da frente. Assim, e sobre o primeiro aspeto, o trabalho de promoção deveria ser partilhado de forma transversal por toda a empresa em vez de ficar remetido para pequenos silos, sem comunicação entre si. Exemplo disso: a conta de Twitter é gerida pela redação, enquanto a de Facebook está sob a alçada da área de negócio, sem que funcionem como vasos comunicantes.

Os departamentos de relações públicas, marketing etc., deveriam trabalhar em conjunto na promoção de estratégias tais como a publicitação de grandes histórias, antes e depois de terem sido publicadas.

Outro aspeto onde investir é a mudança de ferramentas e do *workflow*, para otimizar os conteúdos do NYTimes ao nível da pesquisa e difusão nos *media* sociais, e ainda para se explorar outros canais diretos de interação com os leitores, como o *e-mail*.

As plataformas de redes sociais, para além de serem vistas como ferramenta essencial de difusão das histórias trabalhadas, são sobretudo usadas como ferramentas de desenvolvimento da audiência (*audience development tools*) e como base para experimentações que levem em linha de conta as mudanças tecnológicas, sempre em curso juntamente com o comportamento dos leitores.

Daí que uma das sugestões do Times passe pela criação, na redação, de equipas de especialistas na promoção, focadas na construção e execução de estratégias capazes de ampliar o alcance dos seus trabalhos mais importantes.

Em termos de *front-line promotion*, o NYTimes propõe que se crie uma "*impact tool box*", treinando os editores de cada área a utilizarem-na. Esta caixa de ferramentas forneceria estratégia, táticas e *templates* para ampliar o efeito de um artigo, antes e depois de ter sido publicado. Com o tempo estas competências poderiam ser partilhadas de um editor para outros.

Outra estratégia já usada passa pela reunião de uma lista de nomes relevantes e influentes que poderiam espalhar a palavra e evangelizar nas redes sociais acerca de produtos com a marca NYT. Esta estratégia poderia transformar-se numa ferramenta interna a ser usada para promover o seu melhor jornalismo da marca nos *media* sociais.

MODELOS DE NEGÓCIO E COMUNICAÇÃO SOCIAL

CONNECTION: COMO CRIAR UMA RELAÇÃO DE LEALDADE COM
OS LEITORES

Os leitores do NYTimes são provavelmente uma fonte ainda por explorar. Aprofundar a ligação com eles, *online* e *off-line*, é algo crítico num mundo em que os conteúdos chegam a uma nova audiência cada vez mais vasta através de outros leitores.

A redação precisa de dar atenção a estas questões da ligação e envolvimento com as pessoas. O primeiro passo passa por abrir-lhes um pouco as portas do mundo do jornal, deixando descobrir um pouco do interior daquilo que é o trabalho jornalístico, o que irá contribuir para aprofundar a relação com os leitores.

Além disso, muitos deles criaram a expectativa de estabelecer uma interação nos dois sentidos, como forma a envolverem-se como o jornalismo e os jornalistas. Isto equivale a dizer que a redação como um todo tem de tomar as rédeas deste movimento, explorando o *user-generated content*. O *Op eds* é um dos mais celebrados fóruns do Times. Além disso, a concorrência recorre a esta estratégia e há uma nova geração de start--ups que está a treinar os leitores mais jovens a contar com este tipo de participação.

Exemplos: a operação de eventos do Times está a melhorar mas ainda não é suficiente. Até agora estes são construídos em torno de assuntos que interessam à indústria e aos seus patrocinadores. Os eventos podem ter por finalidade a promoção da ligação com os próprios leitores, tanto quanto puderem ser rentáveis. Dá-se o exemplo das conferências Ted Talks. O caminho passa pela criação de eventos focados no leitor e que elevem a marca. Imagine-se por exemplo um evento anual em NY – o New York Times Readers Festival –, em que todos os que estivessem registados no *site* poderiam pagar para participar; com alguns segmentos abertos apenas a subscritores e outros a subscritores *premium*. Possíveis sessões a incluir: painéis sobre a história do ano, perguntas e respostas com editores e jornalistas sobre determinados temas, sessões de escrita, fotografia ou vídeo, um *showcase* multimédia dos melhores vídeos, fotografias e peças interativas; e muitas outras formas de envolvimentos que reflitam de alguma forma os padrões e valores do jornal.

Outro aspeto importante é o de conhecer os leitores e entendê-los melhor. O uso inteligente de dados relativos aos leitores tem sido feito pelo Google, Facebook ou Amazon. O Linkedin é outro exemplo. O

OS NOVOS JORNAIS

NYTimes ainda está em melhores condições, sob este aspeto, a partir do momento em que estabeleceu a sua *paywall* – isto na medida em que deu novos passos para encorajar os leitores a registarem-se e, como tal dispõe de um manancial de dados. Estas funções são agora consideradas parte das responsabilidades da redação.

FORTALECER A REDAÇÃO DO THE NEW YORK TIMES

Avaliar as possibilidades de otimizar/ampliar o papel da redação de um jornal como The New York Times resulta na necessidade de munir este centro nevrálgico de várias competências e *insights*, capazes de elevar o seu nível digital. As recomendações recaem sobre quatro aspetos:

- Colaboração com unidades e departamentos pertencentes à área do negócio, mas explicitamente orientadas para a experiência do leitor;
- Criação de uma equipa estratégica no seio da redação, destinada a apoiar os responsáveis dos vários departamentos;
- *"To be digital-first"*, ou seja, mapear a estratégia que converta a redação numa genuína organização de natureza digital;
- Colaboração da redação com as unidades da área de negócio, especialmente focadas na experiência do leitor (*reader experience*).

Existem diversos departamentos e unidades pertencentes ao lado do negócio mas que estão explicitamente focados na experiência do leitor e nos quais se incluem categorias como *design*, tecnologia, pesquisa e desenvolvimento, produto ou mesmo o *"consumer insight group"*. Associar estas funções ao trabalho da redação representa uma oportunidade de colaboração benéfica para todos, para além de equivaler a uma melhor integração da empresa.

Recomenda-se apenas uma mudança de política que explicitamente declare que tudo o que se relacione com a experiência do leitor deveria ser tratado como uma extensão da redação digital, promovendo-se, em nome desse reposicionamento, comunicação e colaboração mais próximas e transversais entre departamentos. Este movimento iria contribuir para uma melhoria significativa nas relações entre a área das notícias com a dos negócios.

Exemplo: alguém da redação que estivesse a testar um novo produto deveria falar e consultar os responsáveis do departamento de produto para que estes fornecessem orientações sobre boas práticas para um lançamento de sucesso. Seria também importante contactar o *consumer insight group* para perceber melhor qual o público-alvo a considerar em concreto.

PRINCIPAIS LINHAS ORIENTADORAS

1. Assegurar que a redação trabalhe em colaboração com as unidades e departamentos ligados com a experiência do leitor;
2. Os novos negócios a desenvolver devem ser trabalhados com equipas multidisciplinares e colaborativas sempre que possível;
3. Os diretores da redação devem desenvolver o seu trabalho em regime de maior proximidade dos departamentos de experiência do leitor para dar forma a prioridades digitais;
4. Promover a livre circulação de colaboradores entre redação e *reader experience*. Como?
5. Iniciar programas piloto que envolva *staff* dos dois lados;
6. Os colaboradores digitais da redação devem estar autorizados a ocupar lugares nos outros departamentos de *reader experience*;
7. A redação deve estar envolvida no processo de contratação de pessoas para a área de *reader experience*. Do mesmo modo, a área de *reader experience* deveria ter a especialização própria para intervir quando a redação decidisse contratar novos elementos para posições-chave na área digital, tais como editores de plataforma;
8. A orientação de novos empregados na redação e na *reader experience* deve ser integrada;
9. Como medida geral promotora de todos os pontos enunciados deveria ser comunicada esta nova ordem de colaboração o mais amplamente possível.

CRIAÇÃO DE EQUIPA DE ESTRATÉGIA DE REDAÇÃO (*NEWSROOM STRATEGY TEAM*)

Muitos dos líderes das redações estão de tal forma assoberbados com as solicitações do dia-a-dia, que têm pouco tempo para dar um passo atrás e pensar nas questões a longo prazo que se lhes colocam.

Se antes a preocupação do título remetia para o jornal em papel apenas, neste momento o Times envolve a produção de uma edição diária impressa mas também a gestão de uma gigantesca operação que inclui vigiar um número crescente de *apps* para telemóveis, *newsletters*, alertas de notícias e gestão de redes sociais; isto para além de conduzir ainda uma edição internacional, uma operação de vídeo e um conjunto de produtos noticiosos únicos.

Dada a impossibilidade de pensar as necessidades a longo prazo do título, e sendo cada vez mais imperiosa uma estratégia a longo termo, torna-se premente criar uma função permanente na redação, sob a forma de uma equipa estratégica: um pequeno grupo que procuraria apoiar/aconselhar o responsável máximo da redação nos seus objetivos, servindo para munir os responsáveis pelos vários departamentos com *insights* e análises. Seria uma equipa diferente da da área do negócio, mas tal como aquela teria um papel operacional, a qualidade de conselheira interna, cujo desempenho seria marcado pela neutralidade e servindo em última instância para melhorar o trabalho de todos.

Esta equipa deveria ser formada por elementos com forte especialização em jornalismo, análise, tecnologia, experiência de utilizador, produto e análise. Este grupo apoiaria os chefes dentro da redação a avaliar e definir prioridades em áreas críticas mas que lhes fossem menos familiares, como por exemplo desenvolvimento da audiência ou sistemas de gestão de conteúdos.

A missão desta equipa de especialistas poderia desdobrar-se nos seguintes aspetos concretos:

- Transmitir aos responsáveis da redação informações relacionadas com mudanças tecnológicas e alterações no comportamento do leitor;
- Seguir os desenvolvimentos da concorrência digital de uma forma geral, ponderando acerca das melhores práticas a implementar. A informação assim contida poderia ser documentada em relatórios semanais dirigidos às chefias em geral;
- Organizar sessões regulares de treino para os chefes da redação sobre mudanças da paisagem digital;
- Assumir o papel de ponto de contacto com departamentos da área do negócio de forma a garantir que a redação está a par de todos os projetos e prioridades em curso na empresa. Ao comunicar estes desenvolvimentos dever-se-ia ainda acrescentar recomendações sobre onde e quando deveria a redação participar.

TRAÇAR A ESTRATÉGIA PARA CONVERTER A REDAÇÃO NUMA GENUÍNA ÁREA DIGITAL (*TO BECOME A DIGITAL-FIRST NEWSROOM*)

O Times refere que a sua maior fonte de receitas provém de subscrições e da publicidade associada ao jornal impresso; mas os leitores do formato em papel equivalem a uma pequena percentagem; a sua maioria acede ao NYTimes em suportes digitais, e é aí que se identifica a grande oportunidade para crescer. Daí que o Times procure ser conhecido como publicação digital que também pratica jornalismo de qualidade, e não o inverso: um jornal impresso que produz um registo digital rico e com impacto.

Este processo pressupõe digitalizar ao máximo a redação.

"Digital First" é a palavra de ordem, transversal à indústria dos *media* e que compreende um triplo sentido como estratégia, processo de trabalho e forma de pensar.

Exemplos vindos da concorrência: o USA Today criou um *staff* digital e reservou para o jornal impresso apenas uma pequena equipa. «*The best online journalism goes into the print at the end of the day (...) But nothing is native for print*», diz David Callaway, editor.

The Wall Street Journal está a contratar intencionalmente gente mais nova, com menos experiência para acelerar a mudança para o digital. Os diretores do Financial Times estudaram esta mudança de tendências para o digital passando várias semanas em Silicon Valley.

Para abraçar as oportunidades identificadas no relatório é preciso primeiro que tudo perceber quais são as capacidades digitais hoje disponíveis e onde é que o NYTimes precisa de melhorar. Foram identificadas cinco áreas que carecem de mais investimento:

1. Estratégia

É necessário definir uma estratégia a longo prazo. Esta envolve um conhecimento profundo da concorrência e das suas estratégias digitais. Para tanto, deve ser criada uma equipa de estratégia na redação que dará a conhecer às chefias o que muda no comportamento do leitor e nas estratégias dos concorrentes tradicionais e dos novos também.

2. Análise

Necessidade de contratar especialistas em análise para trabalhar com editores de notícias, plataformas e produtos, estrategas de redação. Também é preciso trabalhar mais intimamente com cientistas de dados.

3. Produto

Contratar e empoderar mais editores de produto para ajudar a desenvolver produtos destinados ao leitor criados para o *website*, para aplicações móveis, *e-mail*, vídeo, plataformas de comunidades como as *breaking news* ou a personalização. Deveriam trabalhar mais intimamente com os gestores de produto do lado do negócio.

4. Plataforma

Promover a figura de editores de plataforma que trabalhem intimamente com colegas em tecnologia e notícias interativas para que identifiquem problemas com sistemas de publicação, para que priorizem soluções e as construam. Os editores de plataforma também se encarregariam de identificar projetos únicos bem-sucedidos que poderiam ser desenvolvidos em *templates* replicáveis. Poderiam trabalhar com editores de produto para identificar inovações de produto destinadas aos leitores (*reader-facing product*), como por exemplo como é que os leitores seguem uma história e como esses elementos podem ser absorvidos em *workflows* da redação e nos sistemas de publicação.

5. Desenvolvimento da audiência

O NYTimes pecou por não ter sido suficientemente agressivo na promoção do trabalho de forma a garantir a sua entrega junto do destinatário natural. Identifica-se ainda a necessidade de uma presença forte em plataformas sociais como o Twitter. Percebe-se que é necessário concentrar atenções sob este aspeto e procurar soluções para fazer crescer a audiência e manter ou leitores já fidelizados mais tempo *online*. Este processo envolve a otimização do *site* e da distribuição de conteúdos, especialmente em *media* sociais. Estas ações integram-se na necessidade de criar uma estratégia de promoção dos conteúdos do Times, conduzida pela redação, antes e depois da publicação.

4.6. O *case study* Monocle

A ATRAÇÃO PELO OBJETO IMPRESSO

A Monocle é dos projetos editoriais mais singulares e bem-sucedidos da história recente dos *media* ocidentais. O seu arquiteto é o canadiano Tyler Brûlé, também fundador da revista Wallpaper. A saga começa em feve-

MODELOS DE NEGÓCIO E COMUNICAÇÃO SOCIAL

reiro de 2007 quando, sob o título de Monocle, surge uma nova revista em papel:

> *«We are a global magazine and I think that approach is beginning to go sour in the fridge»*, declarava Brûlé ao The New York Times. (Carr, 2009)

A estrutura desenhada para a revista impressa, assim como as opções tomadas quanto à diversidade de conteúdos e respetivas secções que a compõem, desde o primeiro momento, seguem o conceito de *global magazine*; daí que a Monocle ofereça um leque vasto de temáticas com o intuito de abarcar temas da atualidade, à escala mundial, desde a situação internacional aos negócios, passando pela cultura, moda, *design* ou edição.

Em termos de forma, a Monocle considera-se mais próxima dos livros do que das revistas; de resto, enquanto objeto físico, as suas características concorrem, todas elas, para este entendimento: no seu formato impresso, esta publicação foi concebida para ser um objeto leve, compacto e colecionável, o que o torna também facilmente transportável (Pereira, 2010).

Face às pretensões de Brûlé em abordar o mundo editorial com um novo projeto, Mark Johnson (2006) recorda como o campo das edições impressas então já vivia em crise, sofrendo dificuldades consideráveis na captação de publicidade; ao mesmo tempo tinha de aprender a lidar como a emergência do fenómeno do digital. Que hipótese poderia ter um título como a Monocle para afrontar um ambiente nada propício?

Numa entrevista à Brand Republic (Johnson, 2006), Brûlé explicava como tinha ido beber inspiração à Ásia, onde, na sua perspetiva, encontrara pistas relacionadas com o futuro da edição:

> *«"If you look at Asia, and in particular markets such as South Korea and Japan, they are 36 to 48 months ahead of us in the digital revolution," he says. "But they've taken the decision to celebrate being in publishing by producing confident, robust, tactile products. The quality of print on newsstands in both markets is so high.(...)*
>
> *Printed on matte paper, Brule says the magazine will follow in the footsteps of the Asian "mook" publishing trend, where a combination of "magazine" and "book" describes the production values and depth and quality of relationship Asian magazines share with their readers. It is this, he believes, which could save Western publishing.*
>
> *"When they see Monocle, advertisers say it feels like a giant book," Brule says. Although untried in the West, the "mook" model has potential, agency executives say.*

OS NOVOS JORNAIS

> *The MindShare managing partner Vanessa Clifford believes that the quality of the relationship between the reader and the brand will be important in establishing a viable publication. She also thinks Brule's plan to make Monocle's online presence the "broadcasting" arm of the brand is essential.*
>
> *Brule says: "We'll use the Internet for broadcasting and for great stories appearing in the magazine. But most importantly, we want people to return to the Monocle brand. We want them to say things like: 'Did you see that great mini-documentary on Monocle?' or 'Did you hear that great music on Monocle?' or 'Did you read that great cultural essay in Monocle?'.»*

Em 2009, volvidos dois anos após o seu lançamento, este título impresso já se transformara em objeto de culto entre viajantes, tendo a sua distribuição alcançado os 150 mil exemplares em 82 países.

O trajeto da Monocle, desde 2007, tem vindo a confirmar este título como um caso de sucesso editorial e financeiro, justificando uma reflexão em torno das marcas que o singularizam enquanto modelo de negócio no âmbito dos *media*. Com efeito, a Monocle representa a criação e empoderamento de uma marca associada a um título editorial, "(...) *a profitable global print brand*", escrevia The Independent (2010).

E, neste processo de afirmação, veja-se como a marca Monocle começa a desdobrar-se: em junho de 2010, o *summer newspaper*, ou Monocle Mediterraneo, é lançado; Brûlé define esta publicação sazonal como um *"Anti--IPad Device"*, recordando o caricato que pode ser a leitura do jornal em iPad à beira-mar, correndo o risco de o deixar cair na água ou na areia, algo muito menos dramático caso se dê com um jornal impresso.

Meses volvidos, já no inverno, e seguindo a mesma lógica, é lançado o *winter newspaper*, sob a designação de Monocle Alpino.

MONOCLE *GOES ONLINE*

Se num momento inicial o projeto Monocle apostou na sua presença exclusivamente no formato impresso, numa aparente apologia fora do tempo ao objeto físico, mais tarde vai arquitetar uma relação simbiótica da revista em papel com uma existência *online* relevante, através do seu *website*.

Através da sua plataforma digital, em atualização constante, abre-se um caminho, inteligente e não invasivo, para se complementar os temas abordados na revista, empregando para o efeito uma diversidade de

MODELOS DE NEGÓCIO E COMUNICAÇÃO SOCIAL

recursos que vão dos filmes aos documentários, passando por *slideshows* ou reportagens áudio (Pereira, 2010).

O *website* monocle.com contém ainda um outro elemento especialmente valioso: o arquivo da revista, apenas disponível para leitores que subscrevam o acesso aos mesmos. É também *online* que se encontra o boletim noticioso diário, Monocolumn.

Todos os conteúdos disponibilizados *online* são da autoria da equipa da revista, juntamente com os seus correspondentes internacionais.

Associado ao *website* descobre-se ainda uma loja *online*, da marca Monocle, que vende produtos de moda e *design*, também à venda nas lojas físicas da marca em Londres, Tóquio, Hong Kong, Nova Iorque e Toronto.

A fonte de receitas que potencia a marca nas suas várias declinações reside na publicidade e em patrocínios que Tyler Brûlé conseguiu associar aos seus títulos. Este será um aspeto a desenvolver mais adiante mas do qual se deixa neste momento um rápido exemplo: o número de setembro de 2009 da revista em papel incluía um grande destacável sobre Singapura composto por um mapa, pago pelas autoridades locais e por empresas aí sedeadas. Não obstante, os conteúdos que acompanharam esta edição foram desenvolvidos de acordo com o estilo da revista sem pressões nem encomendas.

NO ÉTER

A opção de expandir a marca para a área da rádio não parece óbvia, no entanto, é o terceiro momento trilhado pela Monocle:

Em dezembro de 2008, o The Monocle Weekly ganhava vida no éter no formato de *podcast* semanal, tendo a marca Blackberry como patrocinador neste momento de lançamento. Gravado pelo mundo inteiro, os seus conteúdos abraçam uma variedade de temas relacionados com a atualidade em qualquer latitude, seguindo a estrutura das secções da revista impressa e envolvendo os seus editores de sempre, mas agora também no *medium* rádio. A título de exemplo, para o *podcast* inicial foram convidados o filósofo Alain de Botton e o ministro das finanças da Noruega.

Sobre o que motiva esta viragem para a rádio, Tyler Brûlé esclarece:

> «It will offer fresh angles on stories on the current issues and deliver in-depth follow-ups from past assignment.
> "It's a leaving, breathing delivery of the Monocle editorial process with a good dose of music from our culture editor, Robert Bound, mixed in.» (Leahul, 2008).

Dos *podcasts* semanais, a rádio com marca Monocle irá evoluir para a Monocle 24, um novo serviço de rádio a funcionar *online* 24 horas por dia, em Monocle.com, através do iTunes e por via de uma aplicação dedicada da Apple.

Planeou-se uma grelha composta por quatro programas em direto, para cada dia da semana, e programas ao vivo ao sábado e domingo, com blocos noticiosos de hora a hora, boletins meteorológicos à escala do globo e programas sobre negócios, cultura, *design* e urbanismo e música.

Mais uma vez é a equipa de editores e correspondentes espalhados pelo mundo que assegura a vida nesta rádio. E de novo, tal como acontece na revista em papel e no *website*, no caso da Monocle 24 é extraordinária a lista de anunciantes: Rolex, J. Crew, champanhe Krug, o banco suíço Pictet, a Korean Air ou o operador de viagens de luxo Kuoni são alguns dos nomes que se podem enunciar (MaCcabe, 2011).

Em entrevista à Media Week, Brûlé expôs a visão que sustenta este novo projeto:

> *«We wanted to build a unique mix of smart talk, truly global news and a great soundtrack to live your day and night by. Like the magazine it will be both knowing and witty, hard hitting, and off beat.»* (MaCcabe, 2011).

Ao perguntarem a Brûlé a razão para estar a expandir para o *medium* rádio, respondeu:

> *«It's still, after almost a century of regular broadcasts, the most intimate medium in an ever expanding buffet of choice.*
>
> *Would you prefer to be seated at a cosy table with four dazzling hosts with the best tips and tales or in a crowded room full of shouty people? I know what our readers would prefer.»* (MaCcabe, 2011).

Outra particularidade deste novo serviço de rádio *online* é o facto de ser inspirado na BBC World Service, pretendendo alcançar uma audiência global parecida.

> *«From the point of view its ambitions for global reach and coverage of world affairs, Monocle 24 will probably resemble and sound like many commonwealth public service broadcasters, including BBC World Service, as well as shades of ABC and Canada's CBC.*

MODELOS DE NEGÓCIO E COMUNICAÇÃO SOCIAL

We are hoping to create a station which follows the tradition of the great Common-wealth broadcasters. It's no surprise that we have drawn a lot of great people from the BBC World Service.» (Barnett 2011).

TELEVISÃO, A ÚLTIMA FRONTEIRA

Em janeiro de 2011 a Monocle começa a transmitir um programa de televisão a nível internacional, na Bloomberg TV. As transmissões aconteceriam a partir dos estúdios de televisão da Bloomberg, em Londres, sendo compostas por reportagens e entrevistas, animadas por toda a espécie de convidados. Brûlé seria o pivô principal, assessorado pelo editor de cultura e assuntos internacionais, contando ainda com o trabalho de correspondentes e equipas que filmariam a partir de vários países. Começaria com uma temporada de seis episódios sendo posto no ar para o mundo inteiro mas também disponibilizando os programas *online* (The Magaziner, 2011).

UM CASO DE ESTUDO

O projeto Monocle é apontado como caso de sucesso na área editorial, associado à emergência e implementação de uma marca no mercado. Nessa linha, é possível identificar pistas explicativas do fenómeno.

Desde logo as suas múltiplas práticas exemplificam a capacidade para cruzar, nas proporções certas, tecnologia com metodologias tradicionais da edição. É desta forma que a Monocle parece atingir o ponto de equilíbrio tanto nas suas edições impressas como *online*, conseguindo atrair os leitores e oferecendo ao seu público aquilo que procura, na exata medida em que o deseja (Pereira, 2010).

Mark Nagursky, do blogue Really Pratical, sublinha como a Monocle, enquanto modelo de negócio, incorpora uma abordagem inovadora na forma como trabalha com anunciantes e patrocinadores, abrindo a porta para uma potencial solução para o futuro da edição e do chamado *content marketing*. Nagursky sublinha o modo como edição impressa e digital se articulam e simultaneamente se desenvolvem de forma autónoma.

De acordo com esta lógica, o *website* não se limita apenas a reproduzir os conteúdos impressos, vai muito mais além, funcionando como seu complemento e ampliando a versão impressa.

O sucesso do *website* pode mesmo radicar neste aspeto, que faz dele um destino em si mesmo.

A versão impressa, por seu lado, é assim enriquecida via *website* que alberga recursos de vídeo e *podcasts* que se relacionam e alargam os conteúdos impressos, já existentes.

Piers Fawkes, da PSFK, refere ainda outro aspeto essencial ao nível do negócio: o facto de a Monocle frequentemente criar "conteúdos patrocinados", fazendo uma síntese bem-sucedida entre publicidade e conteúdos, algo que já foi anteriormente referido. Este "estilo" Monocle, em que o conteúdo é patrocinado, não corresponde a *product placement*. Trata-se antes de um formato de financiamento que permite à revista obter receitas dos seus patrocinadores enquanto fornece aos leitores informação capaz de ir ao encontro dos seus interesses.

Deixe-se um exemplo concreto: a marca Absolut teve um guia de oito páginas num dos números da revista impressa em que também fez publicidade a um livro de viagens de bolso, disponível em lojas *duty free*, mediante a compra de Absolut Vodka (Pereira, 2010).

Outro caso foi o de entidades promotoras do turismo, colaborando em perfis de cidades apresentados na revista, ao mesmo tempo que marcas de luxo patrocinavam *podcasts* na rádio sobre o mesmo tema. Este mesmo tipo de colaboração patrocinador/produtor de conteúdos ocorre na edição *online*, por exemplo, ao dar-se a possibilidade de descarregar o guia de uma cidade, etc.

Mas a inovação comercial assume também outras formas; atente-se à variedade de *merchandising* de marca, criado em parceria com *designers* e butiques de marca. Cada produto Monocle equivale a uma extensão da marca, logo (representando mais uma fonte de receitas) estando disponível através da revista impressa, no *website* e em lojas físicas nos vários continentes.

TRAJETÓRIA

A Monocle conseguiu expandir a sua influência no mercado da edição impressa, do digital, da rádio e recentemente da televisão. Como?

- Ao combinar conteúdos de elevada qualidade com uma abordagem inovadora ao negócio *online* e *off-line*;
- Ao cruzar e equilibrar conteúdos *online* e *off-line*, sabendo desenvolvê-los;

- Ao misturar conteúdo com publicidade, recorrendo a modelos de patrocínio, tanto no modelo *online* como no *off-line*. O conteúdo patrocinado é um exemplo acabado de como o conteúdo pode muito bem casar-se com propósitos comerciais. As marcas são relevantes e a publicidade soma um valor efetivo para o público;
- Ao imprimir uma só voz à Monocle, independentemente das suas declinações: a marca engloba várias plataformas, do *off-line* ao *online*, com derivações pela rádio e televisão, todas elas observando uma coerência intrínseca (Really Pratical, 2009).

> *«Monocle is leading the trend where titles help brands by creating content readers really want to consume (rather than the stuff many ad agencies hope will catch our eye)»* (PSFK blogue, via Really Marketing, 2009).

Conclusões

Hoje, tal como no passado, quando se fala de "modelos", não se pode pensar que a solução para o futuro dos jornais passe apenas pelo suporte, pelo grafismo ou pelo modelo de pagamento, pois as questões continuam a ser: como contar histórias? E como inovar nesse processo acompanhando o tempo presente? Como tal, essa tarefa de contar algo a alguém terá necessariamente de mudar e adaptar-se aos novos suportes, aos novos leitores e aos novos estilos de vida contemporâneos.

Assim, se quisermos vislumbrar respostas, devemos redirecionar a questão colocada. Equacionar não apenas a imprensa escrita, mas sim os conteúdos noticiosos como um todo integrado.

Do ponto de vista organizativo, as empresas de notícias, sobretudo ao nível das redações, sentir-se-ão pressionadas a transformarem-se em verdadeiras agências noticiosas, em jornais em rede: centrais integradas de produção, sistematização e edição de conteúdos noticiosos, sendo estes tratados de forma diferenciada, não só para cada suporte/*media*, mas também para cada grupo de consumidores no mercado e, como tal, potencialmente monetizável em vendas grossistas e de retalho.

Este é um caminho que envolve a transformação das empresas de jornais em empresas de comunicação em rede com produtos que combinam texto, imagem em movimento e som em conjunto com marcas já reconhecidas, ou marcas ainda não instituídas. O objetivo subjacente a esta estratégia é a obtenção de um cabaz de receitas de diferentes origens.

Neste processo, a dimensão crítica de sucesso passa pela capacidade de manter uma forte identidade organizacional, capaz de fidelizar audiências numerosas e diversificadas. Essa capacidade depende, por sua vez, da capacidade de jornalistas e gestores apre(e)nderem a forma de pesquisar, procurar e comunicar informação dos e para os seus diferentes públicos, com o objetivo de segmentar e agregar públicos para segmentos de dimensão rentável e adequar os meios aos mesmos. Ou seja, equipas ajustáveis de gestão e jornalistas. Adotar modelos de pequenas equipas (*taskforces*) para novos produtos a par do modelo tradicional para outros segmentos de públicos.

O percurso a seguir terá de levar em linha de conta a importância do jornalismo de qualidade, percebendo que há hoje múltiplas faces de qualidade e já não apenas uma. Para além dessa perceção de qualidade, há que pensar a integração dos conteúdos com o mundo *online*, da televisão em rede na Internet aos leitores de *ePaper*.

Os jornais já não se cingem ao papel, são cada vez mais autênticas agências de notícias que, ao invés de servirem outros *media*, servem inúmeros segmentos de leitores, que por vezes são também audiências de televisão e/ou de rádio. E neste percurso de inovação os jornais em rede precisam de ousar experimentar, tal como afirma o economista-chefe da Google, e Professor de Economia na Universidade de Berkeley, Hal Varian:

"the best thing that newspapers can do now is experiment, experiment, experiment."

No caso português, podem tirar-se as seguintes conclusões:

- Menor circulação impressa paga;
- Menores tiragens;
- Grande excedente que resulta da relação do que é impresso e o que é vendido;
- Audiência média estimada em crescimento no papel;
- Crescimento da consulta de páginas *online* de grupos de comunicação;
- Aumento sustentado dos preços de capa ao longo dos últimos anos;
- Migração do investimento publicitário para o *online*/Internet;
- Maior vulnerabilidade dos formatos impressos e reforço dos formatos digitais.

ALGUMAS ESTRATÉGIAS

Esta nova era digital acarreta implicações para a transformação de paradigma da cultura organizacional, de produção e de gestão mediática. Os jornais têm de se conceptualizar como agências noticiosas e, como tal, efetuar as devidas mudanças na cultura organizacional, rotinas produtivas e objetivos.

CONHECER O(S) PÚBLICO(S)

Os diferentes públicos a quem se dirigem, para assim segmentarem as notícias por diferentes necessidades de informação e por tipo de suportes. Diferentes públicos-alvo terão diferentes hábitos e necessidades de informação.

A quem não se tem dirigido no passado e àqueles que não existiam enquanto segmento de público há menos de uma década, mas que hoje podem ser pensados como tal – porque aderiram ao uso de novas tecnologias ou porque as novas tecnologias permitem atingir públicos pré--existentes de forma diferente.

RECEITAS: RECEBER MENOS DE MAIS

Do lado das receitas importa compreender que a cadeia de valor é agora outra. Será necessário perceber que se terá de "receber menos de mais" (micro pagamentos e micro margens de outros suportes), depender menos da publicidade em certos produtos e mantê-la, e mesmo aumentar, noutros.

GESTÃO DAS ORGANIZAÇÕES DE *MEDIA*

O mote será produzir mais e com qualidade. Como tal, o futuro não passa, como tem sido tendência até agora, pela redução de custos, mas sim por (re)utilizar os conteúdos com vantagens. Desta forma as redações terão de se tornar em autênticas centrais de produção e distribuição de conteúdos, produzindo peças noticiosas passíveis de serem (re)utilizadas por múltiplos suportes para múltiplos destinatários. Por exemplo, o uso de vídeo permite uma experiência mais próxima da televisão, o que permite aos jornais manter e mesmo expandir a sua audiência original do jornal impresso. Igual lógica se pode argumentar do uso do som de rádio nos jornais.

O mote terá de ser segmentar as redações em duas camadas sobrepostas, uma tradicional, "temática", e a outra nova por "produtos/suportes/marcas", dependente dos diferentes segmentos de audiências a que a redação se dirigir.

(RE)UTILIZAÇÃO DA INFORMAÇÃO

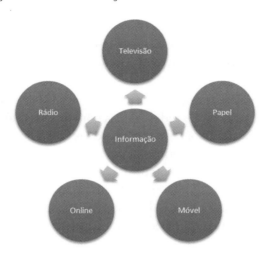

INTEGRAÇÃO DAS REDAÇÕES – MULTIPLATAFORMAS
PARA MULTIAUDIÊNCIAS

As divisões nas organizações/redações deverão procurar soluções mais verticais – para um maior valor aportado ao longo de toda a cadeia – e não tanto por suporte (tais como: Imprensa, Rádio, etc.). As redações recebem já hoje sinais para se adaptarem à mudança tecnológica e social – se bem que tal tarefa seja problemática sobretudo nos jornalistas e editores integrados e habituados há mais tempo a velhas rotinas. Esses sinais de mudança social e tecnológica implicam o cultivar, não somente novas competências técnicas, mas também novas representações sobre os conteúdos noticiosos e sobre os seus públicos, os que procuram cada vez mais multimédia e interatividade e os outros.

O lema dos novos jornais terá de ser que se "não há dois leitores iguais", também "não há forma de fazer as mesmas notícias para todos". A segmentação introduzida em todas as esferas da atividade económica no final do século XX terá de chegar finalmente às redações de jornais.

EXPLORAÇÃO DE OUTROS PRODUTOS COMPLEMENTARES

Os jornais iniciaram novos segmentos de receitas no último quarto do século XX com introdução no seu canal de distribuição de vendas de *merchandising* ou de associação a outras empresas com vista a estimular parcerias para venda de livros, DVD, CD, etc.

Mas o jornal não possui apenas um canal de distribuição, ele é também uma forma de olhar o mundo, de criar identidades e transmitir estilos de vida. Partindo dessa perspetiva, é possível ao jornal prestar outros serviços e *franchisings* como bares, cafés, livrarias, espaços de arte, espaços de desporto, isto é, locais de espaços de porta aberta em zonas de passagem de multidões.

Essa estratégia de remuneração a partir de estilos de vida corresponde a uma lógica de recriação de redes sociais com as suas audiências. Os jornais podem assim fazer uso, tanto no mundo *online* como *off-line*, das suas redes sociais de suporte, fazendo o jornal assumir um papel de referência indelével no dia-a-dia das nossas rotinas.

Ao contrário da possibilidade de a rotina ter origem na compra na banca ou na visita ao *site* do jornal, a rotina de proximidade com o jornal pode ter origem na sua omnipresença quotidiana da "marca" e pela proximidade que conferimos às suas posições e sugestões para o nosso dia-a-dia e visão do mundo que nos rodeia. Dessa proximidade há um espaço de monetarização passível de criar novas fontes de receita no universo jornal, ainda que, para tal, haja também que procurar novos gestores para novas áreas de negócio que combinem o conhecimento do mundo do jornalismo com outras áreas de negócio.

COMO LÁ CHEGAR

O primeiro passo a dar implica que a redação reflita sobre a sua estrutura e modo de funcionamento; revendo profundamente as suas tradições associadas à produção do jornal impresso. Este momento implica desenfatizar o enfoque na vertente impressa e deslocalizar o centro de gravidade da redação para lá da primeira página do jornal.

Os editores deveriam "ler mais como os seus leitores". Como? Cada secção do jornal deveria monitorizar mais o seu trabalho em várias plataformas digitais.

É necessário acompanhar a concorrência. Como? Pedindo a cada departamento para criar uma lista de novos concorrentes nas suas secções e encorajá-los a conhecer os produtos no mercado, sejam *apps* ou *sites*, etc.

É preciso ganhar a guerra dos novos talentos digitais, e que mais facilmente o serão se forem *"digital natives"*:

- Identificar as lacunas ao nível das várias competências digitais e assumir uma postura agressiva de recrutamento para as integrar;
- Ter a certeza de que os recursos humanos percebem/sabem exatamente as necessidades que se querem satisfazer e são capazes de avaliar as competências dos candidatos;
- Trazer novas ideias, contratar menos gente da concorrência tradicional e mais das *start-ups* inovadoras;
- Permitir que trabalhem em torno do jornalismo, e mais próximos uns dos outros, profissionais complementares, desde *designers* experientes a estrategas digitais ou gestores de produto;
- Empoderar e desenvolver o talento digital pedindo-lhes para darem forma, para intervirem nos processo, e não apenas para implementarem estratégias previamente definidas;
- Ponderar a contratação de talento digital de topo, ao nível sénior, para dar um sinal a potenciais recrutados do perfil que se procura.
- Perseguir os chamados líderes digitais: «*We need more digital talent all over, but we also need more digitally inclined leaders.*»

5. Rádio, Tendências e Prospetivas

GUSTAVO CARDOSO, SANDRO MENDONÇA, MIGUEL PAISANA,
JORGE VIEIRA, MARTA NEVES, TIAGO LIMA QUINTANILHA

5.1. Introdução

Atravessamos um momento caracterizado por mudanças estruturais nos padrões de consumo de *media* e por inovações constantes nos respetivos suportes tecnológicos. As mudanças sociais e tecnológicas alimentam-se umas às outras, dando lugar a novos produtos e serviços que definem mentalidades e modos de ser. Este conjunto complexo de mudanças contemporâneas afetam também um *media* clássico como a rádio. A rádio há muito que faz parte do som de fundo da sociedade moderna, surgindo como uma peça com o seu lugar próprio num aparelho cultural moderno marcado pelo consumo de massas e pela presença de referências como o automóvel, os eletrodomésticos, o jornal diário ou o cinema. Assistimos hoje a uma vaga tecnológica de fundo, que é acompanhada por mudanças prodigiosas nos hábitos individuais, usos sociais e nos comportamentos coletivos. Os "novos" tempos levantam questões sobre este "velho" meio de comunicação, entre elas:

Do lado da oferta: que casos de sucesso se destacam na articulação entre este clássico meio difusor de informação e a tendência para uma maior "customização" na abordagem às audiências?

Do lado da procura: como se apresenta a tendência para uma maior mobilidade e fragmentação da atenção dos consumidores, bem como o crescente empenhamento destes na avaliação, seleção, edição e na própria cocriação de conteúdos?

Na ligação da oferta à procura: qual a relação da rádio com as novas tendências da Web 2.0?

Importa, assim, refletir no panorama atual e tentar identificar os caminhos por onde se promove a mudança. Este relatório de prospetiva e análise dará especial atenção aos impactos da digitalização de conteúdos e distribuição em rede que veio provocar evoluções no conceito tradicional de rádio.

Interessa identificar as metamorfoses pelas quais está a passar o panorama radiofónico, os seus modelos de negócio, os seus públicos. É um tema complexo, ainda envolto em incertezas quanto à sua evolução futura, e sobre o qual não existe à data literatura consolidada sobre a sua dinâmica recente. Daí que tenhamos escolhido denominar este processo de *radiomorphosis*, o qual pretende fazer sobressair a ideia de que a rádio não muda, mas antes adapta-se às mudanças e é, no atual contexto de mudança, o meio mais habilitado para o fazer sem mudanças radicais da sua base enquanto *media*.

5.2. Cartografando os caminhos da mudança

VANTAGENS COMPETITIVAS DA RÁDIO

Uma leitura da história da rádio demonstra que esta tem evoluído de forma resiliente, adaptando-se à mudança – quer do desenvolvimento tecnológico, quer dos seus usos sociais. A rádio tem conseguido evoluir num terreno mediático nem sempre favorável e tal deve-se sobretudo a algumas características únicas. Senão vejamos: permite a sua fruição em conjunto com outro tipo de consumos (mediáticos ou não) e tarefas, ou seja, possibilita o *multitasking* (justaposição com outros *media*) e uma utilização multicontexto (móvel ou não, *online* ou não). Segundo Menezes, o sucesso da rádio provém igualmente de, por um lado, disponibilizar tabelas de publicidade mais baixas do que outros *media* (em parte devido aos seus baixos custos) e, por outro, por se constituir enquanto *media* crescentemente ubíquo – por exemplo, numa progressiva miniaturização dos recetores a preços competitivos e numa fusão da tecnologia recetora com outras plataformas de *media*.

Para além destas características de sucesso elencadas por Menezes, podemos acrescentar e resumir alguns dos pontos fortes da rádio no exercício que se segue.

CONCEITO SIMPLES E MADURAMENTE ESTABELECIDO

A rádio encontra-se longamente enraizada como um *media* tradicional de uso fácil. O conceito está também baseado no acesso livre à emissão, pelo que enfrenta uma transição menos turbulenta para os meios digitais, já que não padece dos problemas de quebra de receitas como aqueles que estão a ser sentidos pela imprensa diária clássica que se vê ameaçada por *sites* informativos exclusivamente a operar *online* ou por agregadores de notícias (Cardoso *et al.*, 2010).

COMPATÍVEL COM O *MULTITASKING* DE *MEDIA* CONTEMPORÂNEO
A rádio serve sobretudo como *media* secundário, sendo tal característica um dos seus pontos fortes num contexto mediático crescentemente marcado pelo *multitasking*. A título de exemplo: a leitura requer uma atenção exclusiva. Um leitor poderá não possuir tempo livre suficiente para ler o jornal diário no próprio dia de edição. No entanto, poderá conduzir para o emprego enquanto ouve um *briefing* de notícias na rádio, trabalhar no seu computador a ouvir rádio, ou estar em espaços públicos onde é difundida. A rádio é, assim, robusta num contexto informacional cada vez mais denso que induz uma escassez da atenção por parte dos consumidores de *media*.

5.3. As adaptações da rádio ao seu contexto

A rádio constituiu-se como um meio de comunicação pioneiro na construção da matriz identitária da sociedade de consumo de massas. Este meio, contudo, sempre demonstrou uma flexibilidade notável bem palpável na sua contínua capacidade para se expandir a cada novo passo tecnológico: dos velhos aparelhos recetores a válvulas da década de 1930 aos autorrádios de circuitos integrados da década de 1980; da sua presença nos televisores dos hotéis à sua fusão com os programas vespertinos dos canais da TV por cabo; da sua nova vida fora-de-portas nos telemóveis à sua infiltração nos terminais de computador graças à difusão via Internet.

Presentemente, o consumo da rádio continua a ampliar-se por uma pluralidade crescente de plataformas. A rádio é, assim, cada vez mais um meio multiplataforma e, desta forma, importa perceber num primeiro momento que a definição de rádio não poderá passar exclusivamente pela indexação ao seu *media* ou suporte tecnológico.

A rádio será sobretudo um estilo de comunicação, não precisando já de ondas hertzianas para cumprir o seu papel. Mas, um estilo comunicacional é sempre permeável a interações com os parâmetros impostos pelas novas tecnologias no contexto dos seus usos sociais, mais ou menos antecipados. Assim sendo, como definir a rádio na contemporaneidade?

MODELOS DE NEGÓCIO E COMUNICAÇÃO SOCIAL

Pelo seu conteúdo? E de um ponto de vista de gestão, como garantir o retorno ao investimento na rádio? Qual o futuro do consumo de rádio? O que procuram os ouvintes? Que sinergias se podem criar com os *media* em rede? Que estratégias adotar? Por onde passam os caminhos da rádio contemporânea?

Na verdade, este tipo de discussões sobre o futuro da rádio não é novidade. A progressiva democratização da televisão deslocou a centralidade doméstica/familiar até então detida pela rádio, para a televisão, sendo a rádio relegada de um consumo primário para um consumo secundário e em acumulação com outras tarefas quotidianas. Mas este embate poderá ter deixado marcas que hoje podem ser vistas como vantagens num novo ambiente competitivo. Por exemplo, a perda de centralidade da rádio deu-se em muito por este *media* reivindicar apenas o sentido auditivo – esta seria uma vulnerabilidade numa era em que a imagem animada triunfou mas que, numa era saturada de informação, poderá ser entendida como um dos seus maiores trunfos. Assim, a rádio conheceu cedo um destronar de posição, aprendeu a sobreviver na periferia – neste processo deixou de ser um dispositivo de massas para ser um veículo de segmentos. Mas, também, a rádio desde há muito que acolhe elementos de participação (telefonemas dos ouvintes, fóruns de debate, etc.) que hoje são objeto de redescoberta por parte do renovado potencial de interação dinâmica produtor-consumidor que as tecnologias digitais de informação e comunicação permitem.

Um conceito, o de *mediamorphosis*, poderá ser aqui útil. Este conceito alerta para uma permanente acumulação de mutações na estrutura de determinado *media* – o que faz despontar um novo *media* onde antes havia o tradicional. Isto é, as novas tecnologias não implicam uma substituição direta e irreversível dos *media* tradicionais. Nair Prata e Álvaro Bufarah Júnior trazem para a discussão uma importante aplicação deste conceito, a saber, "radiomorfose". Este remete para uma evolução da rádio, agora revestida com «uma nova linguagem, novos signos textuais e imagéticos, novo suporte, novas formas de interação e a presença de gêneros reconfigurados, alguns do velho modo hertziano e outros novos nascidos das modernas tecnologias.» (Nair Prata, 2008: 2).

O que queremos compreender é, portanto, como se vão desenhando as propostas radiofónicas num mundo rico em interações. A rádio, tal como os outros *media* clássicos, encontra-se vogando num ambiente

RÁDIO, TENDÊNCIAS E PROSPETIVAS

comunicacional abalado por várias influências cruzadas. Como veremos de seguida, o contexto do negócio é neste momento marcado pelas pressões das tecnologias em rede e por dinâmicas sociais em rede. Os *media* contemporâneos habitam hoje numa envolvente intensiva em transações multidirecionais com os consumidores em plataformas digitais em rápida evolução. É preciso compreender bem como se estruturam estas questões de enquadramento para depois mapear as possíveis trajetórias de reinvenção da rádio e identificar os caminhos que vão sendo trilhados ao nível de novos modelos de negócio.

5.4. Dinâmicas-chave do sector radiofónico

Construir visões do futuro é uma atividade arriscada, depende da confluência de um conjunto de elementos como a) a identificação de um assunto-problema pertinente, b) da recolha de informação muitas vezes fragmentada e incompleta, c) da identificação das "forças motrizes" da mudança, d) da descoberta de "fatores estáveis" que estruturam o futuro e de e) "incertezas críticas" ainda por resolver.

As "forças motrizes" da mudança podem ser identificadas nos vetores transformacionais que guiam a transição de uma sociedade fordista e industrial (de *broadcasting* na esfera mediática) para uma sociedade assente em ativos intangíveis apoiados na digitalização da informação e na comunicação eletrónica.

Essa é uma revolução histórica cuja natureza tecnológica (o aparecimento do circuito integrado e da Internet) e institucional (formas de coordenação híbridas entre o mercado descentralizado e a burocracia hierarquizada) tem sido bem descrita e analisada entre sociólogos e economistas (Castells: 2000; Freeman e Louçã: 2001). Esta grande recomposição da envolvente expressa-se em novos condicionalismos e oportunidades ao nível sectorial. No nosso caso interessa-nos a "indústria" da rádio.

Identifica-se um conjunto de premissas ou "fatores estáveis" que estão a moldar o presente e futuro da rádio. Estas são vistas como grandes tendências de fundo, características-base que se crê irão influenciar a transfiguração da rádio, seja qual for o cenário socioeconómico ou tecno- -estratégico que se julgue mais provável.

Um primeiro fator (de natureza técnica) é a noção de rádio trans- -hertziana. A evolução tecnológica procede como uma dialética entre "destruição criativa" (Schumpeter, 1943) e "acumulação criativa" (Pavitt, 1999). Por um lado, novos sistemas de produção apenas em parte substituem os tradicionais. Por outro, as novas tecnologias potenciam muitas vezes recursos antigos, introduzindo também alterações nos seus aspetos de continuidade. A rádio é um "estilo comunicacional" que é muito adaptável ao meio tecnológico (analógico ou digital) no qual é operacionalizada. Esta versatilidade multiplataforma é um atributo que favorece a sua permanência num terreno tecnológico muito diferente daquele em que nasceu.

Um segundo fator (de natureza sociológica) é a emergência do indivíduo-em-rede. O espaço informacional é hoje muito denso e os contactos entre os atores sociais são hoje alavancados por ferramentas digitais que em simultâneo contraem o tempo e o espaço. O indivíduo navega hoje na Internet numa proliferação de ofertas de conteúdo que são altamente exigentes da sua atenção (o principal recurso escasso numa era de superabundância de dados e signos). Como via para minimizar os custos de busca, os consumidores de informação contam cada vez mais com redes pessoais e sociais nas quais confiam para selecionar e avaliar os estímulos com que se deparam. Os indivíduos não são "ilhas informacionais", mas antes elementos de "arquipélagos comunicacionais".

As "incertezas-críticas" são, sobretudo, as respostas dadas a estes desafios sociotécnicos descritos acima pelos veículos rádio. Respetivamente:

Na atual etapa da "economia do conhecimento" como é que as rádios podem adaptar-se para tirar o máximo partido (seja no *backoffice* ou *régie*, seja no *frontoffice* ou programação) do potencial das novas tecnologias? Quais as inovações organizacionais e de serviço que estão a resultar? Dito de outro modo, que mudanças se estão a operar nos modelos de negócio da rádio?

Se as preferências e os gostos individuais evoluem rapidamente mas em concertação flexível com os gostos dos outros ouvintes, como podem as rádios aceder a este caldeirão fervente de expectativas interligadas? Como podem as rádios fazer co-evoluir as suas agendas de conteúdo e as suas iniciativas de captação publicitárias com a dinâmica dos grupos e comunidades que se agitam na Internet 2.0?

5.5. Novos projetos para novos modelos de negócio: do "ouvir rádio" à experiência áudio

Num contexto em que a tecnologia invade o mercado com novos dispositivos e plataformas, nos quais se sustenta parte da experiência de audição, é necessário compreender onde reside o apelo deste *medium* na idade da multiplicação de ecrãs, avaliando-se o peso efetivo da rádio transmitida por ondas hertzianas face às novas ofertas via *web*. É preciso dar ainda atenção às parcerias estabelecidas entre marcas automóveis e os gigantes da rádio.

É necessário apresentar os grandes *players* de rádio no mercado internacional, analisando-se que especificidades os diferenciam dos restantes e gerando assim a adesão dos consumidores e quais os modelos de negócio (as suas fraquezas e mais-valias) que os sustentam. Lado a lado identifica-se uma série de projetos de rádio via *web* que extravasam o plano *mainstream*, também eles a disputar o mercado.

RÁDIO NA ERA DIGITAL: MARCAS CARACTERIZADORAS

À semelhança do que está a ocorrer com outros *media*, as premissas válidas até há pouco tempo para o ecossistema radiofónico têm vindo rapidamente a ceder lugar a diferentes contextos em que ocorre a experiência de "ouvir rádio".

É relativamente fácil identificar o que há de novo; intrincado será idealizar projetos que sustentem o consumo de música e voz, veiculáveis em diferentes plataformas, e que, em última instância, se revelem bem-sucedidos junto dos públicos. Mais complexo ainda será desenvolver o(s) modelo(s) de negócio que se ajuste(m) a estes novos formatos de consumo de rádio, capazes de se firmarem financeiramente sustentáveis e, desta forma, implantando-se no mercado e redesenhando o rosto da rádio.

Atualmente, a rádio conjuga-se com três marcas: o digital, a mobilidade e a personalização de conteúdos. Ouvir rádio representa um consumo mediático que tende a ocorrer cada vez mais *online*, associado à partícula da mobilidade. Basta atender à adesão crescente a dispositivos digitais móveis através dos quais se acede a uma parafernália de conteúdos diversificados, difundidos através de *apps*, via serviços em *streaming*, por *podcast* ou alojados na nuvem. Ainda neste quadro em mudança, essencial é a possibilidade de personalização da experiência radiofónica, ligada ou não à marca da interatividade.

AS VOZES DA RÁDIO

A rádio está a mudar: hoje, a imagem do transístor já não abarca tudo o que este *medium* representa. Como já foi mencionado, no futuro a experiência áudio será dominada por aspetos como a interatividade e a personalização:

> *«We'll always have audio, but transmission via radio waves will be augmented by wireless Internet standards like 4G mobile broadband and Wi-Fi. Those networks will carry much more interactive and smarter audio content, which will likely push traditional broadcasters toward a more personalized experience.»* (Titlow, 2012).

As hipóteses de descobrir música, de a ouvir e até de a consumir expandiram-se. Os ouvintes têm mais formas de aceder à música; seja pelos métodos tradicionais, seja pelos tecnologicamente mais sofisticados.

Daí que se levante a pergunta: ouvir música via serviço de *streaming* equivale a ouvir rádio?

> *«In the analog days or yore, it was easier to differentiate 'radio', from someone listening to music, say, on their record player. Now, with Spotify, Pandora, podcasting and all the rest, the waters have muddied.»* (Sawers, 2013).

E na mesma lógica coloca-se outra dúvida: Onde está hoje o apelo afetivo da rádio? A voz é a sua representação última, expressão viva e presente do elemento humano. Nesse sentido vem o entendimento de Dave Ramsey (2013), para quem a rádio é, por esse motivo, de entre todos os *media*, o mais íntimo:

> *«The talk radio hosts that have been inordinately successful know that audio is theater of the mind. They know that every pause, every nuance, every twist of a phrase, every use of humor, all of those things are about creating a compelling situation that pulls people back together. (...)*
>
> *(...) I remember 15 years ago I was in a breakout session when I was just really starting to get a tiny bit of momentum and a guy said "Well if you're doing radio that causes the mom with two kids in the car who has picked up her groceries, and her ice*

RÁDIO, TENDÊNCIAS E PROSPETIVAS

cream is in the back seat melting because she's sitting there listening to that call, that interaction, that rant, now you're doing talk radio that's going to always survive.» (Ramsey, 2013).

E é sobre a sensação de se viver uma experiência coletiva que escreve Jenna Wortham para o The New York Times, a propósito de *apps* de rádio que recuperam o elemento humano, ausente das interações digitais puras:

"It's the human element that draws me in, knowing that someone is selecting songs for you. Remember Turntable? We didn't love it because it was cutting edge or worked perfectly — we loved it because the online app mimics the communal experience of listening to music together during a concert or in someone's basement." (Worthan, 2013).

Assim, as *apps* de rádio, na opinião de Worthan, vêm resgatar hábitos da rádio tradicional, quebrados com a rádio *online*:

«That's something that often feels missing from our digital interactions and lives. Maybe that's why the visual vernacular of images, emoji, those cartoons text characters, and GIFs are all so popular. They're more evocative of a mood or emotion and let you feel more of the person behind the interaction. It also might be one of the reasons podcasts still find dedicated listeners in an age where talk radio often feels so outdated.» (Worthan, 2013).

COMO SE OUVE RÁDIO: O QUE INDICAM OS ESTUDOS

Segundo dados da Nielsen, a rádio continua presente na dieta mediática dos norte-americanos:

– 92% da população ouve rádio pelo menos uma vez por semana, tendência que se distribui de modo uniforme em termos demográficos ou seja, 92% dos *Millenials*, 95% da *Generation X*, 94% dos *Baby Boomers*, e 86% da *Silent Generation* integram a rádio nos seus consumos mediáticos numa base regular (Nielsen (1), 2013).

Noutro relatório da Nielsen – *Music 360* – constata-se que apesar de a tecnologia estar a modificar o modo como se ouve rádio (com os serviços de música em *streaming* a ganharem destaque), nos EUA parte dos ouvintes de rádio continua fiel à chamada "rádio tradicional". Nesta lógica, 63%

dos ouvintes indicam a rádio como a forma preferencial para encontrar música (Nielsen (2), 2013).

> «(...) traditional radio is still the predominant way people listen to the radio. Sixty- -three percent of music listeners report that radio is their dominant source for music discovery. In fact, in 2012, Nielsen measured more than 133.7 million song spins on traditional radio.» (Nielsen (3), 2013).

Em sintonia com estes elementos estão os dados do estudo do Pew Research Center (2013), reveladores de que as percentagens de consumidores ouvintes de rádio tradicional (AM/FM), pelo menos uma vez por semana, não sofreram alterações consideráveis em 2012 face à década anterior.

A KPMG, em *The rise of the digital multi-tasker*, (KMPG, 2013), chama a atenção para o crescimento explosivo de dispositivos móveis como condição para um consumo digital dos *media* cada vez mais intenso. Mas, apesar deste apetite mediático estar a crescer de forma evidente, os recursos digitais não são encarados como substitutos ou alternativas aos *media* tradicionais. Em concreto os consumidores estão a dividir o seu tempo entre *media* tradicionais e digitais/*online* sendo que marginalmente o *off- -line* leva a melhor para já.

Outro dado curioso e em coerência com esta tendência é o facto de os consumidores continuarem a gastar mais dinheiro em *media* tradicionais. No que respeita à rádio em moldes tradicionais verifica-se que ela surge em segundo lugar do top três das atividades *off-line* mais procuradas.

As conclusões da KPMG sublinham como os consumidores, não abrindo mão das opções *off-line* constantes dos seus hábitos mediáticos, somam-lhes níveis de envolvimento cada vez maiores com *media* digitais, uma constatação reiterada pelos dados do Pew (2013): que confirmam como no caso particular da rádio, esta em formato *online* continua a ganhar mais ouvintes.

Por seu turno, a mesma tendência surge expressa no *Digital Radio Report*, do Ofcom (2013). Com efeito, entre julho de 2012 e 2013 – 33,9% das horas de audição de rádio aconteceram via rádio digital através de diferentes plataformas como DAB, televisão digital e através de *apps*. Estes valores indicam um aumento de 11, 2% no consumo em relação ao mesmo período em 2010.

RÁDIO, TENDÊNCIAS E PROSPETIVAS

CARROS E RÁDIO

A rádio no automóvel, pelo tempo aí passado quotidianamente, reveste-se de especial relevância para a fruição da rádio, num tempo de interregno entre o emprego. Embora este seja o meio de transporte onde o impacto da rádio mais se faz sentir nas dietas mediáticas nacionais, a influência da rádio faz sentir-se ainda em transportes coletivos, embora de um modo bastante mais mitigado. O caso mais saliente será a possibilidade de auscultar rádio nos serviços *premium* das companhias ferroviárias ou serviço comum da generalidade das companhias aéreas.

Segundo Michael Weber, as tendências no que toca à rádio em automóveis passam por:

Interface orientada pelo utilizador;

Tomando partido da digitalização dos interfaces de controlo importa oferecer ao consumidor uma experiência de utilização o mais personalizada e aprazível possível. Uma redistribuição de poder ao consumidor-utilizador 2.0.

Música e vídeos personalizados;

Para além da personalização do *media* importa customizar os conteúdos à medida de cada utilizador.

Serviços *On Demand*;

Importa disponibilizar um portefólio de produtos o mais vasto possível e que esteja disponível a qualquer altura ao consumidor.

Filtros e recomendações da restante comunidade de ouvintes;

Interessa ainda filtrar conteúdos fazendo uso da inteligência coletiva e do poder da confiança na recomendação de pares.

"TravelTainment" e *"Edutainment"*;

Sendo um consumo realizado no automóvel, importa apostar em conteúdos relacionados com viagens e entretenimento. Haverá também espaço para conteúdos entre o educativo e o entretenimento.

Acesso direto aos conteúdos de entretenimento e perfis integrados entre os vários dispositivos – da rádio em casa à rádio no automóvel.

O acesso ao perfil em qualquer *media* deverá ser simples, integrado e atualizado com os consumos noutras plataformas. Ou seja, supondo que o utilizador estaria a ouvir jazz durante o pequeno-almoço em casa, ao entrar no carro o conteúdo deverá seguir e atualizar a mesma linha programática.

No contexto em análise interessa sublinhar as alianças privilegiadas entre produtores de marcas de automóveis e projetos de rádio – tanto os tecnologicamente inovadores como os suportados em modelos tradicionais de transmissão via hertziana.

Recorde-se contudo que a experiência de audição de rádio, desde sempre se associa aos momentos de condução automóvel. Ou seja, na prática, as parcerias entre produtores de carros e rádios é desde sempre um fenómeno recorrente. Contudo, neste momento de recomposição do ecossistema radiofónico, ganha especial significado para quem deseje conquistar mais mercado. E assim compreende-se a aposta na integração de tecnologias de difusão de rádio, com evidente destaque para os serviços de *media* digitais, em novos modelos produzidos pela indústria automóvel.

Neste âmbito, Paul Titlow indica como nos Estados Unidos da América marcas como a Chrysler e a GM estão a fazer equipa com a iHeartRadio; o mesmo sucede com a Amazon *Cloud* Player e o construtor de carros Ford. Por seu turno, a Slacker Radio está a integrar-se com o sistema Chrystler's UConnect in-car, o mesmo acontecendo com a Pandora Radio (Titlow (2) 2013).

Refira-se ainda que no início de 2012 a Stitcher Radio anunciava uma parceira com a Ford que iria construir, de raiz, este serviço de rádio em novos modelos de automóvel, (juntamente com a Pandora) (Tittlow (1) 2012); por fim, a Apple está também a trabalhar com os fabricantes de automóveis para integrar o Siri. É essa também a razão para o controlo de voz ser um dispositivo central no Ford Sync.

Neste encadeamento, e num momento em que as *apps* ganham um poder superlativo no ecossistema da rádio, os automóveis são também encarados como plataformas privilegiadas para o seu desenvolvimento (Titlow (1), 2012):

> «*By bringing the most popular Internet radio and music streaming services directly to the dashboard, car manufacturers are making the user experience even more seamless*

RÁDIO, TENDÊNCIAS E PROSPETIVAS

– and crucially, putting more listening options at driver's fingertips. It will be a slow process, but expect radio to sound more decidedly less old-fashioned as more connected cars fill the road.» (Titlow (1), 2012).

Apesar dos múltiplos movimentos em curso enumerados, Titlow chama a atenção para o facto de este processo de integração de serviços de rádio *online* ocuparem uma percentagem mínima no total da experiência de audição. Isto porque neste contexto norte-americano a rádio terrestre/tradicional continua bem implantada. Na sua opinião, a rádio terrestre não vai desaparecer até porque os sinais de rádio são muito mais fiáveis do que as ligações *online*, especialmente quando se pensa em veículos em movimento.

Por outro lado, as futuras parcerias rádio/automóvel virão associadas aos novos modelos, sendo que, recorda Titlow, as estradas estão cheias de carros velhos pelo que esta revolução será lenta (Titlow (2), 2012).

5.5.1. Protagonistas e abordagens ao negócio

OS GRANDES *PLAYERS...*

São muitas as empresas de *media* a trabalhar e também é muita a tecnologia a ser investida no futuro daquilo que se designará por rádio, devendo-se considerar quer a rádio por satélite como a rádio terrestre ao lado da rádio *online* (Titlow (1), 2012).

Neste momento são alguns os gigantes que estão a trabalhar em prol de um lugar neste mercado. Mas em paralelo não param de emergir *start-ups* apostadas em oferecer experiências de audição únicas, como adiante se verá (Sawers, 2013).

SPOTIFY

Aproxima-se mais de um serviço de música em *streaming* do que de uma rádio em sentido estrito, sendo que estas fronteiras se estão a esbater cada vez mais. Spotify *radio* é o nome com que se apresentou uma *start-up* sueca que veio fazer concorrência direta à funcionalidade de Pandora, ao empregar o Echo Nest, um serviço de recomendação de música altamente competitivo. A sua importância e influência foram firmadas no Verão de 2012 quando o seu serviço foi disponibilizado de forma gratuita em serviços de aplicações móveis. Spotify está presente em Portugal desde fevereiro de 2013 tendo obtido uma adesão sem precedentes, com três milhões de faixas ouvidas no espaço de duas semanas.

SIRIUS XM RADIO

É um dos mais conhecidos serviços de rádio por satélite, que serve dezenas de canais de música, desporto, comédia, notícias etc... Está apenas disponível na América do Norte e veio concorrer diretamente com o Spotify, Pandora Radio e demais congéneres, isto porque também oferece um serviço de rádio *online* com aplicações móveis. (Sawers, 2013).

SOUNDCLOUD

É uma plataforma áudio *online* que permite ao utilizador gravar, fazer *upload* e partilhar as suas próprias músicas e *podcasts*. É usado de forma diferenciada por diferentes pessoas, é excelente como rede e para descobrir novos *dj*'s mas também permite descobrir programação e também *audiobooks*. (Sawers, 2013).

TUNEIN

É um motor de busca por natureza e ao mesmo tempo agrega e permite armazenar o *audio player*. Representa um serviço de plataformas cruzadas que permite pesquisar e ouvir milhares de estações de rádio; cobre todos os estilos de música, programas *on-demand*, *podcasts*, concertos e entrevistas. (Sawers, 2013).

ECHO NEST

Não é por si só um serviço de rádio *online*, mas é a partir dele que são construídas algumas das maiores *apps* de música dos grandes gigantes da rádio. Há pouco tempo lançou os serviços Music Audience Understanding, que permite fazer *streaming* de serviços e redes de publicidade, desenhadas a partir de informação sobre perfis de utilizadores que ouvem faixas específicas. (Sawers, 2013).

APPLE – ITUNES RADIO

O iTunes iniciou a revolução *podcasting* mas o recém-lançado iTunes Radio pode ganhar verdadeira dimensão quando ultrapassar as fronteiras dos EUA. Oferece um número de estações construídas a partir de *playlists* de géneros musicais diferentes. (Sawers, 2013).

RÁDIO, TENDÊNCIAS E PROSPETIVAS

PANDORA RADIO

Pandora Radio, propriedade de Pandora Media, Inc., foi lançada em 2005. Tem mais de 35 milhões de ouvintes e está disponível sob o formato de aplicação para *smartphones*. Está disponível nos EUA, Austrália e Nova Zelândia.

Funciona como um serviço automatizado de descoberta de música, orientado pelo consumidor. Ou seja, a seleção do utilizador determina sugestões musicais apresentadas; a partir do *feedback* do utilizador o serviço orientará as suas próximas sugestões.

STITCHER RADIO

Stitcher Radio mistura transmissão terrestre com *podcasts* e permite aos utilizadores construírem uma experiência altamente personalizada. O projeto Stitcher existe há cinco anos e aposta na criação de estações de rádio inteligentes, baseadas nas preferências do utilizador. Como? A partir do historial de audição e das pesquisas feitas por cada ouvinte são associadas transmissões terrestres com *podcasts*, o que permite aos utilizadores criarem uma experiência áudio personalizada. Através de Stitcher também são emitidas, em *streaming*, rádios locais não comerciais. Stitcher recorre ainda a conteúdos da CNN, NPR, BBC e Fox News. Em curso está ainda uma parceria com a marca de automóveis Ford, com o intuito de incluir a rádio Stitcher diretamente nos novos modelos que sejam fabricados. (Titlow (1), 2012).

NATIONAL PUBLIC RADIO

A NPR, National Public Radio é um projeto norte-americano de natureza privada sem fins lucrativos, surgido no início dos anos 70. É aqui mencionado pelo facto de ter feito um trajeto de mais de quarenta anos partindo de um modelo tradicional de rádio e no entanto continuar no ativo, sendo capaz de se atualizar face à onda de digitalização dos projetos radiofónicos. Para chegar aos ouvintes e pelo máximo de canais que fosse possível, houve que apostar fortemente na criação de uma multiplataforma. Em concreto foram desenvolvidos interfaces para aplicações, assim como *plugins* para o Wordpress e outros produtos experimentais de rádio *online*. Foi também assegurada a presença da NPR nas redes sociais do mesmo modo que os seus *podcasts* estão disponíveis no iTunes e com níveis elevados de popularidade. Outra frente que mereceu investimento considerável foi a área da chamada estratégia móvel a que se somou ainda a criação de conteúdos mais desenvolvidos para Android, iOS, Blackberry. Por fim, e à imagem do que está a acontecer com outros projetos, a indústria automóvel representa mais uma via onde a NPR pretende também apostar futuramente. (Titlow (1), 2012).

...E os *players* para lá do mercado *mainstream*

Para lá destes projetos de rádio que já alcançaram impacto e reconhecimento existem muitos outros que estão neste momento a marcar um lugar fora do mercado *mainstream*.

Podem ainda não dispor do nome firmado e notoriedade daqueles, mas destacam-se pela originalidade das suas abordagens; quem o diz é Chris McConnel no artigo *10 Music Services You May Not Know About* (2013).

EXFM

O Exfm funciona a partir da criação de um perfil de utilizador e assinala as músicas de que se gosta à medida que vão sendo descobertas, apenas isto.

> *«On the music discovery side, you can follow other people to hear what they loved and or check what's trending to tap into the community pulse. Additionally, the Exfm team hand-picks featured music on a daily basis to give you a professionally curated source of fresh tunes to explore.»* (McConnel, 2013).

LISNR

Esta *app* permite um acesso privilegiado à música e ao mundo da música:

> *«Lisnr offers you a way to get more from your music—more goodies, more special offers, more whatever. Using the app, you can scan audio (live or recorded) for a special frequency that only Lisnr can recognize. Artists can use the service to deliver perks and bonuses to their fans.*
>
> *If Lisnr detects the appropriate frequency, your phone will display a notification signaling the arrival of bonus tracks, discounts on live-show tickets, or some other exclusive.»* (MacConnel, 2013).

RARA

Rara surge como uma boa alternativa ao Spotify, dado que consegue reunir as características deste serviço de música, a que acresce a vantagem de ser mais barata:

«*If the idea of advertising-free unlimited music streaming (with access to 17 million tracks) for only 99¢ per month tickles your fancy, you're going to want to give rara a try. Ready-made playlists and stations put together by music experts? Check. The ability to take your music with you on the go and access it off-line (through an app that costs $1.99)? Check and check.*»* (McConnel, 2013).

MURFIE

Murfie funde o mercado de compra de CD por $1-2 com o *streaming* e *download*:

> «*Every interaction on the site is based on a real CD that you own and can "do whatever you want with." Since everything is based on physical CDs, Murfie will help you add the first 100 discs from your home collection for free.*» (McConnel, 2013).

No Murfie é ainda possível trocar álbuns, gratuitamente, com demais membros.

SERENDIP

«*An aptitude for making desirable discoveries by accident*» resume o conceito por detrás de Serendip que se apresenta como um serviço social de descoberta de música.

É especialmente vocacionado para uma abordagem *lean-back*. Permite ainda estabelecer ligação aos utilizadores com os mesmos gostos musicais e como noutros casos, gera uma *playlist* fundada nestes gostos comuns.

STEREOMOOD

Atente-se ao conceito que sustenta o Stereomood:

> «*Turn your mood into music. Pre-selected moods range from Happy to Studying to Just Woke Up to Lost In Jamaica.*»

Uma grande caixa de pesquisa, existente no *site*, permite ao utilizador escrever o que está a sentir e em função disso é-lhe sugerida uma *playlist* específica. As músicas pesquisáveis são provenientes dos melhores blogues de música disponíveis *online*, remata McConnel (2013).

PLAYGROUND.FM

Esta *app* tem por principal missão transformar as canções preferidas de cada utilizador no chamado *mix* musical perfeito e assim proporcionar uma experiência de audição relevante:

> «*This playlist-based music service was born out of the founders' desire to use awesome playlists without necessarily having to create awesome playlists. If you, like the founders, feel that "popular is boring," you may want to give it a try.*» (McConnel, 2013).

8TRACKS

A ideia que sustenta 8tracks é a de se dispor de uma rádio *online* criada por pessoas e não por algoritmos.

> «*8tracks lets you create mixtapes with 8 or more tracks (to which you add a title, cover art and tags) that you can then share with with friends. When you first land on the site you are presented with some basic categories to get you started—like chill, party or indie rock, for instance.*» (McConnel, 2013).

SEEVL

O Seevl associa um algoritmo e uma plataforma de pesquisa como estratégia para pesquisar música. Este serviço trabalha com a rádio Deezer e o YouTube. McConnel descreve Seevl como:

> «*...the product of years of research and development at the intersection of social and semantic web technologies.*» (2013).

MPME RADIO

MPme fornece recomendações típicas da programação de rádio ao vivo e em tempo real, isto para além de atenderem e se cruzarem com os gostos dos utilizadores:

> «*It brings its own unique twist to the curated playlist.*» (MaCconnel, 2013)

Através desta rádio é possível aceder a *playlists* de elevada qualidade já existentes.

O MERCADO DE MÚSICA EM *STREAMING*

No espectro das rádios digitais, os serviços em *streaming* são encarados como os mais dinâmicos na indústria da música (Tschmuck, 2013). Neste nicho é possível identificar diferentes tipologias de serviços. Numa categorização possível, Peter Tschmuck (2013) identifica algumas tipologias, associando a cada uma a sua principal fonte de receitas. São elas a) os *webcasters* ou rádios *online* passivas; b) as rádios *online* personalizadas não interativas; c) as web rádios personalizadas interativas, d) as plataformas de vídeo em *streaming* e por fim e) os serviços de música baseados na nuvem.

a) *Webcasters* ou programas de rádio convencionais transmitidos: podem ser ouvidos sem quaisquer *features* personalizadas e/ou interativas. Sem quaisquer custos para os ouvintes, a sua fonte de receitas é a publicidade. (Tschmuck, 2013).

b) Rádios *online* personalizadas não interativas: exemplo desta categoria é o iTunes que proporciona um modelo inovador em relação às rádios *online* convencionais. Aqui são algoritmos que permitem detetar o gosto dos ouvintes. A partir dessa informação vão apresentar *playlists* de música que podem ser guardadas e partilhadas com outros utilizadores. Os serviços de *streaming* não interativos são sobretudo suportados por publicidade e complementados com subscrições – apesar de até ao momento esta segunda modalidade não se mostrar especialmente rentável, aliás a questão com que se confronta a Pandora Radio. (Tschmuck, 2013).

c) Rádios *online* personalizadas e interativas: Estes serviços permitem aos utilizadores a escolha de música, sem restrições, a partir de um catálogo que contém milhões de títulos. Nesta modalidade, as receitas resultam de uma mistura de publicidade e subscrições. Exemplo disso é o Spotify, que pode ser usufruído gratuitamente nos primeiros seis meses. Terminado este período *freemium*, o utilizador dispõe apenas de 10 horas de audição gratuita por mês. No caso do Deezer, ao fim de um ano apenas se consegue um consumo gratuito de música de duas horas por mês. O Google All Access não contempla qualquer modelo *freemium*, envolvendo sempre subscrições. (Tschmuck, 2013).

MODELOS DE NEGÓCIO E COMUNICAÇÃO SOCIAL

d) Plataformas de vídeo em *streaming*: o exemplo acabado desta categoria é o YouTube, que também permite aos utilizadores fazerem os seus próprios *uploads* sobretudo de conteúdos musicais – daí que seja conhecido como uma *user generated content platform*. (Tschmuck, 2013).

e) Serviços de música baseados na nuvem: Permite aos utilizadores fazer o *upload* dos seus ficheiros de música no servidor da chamada nuvem, e que pode ser ouvido em *streaming* de qualquer dispositivo. (Tschmuck, 2013).

5.5.2. Novos modelos de rádio = negócios rentáveis?

Independentemente das modalidades que os serviços de *streaming* possam assumir, a questão-chave coloca-se ao nível dos seus modelos de receitas: Peter Tschmuck (2013) recorda que os serviços de *streaming* não interativos são sobretudo sustentados em receitas vindas da publicidade e que mais recentemente é que avançaram para modelos de subscrição. Em contraponto, os serviços de *streaming* de natureza interativa jogam ao mesmo tempo com modelos *freemium* tentando converter os seus utilizadores em subscritores progressivamente.

É interessante atender tanto às fragilidades como às mais-valias dos modelos de negócio que sustentam a Pandora Radio (exemplo de um serviço em *streaming* não interativo) e Spotify (serviço de *streaming* interativo).

PANDORA

O problema de sobrevivência financeira da Pandora joga-se no plano das despesas com a aquisição de conteúdos. Isto porque nos EUA, os serviços de *streaming* não interativos são equivalentes a *webcasters* e, como tal, são obrigados a pagar direitos de autor (especialmente elevados) pelas músicas que disponibilizam. Em suma: a questão central com que a Pandora Rádio se confronta não contende com audiências; diz sim respeito ao controlo das despesas com a compra de conteúdos:

«*In total, Pandora had to pay US\$ 258.7m for content acquisition in 2012. Content acquisition costs, therefore, account for 60.6 percent of the overall revenue of US\$ 427.1.m. The revenue consists of US\$ 3752 of advertising income (97.8 percent of total revenues) and US\$ 51.9m (12.2. percent of total revenue) of subscription fees and*

RÁDIO, TENDÊNCIAS E PROSPETIVAS

other sources. (...) The high proportion of content acquisition costs also explains the operative loss of US$ 37.7m in 2012, despite increasing advertising and subscription revenues.» (Pandora 2013: 71 in Tschmuck, 2013).

Apesar dos riscos de fechar portas em 2008, mercê das flutuações mencionadas, no seu relatório *The State of the News Media*, de 2013, o Pew Research Center registava que a Pandora Radio tinha conseguido alcançar os 150 milhões de utilizadores registados em 2012, o equivalente a um aumento de 50% em relação ao ano anterior – na prática 59,9 milhões ouvem esta rádio pelo menos uma vez por mês.

SPOTIFY

O Spotify, porém, ainda está longe de ser lucrativo mas tem conseguido milhões em investimento de grandes empresas, como a Coca-Cola e a Goldman Sachs. É o maior serviço mundial de subscrição de música e mais que duplicou receitas em 2012. Mas simultaneamente as perdas *online* aumentaram mais do que em 2011:

> *«Revenue grew 128% to $573.1 million (€434.7 million) in 2012 from $246.7 million (€190 million) in 2011. The company's growth continued to drag on the company, however, as net loss increased to $77.4 million (€58.7 million) from $58.8 million (€45.4 million).»* (Peoples, 2012).

Glenn Peoples (2012) considera que é possível perder dinheiro e ganhar fatia de mercado. Depois de pagos todos os direitos de autor, é possível operar e fazer com que este modelo de negócio funcione: à medida que gera mais receita e que o modelo de negócio toma forma, irá ganhando uma maior fatia de receitas. (Tschmuck, 2013).

O seu modelo de negócio *freemium* (*premium + free*) permite desfrutar gratuitamente do serviço para encorajar subscrições pagas. Os primeiros anos podem não ser rentáveis, lucrativos, mas este modelo poderia ganhar consistência e permitir operações com bons rendimentos se houvesse um nível de adesão por parte dos consumidores (Tschmuck, 2013).

RÁDIO *ONLINE*: PARA LÁ DO NEGÓCIO

No início de outubro de 2013, Paul Sweenting escrevia acerca do escasso retorno financeiro que em geral se verifica em torno de projetos de rádio

MODELOS DE NEGÓCIO E COMUNICAÇÃO SOCIAL

sustentados na web para a Gigaom («*Will web radio become more a feature than a business?*»).

Mas, contrariamente ao que se poderia prever, a inconsistência nas receitas obtidas parece não funcionar como argumento dissuasor do interesse pela rádio *online*. Pelo contrário, Sweenting relata como na prática se sucedem movimentações estratégicas neste território, quer de protagonistas já conhecidos quer da parte de novos elementos que vêm disputar um espaço cada vez mais concorrido:

> «*Last month came reports that Apple is looking to launch a Pandora-like web radio service (causing Pandora's stock to crater). Now, Microsoft is preparing to launch Xbox Music later this month, a new service that will include both free, ad-supported streaming, like Pandora, as well as a more feature-rich subscription service, like Spotify.*
>
> *The BBC is also reportedly looking to develop a musical equivalent of its hugely popular iPlayer for video that would give Brits who pay their BBC license fee access to hundreds of thousands of songs without paying any additional fees.*» (Sweenting, 2013).

Perante este cenário compreende-se a absoluta pertinência da pergunta que Sweeting lançava:

> «*Why so much interest in a business that isn't much of a business?*»

No seu entendimento, a resposta é óbvia: a *web* rádio está a dar sinais de se estar a converter naturalmente numa *feature plataform* em vez de se evoluir para o formato de um *standalone business* (negócio isolado).

Esta tendência fará tanto mais sentido para serviços de rádio em *streaming* que surjam no contexto de grandes plataformas agregadoras/fornecedoras de conteúdos com as dimensões e o poderio da Microsoft ou da Apple (que promovem o seu lastro ostensivo/notoriedade por esta via, independentemente das receitas que novos projetos de rádio consigam obter por si só):

> «*Whatever streaming service Apple comes up with is likely to be integrated into iTunes, allowing users to purchase downloads instantly of songs they hear on the web radio service. Streaming, in that case, creates value for Apple (and the labels) whether it makes money in its own right or not.*

Likewise, Xbox Music is an extension of Microsoft's subscription-and-transaction--based Xbox Live platform. It creates value if it drives Xbox Live adoption. Even the BBC has a built-in monetization scheme in license fees that can pay for a range of digital content.» (Sweenting, 2012).

Dois exemplos de projetos de rádio bem-sucedidos são Google All Access Radio e Monocle 24. Comum a ambos reside o facto de emergirem de casas-mãe/marcas de *media* de poderio incontestável, Google e Monocle respetivamente. Para lá do cariz único do projeto de conteúdos que se propõem a oferecer às audiências, as questões da sustentabilidade financeira estão à partida salvaguardadas. Vejamos que particularidades estão aqui em jogo.

GOOGLE ALL ACCESS RADIO

Google All Access Radio – a designação do serviço de música em *streaming*, lançado pela Google, representa um caso expressivo de como o poder de um *player* da indústria tecnológica se propaga ao novo projeto de rádio *online*, com quem partilha a mesma marca. Apesar recém-chegado ao mercado dos serviços de rádio em *streaming*, à partida já se encontra bem posicionado num mercado em que a concorrência é muita:

«All Access is another attractive gateway into Google's content ecosystem, which hosts a hell of a lot of music. Google's Biggest Advantage: Being Google.» (Titlow (3), 2013).

O que existe de diferenciador neste serviço de música é o nome de quem o concebeu. Por ser um produto Google, o All Access tem um potencial gigantesco de *cross-promotion* através da parafernália de serviços *online* da marca a que pertence, adverte Paul Titlow (Titlow (3, 2013).

E nesse contexto o All Access prepara-se para disponibilizar o acesso a milhões de músicas divididas em 22 géneros pelo preço mensal de 9,99 dólares num registo equivalente ao dos concorrentes com serviços *premium* de subscrição de música em *streaming*. Contará ainda com um sistema de recomendação de música, estações de rádio tal como o projeto Pandora, *playlists* editáveis pelos utilizadores e o poder de fundir a biblioteca de cada um deles com a da Google.

Mas muito antes do aparecimento do All Access a Google já ocupava há muito uma posição cimeira como interlocutor privilegiado para as audiências na procura e consumo de música através do YouTube:

> *«Google Is Already a Streaming Music Giant (...) That's because the Internet's biggest repository of videos also happens to host millions of songs, which are readily available to stream for free. It's the world's biggest accidental music streaming service.»* (Titlow, (3), 2013).

Titlow chama a atenção para o facto de o All Access ser construído diretamente no mais popular sistema operativo móvel que existe, o Android, o que permite potenciar um serviço de música em *streaming* com o poder da mobilidade – partícula essencial para o seu sucesso:

> *«It's why Spotify, Rdio and MOG all wager that the simple ability to access all that music on our phone is enough to convince people to shell out $10 per month. Spotify has done a decent job of proving that thesis by amassing 6 million paid subscribers at an impressive 25% conversion rate.»* (Titlow (3), 2013).

Outra grande vantagem de pertencer à dinastia Google reside no facto de o All Access não ter de se confrontar, de forma tão aguda como os seus concorrentes diretos, com a necessidade de fazer dinheiro e ser rentável:

> *«Spotify and Rdio will ultimately need to find a way to profitability (or get acquired by a giant), something that isn't easy under the current economics of the streaming music business. (...) A company like Spotify will have to find a way to minimize its enormous music licensing costs, which are easily its biggest expense. Google's entrance into this space might make that harder, since the company can afford to pay out huge sums without investors holding the profitability gun to its head.*
>
> *In a recent interview on WYNC's On the Media, technology journalist Tim Carmody suggested that this might be how the streaming music business will work: Probably the most likely thing that will happen is that someone, whether it's an Apple or a Google or an Amazon or a Sony, comes along and essentially agrees that we're gonna run music at a loss and we're going to support it with these other businesses. How do you make money on the music business? Don't make money on the music business. That's the answer to that question.»* (Titlow (3), 2013).

MONOCLE 24

Em 2008, após marcar presença no mundo editorial, a marca Monocle iria somar uma presença via rádio. Esta abordagem começa em formato de *podcast* com periodicidade semanal. Em termos de negócio a Blackberry surge como patrocinador.

Em termos de conteúdos a rádio replica as secções da revista impressa e pressupõe o trabalho dos seus editores da edição impressa. São abordados diversos temas relacionados com a atualidade. Este representou o momento inicial: de simples *podcasts* semanais verificou-se uma evolução para um serviço de rádio *online*, 24 horas, conhecido como MONOCLE 24, disponível em www.monocle.com.

A rádio mantém-se fiel à mesma lógica, envolvendo a equipa de editores e correspondentes espalhados pelo mundo como produtores de conteúdos.

A rádio dispõe de uma grelha composta por quatro programas em direto e programas ao vivo ao sábado e domingo, com blocos noticiosos de hora a hora, boletins meteorológicos à escala do globo e programas sobre negócios, cultura, *design* e urbanismo e música.

Em termos de negócio a sua sustentabilidade deve-se ao investimento em publicidade com anunciantes de luxo, seguindo a mesma lógica que dá vida às edições impressas com a marca Monocle (Obercom, 2013).

TENDÊNCIAS NA RÁDIO

Como se têm, então, combinado todos estes elementos de enquadramento estrutural com a resiliência do conceito tradicional de rádio? Isto é, que perfis de novas ofertas têm surgido? Podemos tipificar três tendências nas ofertas de produtos radiofónicos, às quais damos rótulos estilizados para melhor identificar o seu carácter distintivo. Os três grandes protótipos estratégicos de novas linguagens comunicacionais (e que podem coexistir simultaneamente ou não numa mesma rádio) que detetamos são:

"*Narrowcasting*" ou híper-segmentação: em contraste com o modelo clássico das emissoras (*broadcasting*, isto é, modelo de distribuição unidirecional de uma antena para múltiplos recetores passivos) parecem surgir sinais de uma cada vez maior especialização no contacto com públicos cada vez mais pulverizados em torno de gostos, interesses ou outros valores de referência; ao mesmo tempo esta híper-segmentação pode dar

MODELOS DE NEGÓCIO E COMUNICAÇÃO SOCIAL

espaço à construção de audiências interligadas e ativas na própria coedição de conteúdos. Um exemplo é a DR Radio que, como veremos abaixo, é uma rádio pública dinamarquesa que gere múltiplos canais no seu *site*, alguns voltados para gostos muito específicos outros voltados para comunidades locais muito empenhadas na discussão dos temas que lhe são próximos.

"*Drone station*" ou rádios automáticas e à medida: existem sinais de convergência entre *sites* que são meros repositórios de música e *sites* onde existe uma ativa promoção de novas tendências estéticas (caso da Last. fm); existem em alguns casos sinais de uma tendencial automatização das escolhas de música que é passada, só raramente entrecortadas pela voz real de um locutor (Classicfm, por exemplo, com a sua *playlist* de música clássica mais votada pelo público) ou mesmo sem qualquer edição centralizada (a opção da Grooveshark de ativação de uma espécie de rádio "zombie" em piloto automático); as diferenças entre a rádio e discotecas digitais estão a esbater-se, sobretudo à medida que o perfil dos ouvintes/utilizadores é seguido e monitorizado nos *sites*; neste caso o radialista é um sujeito "*ciborgue*", ou seja, é a própria pessoa com os seus gostos a escolher a música misturada com um algoritmo que lhe vai propondo novos temas e bandas na mesma linha de preferência.

"*Cloud radio*": a rádio sempre disponível. A rádio está disponível por via do autorrádio, na rua através do telemóvel, num café ou restaurante onde um canal cabo emite rádio, no escritório através do computador ligado à Internet. A mudança é tal que a rádio já não precisa absolutamente de um aparelho especializado para alcançar os seus ouvintes, está cada vez mais descorporizada e vai dissolvendo-se por toda a paisagem artificial (computacional) que envolve o indivíduo contemporâneo; no fundo, a rádio (ou as preferências do ouvinte) está onde está o ouvinte, e já não onde está o aparelho recetor, e é porque o acompanha independentemente da plataforma que pode estar cada vez mais personalizada e diversificada.

5.5.3. Atividades radiofónicas: exemplos de modelo de negócio
Os dados indiciam, e as leituras teóricas sugerem, que caminhamos para uma *jukebox* global (Burnett, 1996), em formato digital. A cadeia de valor da música é agora diferente, tal como aponta, entre outros, o italiano Richeri (2004).

Os modelos de negócio evoluem adequando-se à realidade em constante mudança e, em muito, dependente da inovação tecnológica e dos seus usos sociais (mais ou menos esperados). Mas qual o papel da rádio num panorama mediático crescentemente fragmentado? De um ponto de vista da gestão, como lidar com a *radiomorphosis*? Quais os caminhos da mudança?

Levantam-se questões sobre modelos de negócio e o lado da oferta do serviço radiofónico, destacando novas tendências no campo da produção e distribuição, contextos particulares de contacto com os ouvintes e modelos de geração de receita.

MODELOS DE GERAÇÃO DE RECEITA PARA ALÉM DA PUBLICIDADE
Do lado dos produtores de rádio e conteúdos, a era digital de partilha em rede oferece oportunidades de expansão do negócio, mas também desafios ao sector da rádio e do audiovisual multimédia. O sector encontra-se em permanente mudança, sendo difícil colocar cenários futuros. Os produtores tentam adaptar-se e, sobretudo, antecipar a mudança mediante a procura e investimento na investigação e desenvolvimento, experimentação e inovação dos modelos de negócio adequados aos novos desafios.

O modelo de negócio e as formas de rentabilidade de rádios *online* e outras empresas do género na área da distribuição de conteúdos encontram-se ainda em desenvolvimento. Não obstante, o difícil primeiro passo, a saber, a criação de uma rede social volumosa e extensa por parte destas *start-ups*, parece estar a gozar de um relativo sucesso no que concerne ao ritmo de angariação de ouvintes, havendo ainda espaço de crescimento da rede de utilizadores. E note-se que a escala é agora global, ao contrário das limitações geográficas de alcance das ondas hertzianas.

SUBSCRIÇÕES
Para além da publicidade, o modelo de negócio da rádio passa também pelas receitas oriundas de subscrições – casos de Last.fm ou MyWay. O modelo de negócio assenta nas premissas *freemium*. Este modelo de negócio desenvolve-se permitindo a experimentação gratuita do produto (em moldes básicos) a uma audiência vasta. Pretende assim criar a familiarização com o produto e um hábito de consumo, sendo que este modelo poderá ser seguidamente enriquecido com conteúdos *premium* pagos por outros segmentos de público.

MODELOS DE NEGÓCIO E COMUNICAÇÃO SOCIAL

A grande mais-valia passa por permitir alcançar um conjunto vasto de consumidores, criando assim a necessária massa crítica publicitária. A distinção entre conteúdo pago terá de ser devidamente enquadrada através da prospeção da propensão máxima a pagar (*"wiillingness to pay"*) junto dos vários segmentos de consumidores – as diferentes quantificações de valor estarão dependentes deste equilíbrio entre oferta e procura. Estas subscrições devem apresentar-se em forma de micro pagamentos, funcionando em economia de escala, e terão que ser de fácil perceção e *user-friendly*.

A dimensão digital em rede altera radicalmente a economia e modelos de negócio em rede. A teoria da *"Long Tail"* de Chris Anderson (2006), posteriormente englobada no pacote de definições adjacentes à Web 2.0, defende que a tecnologia global em rede, a Internet, revoluciona as oportunidades de negócio de venda e distribuição musical. Os produtos com vendas relativamente baixas, quando somados, podem ser superiores a produtos populares, os chamados *best-sellers* ou *blockbusters*. A aposta em nichos de mercado pode assim compensar quando equacionada cumulativamente à escala global. Os gastos com o armazenamento são radicalmente inferiores aos suportes físicos, possibilitando a oferta de um espólio musical vasto e eclético. A questão central do armazenamento deixa de atuar como um constrangimento a partir do momento em que o suporte se desmaterializa passando para o campo do digital. Desta forma, teorias económicas como a da *Long Tail*, dando sentido estratégico à Distribuição de Pareto: a saber, 80% do total de volume de negócios advém de apenas 20% de clientes, ganhando relevo na leitura da realidade radiofónica em rede.

Reportando-nos ao caso português, note-se que este modelo de distribuição abre um novo espaço para a difusão e distribuição da produção de base nacional. O mercado de ouvintes alarga-se pela imensidão do espaço da lusofonia. A *Long Tail* permite alimentar esperanças de alguma rentabilização da produção portuguesa de conteúdos quando equacionada numa economia de escala de dimensão global. Encontra-se por explorar devidamente, por exemplo, o mercado dos Países Africanos de Língua Oficial Portuguesa ou ainda parcerias com rádios brasileiras.

PARCERIAS

Nas novas rádios *online*, para além dos modelos de receitas provenientes dos dividendos publicitários e subscrições, subsiste ainda a possibilidade de vendas de forma mais ou menos direta. Os paralelismos entre uma rádio e uma loja de discos *online* estão patentes no conceito da maioria das rádios *online* com parcerias com retalhistas em rede. A audição de um determinado trecho pode potenciar a sua aquisição, de forma rápida, numa procura e consumo musicais cada vez mais sob a premissa do "*à la carte*" e *unbundled*.

A parceria entre serviços *online* em forma de *mash-up* é uma tendência crescente. A comunicação de serviços com vista a imprimir uma vertente mais social denota-se sobretudo através da integração com o Facebook (um possível exemplo de intensificação da tendência "*cloud radio*"). Sintomático da perceção do potencial de entrosamento entre música e a interação social, do poder da recomendação dos pares, a premissa chave do Last.fm.

Para além destas parcerias notam-se, sobretudo no caso da rádio, alianças com vista a capitalizar consumos auditivos em compras musicais *online* ou concertos ao vivo – e mesmo entre ouvintes de rádio e leitores de jornais tais como a MyWay e as publicações "Correio da Manhã" e "i".

Estas alianças são nota dominante nas empresas de multimédia, que se pautam por lógicas de integração com outras empresas contíguas não só à área do multimédia mas também das novas tecnologias. Por exemplo, na Last.fm figuram pequenas publicidades textuais pelo Google, mas também pequenos *banners* comerciais e ligações à loja do iTunes ou Amazon para a compra da música, álbum ou discografia completa do artista que ouvimos naquele momento.

Se a aliança com a Amazon é uma interessante estratégia de sinergia da Last.fm, de entendimento quase imediato, atentemos com mais pormenor para a eficácia do serviço de publicidade introduzido por parte do Google. Note-se que o serviço prestado pela rádio Last.fm é gratuito, sendo possível subscrever uma conta paga que, entre os benefícios, disponibiliza a remoção da publicidade.

Para além destas alianças com serviços sociais, de venda de música *online* ou publicidade, há ainda parcerias com editoras discográficas. As rádios, sobretudo aquelas em "piloto automático", pretendem dilatar o seu portefólio. Tais parcerias permitem oferecer um espólio musical mais vasto e diversificado, possibilitando uma experiência de rádio mais rica ao consumidor, no sentido em que, por um lado, disponibiliza um leque de descoberta e socialização musical maior e, por outro, permite uma maior adequação entre a oferta e a procura de gostos musicais já cultivados.

Já do lado das editoras o interesse é também óbvio. Estas coligações de interesses demonstram a perceção, por parte das discográficas, da importância destes serviços como forma de distribuição, difusão e promoção dos conteúdos à escala global e criação de novos públicos e novos modelos de negócio. Por exemplo, a Last.fm assinou acordos com múltiplas editoras independentes e com as multinacionais Sony BMG e a Warner Music – tendo depois esta desistido do acordo em 2008. Já a MyWay assinou acordos com a Sony Music e a Universal.

Ainda em relação a parcerias, observe-se ainda que a MyWay estabeleceu uma parceria com a agência de notícias Reuters com o intuito de publicação de notícias em formato vídeo, sendo a Myway responsável pela edição e locução dos vídeos. Ainda em relação à Last.fm veja-se a parceria edificada com a Microsoft no final de 2009 em alguns países onde os membros do Xbox Live Gold podiam aceder aos conteúdos pagos.

5.5.4. Produção e difusão de conteúdos: os vários contextos da rádio

RÁDIOS NA *WEB*

Assistimos a uma pressão crescente junto dos gestores e produtores de rádio. Por um lado, porque a concorrência é agora global e com menos barreiras à entrada e, por outro, porque o consumidor tem ao seu dispor um crescente leque de escolhas de *media* muito mais diversificado, mas um tempo de consumo quotidiano limitado. Este processo de introspeção e de esforço prospetivo estende-se um pouco por todas as atividades socioeconómicas contemporâneas.

A rádio encontra-se em transformação diferenciada num crescente número de plataformas. Mas estas podem não ser rivais entre si, mas sim complementares. O mais importante não será a plataforma tecnológica em si mesma, mas sim o seu conteúdo intrínseco – de qualidade e adaptado aos diferentes públicos e diferentes tecnologias.

Chris Brogan, especialista em gestão e marketing nos novos *media*, defende que as rádios devem usar a Internet não apenas para marcar presença. Devem sim usar os *media* sociais pois estes permitem um grau de relação mais refinado e interativo com os consumidores, ao contrário da rádio e dos métodos tradicionais, tais como mensagens e telefonemas, que têm uma utilização baixa no panorama nacional de ouvintes.

As rádios na *Web* devem adotar estratégias similares à *"Grow bigger ears"*, tal como proposta por Chris Brogan, que se edifica no uso de ferramentas Web 2.0 disponíveis *online* e permitem monitorizar melhorar a performance em rede (isto é, potenciam o *"narrowcasting"*).

Para além da interação, a grande mais-valia da Internet passa pela monitorização da performance. A *accountability* é majorada em rede, sendo que se evita o *"shiny store syndrome"* na relação com os anunciantes. Ou seja, de que serve um bom vídeo que se espalha de forma viral a milhares de pessoas mas que não se traduz em vendas reais? É realmente um sucesso do ponto de vista dos anunciantes? É preciso monitorizar não só a amplitude do impacto (*reach*) juntos dos potenciais consumidores mas sobretudo a efetiva aquisição ou não do produto/serviço publicitado. Note-se que tal sucede atualmente não só com a rádio, mas também com outros *media* como os jornais e televisão – quem anuncia nem sempre consegue medir corretamente o efeito direto da sua publicidade.

Importa ter igualmente em conta o facto de que numa economia da abundância, onde o acesso a música e informação por uma percentagem significativa da população é cada vez mais fácil, a dimensão discursiva e a relação empática entre animadores/locutores e audiências constitui uma faceta cada vez mais importante, por ser de facto a grande mais-valia competitiva. Interessa, assim, talhar modelos de locução apelativos a cada segmento – ou seja, há limites à tendência *"Drone station"*.

As estratégias para as rádios terão de passar, tal como afirmam alguns gurus de gestão de rádio e *new media* (Nick Piggott, Gerd Leonhard e Steve Rosenbaum) pela curadoria, ou seja, seleção e edição humana. O advento do digital e da comunicação em rede permitiu a explosão da oferta de rádio, mas uma oferta em demasia pode funcionar apenas como ruído. A assinatura editorial é assim indispensável, sendo que a seleção criteriosa, a intervenção humana, a presença da voz, para cada um dos utilizadores emerge como valor acrescentado na economia da abundância informacional.

Se por um lado a especialização parece emergir como uma tendência dominante, até onde poderá funcionar comercialmente essa pulverização?! Será pertinente questionar, tal como James Cridland: "Mais escolha na rádio: Bom ou mau?" Haverá ainda espaço para *newcomers* para além dos incumbentes?

Serviços como o Last.fm, Grooveshark, ou Pandora, sem qualquer intervenção humana na escolha musical, poderão não funcionar da melhor forma junto do público alargado. Glenda Shrader Bos e Richard Harker defendem que quando um ouvinte é exposto de forma contínua a música similar poderá desenvolver uma "fatiga auditiva". Como tal, é necessária uma certa mudança ocasionalmente e formatos que consigam surpreender o ouvinte e captar a atenção sem serem previsíveis.

Considerando que, segundo um relatório da consultora Nielsen, 22% do tempo dos internautas mundiais é passado em *sites* de redes sociais, importa não descurar a importância das redes sociais – onde se está com quem se gosta e se procura mostrar do que se gosta. É preciso ainda pensar uma aposta em estratégias integradas de *media* sociais em que se crie uma relação empática com os ouvintes com o intuito de passar essa ligação e atenção de valor acrescentado aos anunciantes. A presença *online* terá de ser pensada de forma séria, equacionando o que funciona, ou não, nos respetivos *sites*. E para tal é preciso compreender o conceito de "qualidade da experiência" otimizando a eficácia dos *sites*, sendo que o conceito de "qualidade da experiência" é multidimensional e subjetivo, ou seja, depende do perfil de utilizador.

Desta forma será necessário ousar experimentar e investigar a fundo, inclusive através de testes de divisão A/B – explicando de forma abreviada esta experiência; no mesmo *site* figurarão diferentes versões sendo avaliada posteriormente a eficácia de cada uma delas. As rádios terão de efetuar um entrosamento íntimo com as redes sociais, permitindo a partilha em rede e fazendo uso do marketing viral e *crowdsourcing*, tendo atenção ao *feedback* dos ouvintes e definindo estratégias de *targeting* minucioso de comunicação consoante os diferentes perfis de públicos, os seus diferentes usos e gratificações.

Abre-se espaço para a introdução da figura do moderador, sendo que este pode ser o próprio animador/radialista que acumula esta função. Esta figura representa uma mudança de paradigma no que toca à dimensão dos recursos humanos nas rádios. O moderador, figura em emergência no novo panorama mediático, terá de saber alimentar uma relação de proximidade entre a rádio e a(s) sua(s) rede(s) social(ais) em rede.

Será uma figura dotada não só de boa performance oral, para a tradicional dimensão da palavra falada, mas sobretudo munido de destreza escrita e perícia digital, para o ambiente *online* – tais como fóruns, páginas de fãs, de Facebook, entre tantas outras. Funcionando como um *gatekeeper* nos novos *media* terá de demonstrar igualmente boas capacidades editoriais – apesar de funcionar, no quadro geral das empresas de *media*, com um baixo estatuto editorial, está incluído num plano com alto nível de prioridade.

Desta forma, será necessário ir para além das habituais funções do animador e disc-jockey, procurando a interação com os ouvintes – envio de texto (SMS ou *e-mail*) e resposta em voz. Há que equacionar a necessidade de, durante o programa, contar com *ghost writers* moderadores, que poderão ou não assumir o papel de outrem (DJ ou animador), especializados em assegurar diálogo e produzindo conteúdos passíveis de gerar e aprofundar a ligação emocional com os ouvintes e fãs.

Note-se ainda que ganham força outras formas de comunicação e de relação com a audiência que não se esgotam na voz. Outro atributo da nova rádio em rede será a visualização que as novas tecnologias permitem, dos *displays* presentes nos autorrádios (com as suas devidas limitações físicas de tamanho) às informações escritas e/ou imagens (com ou sem movimento) dos monitores de televisão ou computadores. Nesses dispositivos há espaço para inúmeras camadas adicionais de (meta)informação (meta-dados) que importa explorar. Trata-se não de um incremento de serviço a oferecer e uma melhoria na qualidade da experiência dos consumidores – e que permite casos como o *site* "Compare My Radio" que oferecem como serviço a monitorização das ofertas das rádios inglesas – mas também permitir aos anunciantes e promotores musicais um novo nível de *accountability* (transparência dos números sobre audiências e fidelização) e acima de tudo uma aproximação mais eficaz aos diferentes públicos-alvo.

No entanto, em toda a abertura de potencial tecnológico existem novas questões éticas e desafios para a regulação. Como fica, por exemplo, a privacidade dos dados pessoais? Como atuar na conversão da monitorização de comportamentos em dados vendáveis a terceiros?

Os serviços de rádio na Web 2.0 utilizam a Internet para potenciar a ação coletiva e incentivar a produção de conteúdo sob a lógica da parceria, permitindo uma melhor experiência *online* para e pelo utilizador. Os

MODELOS DE NEGÓCIO E COMUNICAÇÃO SOCIAL

media sociais operam como uma comunidade global em rede de partilha, em torno não só de constelações de gostos musicais, mas de traços da vida pessoal quotidiana à escala mundial.

O conceito de rádio perde também nas novas rádios não editoriais (ou seja, rádios em piloto automático comandadas pelo utilizador e sem critérios de edição e curadoria) parte da sua componente editorial e programática comum ao colocar a escolha da música nas mãos de cada ouvinte – do *broadcasting* ao *narrowcasting* enquanto um afastamento face ao *broadcasting* tradicional.

Estas novas rádios *online* inserem-se na vaga de customização de massas (estratégia de abordagem ao mercado/audiências) que é permitida pelo cruzamento de três forças tecnológicas: a) o elemento digital em rede, b) a engenharia de *data-mining* no *backoffice* e c) a captação descentralizada e barata das preferências dos ouvintes seguindo lógicas 2.0.

Por outro lado, com estas alterações, o espírito clássico da rádio não se perdeu de todo, foi sim metamorfoseado: a função de recomendação do radialista é substituída pelas recomendações entre utilizadores e pela exploração eletrónica dos seus perfis (característica subjacente à tendência "*Drone station*").

E não é só a música que deixa de funcionar em difusão única. Com a possibilidade de criação de grupos de ouvintes e da consulta das páginas de outros utilizadores, retoma-se um pouco o conceito de rádio criada para um grupo e por um grupo em modelo de difusão. Esta criação difere da rádio tradicional pelo facto de a sua criação ser motivada pelo lado do consumo do conteúdo e não pela oferta do mesmo. Por não haver qualquer restrição à quantidade ou tamanho dos grupos a especialização é essencialmente livre.

Do lado do consumo há uma enorme liberdade de escolha. Isto cria do lado da oferta uma democratização no acesso ao meio que antes estava barrado abaixo de um determinado nível de popularidade. Simultaneamente, o mercado potencial é global e geograficamente indiferente. O conteúdo que antes era demasiado marginal para ser ouvido em qualquer rádio no mundo pode agora estabelecer o seu nicho com quantidades apreciáveis de ouvintes geograficamente dispersos seja qual for a sua forma particular de acesso à rádio (esta permanência e imunidade à distância é um dos aspetos da tendência "*Cloud* Radio").

RÁDIO, TENDÊNCIAS E PROSPETIVAS

RÁDIO NO TELEMÓVEL – O MERCADO MÓVEL

Sendo o telemóvel um dos dispositivos com melhor taxa de penetração e utilização quotidiana será caso para dizer, tal como questiona Mark Jefford Baker, que a rádio via móvel constituirá uma oportunidade de ouro para os produtores de rádio? E o mercado móvel, em parceria com dispositivos tecnológicos cada vez mais dotados, permite estratégias de comunicação mais ricas e pertinentes.

A emissão de conteúdos geograficamente relevantes poderá atuar como propulsor de modelos de negócio emergentes. Pode assim funcionar para catapultar a importância das rádios locais e para diferentes estratégias consoante os locais, resultando em estratégias de negócio múltiplas. As rádios locais, mais próximas das suas comunidades, devem diferenciar de acordo com esses *clusters* geográficos com vista a maximizarem a sua pertinência e, como tal, a captação da atenção da audiência. Basta relembrar o típico espectador amante de futebol que outrora ouvia o relato com um pequeno transístor e que agora pode utilizar o telemóvel para esse fim.

ANUNCIANTES

Os produtores de rádio tendem a desenvolver uma relação simbiótica com distribuidoras, editoras e músicos, pois estrategicamente percebem o poder de exposição da rádio e pela "certificação de qualidade" que concorre para a legitimação do produto, exposição essa com dividendos simbólicos importantes, que poderá ser reconvertida em proveitos comerciais.

PUBLICIDADE *ONLINE*

A publicidade *online* reveste-se de características radicalmente diferentes da publicidade tradicional, a começar pela sua assertividade. As inserções de publicidade podem ser direcionadas e adequadas a um nicho específico de público e isto porque o preenchimento de dados pessoais e a monitorização constante dos comportamentos auditivos dos consumidores, de comentários, apreciações, recomendações, partilhas entre outros, permite conhecer melhor e direcionar de forma mais eficaz as propostas de consumo, majorando assim as probabilidades de sucesso e, como tal, alcançando uma gestão mais eficaz dos recursos investidos em publicidade. Dotada de métricas mais sofisticadas que as tradicionais, permite ainda um melhor desempenho junto dos anunciantes.

A extensa base de dados, ventilada pelas utilizações pessoais e em triangulação com variáveis sociográficas, disponibiliza aos gestores e anunciantes uma ferramenta de gestão poderosa, económica, simples, relativamente autónoma e gerada em tempo real.

Este barómetro de escolhas e preferências dos consumidores permite avaliar facilmente a popularidade de um determinado trecho musical e as suas hipóteses de sucesso comercial. Esta inovação, através de um *ranking*, modifica radicalmente os sistemas de avaliação do sucesso por parte das editoras, levando a efeitos ainda por descortinar. Possibilita ainda um melhor entrosamento entre outras formas de negócio, tais como oferta de espetáculos ao vivo, *merchandising*, etc.

A título de exemplo, a Last.fm disponibiliza o calendário de concertos de um dado artista e permite inclusive a monitorização de *"guilty pleasures"*, ou seja, músicas auscultadas, mas das quais podemos ter vergonha de assumir publicamente – a *"unwanted list"*, isto é, as faixas mais apagadas do perfil.

PUBLICIDADE NA RÁDIO

O estudo *"The Online Multiplier – How radio advertising boosts brand browsing online"*, da The Radio Advertising Bureau, sugere que o uso criativo de publicidade na rádio pode aumentar consideravelmente a *awareness* de uma dada marca e influenciar inclusive o comportamento *online*. Segundo o estudo, a exposição à publicidade na rádio aumenta numa média de 52% a procura *online* da marca. A rádio tem um efeito imediato sobre os internautas – mais de metade da navegação *online* dos que foram identificados como tendo sido estimulados pela rádio teve lugar no prazo de 24 horas de exposição à publicidade. Esta melhoria significativa foi conseguida por marcas que, em média, gastaram apenas uma fatia de 10% dos seus orçamentos publicitários na rádio.

Segundo um estudo da Clark Chapman Research divulgado por Mark Barber da The Radio Advertising Bureau (RAB), a rádio, ao lado do cinema, apresenta-se como o *media* com melhores valores no que toca ao não abandono intencional do *media* aquando da inserção publicitária. Logo uma melhor performance em termos de alcance.

RÁDIO, TENDÊNCIAS E PROSPETIVAS

A MAIS-VALIA DA RÁDIO JUNTO DOS ANUNCIANTES

Segundo Paul Daels, a rádio é apelativa para os anunciantes nomeadamente porque:

- Gera rapidamente um amplo alcance (*reach*);
- Oferece uma grande probabilidade de alcançar um determinado público-alvo;
- É rápida e flexível;
- É rentável no rácio custos/eficácia;
- Permite enfoque num grupo alvo e tende a ter uma lealdade alta por parte dos ouvintes;
- Está em toda parte, sempre disponível, e em tempo real;
- É mais resistente ao *zapping*;
- É apelativa;
- Funciona mesmo com a atenção baixa;
- O rádio é um reforço importante para a condução de campanhas *online*;
- É versátil e eficaz;
- Será cada vez mais uma plataforma multimédia;
- A rádio e a imprensa são consideradas como os meios publicitários menos intrusivos;
- A rádio pode operar em rede com meios de comunicação (do telemóvel à Internet) permitindo a migração através de múltiplas plataformas.

OUVINTES

Para melhor compreender e encontrar soluções para os desafios introduzidos por estas mudanças, defendemos que interessa equacionar com crescente acutilância e sensibilidade a questão da(s) audiência(s). Será preciso perceber num primeiro plano que coexistem inúmeras finalidades para o consumo de rádio; usos e gratificações diferenciados que poderão passar pela simples companhia quotidiana à procura de informação noticiosa regular e em tempo real, ou mesmo pelo consumo de música *per se*.

As teorias dos "Usos e Gratificações" serão acionadas na problematização das motivações dos partilhadores de conteúdos. As primeiras ligações deste tipo de teorias mais interessadas nos processos mentais individuais e os *media*, deram-se pela mão de Blumler e Katz (1974), tendo sido posteriormente desenvolvidas por McQuail (2000). Segundo este autor, as motivações para o uso dos *media* poderão ser sumarizadas nas seguintes dimensões: "informação", "identidade", "integração social" e "entretenimento".

Como tal, será necessário conhecer e compreender de perto as diferentes audiências existentes e as que se pretendem abarcar para, dessa forma, proceder à delineação de estratégias de gestão adequadas e que permitam fornecer o produto ajustado a cada necessidade de segmentos de ouvintes.

A título de exemplo; a emergente oferta de interatividade e customização de *playlists* das rádios *online* poderá não ser de todo apelativa para numerosos perfis sociográficos da população. Desta forma, uma das finalidades da rádio para uma dona de casa com idade avançada poderá passar sobretudo pela dimensão "companhia e integração social", "entretenimento" num formato mais passivo e não numa constante edição de gostos e interatividade que implica, por um lado, um grau de literacia digital considerável e, por outro, um maior investimento.

A dimensão da interatividade e possibilidade de escolha e customização será mais atrativa sobretudo entre os mais jovens e internautas. Os nativos digitais, desde cedo entrosados num estilo de vida em rede, serão os mais propensos a este formato de consumo.

Será importante questionar, tal como o faz a antropóloga Katarina Graffman, «*Where is radio in the lives of the iPod-generation?*». Ou, como perguntam alguns autores: onde está a rádio para a geração Facebook?

Estudos recentes ancorados à realidade portuguesa demonstram que as dietas mediáticas dos jovens são cada vez mais heterogéneas e regidas por regime *multitasking* de *media*. Denunciam formatos de relação com os *media* em que a rádio assume um papel relevante, mas agora com a sua influência diluída numa panóplia crescente de oferta mediática.

Assim sendo, denota-se claramente uma apropriação da rádio com contornos geracionais e sociográficos diversificados. Importa assim, do ponto de vista da gestão, perceber em que tipo de modalidades de rádio investir, dado haver formatos que não se coadunam com os tipos de perfis que se pretende abarcar. As rádios necessitam de desenvolver *intelligence units* que possam prospetivar e experimentar ativamente as melhores hipóteses de aproximar perfis sociodemográficos de consumo radiofónico da multiplicidade de ofertas radiofónicas possíveis.

5.6. Conclusão

Encontramo-nos numa fase de transformações profundas nos *media*. A rádio não é exceção. Este relatório pretende mapear e analisar os impactos desta mudança nos modelos de negócio da rádio. Podemos concluir que as mutações no campo dos *media* são essencialmente moldadas por duas grandes forças. Por um lado, prosseguem e ganham novas tonalidades os processos tecnológicos baseados na crescente digitalização e distribuição de conteúdos em rede. Por outro, prosseguem processos sociais de adaptação e de resposta criativa à inovação tecnológica. Da confluência de aspetos tecnológicos e sociais resulta a atual fase de transição do negócio da rádio.

Será ainda da relação entre estes dois vetores que surgem novos processos económicos de criação de valor. Trata-se de uma transformação e adaptação, tecnológica, social e económica, ainda em curso, e de resultados incertos, a que este relatório dá o nome de "*radiomorphosis*".

A rádio consiste num conceito simples de comunicação que se tem adaptado de forma resiliente à evolução dos tempos. Por ser uma presença associada a múltiplas atividades, torna-se pouco consumidora da atenção dos utilizadores. Isto é, as suas características dão-lhe um conjunto de vantagens competitivas no atual contexto informacional denso e intensivo em interações – a rádio é multiplataforma, ubíqua, simples, trans-hertziana e compatível com *multitasking*.

Ao analisar em detalhe as audiências de rádio em Portugal pretendeu-se observar esses dados a partir de diferentes prismas, compilar, organizar e sistematizar os dados para que a informação surgisse de formas diferenciadas, numa área que, para além de competitiva, é também muito permeável à mudança.

A metodologia aqui utilizada permitiu a construção de indicadores e a leitura de relações com o objetivo de produzir um entendimento atualizado e crítico sobre a evolução do mercado e o desempenho dos vários *players*.

A mudança no sector da Rádio, ao longo dos anos, tem sido rápida, intensa e nem sempre previsível, na medida em que a entrada e saída de diversos *players* provoca variações de audiência de difícil compreensão e leitura. É importante salientar que, em Portugal, a disputa de *Share* de audiências por parte dos Grupos R/Com e Media Capital, os dois maiores atores do mercado radiofónico português, não é suficiente para se definir em completo o sector da rádio em Portugal.

A esse propósito, atenda-se, por exemplo, a que entre 2002 e 2012, a média de audiências de "Outras rádios" é de cerca de um quinto do total, ou seja, atinge 19,7%, uma percentagem muito significativa de audição, algo que torna mais complexa a análise do mercado radiofónico. Pois, o quotidiano radiofónico português não se faz apenas através das estações de rádio nacionais, mas também pelas estações de dimensão reduzida, que operam a nível regional e, em muitos casos, local, algumas em formato tradicional, outras apenas *online*.

É de salientar, também, que a imagem do sector da rádio, fornecida pelos recursos estatísticos produzidos, demonstra que este sector se constitui como uma arena de elevada competitividade com atores devidamente institucionalizados e sedimentados nas suas audiências. Se os Grupos R/Com e Media Capital apresentam audiências mais altas que os restantes, desenvolvendo uma elevada disputa, sobretudo a partir de 2009, pela liderança das audiências, é também de salientar a regularidade, estabilidade e continuidade da performance de outros grupos, como o Grupo RDP e a Rádio TSF, do Grupo Global Media Group.

Em termos de competitividade e estabilidade de mercado, a situação do mercado português em 2002 era francamente diferente da situação observada dez anos mais tarde. O mercado português era, em 2002, mais concentrado, menos competitivo, com uma distribuição mais desigual das audiências. No entanto, as alterações registadas nos anos compreendidos entre 2003 e 2005 viriam a provocar uma maior distribuição das quotas de mercado. Contudo, essa tendência viria a inverter-se, entre 2005 e 2012, com uma maior concentração de audiências nos Grupos R/Com e Media Capital, demonstrando uma forte luta pela liderança, acompanhadas por apostas arrojadas em novos conteúdos e formas de fazer rádio.

Em termos de estações de rádio, é de salientar o grande peso das estações RFM e Rádio Comercial, principais rádios dos grupos R/Com e Media Capital, respetivamente. Não descurando a diversificação de conteúdos e a aposta em novas estações, ambos os *players* têm investido sucessivamente nestas duas estações, que concentram a maior parte das suas audiências, e que constituem o seu principal argumento na luta por

RÁDIO, TENDÊNCIAS E PROSPETIVAS

audiências. Exemplo disso é a dimensão do investimento em publicidade realizada aos programas de ambas as estações e a aposta em "vozes fortes" para a locução desses programas, tornando assim estes segmentos altamente competitivos e dinâmicos.

Avançamos com a identificação de três tendências nas ofertas de produtos radiofónicos, linhas de evolução que se reforçam e vão surgindo, em graus de combinação diversos, nos vários processos de experimentação atuais: *"Narrowcasting"* (micro segmentação de ouvintes, por exemplo, DR Radio), *"Drone station"* (semi-automatização da programação, por exemplo, Last.fm ou Grooveshark), *"Cloud radio"* (fusão no ambiente tecnológico, isto é, dada a crescente proliferação de possibilidades de audição eletrónica nunca a rádio foi tão portátil e desdobrada em múltiplas plataformas).

Apesar da explosão de oportunidades da modernização, induzida pelo desenvolvimento e difusão das tecnologias de informação e comunicação, há sinais que uma excessiva pressão das novas tendências colide também com os seus próprios limites. Trata-se do fenómeno da "fadiga auditiva". A voz, a trave mestra do modelo tradicional, continua a ter o seu papel. Numa economia de superabundância comunicacional, de pós-escassez informacional, a dimensão discursiva, a relação empática, a curadoria e a (meta)informação constituem mais-valias competitivas. O radialista continua a ser uma figura pivô. Não obstante, há pressões para que o seu papel se estenda para além da mera locução na nova paisagem comunicacional *online*. Emerge assim a figura do moderador, que pode ser ou não o radialista, o qual deverá funcionar como ligação entre os ouvintes e a rádio.

Perante as mudanças estruturais na tecnologia e evoluções rápidas no comportamento do ouvinte, têm sido introduzidas mudanças organizacionais na forma de gerir a canalização de conteúdos áudio. Numa tentativa de maximizar a complementaridade de recursos, têm-se registado um conjunto de parcerias entre rádios (sobretudo *online*) e outras empresas de *media*, tecnologia e retalho *online*. Alguns exemplos de alianças estratégicas são: a Last.fm com o Facebook e a Amazon, ou a MyWay com os periódicos "Correio da Manhã e o "i".

Abordam-se neste relatório diferentes modelos de geração de receita: publicidade, subscrições e parcerias. Mas é também conclusão deste trabalho a necessidade de conhecer a fundo as diferentes audiências e fugir das simplificações que muitas vezes usamos para diferenciar produtos mediáticos e que pouca ligação parecem ter com a realidade do dia-a--dia vivido. Esse conhecimento aprofundado, prévio ao lançamento de novos produtos, implica pensar as inúmeras finalidades para o consumo de rádio, usos e gratificações e pensar também que vários micro negócios de rádio podem equivaler aos modelos de negócio de rádio com génese há já várias décadas.

A importância do consumo de rádio tradicional em Portugal é ainda relevante. Assim, a publicidade na rádio é apelativa pelo seu amplo e flexível alcance, ou seja, um desempenho eficaz e a baixos custos quando comparado com outros *media*. Por seu turno, a publicidade *online* no contexto radiofónico possui outro conjunto de características sedutoras para os anunciantes. A monitorização em tempo real do comportamento dos ouvintes permite conhecer melhor os mesmos e, como tal, direcionar propostas publicitárias, à partida mais relevantes. Possibilita, por um lado, uma micro-segmentação a baixo custo e, por outro, uma melhor medição dos impactos da pegada publicitária, o que, por sua vez, permite uma maior precisão na definição de tabelas de preços para a publicidade, facilitando o encontro de expectativas entre os anunciantes e as rádios.

Em Portugal, as rádios *online* começam a ganhar terreno, apesar da sua tímida taxa de penetração (3% da população em 2008 e 6,9% em 2010). Para além das rádios na Internet importa, também, equacionar o potencial crescente da rádio no segmento móvel com a rádio no telemóvel, no automóvel e na própria Televisão.

O futuro da rádio está a construir-se desde há algum tempo a esta parte. Quer os tradicionais quer os novos *players* atuam em duas frentes: na identificação do modelo de conteúdos que mantenha o apelo afetivo da rádio em forma de transístor, e em simultâneo procurando encontrar um sustentáculo financeiro adequado. Num tempo da modernização, o FM/AM continua a ser procurado pelos ouvintes que se dividem entre o antigo e o mais sofisticado que existe na experiência áudio. Saber escutar o ouvinte será crucial para vencer esta batalha, tirando partido do que a tecnologia é capaz de oferecer com o *online*, a mobilidade e a personalização.

6. Ecrãs em Rede: Televisão – Tendências e Prospetivas

GUSTAVO CARDOSO, MIGUEL CRESPO, MIGUEL PAISANA,
JORGE VIEIRA, SANDRO MENDONÇA, MARTA NEVES

6.1. Introdução

Pretendemos fornecer pistas sobre o futuro da televisão, o que é obviamente um objetivo ambicioso. Por isso impõem-se escolhas que permitam maior atenção em alguns aspetos do fenómeno televisivo.

Assim, a primeira constatação desta análise é o facto de vivermos um momento de transição tecnológica que se reflete numa efervescência e heterogeneidade de usos sociais e volatilidade de experimentação de modelos de negócio também no campo da televisão.

Esta abordagem, focada nas múltiplas práticas de consumo da televisão, disponibiliza uma discussão desde essa perspetiva através de uma paisagem em constante movimento. A nossa atenção recairá sobretudo nos padrões de adoção, consumo e domesticação da tecnologia, estando estas dimensões necessariamente ligadas ao aparato tecnológico disponível.

O PRIMADO DO CONSUMO SOBRE A OFERTA NA TELEVISÃO
Em tempos de mudança profunda no campo mediático e da informação, consideramos ser fundamental cartografar os novos formatos de consumo e partilha informal nas redes digitais, pois estes comportamentos estarão entre os principais propulsores do processo de definição de novas ofertas televisivas.

As alterações em curso podem ser percebidas num sentido *bottom up*, ou seja, partindo das várias fragmentações dos hábitos de consumo para depois influenciar a esfera da oferta – e não ao contrário – *i.e.* nas tentativas (quase sempre frustradas) de controlar e induzir práticas de conduta e padrões de consumos a partir da oferta.

Desta forma, quando se fala do futuro da televisão, devemos estar atentos tanto ao exercício de reconversão e adaptação, que se realiza

MODELOS DE NEGÓCIO E COMUNICAÇÃO SOCIAL

sobretudo no interior da oferta legal, como nos caminhos experimentados na miríade crescente de ofertas informais e ilegais de televisão na rede.

A TELEVISÃO SIGNIFICA HOJE ECRÃS DIFERENTES COM CONTEÚDOS SEMELHANTES

A televisão poderá ser definida hoje pelos seus múltiplos ecrãs, por onde, na generalidade, se difundem conteúdos idênticos mas em graus de qualidade e facilidade de acesso diferentes, disponíveis, ora por práticas de pesquisa, ora por práticas de *zapping*, e onde coabitam de forma generalizada formas legais e ilegais de consumo.

Como a história dos *media* mostra (*i.e.* rádio piratas, fanzines, etc.) geralmente ocorre um processo de coevolução, mais ou menos longo, em que as ofertas legais se aproximam das práticas tidas como ilegais para, finalmente, assistirmos ao reatualizar do enquadramento regulamentar e normativo. Tal tende a ocorrer por uma necessidade de sobrevivência, ou seja, fruto da vantagem do alargamento das audiências e, como tal, do aumento do financiamento da oferta via receitas publicitárias.

Embora num quadro de televisão paga se possa argumentar que tal lógica do passado não se poderá repetir, gostaríamos de aventar a hipótese de que quando a cultura do visionamento se altera nas populações, novos fenómenos ocorrem, mas não obrigatoriamente repetindo o passado. Cremos que o facto de as populações face ao entretenimento (séries TV e filmes) sugerirem que estão disponíveis a pagar uma vez (pela emissão de cabo ou pela ida ao cinema) mas não para pagar o mesmo produto quatro ou mais vezes (ex.: emissão paga de TV; bilhete cinema; DVD; *download*), é um exemplo desse padrão de mudança de comportamentos e consequentemente de modelos de negócio – *i.e.* onde será a multiplicação do acesso à variedade que levará ao pagamento e não a repetição do mesmo produto e a sua posse permanente.

A TELEVISÃO E A CULTURA DA PIRATARIA

Este problema agrava-se na televisão pelo facto de a pirataria ter mutado de uma prática iminentemente assente na produção própria seguida da difusão (rádio e imprensa), para um fenómeno maioritariamente assente em práticas de distribuição em massa realizada por indivíduos autónomos. Desta forma, e apesar das grandes mudanças tecnológicas surgirem pelo lado da indústria, é acima de tudo o utilizador-distribuidor que lidera a mudança comportamental no mercado. É esta a premissa que serve de alicerce a este trabalho.

Assim, assumimos o exercício de mapear e organizar conceptualmente aquilo que designamos por "desintegração organizada" e o (des) encontro entre padrões emergentes de procura e da oferta nas suas múltiplas possibilidades. Partindo do pressuposto que será a partir dos consumos que serão redefinidos os novos processos económicos de criação de valor e modelos de negócio, este trabalho pretende, também, identificar tendências emergentes e sinais ainda ténues de novas direções para a televisão de hoje.

AS PRINCIPAIS LINHAS DE ARGUMENTAÇÃO

O serviço de televisão encontra-se numa fase de turbulência onde novas tecnologias e novas práticas de consumo audiovisual colidem com as estruturas de negócio pré-existentes.

A transição digital e os comportamentos sociais de rede forçam essa mudança, deixando as estratégias empresariais como uma variável iminentemente reativa em relação aos modelos de produção e distribuição que vão surgindo.

As presentes alterações podem ser lidas como um desenvolvimento radical de tendências que se vinham manifestando desde a década de 1980 – *i.e.* o aparecimento da tecnologia a cores, a introdução do controlo remoto e a disseminação do vídeo gravador.

As experimentações de décadas passadas podem ser olhadas como eventos iniciais num processo de transformação que tinha como objetivo tornar a experiência mais amiga do telespectador, mais confortável, mais interativa, mais individualizada, procurando, assim, em última análise, dotar o participante da capacidade de influenciar e moldar a experiência televisiva.

A televisão, mais do que uma plataforma de suporte, pode ser hoje definida como um sistema de experiências onde se articulam três processos em coevolução: inovação tecnológica, criação de conteúdos e de novos usos.

A experiência televisiva é pensada, cada vez mais, pelos consumidores em função da possibilidade de atingirem uma navegação em rede e se moverem, sem obstáculo, pelas diversas plataformas – conforme a sua conveniência ou preferência.

Os ecrãs hoje em dia são para nós o que foram os clássicos televisores para a década de 80 e 90, que convivem com os computadores e com os ecrãs moveis dos telemóveis e *tablets* – *i.e.* a desintegração organizada dos ecrãs em rede.

A televisão é hoje um sistema de ecrãs em rede.

É relevante explorar as possíveis trajetórias que os dispositivos de visionamento poderão seguir. Propomos que poderemos assistir a três cenários: (i) canibalização entre os suportes; (ii) dilatação complementar entre as plataformas; (iii) convergência tecnológica e fusão entre os dispositivos de visionamento.

Hoje temos: Audiências *Push* – *i.e.* as que consomem conteúdos através da radiodifusão em tempo real; e Audiências *Pull* – *i.e.* as que pré--escolhem os conteúdos, através de pesquisa complexa e minuciosa, a fim de consumir quando decidem. Muitas vezes estas audiências são as mesmas, diferenciando-se pelas práticas diferentes em momentos diferentes.

Hoje identificam-se também três perfis-tipo de consumidores futuros de televisão: (i) o espectador em rede (que usa as novas tecnologias para aceder aos conteúdos); (ii) o espectador-participante (que interage, recria e adapta experiências nos seus próprios canais de redes sociais *online* ou blogues); e (iii) o editor-espectador (que ativamente utiliza todas as tecnologias para compor a sua dieta audiovisual individual).

Hoje emergem três grandes incertezas ao nível dos modelos de negócio: (i) as controvérsias em torno da pirataria e da partilha descentralizada de produtos audiovisuais na Internet; (ii) as dificuldades das empresas incumbentes em encontrarem esquemas simples de monetizar as suas propostas em novos canais; (iii) e a necessidade de reinvenção do papel remunerativo da publicidade.

6.2. Novas formas de ver televisão e modelos de negócio alternativos

6.2.1. O que está a mudar na caixa que mudou o Mundo?
A tradicional imagem da família reunida na sala de estar, à volta do aparelho de televisão (o televisor!), para assistir a um programa em horário nobre resumiu, ao longo de décadas, o quão apelativo e poderoso existia nesta caixa capaz de mudar o Mundo.

Atualmente, a televisão continua a desempenhar um papel essencial como veículo de informação, educação e entretenimento para os seus públicos. Contudo, por detrás do ecrã, o cenário está a ser reinventado.

Quem esteja envolvido no negócio, ao longo da sua cadeia de valor, sabe que a palavra de ordem é "disrupção", algo que neste momento envolve produtores de conteúdos, fornecedores de serviços *online*, canais de televisão tradicionais e operadores de telecomunicações, etc. (Murdoch *et al.*, 2013).

Significa isto que se está a preparar o fim da televisão tal como a conhecemos? Derek Thompson, da revista The Atlantic, dá um passo atrás e pergunta "de que televisão se está a falar?". Na sua opinião é preciso separar três aspetos:

> «– *O primeiro é a caixa com ecrã a que chamamos televisão; o segundo são as histórias a que assistimos na caixa e a que chamamos de televisão; por fim, há que distinguir a empresa a quem pagamos para transportar/transmitir estas histórias e a quem chamamos "pay TV"* » (Thompson, 2012)

O QUE DIZEM OS NÚMEROS

De acordo com pesquisas realizadas em 2011 pela Nielsen a um universo de 28 mil consumidores em 56 países, sobre *ratings* de audiências da TV, o número de pessoas que viu televisão pelo menos uma vez por mês baixou de 90% para 83%, equivalendo a uma queda das audiências de televisão de 8,5%. Ao mesmo tempo, os dados indicam que há mais gente hoje a assistir a conteúdos de vídeo, pelo uma vez por mês, no ecrã dos seus computadores do que no televisor (Edwards, 2012).

No mesmo sentido vão relatórios da Citi Investment Research and Analysis (Edwards, 2012) sobre a realidade norte-americana, e cujos *ratings* de visionamento da TV por cabo indicam uma queda de cerca de 12% entre maio de 2011 e maio de 2012. Enquanto isso, as subscrições de banda larga de Internet continuam a crescer, mas em vez de irem para empresas de televisão são canalizadas para operadoras de telecomunicações (Edwards, 2012).

Sob um aspeto em particular, o do consumo de conteúdos noticiosos, ao dar conta das mudanças verificadas na paisagem noticiosa dos EUA, a Pew Research Center for the People and The Press, no estudo *In Changing News Landscape, Even Television is Vulnerable* (2012), refere sinais de diminuição desse consumo via televisão, ou seja, num formato dito tradicional. Simultaneamente é observado um crescendo efetivo da apetência pelo consumo de notícias *online*, acessíveis via telemóvel, *tablet* e outras plataformas móveis. Outro aspeto fundamental prende-se com o relevo cada vez maior das redes sociais *online* no processo de acesso às notícias.

A TELEVISÃO PERDE, A INTERNET GANHA?

De um modo geral desenha-se uma tendência segundo a qual a televisão está a perder terreno enquanto a Internet vai conquistando novos espaços, pressupondo da parte dos consumidores disponibilidade dedicada para o seu ecrã. É assim que os canais abertos e pré-programados começam a ceder para outros formatos: desde logo o consumo de conteúdos *on demand* e em *streaming* ou envolvendo o *download* na Internet.

Em simultâneo verifica-se que cada vez mais pessoas desistem das subscrições por cabo em favor do vídeo *online*. Sobre este aspeto, David Carr escreve no The New York Times que, durante muito tempo, no negócio dos *media*, o conceito de "pacote" era fundacional: para terem três canais que desejavam, as pessoas aceitavam 10 que nunca iriam ver. E este processo era favorável em termos de receitas, sobretudo publicitárias (Carr, 2013).

Derek Thompson (2012) defende que estes cortes nas assinaturas por cabo, para já, representam uma tendência marginal, mas poderão vir a converter-se num registo *mainstream*, criando um novo problema para a televisão por cabo num futuro próximo

As evidências indicam que a televisão, tal como foi concebida até há pouco tempo, está a ceder lugar a novos conceitos, sem que isso signifique a sua morte. A título de exemplo, Sean Carton refere como em 2011 houve mais gente a piratear e assistir à série *Dexter online* do que a vê-la na televisão, o mesmo acontecendo com a série *The Game of Thrones*. Na prática, os públicos continuam a procurar o tipo de conteúdo anteriormente apenas acessível através da televisão; simultaneamente, quem produz publicidade também continua interessado nessas audiências.

O PODER DOS CONSUMIDORES E A MULTIPLICAÇÃO DE ECRÃS

A expressão *mobile-centric consumers* (KPMG) resume o que está a mudar na forma como o consumidor se apropria dos conteúdos televisivos, ou seja, os consumidores são os protagonistas neste contexto, dispondo do

ECRÃS EM REDE: TELEVISÃO – TENDÊNCIAS E PROSPETIVAS

poder para decidir que conteúdos querem consumir, quando, como (em que ecrã) e onde. Este quadro torna-se exequível por força da explosão dos dispositivos e ecrãs móveis. Cai assim por terra a noção de "*appointment TV*", isto é, quando se sabia que um dado programa iria para o ar num horário previamente definido, o que obrigava as audiências a ajustarem-se-lhe.

O Ofcom, no seu *Communications Market Report* (2013), refere que as pessoas ainda se reúnem na sala de estar para ver televisão. De acordo com os seus dados, 91% dos adultos no Reino Unido assistem a programas da televisão familiar pelo menos uma vez por semana (sendo que em 2002 a percentagem era de apenas 83%). O que muda neste cenário é a quantidade de *media* digitais que disputam a atenção dos membros da família: enquanto se vê mais televisão do que anteriormente, há quem em simultâneo esteja a assistir a vídeos em *streaming*, a enviar SMS, a interagir nas redes sociais.

Estas atividades paralelas dão-se sobretudo através de *smartphones* (sendo que 51% dos adultos dispõem destes dispositivos, contra uma percentagem de 27% em 2011). O mesmo fenómeno verifica-se com os *tablets*, que mais do que duplicaram de 2012 para 2013 (de 11 para 24%).

Através desta integração acelerada de dispositivos móveis nas rotinas televisivas dos consumidores, abre-se margem de manobra para o fenómeno do segundo ecrã.

De acordo com a pesquisa da KPMG, de 2013, sobre os consumos multi ecrã de conteúdos televisivos (*Majority Of U.S. Consumers Watch TV And Access The Internet At The Same Time: KPMG International Survey*), 60% dos consumidores norte-americanos ainda continuam a assistir aos seus programas na televisão, mas alguns destes mesmos consumidores também querem ter ao seu lado os seus *smartphones* e *tablets*.

A consultora indica que 42% dos consumidores dizem ver televisão e aceder à Internet PC enquanto 17% veem televisão e acedem à Internet via *smartphone*. O mesmo estudo indica que 22% veem TV e usam redes sociais em simultâneo (2013).

Na mesma linha surge uma pesquisa realizada pela Nielsen, sobre como os segundos ecrãs estão a alterar a forma como se vê televisão (2013): quase metade dos utilizadores de *smartphones* (46%) e de *tablets* (43%) diz usá-los como segundos ecrãs enquanto vê televisão, sendo que

MODELOS DE NEGÓCIO E COMUNICAÇÃO SOCIAL

2/3 referem usar os seus *smartphones* e *tablets*, como segundos ecrãs, várias vezes durante a semana.

Mais de metade de donos de *smartphones* e *tablets* visitaram redes sociais enquanto viam televisão e pelo menos 1/5 despenderam tempo a ler discussões nos *media* sociais acerca do programa a que estavam a assistir.

Alguns dos utilizadores multi ecrãs (15%) confirmaram ter assistido a determinado programa motivados por algum comentário encontrado nos *media* sociais Os utilizadores de *smartphones* passaram uma média de nove horas cada mês acedendo a *media* sociais a partir dos seus telemóveis, enquanto isso, os donos dos *tablets* usam estes dispositivos para acederem a *media* sociais cerca de quatro horas por mês. Nesta mesma pesquisa, cerca de 20% dos donos de dispositivos móveis demonstram usar os seus aparelhos para comprar o que foi publicitado na televisão, fornecendo aos publicitários outra oportunidade para se ligarem aos consumidores.

SOCIAL TV, ESTRATÉGIA PUBLICITÁRIA PARA A TELEVISÃO

Torna-se evidente que a televisão e o emprego de *media* sociais são atividades que podem desenvolver-se em simultâneo e sobrepondo-se. Este novo hábito do consumidor tem chamado a atenção dos *players* da indústria televisiva e dos *marketeers* dedicados à televisão, escreve a publicação Business Insider (2013). A intenção não é estabelecer uma competição com os *media* sociais, antes usar esta tendência como forma de programas televisivos, eventos e campanhas de publicidade ganharem mais audiência e uma maior participação por parte dela. Esta abordagem designa-se de "social TV" e traduz o hábito que utilizadores de *media* sociais têm de comentar os programas televisivos e outros eventos. Esta atividade floresceu com a explosão dos dispositivos móveis. Os *smartphones* e *tablets* tornaram mais fácil às pessoas falarem sobre o que se passa na televisão, mesmo enquanto assistem aos programas. Para os utilizadores de *smartphones*, os *media* sociais são a mais popular atividade que acompanha o visionamento de televisão, mais ainda do que fazer compras (Business Insider, 2013).

A social TV pode ser usada de formas bastante valiosas: há uma variedade de aplicações para social TV, desde apoio à venda de publicidade para TV, otimização das compras de publicidade na TV, melhorar a eficiência de compras de publicidade, como complemento para medir audiências e para as prever, assim como a sua otimização em tempo real. Os dados da social TV podem equivaler a ter centenas de *focus group* consistentes e na ponta dos dedos, sublinha a Business Insider. Se for bem empregue, a social TV pode dar um *feedback* necessário para projetar programas televisivos muito cativantes e campanhas para vários ecrãs. Todas as grandes redes sociais estão a movimentar-se neste espaço. Contudo, o Twitter tem a liderança, seguindo-se o Facebook e a Google. Um produto publicitário do Twitter, publicidade alvo para televisão, consiste numa inteligente integração de *hashtags*, publicidade na TV e vídeo digital. O Twitter lançou este produto como um caminho para os anunciantes continuarem a promover marcas de que já falavam nos anúncios de televisão; contudo agora dirigindo a sua comunicação para as audiências da televisão através de *feeds* do Twitter *online* e móvel (Business Insider, 2013).

OVER-THE-TOP-TV

A partir do momento em que os consumidores têm o poder de decidir o que querem ver segundo os seus interesses e de acordo com as conveniências dos seus horários, a lógica de funcionamento das televisões tradicionais é posta em causa.

Neste contexto de mudanças operadas na cena tradicional, da família reunida em frente do aparelho de televisão, Francesco Venturini e Charlie Marshall, da consultora Accenture, apontam a Internet como "agente provocador" dessa disrupção e, em concreto, a tecnologia primária chamada *Over-The-Top TV* (OTT), ou seja: vídeo transmitido via Internet. A OTT TV é veiculada *online* e dessa forma pode ser vista/está disponível num vasto conjunto de dispositivos com acesso à net, como por exemplo *smartphones, tablets, laptops*, etc. Mais do que uma simples oferta de nicho, pela penetração que está a ter, a OTT TV corresponde antes a uma força de mercado, defendem os autores.

De acordo com os resultados da pesquisa levada a cabo pela Accenture (*Accenture 2012, Video-Over-Internet – Consumer Survey*), 92% dos respondentes *online* disse assistir a vídeo através da Internet. Verificou-se ainda um aumento do número de pessoas que assistem aos chamados *long-form videos* através de dispositivos móveis, compatíveis com o acesso à net.

Entre os seus consumidores de eleição destaca-se um público mais novo, que aprecia dispor da máxima liberdade de receber conteúdo de vídeo que escolhe, onde e como quiser. As novas condições de consumo de vídeo na era da Internet foram ganhando terreno e estabelecendo-se num espaço de tempo de relativamente poucos anos.

A Accenture, no seu relatório *Bringing TV to life issue III* (2012), indica como confluência da procura do consumidor com a inovação tecnológica alteraram de forma radical a paisagem da indústria televisiva. Neste contexto e em termos de hábitos ocorrem dois movimentos:

– Por um lado os consumidores vão-se afastando do chamado "tempo de visionamento" linear, pré-definido pelas transmissões tradicionais (*broadcast TV*). Por outro lado, também se afastam do aparelho em si mesmo, em favor de um mundo dominado por múltiplos ecrãs que operam em um ecossistema digital marcado por mudanças extremamente rápidas. É importante sublinhar ainda que a adoção da OTT TV é propiciada devido ao processo de penetração da banda larga em termos democratizados (Venturini e Marshall, 2011).

Na prática, o volume de conteúdos consumidos por esta via está a crescer para níveis espantosos. Hoje o YouTube transmite quatro mil milhões de vídeos em *streaming* por dia. Enquanto isso, agregadores de conteúdos, como a Netflix (que chega a Portugal em 2016) ou a Hulu, obtêm receitas impressionantes a partir da sua base de consumidores, e continuam em busca de mais fontes de rendimento, isto para além das que recebem através das subscrições dos seus serviços e das receitas da publicidade.

Fornecedores de OTT TV como a Netflix, Hulu ou Google, foram crescendo em escala, suportados na inovação tecnológica e também na capacidade de proporcionar experiências apelativas para o consumidor. Contudo, terão de continuar a ser uma alternativa desejada, diferenciada e sustentável em relação aos responsáveis pela televisão tradicional *broadcast* e pelos operadores de cabo que estão à procura de soluções para alcançarem esta concorrência, conclui a Accenture (Venturini e Marshall, 2012).

Como já foi mencionado, um exemplo de sucesso do modelo OTT TV é personificado pela empresa Netflix, cuja audiência dos vídeos *online*, vistos em *streaming*, aumentou de 41% para 61% em apenas um ano (Cisco, 2011). A companhia anunciou no Facebook que os consumidores assistiram a quatro milhões de horas de vídeo em *streaming* nos primeiros três meses de 2013.

House of Cards, programa produzido pela própria Netflix e que mais notabilizou a marca, era inicialmente difundido via Internet, sem necessidade do cabo. Na prática esta foi a série televisiva mais vista, mas sem que pertencesse ao cabo ou a qualquer cadeia de televisão.

E assim, pela primeira vez em 2013, uma série criada por um distribuidor de vídeo *online* foi nomeada para os Emmy (que premeiam a produção televisiva), e fez história ao ser distinguida (Wall Street Journal, 2013).

OTT TV: QUAIS AS NOVAS PROPOSTAS DE VALOR?

Na prática o que distingue os projetos de OTT TV em relação à televisão tradicional? A Accenture, no seu estudo *Bringing TV Life All Around You* (Venturini *et al*, 2012) refere que a capacidade de seguir pistas relacionadas com o consumo do telespectador e suas preferências coloca o novo fornecedor de conteúdos em vantagem, isto na medida em que passa a estar em condições de fornecer serviços personalizados, desenhados a partir da informação sobre o historial de visionamento das audiências. Se se conseguir este cruzamento de dados, a programação difundida através dos vários ecrãs e dispositivos *online*, irá proporcionar maior grau de satisfação junto do consumidor, propiciando uma ligação mais forte à marca e um caminho aberto à fidelização de público.

Outra das novidades no contexto da OTT TV diz respeito aos novos modelos de publicidade que é possível explorar, um sinal distintivo em relação às empresas tradicionais de televisão. Sendo a Internet o canal de distribuição da OTT TV, existe a vantagem, para os novos operadores, de poderem aceder ao perfil demográfico e aos hábitos dos espectadores em detalhe (Venturini *et al*, 2012).

Para além deste aspeto, existe ainda um nicho de novas receitas adjacentes a explorar na OTT TV e que se relaciona com o facto de uma experiência de visionamento *online* e em vários suportes propiciar margem de manobra aos novos fornecedores para lançarem ofertas complementares, tais como micro pagamentos por conteúdos específicos (Venturini at al, 2012).

Nesta paisagem em mudança acelerada repete-se a mesma pergunta: "quem irá ganhar vantagem?". Na perspetiva da Accenture, serão as empresas que conseguirem apresentar propostas de conteúdos diferenciados a que se associe a oferta de serviços a preços apelativos, assegurando-se ainda um excelente desempenho ao nível da transmissão destes conteúdos (Venturini *et al*, 2012).

Mas há estratégias e abordagens que se apresentam válidas para ambos os tipos de *players* em contenda no mercado televisivo, sejam os *broadcasters* tradicionais ou as *start-ups* digitais. Estas grandes linhas orientadoras permitirão a ambos ganhar vantagem na disputa pelo espaço no mercado OTT:

- Contexto e conteúdo. Segundo a consultora, há que assegurar um catálogo amplo de conteúdos, ao mesmo tempo variados e apelativos. Simultaneamente, é decisivo compreender o contexto em que o consumidor individual se envolve com o conteúdo. Significa isto que a experiência de consumo deve ser tida em conta para se desenhar a melhor abordagem para o cliente.
  Para responder pontualmente a estas solicitações qualquer *player* terá que passar a dispor do *know-how* relativo a ecrãs e dispositivos digitais; terá de saber analisar o comportamento do consumidor e terá de dispor de competências tecnológicas para difundir um serviço de elevada qualidade;
- Oferta da experiência "multi". Com o campo de ação ampliado, as empresas terão de trabalhar para muito mais plataformas e formular propostas adequadas para diferentes ecrãs e dispositivos também;
- Qualidade do serviço de vídeo: as expectativas dos consumidores são cada vez mais elevadas em relação à qualidade do vídeo que recebem *online* e este aspeto tem de ficar salvaguardado. Mas, na atualidade, os *players* não gerem as redes de distribuição de conteúdos, daí que não disponham do controlo efetivo sobre a qualidade dos serviços *online*. Prevê-se pois que, num futuro próximo, tenham de integrar competências tecnológicas para difundir o desejado serviço de elevada qualidade;
- Novos modelos de preços e receitas: num momento de indefinição deve apostar-se numa maior flexibilidade de preços para que os consumidores tenham um leque amplo de escolhas à disposição. Ao mesmo tempo, as empresas terão que aliciar segmentos de público que não foi fidelizado pelas ofertas que estão a ser praticadas no momento;
- A importância da análise de dados: a serem trabalhados, os dados fragmentados que possam existir poderão transformar-se em conhecimento valioso. Através deste, as empresas podem propor

aos seus consumidores individuais as escolhas certas de conteúdos no momento certo através do serviço mais adequado e do ecrã mais conveniente. Em última instância, trabalhar dados permitirá uma oferta por medida a clientes individuais, tornando a experiência mais personalizada;

– Colaboração. Não obstante as disputas entre empresas no mercado OTTV, a Accenture defende que as empresas deveriam tentar perceber até que ponto constituiria uma mais-valia trabalhar em regime de colaboração, apesar de se apresentarem como competidoras umas das outras.

A REAÇÃO DOS *BROADCASTERS*

Face ao crescimento exponencial dos novos protagonistas do mercado OTT TV, as empresas de *broadcasting* já estabelecidas reagiram, preparando-se para competirem também no mundo digital dos multi ecrãs. De que modo? Lançando as suas próprias versões de OTT TV (Venturini *et al*, 2012).

Estas movimentações permitem compreender como a forma tradicional de ver televisão continua a integrar os consumos dos públicos e terá lugar neste contexto ampliado em que os serviços de vídeo estão a ganhar destaque. Não obstante, as mesmas empresas tradicionais estão a adotar uma série de abordagens para se estabelecerem também elas nos mercados da OTT. Consoante as abordagens seguidas, assim a Accenture as distribui por diferentes categorias: *innovators, followers, extenders* e *diversifiers*.

Innovators: a Accenture refere que entre eles se destacam BBC e Channel 4 (Reino Unido), que começaram a deslindar alguns dos desafios técnicos da OTT TV. Inicialmente limitado ao PC, seguiram-se serviços de telemóvel e a seguir IPTV. Exemplo disso é o consórcio YouView, que combina transmissão de televisão em canal aberto, duas operadoras de telecomunicações e uma companhia de distribuição de conteúdos (Venturini *et al*, 2012).

Followers: configuram o grupo que demonstra reservas face às incertezas do modelo de negócio que sustenta a OTT TV. Por isso mesmo não ocuparam a dianteira na apresentação de propostas nesta área. Daí não disporem de fundamentos estratégicos sólidos para o negócio, pelo que

a Accenture vaticina que este grupo não deverá colocar-se entre os bem-
-sucedidos (Venturini *et al*, 2012).

Extenders: empresas tradicionais de televisão envolvendo sólidos
modelos de pagamento, e que fizeram esforços sérios para estenderem a
suas propostas de televisão aos novos serviços OTT TV. Neste contexto,
estão a ser adotadas diferentes abordagens. Em Itália, a Mediaset lançou
o seu novo serviço *premium*, o Mediaset Premium Play; no Reino Unido a
Sky surge com o seu TV Service Things, com vista a competir com OTT
TV *players* puros; por outro lado, o francês Canal Plus desenvolveu propostas independentes para vários dispositivos, dirigidas a clientes sem as
tradicionais subscrições de base (Venturini *et al*, 2012).

Diversifiers: nos EUA, empresas como a Disney, NBC Universal e Fox
criaram companhias inteiramente novas para o *target* do mundo digital
OTT, separando o seu negócio principal destas novas abordagens, e distribuindo através do serviço Hulu.

Outro exemplo vem de operadores de telecomunicações como a BT,
a France Telecom e a Deutsche Telekom – que ensaiaram abordagens
com a OTT, desenvolvendo serviços para atrair novos clientes cujo perfil se coadunasse especificamente com produtos digitais (Venturini *et al*,
2012).

6.2.2. A paisagem futura dos *media* e do entretenimento

A Accenture formulou este conjunto de questões sobre o futuro da
indústria dos *media* e entretenimento no âmbito de uma reflexão feita a
partir do atual ecossistema mediático:

- Como irá evoluir a natureza das experiências do consumidor com os
  media?
- Como deverão os negócios de *media* encarar os seus consumidores?
- Que novas abordagens criativas poderão fortalecer as experiências
  digitais multiplataforma?
- Quais serão as marcas a ganhar espaço no campo mediático?

O momento de reformulação estrutural que se vive determina que a
cadeia de valor que sustenta esta indústria esteja a ser revertida:

- O fluxo linear que albergava produtores institucionais, responsáveis
  exclusivos pela geração de conteúdos e pela sua distribuição/difusão

junto de consumidores, em tudo passivos, está a ceder lugar a uma teia de interações mais complexa.

A Accenture Research, ao refletir acerca destas disrupções, tentou perceber onde e como se devem colocar os *players* nos cenários que se avizinham, e identificou três aspetos chave que protagonizam a mudança. São eles o consumidor e os conteúdos, os modelos de negócio e a experiência digital. A partir destes "agentes provocadores" assinalados, a Accenture Research sugere perspetivas prováveis de evoluções a prazo e que aqui se apresentam detalhadamente.

O CONSUMIDOR COMO REI DOS CONTEÚDOS

> *«They are at the heart of the new waves of the industry, from the rapid global rise of mold-breaking new brands, to the transformation imperatives of the corporations that have long controlled media.»* (Vernocchi *et al.*, 2012).

Na perspetiva da consultora, os consumidores estão a assumir o papel de *players* nevrálgicos no novo contexto mediático. Ao recorrerem a novas ferramentas e tecnologias, de resto facilmente à sua disposição, estão a gerir (e cada vez mais a controlar) as suas próprias experiências digitais por entre diversos canais e dispositivos. Podem decidir quando, como e onde aceder aos conteúdos que desejem e com a capacidade para explorar novas formas de interação com eles.

À volta do consumidor, quatro aspetos se destacam para a Accenture:

- O surgimento dos curadores;
- De consumidor à categoria de *prosumer*;
- O poder dos conteúdos *super-premium*;
- A personalização das marcas de *media* como forma de sucesso.

O SURGIMENTO DOS CURADORES

Aos consumidores dos dias de hoje cabe o papel de "curadores". A designação diz respeito à sua participação ativa na criação de experiências personalizadas com os conteúdos, desenhadas à medida dos seus interesses. Esta curadoria envolve o poder de recomendar conteúdos, de definir os horários em que os vão aceder, isto para além da capacidade de os selecionar e organizar à sua medida:

MODELOS DE NEGÓCIO E COMUNICAÇÃO SOCIAL

«They're active participants in fashioning their own digital experiences.»

Exemplos disso são "rádios" *online* como Pandora ou Spotify. A Netflix, por seu lado, ajuda os seus utilizadores na pesquisa de novos conteúdos a partir dos respetivos historiais de visionamento, permitindo que os seus públicos criem as respetivas *playlists,* refere a Accenture (Vernocchi *et al.,* 2012).

DE CONSUMIDOR À CATEGORIA DE *PROSUMER*

O termo *prosumer* refere-se ao facto de o consumidor acumular cada vez mais a faceta de criador de conteúdos, encarregando-se também da sua difusão seja na qualidade de blogueiro, de utilizador de redes sociais, etc.

O *prosumerism* tem o poder de se desenvolver em grande parte devido ao facto de os níveis de literacia digital e mediática dos consumidores, na atualidade, se revelarem mais elaborados e estarem democratizados como nunca antes acontecera.

Sob a designação de *user-generated content* (UGC) são considerados conteúdos gerados pelos consumidores, passíveis de competir com categorias profissionais de conteúdos. Daí que a Accenture vaticine que a distinção entre o que é profissional e amador vá sofrer erosão, esbatendo-se as diferenças.

Com a queda dos preços da tecnologia e a oferta de dispositivos cada vez mais sofisticados, qualquer pessoa pode filmar em alta definição e com um nível de qualidade equiparável ao da produção profissional. Além disso, graças a *software* sofisticado mas de preços relativamente acessíveis, é possível fazer-se trabalho de edição bastante apurado. Soma-se a estes fatores o poder da ubiquidade que a ligação em banda larga da Internet permite, ou seja, qualquer pessoa tem o poder de disseminar aquilo que cria pelo Mundo no momento que quiser (Vernocchi *et al,* 2012: 6).

O PODER DOS CONTEÚDOS *SUPER-PREMIUM*

Independentemente do poder de produção da parte do consumidor, a Accenture sublinha que os conteúdos produzidos profissionalmente ganham relevância e se tornam apelativos por se investir na sua qualidade e em novas técnicas, como por exemplo a elevada definição em 3D. Esta qualidade superlativa dos conteúdos assim produzidos será o argumento necessário para os consumidores pagarem por experiências diferencia-das (Vernocchi *et al*, 2012: 6).

A PERSONALIZAÇÃO DAS MARCAS DE *MEDIA* COMO FORMA DE SUCESSO
A Accenture chama a atenção para o facto de as grandes marcas de *media* proporcionarem aos seus utilizadores uma mistura de experiências sele-cionadas por estes, conteúdos programados e outros conteúdos relevan-tes através de diferentes *media*. Vão assim permitir aos consumidores reunir os seus conteúdos favoritos e usar métodos de análise para apre-sentar sugestões de acordo com o comportamento anterior e historial de visionamento para orientar descoberta de novos conteúdos. A Accenture recorda que é através de algoritmos e ferramentas que são empregues pela marca que se torna possível orientar a escolha do consumidor (Ver-nocchi *et al*, 2012: 6).

FORTALECIMENTO DA EXPERIÊNCIA DIGITAL
Os ecrãs através dos quais ocorrem as diferentes experiências mediáti-cas estão a mudar depressa, adverte a Accenture (Vernocchi *et al.*, 2012: 10-12). Por um lado assinala-se a tendência para que tudo seja passível de acontecer num só ecrã: nela será possível consumir conteúdos, comuni-car e interagir; ou até mesmo fazer jogos. Mas ao mesmo tempo passará a valer a possibilidade de se transitar de um ecrã para outro muito natu-ralmente. Neste novo contexto, os negócios de *media* e entretenimento terão de investir na criação de uma presença forte para o ecrã e através de ecrãs, da TV ao *tablet* e para lá deles. Do mesmo modo será necessário conceber de forma orquestrada serviços capazes de responder a expe-riências digitais multi ecrãs. São estas ideias, sumariamente apresenta-das, que a Accenture desenvolve nos seguintes pontos:

A EXPERIÊNCIA DIGITAL INTERATIVA OCORRE EM VÁRIOS ECRÃS E DISPOSITIVOS INTEGRADOS
A consultora chama a atenção para um fenómeno cada vez mais vulga-rizado, designado de segundo ecrã, e que se traduz no consumo de con-teúdos em vários dispositivos ao mesmo tempo que se vê televisão. Esta tendência continuará a acentuar-se, muito em especial devido à dissemi-nação de dispositivos ligados entre si. A Accenture Research mostra que a maioria das pessoas irá usar um segundo dispositivo enquanto assiste

à televisão, com cerca de 40% usando *smartphone* ou *tablet* pelo menos uma vez por dia, ao mesmo tempo que assistem a programas na televisão. Na prática, e por esta via, a comunicação e os jogos tenderão a integrar--se dentro de outros conteúdos digitais (Vernocchi *et al.*, 2012: 10-12). Em paralelo, as atividades irão convergir à volta de uma marca de conteúdos, que empregará diferentes dispositivos para aprofundar e aumentar o conteúdo da forma mais apropriada. Este processo implicará a sua adaptação para diferentes formas e diferentes ecrãs e dispositivos, indo muito para além do simples replicar da matéria de base (Vernocchi *et al.*, 2012: 10-12).

EMPRESAS DE *MEDIA* BEM-SUCEDIDAS E COMPETÊNCIAS TECNOLÓGICAS DE MÃOS DADAS
Para assumirem a transmissão/difusão de experiências digitais, as empresas de *media* terão de integrar competências e capacidade tecnológica condizentes. A Accenture adverte para isso mesmo: à medida que os dispositivos se tornam mais pequenos e sofisticados, os criadores de conteúdos necessitarão de trabalhar mais intimamente com os responsáveis pelas questões tecnológicas. Só assim poderão apreender e explorar as possibilidades que se abrem com as novas tecnologias (Vernocchi *et al.*, 2012: 10-12).

6.2.3. Novos modelos de negócio

A Accenture refere-se aos *brave new business models* que, para se revelarem bem-sucedidos, terão de ensaiar várias abordagens, em paralelo umas com as outras, pois está-se a lidar com condicionantes desconhecidas. Daí que a consultora indique a necessidade de se desenvolverem modelos de negócio de natureza híbrida, assumindo uma atitude de constante reavaliação do seu lugar no ecossistema de valor dos *media*, mapeando de forma continuada novas oportunidades de receita, procurando capturá--las. Neste contexto, as empresas deverão levar em linha de conta dois elementos norteadores, já anteriormente mencionados: por um lado progressos da tecnologia, que se ultrapassam a si mesmos, e por outro, o relevo cada vez maior do consumidor.

Estas considerações permitem explicar os quatro eixos principais que se cruzarão nos novos modelos de negócio, segundo a Accenture, e que aqui se enunciam:

PUBLICIDADE À MEDIDA DO CONSUMIDOR

Na prática, a paisagem dos *media* digitais passará a ser povoada por publicidade interativa e personalizada, com vista a um envolvimento muito mais intenso com o consumidor. Esta abordagem envolverá um trabalho prévio de monetização de dados disponíveis sobre o comportamento dos consumidores, associado a uma estratégia agressiva de marketing transacional (Vernocchi *et al.*, 2012: 14-16).

CONTEÚDOS COMO PARTE DE UM QUADRO MAIS AMPLO

Apesar de serem os grandes agregadores e distribuidores de conteúdos na atualidade, nem a Apple, a Google ou a Amazon os elegem (aos conteúdos) como elementos centrais dos seus modelos de negócio. Com olhos postos nestes exemplos, a Accenture vaticina mesmo que os modelos baseados apenas em conteúdos tenderão a tornar-se cada vez mais raros. Assim, os conteúdos continuarão presentes, mas lado a lado com outros elementos, como o *e-commerce* e o *hardware*, tendendo a tornarem-se mais personalizados/ajustados aos consumidores a que se destinam (Vernocchi *et al.*, 2012: 14-16).

AS ESCOLHAS DOS CONSUMIDORES E A DESAGREGAÇÃO DE SUBSCRIÇÕES

Havendo mais empresas no mercado, e numa tentativa de cativar os consumidores, as empresas de *media* tentarão uma maior proximidade com aqueles através de um leque de conteúdos mais seletivo e focado, de acordo com gostos específicos e à medida das disponibilidades económicas reais. As escolhas dos subscritores tenderão cada vez mais a afastar-se dos modelos em que através da subscrição de um pacote de conteúdos se tem acesso ao que se deseja, mas também ao que não interessa.

A Accenture refere como hoje já existem serviços que são divididos granularmente e em que os consumidores compilam e selecionam conteúdos de acordo com gostos e preços praticados, e dá o exemplo do que se passa no Reino Unido, com a Sky TV, que oferece conteúdo *on demand* com diferentes modelos de pagamento, uma forma de se relacionar com as necessidades de utilizadores individuais (Vernocchi *et al.*, 2012: 14-16).

O PODER DA MARCA DOS *MEDIA*

Na opinião da Accenture, para se conseguirem a lealdade e a atenção do consumidor não basta o acesso a tipos específicos de conteúdos; as mar-

MODELOS DE NEGÓCIO E COMUNICAÇÃO SOCIAL

cas dos negócios dos *media* serão determinantes no futuro para se conseguir desenvolver uma relação com o consumidor (Vernocchi *et al.*, 2012: 14-16).

OS *MEDIA* SOCIAIS E EXPERIÊNCIAS DIGITAIS: UM TODO INTEGRADO
Hoje os *media* sociais já acumulam um papel significativo ao fazerem recomendações e ao apresentarem-se como ferramentas facilitadoras da descoberta de conteúdos. A Accenture defende que ir-se-á mais longe ainda, e que os *media* sociais se irão converter em canais chave de transmissão: segundo a consultora, estes irão integrar-se nos conteúdos digitais, promovendo uma personalização mais elevada do que nunca, o que por outro lado proporcionará às marcas o acesso a mais consumidores. Sinal claro da sua importância é o crescimento da publicidade colocada cada vez mais junto dos *media* sociais e menos nos *sites* ditos tradicionais, conclui a consultora (Vernocchi *et al.*, 2012: 14-16).

6.2.4. A Empresa de televisão do futuro: que perfil?

"MULTI"
Face aos cenários traçados não é difícil antever que o perfil das empresas de televisão do futuro venha a ser bem diferente dos das congéneres atuais.

O principal ponto distintivo, segundo a Accenture (Marshall, 2012), reside na aposta em pertencer a um mundo dominado pelo prefixo "multi": multiconteúdo, multicanal, multiplataforma, multi ecrãs, multimédia. Nesse contexto em devir, as futuras empresas de televisão preocupar-se-ão em veicular os respetivos conteúdos – facto distintivo e mais-valia decisiva – por diversos ecrãs e dispositivos. Para o conseguirem, terão de orquestrar uma estratégia que reúna uma série de instrumentos à disposição, dinamizadores de experiências multiplataforma, a pensar na variedade de ecrãs a alcançar.

A Accenture ilustra esta ideia com exemplos práticos: enquanto se vê a novela de eleição, conversa-se com as personagens preferidas através das redes sociais; as notícias a que se assiste são definidas em função das preferências estabelecidas através dos dispositivos móveis de cada utilizador/consumidor. Estes como que assumirão, neste contexto, uma faceta de editores de notícias, na medida em que selecionam os *feed* noticiosos que recebem nos vários dispositivos móveis (Marshall, 2012: 2).

AS AUDIÊNCIAS NO EPICENTRO DA AÇÃO

Estes cenários permitem também antecipar que as companhias de TV irão apostar num relacionamento bem mais profundo com as suas audiências. Será crucial que saibam quem está a assistir a que programas, onde, quando e como. E utilizarão este conhecimento, de forma continuada, para melhorar a relevância daquilo que têm para lhes oferecer: os conteúdos. Os casos de sucesso irão implicar a construção ativa de relações de lealdade para com os seus consumidores, tirando partido do envolvimento nas redes sociais (Marshall, 2012: 2).

DADOS E ANÁLISES, GESTÃO DE INFORMAÇÃO E CONTEÚDOS

Outra vertente essencial no perfil futuro desta indústria prende-se com a importância de dados e análises enquanto base de trabalho a partir dos quais será orientada e modelada a criatividade e o engenho comercial que nelas existam.

Recorrendo de novo a casos práticos, a Accenture indica que decisões em tempo real serão tomadas através de sofisticados relatórios de performance e atividade, permitindo a customização dos serviços oferecidos como forma de se tornarem mais apelativos, fidelizando consumidores através de experiências que lhes sejam diretamente dirigidas. As audiências passarão a ser a comunidades de fãs. Estas serão distintivas, envolvidas e identificáveis, oferecendo aos anunciantes e patrocinadores algo único valioso e mensurável.

Os canais funcionarão como guias e filtros de consumo, contudo terão uma aparência muito diferentes da do registo analógico: serão ambientes, interfaces adaptáveis, com marcas poderosas que ampliam as características únicas dos ecrãs e dispositivos por onde são difundidos.

Outro aspeto futuro prende-se com o facto de as companhias de televisão do futuro virem a estar equipadas com gestores de distribuição, o que vai elevar o *online* ao estatuto de difusor, uma mudança no coração do mundo multiplataforma. A companhia de televisão do futuro irá fazer dinheiro de variadas formas, adaptando o seu modelo de negócio para capturar o valor que cria através das experiências que fornece (Marshall, 2012: 2).

O LOCAL E O GLOBAL

Os mercados nacionais já não são capazes de suster o negócio e operar a partir de modelos de negócio suficientemente atrativos para os acionistas

MODELOS DE NEGÓCIO E COMUNICAÇÃO SOCIAL

ou suficientemente dinâmicos para se movimentarem rapidamente em prol dos consumidores digitais. Tal exigirá que expandam o seu negócio, orgânica e inorganicamente, para novos mercados onde tenham hipóteses de implementar a sua marca de forma única. Esta expansão global será mais ajustada localmente, criando a capacidade de enviar experiências e conteúdos televisivos para mercados locais enquanto se otimiza a rede global de conhecimento e criatividade que pode detetar, criar e sustentar sucessos globais. Em suma, as empresas de televisão do futuro serão uma força global mas cuja energia provirá da criatividade local (Marshall, 2012: 3).

MUDAR POR DENTRO ATENDENDO A SINAIS RECEBIDOS DE FORA
Em termos de estrutura organizativa, caso queira competir num mercado que se move a uma velocidade perigosa, a empresa de televisão do futuro deverá ser magra e mais ágil, capaz de tomar decisões rápidas. Terá de ser uma organização digital que conte com muitos recursos humanos que disponham de novas competências em áreas como multiplataforma, conteúdo e editorial, gestão de tecnologia multiplataforma, *digital workflows*; interfaces de utilizador; gestão ativa de marcas e direitos, envolvimento da comunidade, análise e *e-commerce*. A Accenture sublinha como as mudanças culturais serão o fio condutor nesta evolução, que deve ser considerada e ativamente gerida de tal forma que uma organização mais forte e com propósitos bem definidos possa evoluir (Marshall, 2012: 3).

6.2.5. A face da televisão daqui a 20 anos
A Cisco IBSG defende que num futuro não muito longínquo – no espaço de 20 anos – a televisão irá proporcionar aos seus consumidores uma "experiência colaborativa imersiva", sendo que as bases desse futuro já existem. A convergência de três fatores-chave estão já a catapultar a televisão para o futuro. São eles a tecnologia, o comportamento do consumidor e os modelos de negócios que lhes vão associados. Hoje, as novas tecnologias estão a melhorar a resolução dos monitores (é assim que se assiste à profusão de ecrãs planos HD e da televisão 4K). Ao mesmo tempo, a tecnologia associada às redes sociais está a facilitar a interação e partilha de conteúdos. Enquanto isso verifica-se um uso cada vez mais democratizado de *smartphones*. Em simultâneo, as ligações de Internet

melhoradas permitem receber vídeo de alta definição e em boas condições de receção, sem interrupções.

A soma de todos estes fatores resulta numa mudança dos hábitos de consumo da televisão: os seus públicos cada vez mais esperam poder aceder aos conteúdos em qualquer lugar e em qualquer momento.

A influência deste cenário em curso em termos de modelo de negócio é inevitável: os anunciantes tentam perceber qual a forma mais eficiente de chegar aos consumidores, adaptando-se às inovações trazidas pelo vídeo sobre a Internet e outras vias a serem exploradas e que se afastam dos modelos tradicionais e lineares da televisão tradicional. (2011: 2)

Com base em entrevistas realizadas junto de 50 especialistas em televisão, a Cisco IBSG desenvolveu 10 previsões para o futuro da televisão a 20 anos. Contudo, o ritmo da mudança pode ser encurtado, nalguns casos, para os próximos cinco anos. (2011: 2).

O DESAPARECIMENTO DE CANAIS

A maioria dos espectadores irá personalizar os seus conteúdos, por exemplo através de serviços *on-demand* via Internet; ao mesmo tempo terá acesso a conteúdos ilimitados junto de grandes repositórios, passando ainda a orientar as suas escolhas a partir de motores de busca e recomendações (elaboradas em função de escolhas prévias que tenham feito).

Assistir à televisão onde e quando se quiser determinará a perda de terreno para os canais tradicionais de televisão. Por oposição, os dispositivos de televisão ligados à Internet (como a Xbox, Apple TV, etc.) tenderão a ser adotados em massa num futuro muito próximo. E quando isso acontecer os consumidores irão começar a navegar *online* através da televisão. Em suma, esta tenderá a converter-se num interface único e simplificado no qual irão convergir múltiplas funcionalidades. A totalidade dos especialistas ouvidos concorda com esta previsão. (2011: 11)

O FIM DO CONTROLO REMOTO

A ideia é simples: usar a linguagem natural, como o gesto, e associar ainda dispositivos como *smartphones* e *tablets* para reescrever os termos de interação com as televisões.

Esta previsão está ligada às inovações no interface. A Cisco recorda que várias empresas estão a investir e a fornecer *software* que permite às

MODELOS DE NEGÓCIO E COMUNICAÇÃO SOCIAL

pessoas o controlo das televisões com os seus *smartphones* e *tablets* – como a Comcast e Verizon (e os ISP portugueses).

Outro exemplo vem da consola Nintendo Wii: o seu controlo baseado apenas em gestos teve um impacto brutal no mercado dos jogos e desencadeou a competição entre congéneres. Também estão a fazer-se avanços em tecnologias de reconhecimento do rosto e voz, abrindo caminho para uma experiência semelhante à do filme *Minority Report*.

Em relação a esta previsão, 94% dos especialistas da indústria concordaram com a mesma. Segundo eles, a adoção do iPhone e do iPad é apontada como fator-chave que está a fazer avançar o mercado. (2011: 2, 3)

OS ECRÃS FAZEM TUDO E EM QUALQUER LUGAR

Nos próximos 20 anos será feito um investimento considerável em ecrãs, defende a Cisco. Estes serão maiores, mais largos, mais finos e com melhor definição do que os que hoje existem; poderão ocupar toda uma parede. Alguns poderão estar contidos nos descendentes dos dispositivos móveis como *smartphones* ou *tablets*. Alguns serão expansíveis, flexíveis. Os ecrãs estarão em qualquer lugar e serão multiusos: tanto podem servir como sistemas de segurança do jardim, como para ver televisão. Ou seja, no futuro, a experiência de ver televisão não vai ser dedicada a um dispositivo específico; os ecrãs irã funcionar como dispositivos multifunções. (2011: 3, 4)

A PUBLICIDADE PASSARÁ A SER PERSONALIZADA

A Cisco antevê que, na prática, a maioria da publicidade será altamente interativa e dirigida de forma cirúrgica a cada espectador. Por exemplo, ao carregarem num determinado objeto no cenário de um programa de televisão os utilizadores irão receber a informação publicitária correspondente.

Sistemas inteligentes podem tirar partido do historial de visionamento dos consumidores para comparar comportamentos e empregá-los dinamicamente no contexto e cada programa visionado. Este sistema faria uma seleção a partir de um inventário personalizado para cada consumidor. Foram 83% os respondentes que concordaram com esta previsão. (2001: 4).

DA SIMPLES PASSIVIDADE, OS CONSUMIDORES PASSARÃO A ENVOLVER-SE COM OS CONTEÚDOS TELEVISIVOS

A possibilidade de consumidores interagirem com conteúdos televisivos já está a acontecer, por exemplo, em séries como *Lost* e *CSI*; através de jogos, nos *media* sociais e em outras arenas mediáticas, indica a Cisco. Esta tendência acentuar-se-á nos próximos anos, tornando-se cada vez mais frequente.

A indústria tende a promover processos através dos quais os consumidores/espectadores podem passar a ser amigos virtuais das suas personagens preferidas das séries de TV, mas podendo também colaborar, juntamente com outros fãs, na resolução de um crime ou mistério com os protagonistas.

Por fim, o investimento em *transmedia*, isto é, *storytelling* através de múltiplas plataformas de *media*, está a ser objeto de investimento por parte dos estúdios. Uma estratégia para os seus conteúdos serem valorizados, obterem um maior visionamento e criarem maior notoriedade e lealdade por parte do público. Também 87% dos respondentes concordam com esta previsão. Destes, 45% considera que a experiência com a TV mudará rapidamente, pois acreditam que a relação dos consumidores com a televisão já se expandiu para lá dos estritos limites dos episódios da televisão. (2011: 4, 5)

ASSISTIR EM CONJUNTO AOS PROGRAMAS TELEVISIVOS, MAS VIRTUALMENTE

O papel da televisão como mecanismo de reunião social irá crescer para lá da sala de estar, segundo o pensamento da Cisco. Será possível que amigos e família, geograficamente distantes uns dos outros, vejam televisão juntos e interajam naturalmente. Como? Com a ajuda de tecnologias fundadas em redes sociais, os espectadores poderão convidar/envolver amigos e família que estejam longe para que se juntem todos em um ambiente partilhado virtualmente. Se 80% dos respondentes concordam com esta previsão, 43% pensam que irá demorar um pouco mais até que estas inovações se concretizem integralmente. (2011: 5)

REALIDADE OU TELEVISÃO?

A experiência de visionamento da televisão irá introduzir novos elementos sensoriais e permitir que os consumidores tenham maior opção na forma como desejam interagir com os conteúdos. A reprodução olfativa, por exemplo, permitirá perceber cheiros e sabores em tempo real. Enquanto isso, a reprodução táctil vai deixá-los sentir o impacto que um condutor tem quando há um acidente de carro. Pretende-se que seja uma experiência natural e não intrusiva, sem que se tenha de recorrer a capacetes ou óculos especiais. O fluxo destes estímulos poderá ser controlado com o recurso ao botão de volume da televisão e assim esta experiência poderá ser mais ou menos imersiva em função da vontade dos consumidores.

Haverá ainda uma maior escolha no modo como se experiencia o conteúdo; ou seja, poder-se-á seguir a trama da ação em função do ponto de vista de cada personagem ou de diferentes ângulos da câmara. Os produtores podem usar esta informação para desenvolver conteúdo especializado que incorpora estes elementos sensoriais e de enredo. Se 90% dos respondentes concordam com esta previsão, desses 44% pensa que esta adoção irá levar mais tempo do que outros avanços. (2011: 5).

A TELEVISÃO SEGUE O ESPECTADOR/CONSUMIDOR

Através dos dispositivos portáteis de qualidade superior, das opções de ecrã, do armazenamento de conteúdos na nuvem, os consumidores podem aceder instantaneamente aos conteúdos televisivos que desejarem e onde quer que estejam. Em concreto, deixarão de existir limitações de tempo, pois os espectadores já não estarão condicionados a um dado momento que não volta a repetir-se, nem a um dispositivo em particular ou a um determinado canal de televisão.

A possibilidade de escolha dos consumidores amplia-se como nunca antes foi possível, determinando o que querem ver em qualquer lugar, podendo ainda transferir o conteúdo através de diferentes dispositivos. Esmagadores 93% concordam com a previsão e 43% acham-na até muito conservadora. (2011: 6)

QUALQUER PESSOA PASSA A PRODUZIR CONTEÚDOS RELEVANTES

A Cisco antevê a afirmação de métodos descentralizados de criar, angariar financiamento e distribuir conteúdos. Ou seja, a produção de TV e filmes em registo semiprofissional e amador irá ganhar espaço e volume consideráveis. Para este movimento contribuirá o facto de as ferramentas de edição e produção estarem disponíveis a um preço acessível no mercado de massas.

O *user-generated-content* irá adquirir um elevado nível de qualidade. Alia-se ainda o facto de profissionais do ramo, com experiência mas desempregados, e ainda amadores com mais competências, estarem em condições de produzir os seus conteúdos, de elevada qualidade e com orçamentos de baixo custo. Este mercado independente emergente terá a ganhar com o marketing viral, obtendo assim receitas. Veja-se o caso de *Paranormal Activity* ou *Slumdog Millionaire*.

Mais ainda: as ferramentas colaborativas *online*, além de fornecem a estes amadores alternativos meios de fazer o marketing viral, também oferecem recursos técnicos e criativos integráveis em projetos que partilhem esta nova visão. A difusão em *sites* como o Youtube irá concorrer com conteúdos saídos de estúdios profissionais e distribuídos nos moldes tradicionais. Certo é que 90% dos respondentes concordam com esta previsão e, entre estes, 40% consideram que estas mudanças irão ocorrer mais depressa do que algumas outras inovações (6/2011).

A CRIAÇÃO TORNA-SE VIRAL

Para estar a par das preferências dos consumidores, os produtores de conteúdos poderão servir-se de uma estratégia através da qual passem a convidar os próprios consumidores a entrarem no processo criativo. A Cisco socorre-se do seguinte exemplo: se um determinado programa vai para o ar quarta à noite, até sexta anterior o consumidor pode participar em sessões de colaboração *online* para desenvolver e votar novas ideias para o episódio da semana seguinte. Sexta à noite a discussão fica fechada e os produtores irão escrever e gravar o programa até terça-feira. São ¾ dos respondentes que concordam com esta previsão. Contudo, destes, 45% pensa que pode levar mais tempo para a sua concretização futura do que outros avanços (2011: 6, 7).

6.2.6. A centralidade e transversalidade da televisão

A centralidade da televisão, tanto numa perspetiva de bem de consumo, de negócio audiovisual ou de influência social é, ainda hoje, inegável. Símbolo da comunicação de massas, a televisão afigura-se como um *media* clássico com enorme poder na formação de preferências individuais, de traços de desenvolvimento pessoal, comunitário e na fixação de visões coletivas. Esta plataforma-espetáculo, fusão única entre tecnologia e vivência social, é uma enorme força, estruturando o que somos e a forma como olhamos o mundo.

Numa frase, a televisão continua a ter uma grande centralidade na vida social (usos do tempo, costumes e partilha social) e económica (peso no bolo publicitário, canal de distribuição para as indústrias criativas). Os tempos atuais são, contudo, de grande turbulência e incerteza em relação à sustentabilidade dos modelos de negócio e modalidades predominantes de apropriação de valor. É, assim, obrigatório auscultar estas importantes mudanças e participar na construção de sentido a partir da interpretação de um conjunto de sinais e padrões que vão emergindo.

Como tem a televisão transitado da era da certeza e da organização sócio económica industrial de meados do século XX para a fluída era da incerteza que caracteriza o início do século XXI?

E como têm os públicos e a experiência televisiva evoluído? E que repercussões têm estes desafios trazido para a formulação de modelos de negócio adaptados aos novos tempos sociais e tecnológicos?

A DESINTEGRAÇÃO ORGANIZADA

Pretende-se aqui fornecer chaves para a descodificação destes puzzles em mutação. Uma primeira observação que implementamos traduz-se na noção da desintegração organizada do fenómeno de televisão. Referimo--nos à separação entre a "televisão" (o serviço que permite visionamento e audição de conteúdos longe do espaço e do tempo em que são produzidos) e o "televisor" (o suporte concreto que permite o encontro da oferta com a procura audiovisual). O serviço audiovisual está hoje espalhado de diversas formas nos mais variados tipos de ecrãs. A dissociação entre o "processo" de televisão e o "objeto" onde esse serviço é vertido é um pressuposto operacional na nossa análise. Esta moldura conceptual permite-nos falar de:

a) "ecrãs" enquanto interfaces multiuso e multi contexto;
b) de interação biunívoca entre os dois lados do ecrã;
c) de portabilidade e ubiquidade da experiência audiovisual;
d) de estar alerta para um conjunto de outras manifestações dinâmicas, tanto tecnológicas como sociais, que vão florescendo à medida que as inovações vão sendo testadas num mercado cada vez mais preenchido pelas gerações que nasceram ou cresceram em con-

ECRÃS EM REDE: TELEVISÃO – TENDÊNCIAS E PROSPETIVAS

tacto com a revolução da informação e com a Sociedade em Rede – os "nativos digitais".

Numa linguagem sintética, a televisão transforma-se num sistema de ecrãs imerso numa rede de usos e conteúdos tão intensos em vitalidade quanto em volatilidade.

Continua a ser verdade, sobretudo em sociedades com lacunas em termos de literacia digital e com relativo atraso na transição para uma "sociedade de banda larga", que a televisão persiste como um dos *media* mais (omni)presentes nos agregados familiares e parte integrante da parafernália de objetos domésticos. Mas novos meios potenciam novas mensagens, pelo que temos cada vez mais a distribuição de conteúdos por distribuidores não tradicionais, operando segundo lógicas não convencionais: meios recém-chegados ao sector audiovisual, de raiz digital, de baixo custo e que permitem tanto o *download* (o que replica a emissão linear clássica num só sentido) como *upload* (o que torna obsoleto o antigo termo "espectador" e torna o consumidor num participante *prosumer*, isto é, produtor+consumidor, em potência). Estes desenvolvimentos causam a obsolescência de velhos modelos de negócio e permitem abrir espaço para novos atores.

COMO DEFINIR TELEVISÃO NO MUNDO CONTEMPORÂNEO?
Num movimento contínuo de transformações, como definir a televisão hoje? Pela sua dimensão tecnológica? Pelo seu apelo cinético e visual? Pelo seu lado social? Poderemos definir a televisão pela emissão linear (sentido unidirecional)? Pela sua sincronia no tempo (emissão simultânea)?

UM TRAJETO HISTÓRICO MARCADO POR INOVAÇÕES
A televisão continua a ser o ícone dos *media* tradicionais por excelência. Porém, a persistência da sua importância mascara a complexidade de um processo de transformação contínuo e inacabado. A representação social típica da televisão tende ainda a ser aquela herdada da convivência com este meio durante a segunda metade do século XX. A imagem cristalizada da televisão é a de um:

- mecanismo estático;
- de reprodução de informação e de entretenimento;
- no centro de gravidade das rotinas de lazer e dos hábitos familiares.

MODELOS DE NEGÓCIO E COMUNICAÇÃO SOCIAL

Numa expressão, podemos ver a televisão ainda no papel de nova lareira, a "lareira catódica". No entanto, hoje encontramos, desde logo, entraves à definição de "televisão" em cada um dos pontos atrás expressos. A conceção dominante de televisão padece hoje de uma atualização necessária.

Um conjunto de mudanças foi alterando paulatinamente os pressupostos sobre os quais assentávamos o conceito, até há pouco tempo pacífico, de televisão. A dimensão tecnológica, por ser uma faceta tangível desta mudança, é um útil ângulo para a problematização.

As metamorfoses pelas quais tem passado o próprio aparelho recetor são um bom ponto de partida para compreender o alcance do novo fôlego que está a ter a televisão. Não é necessário, porém, recorrermos aos últimos desenvolvimentos do estado da técnica para descodificarmos a natureza do processo que está em curso. Ainda na sua fase analógica, pré-década de 90, assistíamos a uma intensa cadência de sucessivas alterações de produto e de práticas de consumo, a começar pela difusão em Portugal da cor nos inícios da década de 1980, caminho percorrido no sentido de tornar a experiência televisiva mais "real".

A "trajetória tecnológica", para usar um termo dos estudos de inovação, tem sido tornar o televisor em uma tecnologia mais amiga do telespectador. É nesta linha que se pode entender a introdução do som estéreo em meados da mesma década. Mas estas alterações nos atributos funcionais dos televisores foram apenas um dos saltos modernizantes, pelo qual passaram os aparelhos na sua fase analógica. Os televisores começaram também a ter outros equipamentos em sua volta, que estendiam os seus benefícios já conhecidos mas que, também, os desdobraram em novas direções.

A introdução do controlo remoto na generalidade dos equipamentos foi um novo momento de reinvenção do aparelho e de alargamento dos seus usos potenciais. Esta seria uma inovação no *hardware* (na prática um dos primeiros periféricos neste tipo de eletrónica de consumo) que consistia na mudança de canais à distância e sem fios. A melhoria na experiência passaria sobretudo pela melhoria do conforto. Esta novidade, que coincidiu com o aumento das ofertas disponíveis graças aos sistemas de televisão por satélite, arrastou consigo um conjunto de outros efeitos comportamentais inesperados e de adaptação social. Referimo-nos à emergência simultânea do fenómeno *zapping* (menos inércia no consumo de programas, mais facilidade de mudar de canal antes de um programa acabar, possibilidade de evitar publicidade mudando de canal ou baixando o som) e da caricatura do *couch potato* (maior sedentarização e inatividade, uma vez que o telecomando permitiria um controlo muito maior sobre a televisão sem deixar de se estar sentado).

Esta introdução permitiu um grau de interação superior, um maior imediatismo na passagem de uma propensão à ação e à emancipação no poder de escolha na seleção dos canais. A proliferação do telecomando foi um primeiro passo claro no rompimento com o formato tradicional de visionamento linear, organizado desde a estação televisiva emissora.

Na década de 1980, a democratização do videogravador (outro dispositivo periférico) colocava a outro nível o percurso que se ia fazendo no sentido de uma personalização crescente da dieta audiovisual. Os aparelhos de videogravação Beta e VHS operacionalizaram a possibilidade de total dessincronismo no consumo de conteúdos entre os elementos do público.

Em primeiro lugar, o "vídeo" significou a entrada de um canal de distribuição audiovisual paralelo dentro do lar, o qual era independente das linhas editoriais das estações emissoras. Este facto permitia ao consumidor recorrer a videoclubes como alternativa, ou complementar a programação televisiva (recorde-se que na altura a "ameaça" do vídeo era vista mais em relação ao cinema do que à televisão). Por assim dizer, o consumidor poderia agora, pela primeira vez, fazer *zapping* para fora da programação televisiva. O "televisor" já não era um servo apêndice da estação de televisão: poderia ser um cinema em miniatura.

Em segundo lugar, o reforço da soberania do espectador acontecia ainda por outra via. O espectador torna-se o seu próprio editor de conteúdos escolhendo os filmes que realmente quer ver, não escolhendo meramente entre alternativas dadas por diferentes programadores ou estações. E mesmo em relação a estes assiste-se agora à possibilidade de fuga à "tirania do horário" através da gravação de programas que são, ou não, depois vistos em alturas mais convenientes. Ou seja, os momentos de transmissão e receção podem, pela primeira vez, não ser sincrónicos.

Outras mudanças tiveram lugar graças à diminuição do preço e do tamanho dos aparelhos na transição da década de 1980 para a de 1990. As consequências destas alterações quantitativas em parâmetros económicos e técnicos não foram triviais: alimentaram outras mudanças, estas de

MODELOS DE NEGÓCIO E COMUNICAÇÃO SOCIAL

natureza qualitativa. Até aqui a televisão tinha sido vista como um *media* que estimulava comportamentos iminentemente sociais. Por um lado, pela metáfora da "lareira catódica", tínhamos um fulcro de atenção no lar que servia como elo de reunião familiar num dado momento, e, por outro, por alimentar na construção de uma comunidade imaginada no espaço público através da edificação de bases representacionais comuns e partilhadas (discutir o programa que se viu no dia anterior junto dos amigos, na escola ou no emprego).

Mas, se até aqui a televisão parecia funcionar como elemento aglutinador, uma força centrípeta que unia os diferentes indivíduos e gerações, passámos a assistir a uma progressiva multiplicação da presença de televisores pelos vários cantos do agregado doméstico – na sala de estar, na cozinha, nos vários quartos. Cada elemento do agregado familiar poderia agora estabelecer as suas prioridades de visionamento com autonomia e sem interferir nos planos de consumo audiovisual dos outros. Ou seja, a maior difusão do aparelho e sua desmultiplicação em diversos tamanhos levou a uma maior individualização do consumo. Voltando à metáfora: a televisão passou de uma única "lareira" a vários "aquecedores".

Hoje em dia não é preciso um televisor para ver televisão. A efetivação do serviço de televisão nunca foi tão independente das variáveis tempo e espaço em que o consumo tem lugar. Continua a existir televisão de sinal aberto ou paga nos lugares clássicos do seu consumo – a sala de estar do agregado doméstico e o café/restaurante público. Porém, os contextos de consumo vão hoje muito para além destes tradicionais sítios de comunhão e socialização.

Atualmente, existem canais de circuito fechado debitando conteúdos próprios desde as bancas de jornais até às salas de espera dos serviços públicos ou privados. Existe comunicação televisiva especializada em transportes coletivos que surgem nas estações do metropolitano, passando pelo interior dos vagões dos comboios, até aos monitores suspensos nas cabines dos aviões. Também existe televisão em movimento no transporte privado, ocupando lugar na variedade de telas hoje disponíveis em veículos automóveis privados, de várias gamas. Existe televisão disponível em várias formas no *continuum* de meios computacionais à disposição dos indivíduos, desde o tradicional PC preso à secretária, passando pelos dispositivos de comunicação pessoal (como os *smartphones*), até aos últimos *gadgets* de eletrónica de consumo (como os *tablets*).

Em suma, na convergência desta tendência, assistimos a uma maior possibilidade de libertação face aos conteúdos pré-programados e temporalidades impostas pela lógica centrada na oferta das estações. Esta leitura longitudinal revela-nos um conjunto de transformações importantes que precedem, inclusive, a chamada revolução das novas tecnologias de informação e comunicação.

As transformações na experiência não são uma faceta exclusiva da era digital em rede. O rastilho já estava aceso e a chama em marcha. O advento do elemento digital veio dar contornos explosivos a esta sucessão de alterações. Como disse Adam Ostrow (2010), colaborador do *site* Mashable.com, num artigo publicado na revista Forbes:

> «*A televisão será o próximo meio de comunicação a sofrer uma grande reestruturação às mãos da Internet.*»

Assistimos ao acentuar da tendência a um ritmo acelerado, para a híper segmentação de públicos, a migração do poder de escolha para o espectador e à dessincronização do consumo em relação à emissão.

Mas assistimos também ao desenvolvimento de tendências inteiramente sem precedentes: conteúdos redistribuídos pelos próprios consumidores através de plataformas de partilha digital em rede (blogues e redes sociais); a emergência do produtor amador, com audiências potencialmente globais (plataformas de *upload* de vídeo); a independência do consumo de televisão face à disponibilidade do televisor, permitindo a um espectador cada vez mais móvel consumir onde e quando quiser conteúdos de acesso gratuito e fácil em plataformas com grande capacidade de arquivo (Youtube, Vimeo) usando aparelhos leves e pessoais, mas com ecrãs relativamente grandes em proporção ao seu tamanho (*smartphones* e *tablets*).

Segundo Gitelman, o conceito de televisão não deverá ser indexado a um tipo particular de tecnologia (o televisor). O critério do aparelho--suporte é cada vez mais anacrónico para chegarmos a uma definição contemporânea de televisão. Ou seja, não será antes mais adequado definir televisão com base num conjunto de práticas e regras sociais que têm vindo a conduzir a experiência televisiva nos últimos anos? Avancemos então com uma proposta operacional de definição da televisão.

MODELOS DE NEGÓCIO E COMUNICAÇÃO SOCIAL

PARA UMA PROPOSTA DE DEFINIÇÃO

A televisão consiste num processo de coevolução das suas diversas dimensões tangíveis e intangíveis; é cada vez mais, na contemporaneidade, uma convergência de inovações, variedade de conteúdos e imprevisibilidade de usos:

INOVAÇÕES TECNOLÓGICAS

Combinação de tendências vindas de um cacho de atividades, crescentemente inter-relacionado, como sejam a indústria de equipamentos eletrónicos e de telecomunicações, do sector do *software* e das atividades profissionais do sector dos *media*.

VARIEDADE DE CONTEÚDOS

Numa tentativa de abraçar a janela de oportunidade que se abre devido ao atual momento de mutação tecnológica, fabricantes, *software houses*, operadoras e criativos apressam-se a lutar por quotas de mercado e a tentar descobrir produtos e modelos de negócio adaptados aos múltiplos ecrãs.

IMPREVISIBILIDADE DE USOS

Novos comportamentos de manipulação de tecnologias e consumo/produção de conteúdos que resulta de várias misturas da novidade com o tradicional através da auto mediação nas redes sociais ricas em inovação e criatividade.

6.2.7. Da televisão para os múltiplos ecrãs

Segundo Roger Silverstone, o ecrã, na década de 80, emergia cada vez mais como o reflexo da vida cultural e social no agregado doméstico. Essa tendência continuou a intensificar-se e, na verdade, nunca estivemos rodeados de tantos ecrãs como atualmente. Assistimos a uma explosão de ecrãs. Dos ecrãs dos televisores tradicionais, aos ecrãs dos computadores e aos ecrãs móveis dos telemóveis e leitores de *media* portáteis. O mesmo consumidor poderá assistir alternada ou sequencialmente aos mesmos conteúdos, adaptando diferentes suportes tecnológicos, cada vez mais, todos eles, ancorados na Internet, às suas circunstâncias de tempo e espaço. Os diversos suportes de consumo mediático estão crescentemente interligados por uma mesma infraestrutura informacional, e

ECRÃS EM REDE: TELEVISÃO – TENDÊNCIAS E PROSPETIVAS

permitem uma gestão de dietas audiovisuais transplataforma, iniciando, ou terminando, o consumo, numa e passando para outra(s) conforme a conveniência do seu utilizador.

Nesta perspetiva, será pertinente, quando discutimos os *media*, pensar em ecrãs enquanto interface de mediação entre o consumidor e conteúdos, e não apenas na tecnologia e dispositivos de mediação. Importa assim refletir neste exercício nas diferentes formas de relação dos utilizadores com estes formatos – da interação à domesticação entre outros. A relação entre utilizadores e tecnologias é assim coproduto da ligação entre as dimensões tecnológicas e os diferentes processos de mediação, consumo, produção e regulação.

DIFERENTES GRAUS DE INTERATIVIDADE

À medida que a tecnologia evolui, assistimos a uma sofisticação, quer dos televisores quer dos computadores ligados em rede. Desde um incremento da capacidade de banda, melhor resolução, interfaces cada vez mais sofisticados e onde a experiência de consumir "televisão" no computador se aproxima cada vez mais da televisão analógica. Por outro lado, os televisores digitais tradicionais incorporam cada vez mais valências interativas e ligam-se em rede, parecendo-se cada vez mais com computadores pessoais.

Desta forma, e num contexto complexo de crescente ambiguidade e hibridismo, podemos sugerir parâmetros de distinção da relação entre utilizadores e ecrãs/tecnologias. Nesta medida, uma das formas de distinguir os consumos apoia-se no grau de interatividade.

A televisão tradicional parece incitar a uma atitude mais passiva e relaxada aquando o seu consumo – note-se que o *zapping* pode ser encarado como um comportamento ativo de fuga, mas num grau relativamente baixo e limitado quando comparado com o consumo *online*. A televisão por cabo, que pode medir melhor o comportamento das suas audiências, tem um incentivo claro em aumentar o zapping interno (visualizações diferentes dentro do mesmo ecrã com partição de diferentes conteúdos no mesmo canal em simultâneo) e o grau de participação dos espectadores na influência dos conteúdos dos programas em direto (aumento das mensagens geradas pelas audiências em tempo real).

MODELOS DE NEGÓCIO E COMUNICAÇÃO SOCIAL

DOIS GRANDES TIPOS DE CONSUMO

Haverá diferenças, então, entre os dois novos tipos de consumo em emergência? E, se sim, serão audiências distintas? Podemos desdobrar em dois grandes tipos de consumos:

Audiências *Push*: a que consome conteúdos através da radiodifusão *"free to air"* ou paga – podendo ou não fazer mais ou menos *zapping*;

Audiências *Pull*: a que pré-escolhe os conteúdos, através de pesquisa complexa e minuciosa, a fim de consumir quando decidir (agora ou num momento futuro indefinido).

Em termos genéricos, a diferença passa por um formato de consumo assente no apertar o botão *"on"* e um modo mais ativo de acesso e procura, ou seja, a diferença entre audiências e utilizadores.

Desta forma, tendemos a desenvolver diferentes graus de interatividade consoante os múltiplos ecrãs por onde passam as nossas dietas mediáticas. E haverá certamente tecnologias, ecrãs e espaços sociais mais propícios ao formato televisão e outros ao "vídeo" (conteúdos de duração mais curtos).

A difusão aliada ao *zapping* corresponderá a um nível de interatividade mais baixo e ainda ligado à televisão tradicional com comando. Por seu turno, a utilização assente na procura que está associada a práticas de consumo mais interativas, iminentemente ligadas à lógica de pesquisa que têm a sua génese no uso de motores de pesquisa como o Google, etc.

6.2.8. Cenários possíveis

A POSSIBILIDADE DE CANIBALIZAÇÃO

No final de contas, haverá espaço para estas diferentes tecnologias, usos e graus de interatividade? Serão estes dois tipos de consumo concorrentes entre si ou, pelo contrário, complementares?

De um lado temos os que defendem que a proliferação de novos *media* apresenta um portefólio de alternativas crescentes (e muita vezes gratuitas) ao consumidor, o que poderá refletir-se sobretudo no corte em serviços de televisão pagos. Tal como relata o The Wall Street Journal, com uma panóplia significativa de alternativas disponíveis, de forma mais ou menos gratuita, há cada vez mais norte-americanos a cortarem a despesa na televisão por cabo – 12% rescindiram no último ano com pacotes *premium*, e 7% cortou mesmo com o serviço, segundo um inquérito da Wedbush Securities a 2500 norte-americanos. Veja-se por exemplo o pacote de subscrição da Xbox 360 que permite o *streaming* de vídeos através do NetFlix. Na mesma linha, um estudo da Harris Interactive, através de um inquérito *online*, revela que 22 por cento dos seus inquiridos afirmaram ter cortado ou reduzido o peso da subscrição de televisão no último meio ano – seguidos de 21 por cento que afirmaram estar a pensar fazer o mesmo.

A POSSIBILIDADE DA DILATAÇÃO COMPLEMENTAR

Por outro lado, um estudo da Nielsen, intitulado *Life is a Stream*, que também se debruça sobre a realidade norte-americana, defende que a maioria das pessoas que assistem a alguns conteúdo *online* através de aparelhos de televisão tende a possuir também uma ligação paga de televisão. Segundo a investigação, que contou com um inquérito e *focus groups*, 84 por cento dos espectadores, de um total de 769 inquiridos, afirmaram assistir à mesma quantidade, ou mais, de televisão tradicional, ou seja, com horário, desde que começaram a transmissão *online* alojada nos servidores (*streaming*) ou *download* de conteúdos para assistir no televisor. Note-se ainda que 92 por cento desse grupo suporta uma subscrição de televisão e apenas três por cento pretende desistir de sua assinatura. Mais de metade (53%) afirmou ter descoberto novos programas para assistir através da Internet, tendo depois continuado a assistir regularmente via transmissão tradicional com horário.

Segundo um estudo da Forrester, avançado no The New York Times, os norte-americanos dedicam agora o mesmo tempo à Internet que dedicam à televisão. De acordo com o relatório, o crescimento da parcela de tempo diária dedicada à Internet aumentou 121 por cento nos últimos cinco anos. A tendência já sentida há alguns anos, entre os jovens adultos (com idades inferiores a 30 anos), de um maior peso da Internet, alarga-se agora para grupos etários mais velhos. O tempo despendido na Internet vai de uma média semanal de cerca de 12 horas, entre os mais jovens, a um *plateau* de oito horas entre os adultos com mais de 66 anos. O estudo avança ainda com uma percentagem crescente de inquiridos que utilizam a Internet para ver vídeos – 33 por cento em 2010, face aos 18 por cento de 2007.

Estes dados voltam a levantar uma questão: será que este acesso *online* competirá com o modelo de negócio dos acessos pagos via cabo?

MODELOS DE NEGÓCIO E COMUNICAÇÃO SOCIAL

Segundo os dados da consultora Forrester, o tempo despendido a ver televisão continua relativamente estável, apesar deste aumento. O crescimento no uso da Internet não se constitui necessariamente enquanto uma ameaça à televisão. Pelo contrário, o incremento das ligações em rede, aliadas à crescente mobilidade, parece sim criar novas oportunidades de consumo mediático. Ou seja, as tecnologias parecem não ser concorrentes, podendo mesmo ser complementares entre si, permutando-se e adequando-se às diferentes contingências e disposições do quotidiano.

O processo de aquisição de novas tecnologias, produtos e serviços raramente termina na sua adoção – tal como é sugerida pela promoção às razões de compra dos mesmos. Ou seja, assistimos a um processo criativo, reflexivo e permanente de seleção de atributos e de (re)invenção de modos de utilização. Tendo em conta o fenómeno de domesticação, os consumidores nem sempre adotam todas as possibilidades de uma dada tecnologia. Como tal, importa pensar o uso social, suas motivações e a relação destas dimensões com as diferentes características sociais e demográficas das diferentes audiências.

AS DIFERENÇAS QUE SE ATENUAM

A evolução tecnológica apressa-se a ultrapassar as dificuldades logísticas que antes existiam na conexão entre dispositivos. A distinção entre computadores e televisões é cada vez mais difícil, sendo que se registam progressos constantes num dos *bottleneck* principais da nova televisão em rede: a saber, a qualidade e velocidade da ligação à Internet.

É certo que os operadores de televisão defendem que a qualidade de imagem e som da televisão é ainda em muito superior à *online*, mas, na verdade:

- Esse hiato tem tendência a estreitar-se progressivamente através da inovação e progresso tecnológicos;
- A indústria musical já demonstrou que, muitas vezes, os consumidores preferem esse *trade-off* entre qualidade se esta se reverter em acessibilidade – a teoria do "*good enough*".

NOVAS FORMAS DE VER TELEVISÃO

Alongada a discussão, importa analisar a evolução da televisão, nos seus modos de produção, distribuição e consumo por vias diferenciadas, e questionar, sobretudo, as novas formas de consumo mediadas por ecrãs.

Quais os formatos de integração das novas formas de ver televisão na vida quotidiana? Ou seja, como é domesticada a tecnologia? Será que a explosão de possibilidades anda a par com melhoramentos da qualidade da experiência? Como definir a qualidade da experiência televisiva? O que fica do social num consumo que parece cada vez mais individualizado? Será que caminhamos para um individualismo em rede, como defende Barry Wellman?

A Internet permite, por um lado, uma maior atomização, ou seja, um processo de reforço da autonomia do indivíduo que deixa de estar na dependência das agendas que lhe são definidas por círculos fechados de editores. Por outro lado, a Internet possibilita, pelo seu carácter de rede, uma maior partilha social, ou seja, promove coesão, espírito de comunidade e sentimento de pertença entre os utilizadores.

Poderão, no entanto, ocorrer casos em que a tendência para a partilha incorra em faltas de "etiqueta 2.0", isto é, a comunicação aberta poderá interferir com lógicas meramente individuais de consumo – o qual continua a ser experienciado pessoalmente. Referimo-nos a fenómenos potencialmente disfuncionais e destrutivos da experiência, nos quais a partilha pode colocar efeitos indesejados. Um exemplo deste tipo de comportamentos é já designado no jargão do mundo em rede por *spoiler* – revelações parciais ou totais sobre o enredo de uma obra que ainda não se conhece totalmente. Por exemplo, comentar que a personagem X morre no último episódio, quando apenas se viu um par de episódios.

A quebra da transmissão linear e simultânea permite que cada utilizador possa agora definir o seu ritmo e temporalidade de consumo. Nesta medida, assistimos a uma dessincronização, o que poderá levar à perda de um denominador comum de um dado conteúdo audiovisual espartilhado sequencialmente.

Resumindo, assistimos à combinação de vários processos de mediação, o que leva a um maior grau de complexificação das dietas mediáticas, sendo que, também, outras tendências emergem com a crescente miniaturização dos suportes e apelo da mobilidade. É agora possível assistir a conteúdos televisivos enquanto se espera pelo autocarro, através de um telemóvel. Ora, a possibilidade de consumir *media* propaga-se pelo quotidiano, pela abertura de novas janelas de oportunidade.

O QUE PERMANECE?

Apesar de termos dado especial importância às mutações, importa perceber que nem tudo é mudança e que muito permanece, apesar de minimamente transformado e adaptado. A difusão/transmissão tradicional continuará em muitos ecrãs, sobretudo se pensarmos na sociografia e infraestrutura da realidade nacional, ainda muito ancorada ao formato de televisão tradicional (emissão linear e unidirecional, de um para muitos). O que neste momento temos é uma acumulação de um processo em várias fases e a duração desta convivência de diferentes paradigmas poderá ser mais longa do que muitas vezes antecipada.

Em termos prospetivos, de acordo com a análise da Deloitte *Media Predictions 2010*, o consumo linear continuará em força num futuro próximo, e isto porque a escolha, seleção e interatividade não são o centro das atenções para grande parte dos consumidores, que querem apenas entretenimento. Segundo esta previsão, o consumo linear e unidirecional continuará a prevalecer nos anos vindouros. E, acima de tudo, será necessário ter em conta as características sócio demográficas dos portugueses e índices de literacia digital, predisposição para novas tecnologias e poder de compra.

Teremos então de repensar a chamada "tirania do horário" que, ao contrário do que defendem alguns autores, constitui, em muitas sociedades, um fator de integração social, ao permitir uma plataforma de entendimento comum. O linear tem virtudes, nomeadamente por promover uma dada rotina social em sincronia.

Tal como relata a revista Wired no *podcast Storyboard: Episode 30 – How to Watch Television*, o grande chamariz e vantagem relativa da televisão sempre passou por ser um conceito simples de entender e fácil de absorver. Para o seu usufruto era apenas preciso sentar, ligar e ver. Ora, cada vez mais, a televisão tradicional passa de uma *Idiot Box* para uma plataforma inteligente e interativa na distribuição de conteúdos, e com outros requisitos de literacia digital e atenção. A tecnologia parece assim servir e prolongar-se para dois fins antagónicos – tornar o simples complexo, e vice-versa.

Mas será que haverá consumidores que querem tomar partido de todo esse manancial de possibilidades? Qual a parte dos consumidores que rentabiliza ao máximo essas capacidades?

6.2.9. O panorama global

INDICADORES GLOBAIS

Tendo a televisão como pano de fundo do estudo, devemos adotar uma visão holística e integrada das dietas mediáticas e perceber que coexistem vários consumos de *media*. Importa ter presentes alguns dados que nos ajudam a pensar no panorama mediático contemporâneo, de forma longitudinal e global. Ora, segundo a revista The Economist:

- Desde 2000 fecharam 72 jornais norte-americanos. A circulação desceu um quarto desde 2007;
- A esmagadora maioria dos *downloads* musicais são ilegais – 95% do total;
- O YouTube disponibiliza diariamente até 2 mil milhões de vídeos;
- A rede Twitter regista uma média de 750 *tweets* por segundo;
- A taxa de crescimento do tráfego da Internet cresce na ordem dos 40% por ano;
- São colocados 2,5 mil milhões de fotografias no Facebook a cada mês;
- Mais de metade dos adolescentes norte-americanos revê-se como "criadores de conteúdos".

Um estudo da Ofcom, a entidade reguladora dos *media* britânicos, de 2009, afirma que o número de telespectadores no Reino Unido foi o mais elevado dos últimos cinco anos. O tempo médio de visionamento registou um aumento de três por cento em relação a 2004.

O (DES)ENCONTRO ENTRE A OFERTA E A PROCURA

Um olhar panorâmico pela paisagem televisiva revela uma oferta rarefeita de aluguer ou compra na Internet quando nos focamos no mercado legal português de aluguer de conteúdos audiovisuais para outros suportes digitais que não a televisão tradicional – *tablets* e *smartphones*, por exemplo. Parece assim haver um desencontro entre a procura e a oferta na rede. Mesmo que um dado consumidor queira pagar, não existe ainda uma pluralidade de vias ágeis e populares de aluguer. A maioria dos serviços com forte presença nos Estados Unidos e com relevância económica não permite o consumo quando este está ancorado ao território nacional português – falamos grandes *players*, como Hulu e Netflix.

Ou seja, vemos que o portefólio de ofertas em Portugal é quase inexistente: ou não está disponível através dos operadores internacionais, ou não parece ser disponibilizado pelos operadores/distribuidores nacionais. Tal poderá ter uma dupla explicação. Por um lado, pela maior inflexibilidade de gestão de conteúdos internacionais disponível para a gestão pelos incumbentes nacionais. Por outro, pela perceção por parte dos decisores nacionais de uma fraca procura deste tipo de serviços. No entanto, tal como a teoria da "Cauda Longa" (a *Long Tail*, de Chris Anderson) tem vindo a defender, a questão do armazenamento, gestão e distribuição de conteúdos digitais é alcançada a um custo cada vez menor. Como tal, as vendas de produtos para nichos poderá equiparar-se às receitas de *blockbusters*.

No entanto, o aumento de ofertas ilegais na rede aponta para um mercado em crescimento, com um volume de procura crescente, e com tendência a avultar-se com o tempo – a "geração Magalhães" será digital e em rede.

Um dos grandes entraves à presença de operadores internacionais reside nas questões de licenciamento e direitos de autor a uma dimensão transnacional. Abre-se assim uma janela de oportunidades para os *players* portugueses.

O MODELO DA PIRATARIA

Tal como defende Abigail de Kosnik, Professora na Universidade de Berkeley, o futuro da televisão passará pela introdução crítica de experiências e modos de distribuir inspiradas no modelo de sucesso da partilha digital em rede não autorizada, vulgo "pirataria digital". A televisão deverá aprender com as "lições" da indústria musical e com o conhecimento dos padrões e motivações de procura dos consumidores.

A questão que serve de estímulo à reflexão é a seguinte:

Como justificar que, mesmo com alternativas legais, os utilizadores prefiram o consumo ilegal através da partilha informal em rede?

Ora, segundo as representações e hierarquizações mentais de preferências desses utilizadores, a pirataria é, na contemporaneidade, uma das formas mais expeditas e fáceis de consumir conteúdos audiovisuais. E importa referir que a "facilidade" de acesso no contexto da pirataria não se limita ao preço ou à sua inexistência, existindo outros fatores a ter em atenção e que são melhor explorados aqui do que na oferta legal – *i.e.* disponibilidade de catálogos, plataformas de acesso, etc.

Desta forma, os operadores deverão incorporar esses modelos de distribuição, e de negócio, nas suas práticas. A oferta terá de ir de encontro aos modelos de procura vigentes e emergentes, sendo que são os utilizadores que estão a liderar a mudança. Até à data, a resposta da indústria de *media* tradicional à digitalização e partilha em rede tem sido reativa – da tentativa de erradicação à perseguição dos utilizadores. A mudança nos paradigmas de consumo é evidente, com especial acutilância entre os mais jovens em rede. Serão estes os futuros adultos. Como tal, a produção deve delinear e experimentar novos modelos de distribuição baseados no formato de sucesso junto dos consumidores – a partilha em rede informal.

A própria rede serve já de caixa de ressonância e de difusão dessas preocupações por parte dos utilizadores. Veja-se, por exemplo, o manifesto: *Don't Make Me Steal* que defende, a traços largos: filmes mais baratos, sem mecanismos artificiais de inoperabilidade e de transferência para outras plataformas (*Digital Rights Management*), com acesso global e sem avisos de violação dos direitos autorais.

6.2.10. Consumidores/ Utilizadores

A MUDANÇA DO PARADIGMA COMUNICACIONAL E SOCIAL

As teorias da Sociedade em Rede defendem que assistimos a uma mudança de paradigma comunicacional e, como tal, também social e cultural, isto é, a transição de uma comunicação de massa para a preponderância da auto comunicação de massa e comunicação e organização social em rede. Temos assim um número crescente de agentes em rede, sendo esta última utilizada principalmente para a comunicação de carácter pessoal, e em rede, num sistema pós *mass-media* em que o utilizador de *media* ocupa lugar de destaque – ao contrário das tradicionais visões teóricas da comunicação de massas.

Este novo paradigma comunicacional e relacional complexifica, mescla e altera os hábitos de consumo de *media* – os conceitos de audiência(s) e utilizador encontram-se, misturam-se e dão espaço à emergência da figura do participante.

MODELOS DE NEGÓCIO E COMUNICAÇÃO SOCIAL

O CONSUMIDOR COMO NÓ CENTRAL DA REDE

A implementação de uma nova cultura digital em rede em articulação com os seus usos sociais permite uma transmutação do papel da audiência, que cada vez menos se relega a um papel passivo. Assistimos à ascensão do poder negocial do consumidor digital – ao mesmo tempo que, de forma inversa, observamos a crescente perda do controlo e direito à privacidade de dados pessoais *online*. Este já não se relega ao final do processo comunicacional. Edita, comenta, partilha – ao contrário do consumidor tradicional que raramente conseguiu tornar pública a sua opinião.

A organização em rede permite que, cada vez mais, o utilizador assuma um papel importante na escolha, crítica, edição, cópia, redistribuição e mediação de conteúdos. O consumidor, que costumava estar no final da cadeia de consumo, deixa de ser um *end-user*, e passa a ser um nó central. As tecnologias em rede são em muito caracterizadas pela possibilidade de distribuição.

6.3. Conclusão

Se no tempo da televisão analógica era a produção que criava o consumo, agora parecem ser as múltiplas experimentações de modelos de consumo, mais ou menos espontâneas, que estimulam e estabilizam a produção. E algumas delas, hoje nichos a desenvolverem-se de forma descontrolada, fundarão as premissas para o *mainstream* televisivo e mediático de amanhã.

Na verdade assistimos a um progressivo desencontro entre formatos de consumos e ofertas televisivas. E importa, de um ponto de vista da gestão, reduzir esse diferencial que parece ampliar-se cada vez mais.

Um dos contributos deste relatório passa assim pela sua preocupação organizadora desses desencontros e encontros, isto é, tentar, de forma metódica e analítica, perceber os padrões de consumo que subjazem dos sinais ainda fracos num panorama mediático turbulento, e daí partir para as perguntas "quais os segmentos para onde há oferta organizada? Quais os que estão a descoberto?" e assim clarificar pontos de partida para estratégias e modelos de negócio possíveis.

Que segmentos de consumidores poderemos tipificar? Ir para além da distinção entre informação e entretenimento? Quais as ofertas com baixos consumos? Quais as ofertas ilegais e informais de *media*? Tentemos assim organizar as múltiplas possibilidades de encontro entre oferta e consumo.

Podemos desdobrar consumos por ecrãs, sendo que em cada um deles podemos levantar dimensões para caracterizar os consumos. Note-se, é claro, que através de dispositivos de gravação e cópia os consumos podem ser gravados de uma plataforma e transferidos para outra, podendo ainda ser consumidos em outro espaço de tempo.

MODELOS DE NEGÓCIO E COMUNICAÇÃO SOCIAL

UMA TIPOLOGIA DE (E POR) ECRÃS

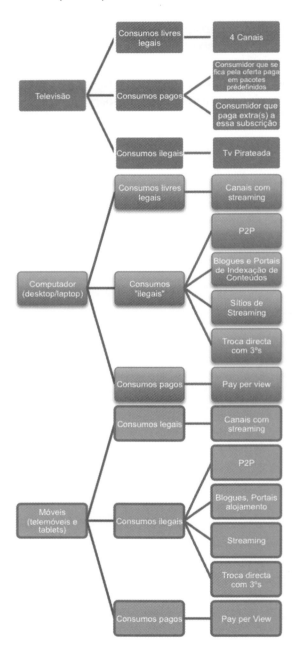

Na senda do mapeamento dos consumos, tentemos agora esboçar alguns ideais-tipo de consumidor de conteúdos televisivos. Comecemos por conjeturar dois polos extremos, num *continuum* de práticas que vai de um telespectador com um campo de possibilidades de consumo mais reduzido, a um consumidor com um portefólio de consumo mais dilatado.

De um lado o consumidor mais tradicional, que vê televisão (por enquanto) apenas por via analógica, ficando assim com acesso a quatro canais e suas grelhas de programação. No polo oposto, um consumidor com televisão paga, logo com uma maior oferta, ao que ainda acrescenta conteúdos descarregados da Internet e que possui ainda um *smartphone* ou *tablet* que lhe permite consumir conteúdos em trânsito e no portátil em casa ou *desktop* no emprego.

Claramente estarão nos antípodas estas duas dietas mediáticas. Entre esses dois opostos coexistem possibilidades múltiplas de cruzamento de *media*.

Avancemos para uma proposta de gradação dos consumos televisivos:

- Sem qualquer consumo televisivo;
- Televisão "grátis" – quatro canais;
- Televisão "grátis" mais aluguer através de videoclube físico;
- Televisão paga sem consumos *online*;
- Televisão paga + consumos *online*;
- Legais;
- Ilegais (Nomeadamente pela acessibilidade a conteúdos na hora);
- Sem televisão mas com consumos *online*;
- Televisão e Internet pirateada.

A FIGURA CONTEMPORÂNEA DO CONSUMIDOR

Podemos tentar desdobrar o espectador/utilizador em diferentes categorias. É certo que se constituem apenas como um exercício conceptual que procura sintetizar e dar sentido a fenómenos em desenvolvimento; mais que tentar identificar uma realidade ainda por estabilizar, são ideais-tipo, à beira de uma permanente desatualização. E, na verdade, mesclam-se entre si. Apresentam-se as três roupagens do "espectador" das primeiras duas décadas dos anos 2000:

Espectador em rede – o que cedo se afastou do monopólio do canal hertziano clássico para proceder às suas visualizações de conteúdos; este é o visualizador que se habituou a um consumo multi-ecrã e que, embora familiar com as últimas tendências tecnológicas, não as encara como um fim em si mesmas;

Espectador-participante – o que envia SMS para a televisão nos horários da manhã, que ocasionalmente telefona para os programas da tarde ou coloca perguntas por *e-mail* nas entrevistas em horário nobre; a participação no mundo 2.0 significa também poder comentar os *sites* das estações televisivas e, caso se depare com um evento, enviar as suas próprias fotografias e reportagens para as redações (e, inclusivamente, fazer o carregamento destas no seu próprio *site*, blogue ou redes sociais).

Espectador-editor – o que procura as suas próprias soluções de conteúdos, aquela/e para quem a sua "sala de estar" é a sua *régie*; o espectador que utiliza ativamente as *set-up-boxes* da sua televisão por cabo decidindo os tempos e os ritmos de consumo dos conteúdos lá disponíveis; aquela/e que transita com facilidade de um ecrã no seu dispositivo informático pessoal para televisão e vice-versa.

O CONSUMIDOR COM MAIS PODER?

Na contemporaneidade, o consumidor, cada vez mais, pode decidir quando ver, o que ver, como ver. Em súmula, pode tomar o controlo da sua dieta de *media*.

O padrão cronológico dos consumos mediáticos é hoje cada vez mais pessoal. A dieta televisiva tem também uma dimensão temporal, o utilizador pode cada vez mais escolher quando quer ver, fugindo à tirania da calendarização e dos horários. O consumidor pode adaptar os conteúdos aos seus ritmos quotidianos no tempo e no espaço. Tem assim mais poder através da cópia, que lhe permite assistir aos conteúdos quando quiser – a possibilidade de *time-shifting*. Note-se que alguns operadores perceberam já esta nova forma de consumir – a generalidade das televisões pagas permitem gravar programas e, por exemplo, a plataforma de partilha de vídeo *online* Vimeo permite construir listas de vídeos para ver mais tarde.

Na dimensão da escolha, atravessamos uma multiplicação de conteúdos na rede. Da produção de novos conteúdos a custos cada vez mais baixos à revisitação de antigos. Ou seja, a cumulatividade e pesquisa é facilitada pela era digital.

A EVOLUÇÃO EM PORTUGAL

Para caraterizar a situação portuguesa analisámos aqui as audiências televisivas recorrendo a dados Marktest e compilámos, organizámos e sistematizámos os dados de modo a que um conjunto de novas informações pudesse surgir sobre esta área competitiva e sensível à mudança.

O presente relatório procede à leitura de relações com o objetivo de produzir um entendimento atualizado e crítico sobre a evolução do mercado televisivo e o desempenho dos vários *players*. O exercício realizado tem como fim último a aquisição de conhecimento novo, sólido e original sobre o negócio dos *media*.

A realidade televisiva em Portugal mudou substancialmente nos últimos anos e é (quase) tão complexo de analisar como exigente para os agentes do sector. Por isso, os dados processados ao longo deste relatório revelaram um padrão de "concorrência dinâmica" (isto é, caracterizado por inovação e transformações estruturais) que se refletem de forma por vezes brusca, outras por inércias, junto das audiências.

São de salientar marcos na televisão portuguesa neste novo século, como o fenómeno "Big Brother" (a introdução de um novo produto que destabilizou a organização do mercado) ou a crescente difusão do Cabo (uma nova infraestrutura que contribui para mudar qualitativamente as condições de oferta no sector).

O relatório utiliza como ponto de referência para a análise os canais generalistas "clássicos". Por simplicidade muitas vezes referimo-nos a estes como "marcas", pois RTP, SIC e TVI abrigam hoje vários outros canais naquilo que são ecossistemas de canais geridos sob a forma de portefólio. Colocamos em paralelo o universo puro do Cabo, enquanto conjunto de canais temáticos cada vez mais central para os hábitos de visualização dos telespectadores.

Para fins analíticos, na maior parte deste documento, tratamos o Cabo como um universo agregado, isto é, como se de um quinto canal se tratasse. O todo do Cabo tinha, em 1999, um valor de *share* em *Prime-time* de 1,5% e *share* global de 2.1% e, em 2013, valores de 22,6% e 22,1%, respetivamente. Como nova plataforma de distribuição de conteúdos é, de facto, uma proporção de mercado considerável e a ombrear com a importância dos canais convencionais surgidos na era "pré-Cabo".

Este relatório inicia-se com uma análise da proliferação de ofertas dos canais clássicos. Isto é, como foram os canais generalistas RTP, SIC e TVI desenvolvendo novas propostas temáticas no Cabo sob a égide da sua marca principal. Estuda-se, assim, a evolução do número total de canais ao serviço das marcas clássicas e dá-se conta da vibrante dinâmica de progressão que tem caracterizado este fenómeno.

Explora-se em seguida a evolução das audiências, contrapondo as performances dos canais clássicos com a performance do Cabo. Nesta análise, damos especial atenção a duas vertentes (*Prime-time* e *share* global) em separado, na medida em que o *Prime-time*, enquanto arena privilegiada da indústria é uma das frentes em que mudanças de audiência têm ocorrido com maior intensidade. Em termos de concorrência, a evidência aponta para que o mercado televisivo português se tenha vindo a tornar mais disperso com o passar dos anos e, também, mais volátil desde 2010 (o pico da agitação com troca rápida de posições em termos de quotas de mercado ocorre em 2001).

O papel dos diversos géneros televisivos e o seu contributo para a formação de *share* foi também alvo de análise pormenorizada. Como se comportam os portugueses, nas sua práticas televisivas, face aos diferentes segmentos temáticos disponíveis? Como dividem o seu tempo de visualização entre os canais generalistas e as diversas opções disponíveis? Esta secção do relatório divide-se em duas partes: uma dedicada à análise da audiência dos canais generalistas *vs.* canais temáticos do cabo, agrupados por género, e outra dedicada à comparação de cada um dos canais generalistas e o seu tempo de emissão por género televisivo, com os géneros equivalentes no Cabo. Em última análise, esta parte do relatório procura explicar quanto vale um minuto de *share* de uma dada temática em cada canal televisivo, contribuindo assim para a compreensão de estratégias assentes na concorrência por diferenciação temática no mercado televisivo português. No relatório comparamos também a performance de audiências em *Share* global das marcas televisivas portuguesas (RTP, SIC e TVI, em sinal aberto e cabo) face à audiência de *sites* dos grupos de *media* que as detêm (Grupos RTP/RDP, Impresa e Media Capital).

A paralelização da evolução das audiências permite-nos compreender a dimensão do mercado da Internet como arena do sector dos *media* em Portugal. Ainda que não possa ser estabelecida uma relação causal entre na migração dos públicos entre a televisão e a Internet, é possível observar os dois mercados em paralelo, para daí perceber melhor como evoluem as dinâmicas concorrenciais no mercado televisivo português.

Se existe uma concordância global, é em relação à inevitabilidade da mudança daquilo que é hoje televisão. Ou seja, irá modificar-se o modo como se interage com este *medium* e os termos em que as pessoas interagem umas com as outras durante a sua experiência com a televisão. Mais ainda, será reformulada a natureza do próprio ecrã da televisão, a própria relação do público com os conteúdos, o modo como estes são produzidos, agregados em pacotes, pagos. Por consequência, quem fará dinheiro com a televisão poderão ser outros protagonistas, diferentes dos atuais.

7. Os Desafios do Jornalismo em Rede

JOSÉ MORENO, GUSTAVO CARDOSO

7.1. Introdução: o que é o jornalismo?

Ao longo deste estudo falámos sobre o modo como as transformações sociais, económicas e tecnológicas se combinam para produzir uma forma radicalmente nova de distribuir a informação necessária ao funcionamento do corpo social. Analisámos, nomeadamente, como é um erro considerar a Internet ou a *world wide web* como apenas mais um canal de distribuição de informação. Vimos em detalhe como vários fatores se combinam para produzir um paradigma de informação e comunicação (Cardoso, 2006:16) radicalmente diferente do anterior: a criação de uma rede global de computadores que comunicam todos com todos, a generalização de tecnologias digitais na produção, reprodução, distribuição e consumo de informação, a atribuição aos indivíduos dos meios e ferramentas para produzirem informação e a relevância e função social das plataformas de participação comunicativa dos indivíduos. Vimos também como a combinação desses fatores está a pressionar uma redução do valor económico da informação – isto é, o valor da informação que pode ser economicamente capturado – e um aumento do seu valor social – através das vantagens da abundância de informação e de canais de informação ao dispor dos indivíduos no contexto social.

Agora, é chegada a altura de perguntar de que forma essas transformações afetam especificamente o jornalismo. As apreciações feitas no capítulo "Os desafios da Sociedade em rede" eram relativas à informação em termos genéricos. Aplicam-se a qualquer tipo de informação, seja ela verdade ou ficção, notícias ou entretenimento, informação socialmente relevante ou com um âmbito apenas interpessoal. O jornalismo produz um tipo de informação muito particular, com funções muito específicas em sociedade. Nesta parte procuraremos perceber como é que as transformações em causa afetam – se é que afetam – os valores intrínsecos ou instrumentais do jornalismo, os seus objetivos e metas, as suas instituições e as suas rotinas produtivas. Isso obriga-nos naturalmente a começar pelo princípio e a perguntar o que é afinal o jornalismo e o que significa ser o que é no contexto da Sociedade em Rede. E depois analisar o modo como os seus valores e as suas práticas profissionais se coadunam com o novo mundo de informação e comunicação em que vivemos. Só isso nos permitirá, na parte seguinte, identificar os caminhos possíveis – alguns já a serem trilhados – para a evolução do jornalismo no contexto da Sociedade em Rede.

Como é fácil de perceber, o jornalismo não é uma entidade estática e, ao longo da história, tem-se adaptado aos mais diversos desafios tecnológicos, como a invenção do telégrafo, o surgimento da rádio ou a generalização da televisão (Kovach e Rosenstiel, 2001:116). No entanto, nos seus traços essenciais – e também nos seus valores fundamentais – o jornalismo tem-se mantido muito estável desde a publicação das primeiras gazetas após a invenção da imprensa (Kovach e Rosenstiel, 2001:180). Acontece que, como vimos na parte anterior, o surgimento da comunicação em rede mediada por computadores altera as condições básicas do exercício de todas as formas de comunicação e todos os tipos de informação, incluindo portanto o jornalismo, e provavelmente também a sua função social. Kovach e Rosenstiel, por exemplo, consideram que as condições de exercício do jornalismo na Sociedade em Rede se assemelham ao carácter "conversacional" das primeiras formas de jornalismo que despontaram nas "*coffeehouses*" há mais de 400 anos e que portanto as funções fundamentais do jornalismo não são alteradas (Kovach e Rosenstiel, 2001:314) e ele se tenderá a aproximar do "jornalismo em rede" que detalharemos mais à frente. Mas para Thomas Pettitt, pelo contrário, o "fechamento" do "parêntese de Gutenberg" pode estar a implicar igualmente o fechamento do "parêntese do jornalismo" (Pettitt, 2014, 3) e implicar o desaparecimento do conceito de notícia como matéria-prima do jornalismo (Pettitt, 2014, 22) e portanto o desaparecimento do jornalismo como função social. Ou seja, Kovach e Rosenstiel, por um lado, e Pettitt, por outro, concordam no diagnóstico – o regresso a uma comunicação "em rede" como existia antes dos *mass-media* – mas discordam nas consequências. Para os primeiros isso implica um "renascimento" do jornalismo; para o segundo significa o seu epílogo. Voltaremos a estas visões diametralmente opostas mais à frente.

O jornalismo, tal como o entendemos atualmente, tem por função proporcionar aos indivíduos as informações de que eles necessitam para agirem socialmente e serem autónomos nessa ação, seja ela materializada em simples decisões individuais ou complexas decisões coletivas (Kovach e Rosenstiel, 2001:180). O jornalismo é assim entendido como tendo por objetivo fornecer a contextualização da informações que são consideradas necessárias para as pessoas entenderem o mundo em que vivem e o seu lugar no mundo em que vivem (Hall, 2001:4). Será que vai chover e devo levar guarda-chuva? Será que hoje há greve do metro? Quem terá ganho as primárias no partido socialista? A bolsa abriu em alta? Isso significa que a crise acabou? A confrontação destas perguntas pressupõe um grau de certeza nas respostas que é precisamente função do jornalismo proporcionar. Ou seja, em relação a outras formas de comunicação, tem a função especial de tornar confiável aquilo que transmite. E isso significa rodear-se de um conjunto de valores e métodos especificamente pensados para lhe permitir atingir a verdade, que é, ao fim ao cabo, a primeira obrigação do jornalismo (Kovach e Rosenstiel, 2001: 548). Esse conjunto de valores e de métodos – a verdade, a confiança, a objetividade, a imparcialidade, o valor-notícia, etc. – são verdadeiramente aquilo que constitui o jornalismo e o trabalho dos jornalistas. São precisamente estes valores, métodos e objetivos – pelo menos os mais importantes deles – que precisamos confrontar com a desregulação operada pela Sociedade em Rede para sabermos se o jornalismo continua a ter lugar no novo paradigma de informação e comunicação e qual é esse papel. É isso que faremos de seguida.

7.2. Os valores do jornalismo na era digital

Se a regulação e regulamentação de uma determinada atividade for um indicador da sua importância social, então o jornalismo não pode deixar de ser considerado uma das atividades sociais mais nobres. Poucas atividades em sociedade serão mais reguladas e regulamentadas (internamente ou externamente) que o jornalismo. Aquilo a que chamamos jornalismo pode-se referir à produção e distribuição de notícias, ao conjunto de organizações que têm essa função social, ao trabalho dos jornalistas, aos procedimentos e regras de trabalho envolvidos na produção de jornalismo, etc. Dito de outro modo, o jornalismo é um conceito complexo que integra várias coisas diferentes, mas unidas por algo em comum. Esse algo em comum são os valores que estão subjacentes à organização e às organizações do jornalismo, ao trabalho e às rotinas dos jornalistas, ao conteúdo e forma da produção jornalística. Ou seja, todas essas coisas – cuja vastidão não permite enumerar aqui – respeitam ou pretendem respeitar valores comuns. Fazem, portanto, parte da forma de institucionalizar o jornalismo no contexto social. O jornalismo é institucional no contexto social precisamente porque a sociedade criou as condições para saber o que pode esperar de uma organização jornalística, do trabalho de um jornalista ou de um conteúdo jornalístico. Tanto as organizações jornalísticas como os jornalistas e o conteúdo jornalístico respeitam um conjunto muito estrito de regras que são a emanação dos valores que se entende que o jornalismo deve respeitar para consumar a sua função social. Por isso é que, embora com ligeiras variações de país para país, o jornalismo prossegue o mesmo tipo de valores por todo o lado. Embora quase todos os países do mundo tenham uma referência ao jornalismo nas respetivas constituições, essa referência pode ser mais ou menos extensa em cada caso. Do mesmo modo, nem todos os países têm um código deontológico dos jornalistas tão estrito como Portugal (com alguns dos valores centrais do jornalismo expressamente referenciados), mas todos têm alguma forma de regulação sobre o que o jornalista pode ou não pode e deve ou não deve fazer na prossecução da sua função social.

Valores do Jornalismo na era digital

VERDADE: Descrição/Narração dos factos + Explicação dos factos
»»» Muda a forma mas permanece a necessidade

CONFIANÇA: Personalização da relação como fonte de confiança
»»» Muda a forma mas permanece a necessidade

OBJECTIVIDADE e IMPARCIALIDADE:
- Abundância de informação (hiperligações)
- Facilidade de acesso (novos agentes)

Reformulação de valores

TRANSPARÊNCIA É A NOVA OBJECTIVIDADE!
»»» Transfere para o indivíduo juízo de confiabilidade

Transparência » Ecossistema aberto + abundância de informação
(vs)
Objectividade » Ecossistema fechado + escassez de informação

OS DESAFIOS DO JORNALISMO EM REDE

Ora, sendo o jornalismo uma atividade altamente regulada (autor-regulada e externamente regulada), é naturalmente uma das atividades mais significativamente afetadas pelos efeitos desreguladores das transformações atualmente em curso. E é também uma das atividades que mais resiste à desregulação. Primeiro porque resistir à mudança (sobretudo a mudanças desreguladoras) é a função genérica de qualquer instituição (Anderson, Bell & Shirky, 2014: 49-50). E, segundo, porque a razão pela qual a atividade é regulada é precisamente porque é importante que o seja. Como dizem Anderson, Bell e Shirky, se os meios de comunicação social não tivessem o valor social que têm, as suas presentes dificuldades suscitariam o mesmo grau de preocupação que o encerramento de qualquer loja de bairro (Anderson, Bell & Shirky, 2014: 99). O jornalismo é especial (e especialmente preocupante) porque tem funções sociais especiais: a salvaguarda e promoção de determinados valores considerados primordiais.

A primeira lealdade do jornalista é para com a verdade (Kovach e Rosenstiel, 2001: 552). Esta é uma asserção muitas vezes esquecida, porque discutimos frequentemente as ferramentas que o jornalismo deve usar e os valores instrumentais que ele deve respeitar e esquecemos amiúde que a sua primeira obrigação é para com a verdade, que é um valor intrínseco do jornalismo e dos jornalistas. Informar com verdade é uma condição de qualidade da informação, uma vez que um dos primeiros atributos da informação é que ela seja confiável porque é isso que permite aos indivíduos usarem-na no contexto social. Jim Hall também considera que o jornalismo é delimitado por três valores centrais: veracidade, imparcialidade e objetividade (Hall, 2001: 41)

Pegando por agora no primeiro desses valores, podemos dizer que existem dois níveis de "verdade" que o jornalismo persegue: a verdade enquanto descrição ou narração dos fenómenos e a verdade enquanto explicação dos fenómenos. A primeira das verdades, a verdade dos factos, prática e funcional, é o primeiro propósito do jornalismo, aquele sobre o qual se funda o valor instrumental da objetividade (o jornalista deve procurar a objetividade porque desse modo se estará a cingir aos factos) e aquele que permite aos indivíduos fazerem as suas escolhas sociais. Mas, em cima de uma compilação de factos respeitadora da verdade, há pelo menos três formas de construir o significado desses mesmos factos e torná-los inteligíveis: a primeira é deixar ao recetor a construção

MODELOS DE NEGÓCIO E COMUNICAÇÃO SOCIAL

desse significado dos factos; a segunda é oferecer ao recetor uma ou mais interpretações dos factos; e uma terceira é usar a técnica jornalística para construir contexto à medida que se vão dando novas partes da informação. No primeiro caso o jornalista limita-se a relatar os factos e deixa ao recetor todo o campo livre para interpretar esses factos da forma que achar melhor. No segundo caso, o jornalista transmite os factos relativos a um determinado acontecimento, mas fornece também uma explicação (ou duas explicações alternativas ou opostas) para uma interpretação e explicação válida dos factos. No terceiro caso, o jornalista reporta os factos, mas remete o recetor para relatos ou descrições anteriores dos factos ou para factos anteriores relativos ao mesmo assunto. Essa adição de informação, num esquema de triângulos invertidos sucessivos, é também uma forma de adicionar contextos aos factos transmitidos e assim fornecer-lhes uma cadeia explicativa (Kovach e Rosenstiel, 2001: 681).

Qualquer destas formas de relatar os factos é impactada pela migração para as tecnologias digitais. Mas uma das coisas que permanece é a necessidade de uma informação que seja verdadeira. Ou seja, o facto de na Sociedade em Rede a informação se tornar abundante, facilmente partilhável e proveniente de um leque muito mais diversificado de fontes não significa que a necessidade de procurar a verdade seja menos premente, pelo contrário (Kovach e Rosenstiel, 2001: 728). Mas, sendo certo que a procura da verdade continua a ser um objetivo, não é menos certo que as condições em que isso vai ser feito se alteraram. Por um lado, apurar a verdade dos factos torna-se mais complicado devido à abundância – há exponencialmente mais informação a circular – e devido à facilidade em partilhar a informação – que leva a que seja em muitos casos mais difícil identificar a origem de uma determinada informação. Mas, como reverso da medalha, a maior facilidade de acesso à produção de informação leva a que mais entidades (individuais ou coletivas) possam produzir informação e isso tem como consequência que, nalguns casos, seja mais fácil à verdade ver a luz do dia do que seria num ambiente de informação mais controlada (o exemplo habitual deste fenómeno é o "caso Wikileaks"). Kovach e Rosenstiel consideram que essa é a função que os jornalistas devem exercer no novo paradigma informativo: em vez de noticiarem factos ou interpretarem factos, seria mais importante a síntese e verificação dos factos existentes à luz do valor da verdade (Kovach e Rosenstiel, 2001: 751).

OS DESAFIOS DO JORNALISMO EM REDE

Por outro lado, a verdade como explicação dos fenómenos – para lá da quantidade de dados e factos sobre os fenómenos – também é afetada pela abundância de informação na Sociedade em Rede, uma vez que os indivíduos são confrontados com uma tamanha diversidade e abundância de fontes de informação que construir um todo inteligível a partir dessa torrente de informação exige precisamente funções de curadoria (comprometidas com a verdade) que os jornalistas podem e devem exercer. Como veremos à frente, as tecnologias de informação e comunicação digitais computorizadas são crescentemente capazes de produzir ferramentas de compilação e curadoria de dados, mas não são tão sofisticadas como os jornalistas treinados para verificar a verdade dos factos e portanto gerar um serviço de curadoria de maior qualidade e frequentemente mais adequado às necessidades dos indivíduos.

Não nos podemos esquecer que, quando estamos a falar de jornalismo, estamos a falar de um relato ou descrição de factos e acontecimentos que ocorreram longe dos indivíduos que são destinatários desse relato ou dessa descrição. Ou seja, estamos a falar de uma informação mediada. O que isso significa é que, através do jornalismo aceitamos como bons (confiáveis) relatos ou interpretações de acontecimentos que nós próprios não presenciámos nem testemunhámos. O que quer dizer que, embora muitas vezes esquecido, o elemento da confiança é fundamental para que o jornalismo funcione como se espera dele. É também um elemento de coesão social para o qual o jornalismo de resto contribui em larga escala.

Do ponto de vista social, a função da confiança é reduzir a complexidade e a incerteza, fornecendo um elemento estável de segurança perante o desconhecido. Nós confiamos numa informação sobre algo que não presenciámos se confiarmos na pessoa ou na entidade que nos transmite essa informação (Blöbaum, 2014: 19). No caso do jornalismo tal como praticado nos *mass-media* que conhecemos, o elemento de confiança resulta sobretudo do profissionalismo associado à função desempenhada pelos jornalistas e ao carácter confiável das organizações no âmbito das quais os jornalistas produzem o seu trabalho (Blöbaum, 2014). Como é fácil de perceber, ambas as coisas estão ameaçadas. A confiança no profissionalismo do aparelho social que produz jornalismo é a confiança nas organizações jornalísticas, no papel desempenhado pelos jornalistas (respeito pelo código, preparação, isenção, etc.) e nas rotinas produtivas

MODELOS DE NEGÓCIO E COMUNICAÇÃO SOCIAL

associadas ao jornalismo, que têm verificações de confiabilidade da informação em vários pontos do processo: no ato de recolha da informação, na fase de seleção de matérias a abordar e na própria apresentação das notícias (Blöbaum, 2014: 11). O surgimento de uma grande quantidade de indivíduos não jornalistas e não integrados em organizações jornalísticas introduz um elemento de desconfiança no sistema social de produção de informação, uma vez que esses produtores de informação não preenchem precisamente estes critérios de confiabilidade atribuídos ao profissionalismo do aparelho jornalístico. Por outro lado, por paradoxal que possa parecer, isso pode ser uma boa notícia para os jornalistas e as organizações jornalísticas: num quadro de abundância de informação não confiável, as fontes de informação confiáveis podem tornar-se mais relevantes e mais valiosas (e não menos). Desde que estejam – jornalistas e/ou organizações jornalísticas – verdadeiramente integradas na Sociedade em Rede, como veremos mais à frente.

Por outro lado, a confiança no jornalismo, em parte decorrente do aspeto anterior, desenvolve-se mesmo que não exista uma relação de confiança (ou qualquer outro tipo de relação) entre o jornalista e a sua audiência (Blöbaum, 2014: 40). Isto é típico de um paradigma comunicativo e informativo em que o papel fundamental é desempenhado pelas estruturas médias da sociedade e as suas regulações. No novo paradigma da Sociedade em Rede, o indivíduo assume o papel principal e é ao nível individual que estabelece as suas filiações sociais. Nesse quadro, é precisamente a relação pessoal que tende a cimentar a relação de confiança. Como veremos um pouco mais à frente, essa é uma das mudanças com a qual os jornalistas se verão confrontados na Sociedade em Rede. Aliás, hoje em dia já é muito mais frequente e manifesta a identificação pessoal do jornalista nas peças que assina. Esse é um indicador de uma tendência que ainda não sabemos até onde nos leva mas já percebemos em que sentido vai.

Uma palavra final para a questão da confiança no jornalismo como um produto da socialização. Para Blöbaum, a confiança no trabalho dos jornalistas e das organizações jornalísticas é em parte o resultado de um longo processo de socialização individual e coletiva que nos ensinou que podemos acreditar naquilo que é publicado ou transmitido pelos *media* (Blöbaum, 2014: 36). Ora, os estudos conhecidos são unanimes em apontar, desse ponto de vista, um corte geracional com os mais jovens e que já

OS DESAFIOS DO JORNALISMO EM REDE

cresceram num mundo digital e que recebem a maior parte das notícias através das redes sociais. Ou seja, os nossos jovens já não estão a ser socializados no consumo de *media* tradicionais. Mais interessante ainda do que perceber o que é que esse facto faz à sua confiança no jornalismo seria procurar investigar de que forma interiorizam estes jovens a confiança nas fontes de informação que utilizam, na ausência de uma dieta de *media* tradicionais semelhante à da geração anterior. A hipótese mais plausível é que, colocada perante novas formas de distribuir informação em sociedade, a própria sociedade (e os indivíduos que a compõem) desenvolvam formas de determinar a confiabilidade de certas informações e certas fontes de informação. No limite, algumas dessas formas cristalizar-se-ão em instituições sociais como o jornalismo.

Em suma, se pretende continuar a ser merecedor de confiança no quadro da Sociedade em Rede, o jornalismo tem que se adaptar às condicionantes desse paradigma ao nível das suas organizações, ao nível dos jornalistas e ao nível das rotinas produtivas (Blöbaum, 2014: 56). Mais à frente veremos como é que isso pode ser feito.

A objetividade e a imparcialidade são dois dos valores centrais do jornalismo. Sã ambos valores instrumentais na procura da verdade, mas são sem dúvida os mais debatidos e estudados dos seus valores constitutivos. Em geral, confunde-se bastante objetividade com imparcialidade. E, embora os dois conceitos tenham um fim semelhante – a produção de informação confiável e verdadeira – significam coisas ligeiramente diferentes (Sambrook, 2012: 5). A objetividade reflete um propósito assumido de reportar algo com base em factos e provas. A imparcialidade reflete a ausência de ideias ou propósitos pré-concebidos e ocultos no ato de reportar conteúdos jornalísticos. No conjunto, objetividade e imparcialidade são os dois valores fundamentais que separam o jornalismo das outras formas de comunicação e informação, como as relações públicas, a publicidade, o entretenimento ou qualquer forma de ficção. Em conjunto, imparcialidade e objetividade são também os dois valores instrumentais em nome dos quais o jornalismo desenvolveu a maioria das suas técnicas e rotinas produtivas. Ora, a migração para o digital e a Sociedade em Rede afetam tanto os valores que lhes estão subjacentes como essas técnicas.

Comecemos pela objetividade. A ideia de que o jornalismo deve reportar os factos e apenas os factos – o "quem, onde, quando e como" dos

MODELOS DE NEGÓCIO E COMUNICAÇÃO SOCIAL

acontecimentos – tem por função precisamente deixar ao destinatário a possibilidade de construir a sua interpretação dos mesmos sem interferência do jornalista, que assim se mantém neutro no processo informativo. Daí, por exemplo, a exigência de ouvir duas fontes independentes para fundamentar uma informação ou a adoção do triângulo invertido como modelo de redação das notícias: ambas as técnicas se destinam a dar o papel central aos factos, quer na recolha de informação, quer na sua transmissão (Blöbaum, 2014: 46).

Outro propósito da objetividade no jornalismo é separar factos e opiniões. Os factos são objetivos, as opiniões são subjetivas. Como se sabe, no jornalismo tradicional essas eram duas áreas completamente separadas (aliás, cada uma com sua "cabeça" e até o seu enquadramento regulatório).

Há dois fenómenos da Sociedade em Rede que afetam decisivamente a objetividade: a abundancia de informação e a facilidade de acesso à produção de informação. A abundância de informação proporcionada pelo formato digital e pela arquitetura em rede não significa necessariamente que haja mais factos; mas significa que há mais factos ao alcance de quem comunica em rede, os quais podem ser diretamente ligados por hiperligação. É isso que vemos abundantemente nas formas de comunicação nativas da era digital – como os blogues – e menos na produção informativa *online* dos *media* tradicionais. Ou seja, numa altura em que as fontes de uma informação podem ser referenciadas diretamente através de um simples clique, o conceito de objetividade altera-se. A objetividade passa a estar menos na capacidade do jornalista para se cingir aos factos e mais na sua capacidade de ser transparente e remeter para a localização digital dos dados ou factos usados na notícia. Isto naturalmente tem consequências ao nível da construção da notícia, no encadeamento de notícias e no próprio conceito de notícia, como veremos mais à frente.

Por outro lado, a facilidade de acesso aos meios de produção de informação significa que mais indivíduos e mais organizações produzem informação e que essa produção é ou mais subjetiva – influenciada pelas opiniões do indivíduo (quando não apenas e só uma manifestação delas) – ou mais partidária – refletindo a agenda da organização em causa.

É por isso que uma corrente de autores – a começar por David Weinberger, autor do axioma – acredita que a transparência é a nova objetividade (Sambrook, 2012: 27). Ou seja, perante uma realidade de informação superabundante e na qual qualquer agente pode operar como produtor, a transparência acerca das fontes e origem da informação, assim como da posição pessoal do autor em relação a ela é um fator gerador de confiança (Van der Haak, Parks & Castells, 2012: 2931). Dito de outro modo, a transparência está para um ecossistema informativo aberto (e com informação abundante) como a objetividade estava para um ecossistema fechado (e com informação escassa): ambos são elementos geradores de confiança na informação, mas o primeiro era próprio do paradigma dos *mass-media* e o segundo é próprio do paradigma da comunicação em rede.

Mas não será isto uma desistência da objetividade como critério de validade informativa? Num mundo informativo com muitas fontes de informação parciais e abundância de informação não filtrada, não será a objetividade dos jornalistas e do jornalismo ainda mais necessária (e valiosa) do que antes? Os autores que advogam a transparência como nova objetividade sublinham que a transparência não substitui a objetividade; ela "integra" a objetividade (Sambrook, 2012: 27). Mas é a transparência, não a objetividade, que gera confiança no ambiente informativo aberto e fluído da sociedade em rede.

A imparcialidade, por seu lado, refere-se à necessidade de evitar que as visões, as opiniões e os interesses do jornalista, ou de outrem através dele, se imiscuam no conteúdo jornalístico. Se isso acontecer a informação será menos confiável uma vez que essas visões pessoais, opiniões ou interesses podem interferir com a produção de verdade que se espera do jornalismo. A imparcialidade vai de mão dada com a objetividade e muitas vezes com a companhia de valores muito próximos como a neutralidade, o equilíbrio, a pluralidade ou a independência. Basicamente significa que o exercício do jornalismo deve ouvir todas as partes relevantes para uma determinada informação, refletir equilibradamente as respetivas posições e fazê-lo sem outra interferência que não seja o equilíbrio da notícia. Tal como a procura da objetividade, a procura da imparcialidade está inscrita em muitos dos documentos orientadores da ação dos jornalistas ou das organizações jornalísticas. E, também como acontece com a objetividade, na Sociedade em Rede mediada por computadores e tecnologias digitais a abundância de informação e a profusão de novas fontes de notícias obriga a uma redefinição dos critérios e procedimentos da imparcialidade. Há quem advogue que, tal como na relação da objetividade com a transparência, a imparcialidade também deve ser substituída

MODELOS DE NEGÓCIO E COMUNICAÇÃO SOCIAL

pela frontalidade na assunção de opiniões e posições por parte de quem faz jornalismo, embora os estudos disponíveis continuem a indicar que os consumidores de notícias preferem uma abordagem neutra e equilibrada a uma outra que seja assumidamente partidária e parcial (Newman & Levy, n.d.: 77-78).

Outros autores, como Jeff Jarvis, advogam precisamente o abandono do papel de neutralidade e imparcialidade do jornalista como forma de assumir o novo papel que se sugere estar destinado ao jornalismo e aos jornalistas no paradigma de informação e comunicação em rede. Segundo Jarvis, no quadro atual, o jornalismo tem como vocação pública servir as comunidades e, nesse contexto, deve servir como organizador e mesmo advogar as causas dessa comunidade (Jarvis, 2014: 42).

Em suma, a emergência da Sociedade em Rede mediada por computadores e ligada por tecnologias de informação e comunicação digitais colide com aqueles que são alguns dos valores fundamentais do jornalismo – a verdade, a confiança, a objetividade, a imparcialidade, etc. Os valores em nome dos quais o jornalismo desenvolveu todo o seu sistema de produção de informação socialmente relevante. Ou seja, os valores em nome dos quais a sociedade criou as várias instituições que compõem o complexo sistema de comunicação social de que faz parte o jornalismo.

Mas, embora a Sociedade em Rede colida com os valores tradicionais do jornalismo, essa colisão não é frontal. É uma colisão lateral, que não impede a continuação da marcha, mas obriga a mudar a trajetória. Valores como a verdade a que a informação aspira, a confiança que deve suscitar, a objetividade de que se deve revestir ou a imparcialidade que deve ostentar são valores compagináveis com o paradigma de informação digital, mas com revisões profundas e com novos contributos na cadeia de valores. Richard Sambrook, por exemplo, apresenta como proposta para valores fundamentais do jornalismo na era digital: a prova, que é o elemento central da objetividade; a diversidade de opiniões, que é o elemento central da imparcialidade; e a transparência como novo valor fundamental do jornalismo que apoia os outros dois (Sambrook, 2012: 39-40). Jim Hall, por seu lado, sugere que juntemos a interatividade à verdade, objetividade e imparcialidade como valores fundamentais do jornalismo, como forma de envolver os destinatários da informação no complexo processo da sua construção (Hall, 2001: 43; 53).

Transparência significa transferir para o recetor das notícias a possibilidade de formular autonomamente o seu próprio juízo acerca da confiabilidade da informação; interatividade significa transferir para o recetor das notícias a possibilidade de participar ativamente no processo de produção das mesmas. O que vemos num caso e noutro é uma tentativa de adaptação dos valores do jornalismo ao novo paradigma de informação e comunicação em que vivemos. Essa adaptação exige um novo entendimento dos valores que lhes estão subjacentes e uma revisão das instituições respetivas, incluindo naturalmente as respetivas regulação e regulamentação.

O mesmo se aplica a muitos outros valores fundamentais que, dependendo do autor, do país ou da cultura em causa, habitualmente se associam ao jornalismo e que normalmente estão plasmados no seu conceito e na sua regulação e regulamentação, como o sentido de serviço público, a independência e autonomia, a ética, o carácter de imediatismo associado ao conceito de notícia, etc. (Deuze, 2011: 163). Como se pode perceber muitos destes conceitos sobrepõem-se e misturam-se, mas todos eles contribuem para tornar o jornalismo aquilo que ele é.

Embora complexa do ponto de vista metodológico – porque não é fácil delimitar os valores fundamentais do jornalismo nem gerir as suas múltiplas sobreposições – esta análise era necessária para percebermos até que ponto as características do novo paradigma de comunicação e informação que enunciámos afetam a essência do jornalismo. Como veremos a seguir, esse novo paradigma afeta ainda mais profundamente as técnicas e as rotinas produtivas do jornalismo, cuja existência aliás é uma decorrência dos valores fundamentais enunciados acima e tem precisamente por objetivo promovê-los.

7.3. As funções do jornalismo na era digital

Como vimos nas partes anteriores, as transformações que estão a afetar o campo do jornalismo são tudo menos simples e unidimensionais. Pelo contrário, um conjunto de forças culturais, económicas e regulatórias, impulsionadas pela tecnologia, estão a agir em conjunto (e nem sempre no mesmo sentido) para transformar a natureza e as práticas do jornalismo no novo milénio (Pavlik, 2001: xi). Neste capítulo iremos ver como essas transformações afetam algumas das funções básicas do jornalismo em sociedade e as ferramentas de que ele se mune para as desempenhar.

Uma das consequências mais manifestas das novas tecnologias digitais de informação e comunicação é o facto de proporcionarem aos indivíduos as ferramentas para serem eles a produzir, reproduzir, transmitir ou partilhar a informação. Isso, combinado com o facto de a arquitetura em rede permitir a qualquer indivíduo contactar outro indivíduo sem necessidade de passar por um canal central traz a desintermediação dos processos de informação (Hall, 2001: 53). E, se repararmos, toda a construção do jornalismo tal como ele operava até hoje baseava-se precisamente no seu papel de intermediação. Basta pensar em conceitos como *"gatekeeping"*, *"agenda-setting"*, *"newsmaking"* ou *"newsfiltering"* para percebermos que todos esses estão associados a uma função de intermediação que fazia sentido na sociedade linear e hierárquica com meios de comunicação de massas mas não faz sentido na Sociedade em Rede mediada por tecnologias de informação e comunicação digitais. Isso afeta a função social do jornalismo e consequentemente também os conceitos, regras, procedimentos e rotinas para a sua operação no dia-a-dia.

Um dos conceitos básicos operativos do jornalismo é precisamente o conceito de notícia, ou seja, aquela informação que se considera ter valor jornalístico e que portanto deve ser reportada. Ora, saber qual é a informação que tem valor noticioso não é uma coisa fácil, está longe de ser pacífica e é algo sempre historicamente condicionado e negociado (Hall, 2001: 9). Como vimos acima, genericamente têm valor jornalístico aquelas informações que têm relevância para a sociedade ou para grupos específicos da sociedade. Os critérios para determinar se uma informação está ou não investida de valor-notícia são muitos e diversificados. Uns referem-se ao acontecimento propriamente dito, outros ao agente ou agentes sociais com que interferem e outros ainda aos formalismos do próprio processo de seleção, produção e apresentação da informação (Caple e Bednarek, 2013: 3). Uma das funções básicas do jornalismo é precisamente aplicar esses critérios e determinar o que tem ou não tem valor-notícia. O que significa "criar" aquilo que é a notícia – algo a que na tradição norte-americana se chama *"newsmaking"* (Wolf, 1987: 167) – segundo um conjunto de critérios que são controlados pelos jornalistas. Ou seja, aquilo que tem ou não tem valor-notícia e deve ou não deve ser reportado como jornalismo não é um conceito absoluto, mas antes um conceito relativo. Historicamente relativo, culturalmente relativo e tecnologicamente relativo. Ora, num quadro radicalmente diferente em que os jornalistas convivem com múltiplos outros agentes de produção e distribuição de informação, essa capacidade de *"newsmaking"* fica fortemente afetada. Não só porque os canais que os jornalistas usam são virtualmente iguais aos que qualquer outro produtor ou distribuidor de informação pode usar, mas também porque as ferramentas de produção de informação são cada vez mais as mesmas. Isso significa, tão simplesmente, que os jornalistas deixam de ter o exclusivo (ou mesmo a primazia) na produção e distribuição de informação. Claro que os jornalistas podem argumentar que só a informação produzida com critérios jornalísticos tem realmente valor para ser considerada jornalismo. Mas caberá à sociedade na sua pluralidade determinar que informações têm ou não têm relevância social, ou seja, valor de uso. Aliás, a transferência da capacidade de determinar o que é ou não informação com valor social (uma forma afinal de transferência de poder) iniciou-se muito antes do surgimento da Internet – com a imprensa popular e a imprensa cor-de-rosa, por exemplo, – "produtos" informativos que desafiam os critérios tradicionais de valor-notícia. Mas, pelas razões acima enunciadas, essa transferência de poder na determinação do que constitui informação socialmente relevante é altamente potenciada pela Internet, pelas tecnologias digitais distribuídas e pela Sociedade em Rede.

Outra forma de ver a mesma questão prende-se com o conceito de *"agenda-setting"*. O conceito de *"agenda-setting"* é um conceito tradicional do jornalismo de reflete a capacidade dos *media* para, através do que faz ou não parte da "agenda" noticiosa, determinarem quais os assuntos sobre os quais os indivíduos devem estar informados (Wolf, 1987: 128). Pelas mesmas razões apontadas acima – a distribuição massiva dos meios de produzir e distribuir informação – essa capacidade de estabelecer a agenda é igualmente distribuída (segundo critérios que sabemos que não são os critérios estáveis do passado, mas que ainda não sabemos quais são) e portanto desconstruída nos seus pressupostos básicos (Anderson, Bell & Shirky, 2014: 108). Aliás, curiosamente, o que vemos hoje com alguma frequência é justamente o inverso, com os meios de comunicação social tradicionais – sobretudo televisões mas também jornais – a seguirem as "agendas" das redes sociais criadas e alimentadas pela capacidade dos indivíduos para produzirem e distribuírem informação. Nesse contexto, os *media* tradicionais acabam muitas vezes por comportar-se como "cataventos digitais" (Newman, 2011: 25) que se limitam a reproduzir uma agenda que não criam nem controlam.

Outra nota a ter em conta neste aspeto prende-se com aquilo que devemos entender como sendo um produtor de informação na Sociedade em Rede. Normalmente, no contexto da rede, olhamos – e bem – para o produtor de informação como sendo o indivíduo que agora, além de consumir informação, também a pode produzir e distribuir. Mas, neste contexto de *"newsmaking"* a novidade mais interessante é o facto de a facilitação de acesso à produção de informação permitir a múltiplas entidades e organizações sociais manterem um canal ou vários canais de produção e distribuição de informação em paralelo – e em pé de igualdade – com os canais de *media* tradicionais. Essa é justamente uma das áreas que em o jornalismo mais se tem revitalizado na era digital.

Outro conceito central na articulação das funções sociais do jornalismo – que também é afetado pela Sociedade em Rede – é o conceito de *"gatekeeping"* ou *"gatekeeper"*. Segundo este conceito, os *media* tradicionais desempenham uma função de filtro, retendo as informações que não são relevantes em termos sociais – que não têm valor-notícia – e produzindo e distribuindo aquelas que o têm (Wolf, 1987: 159). Num quadro de disseminação da capacidade de produzir e distribuir informação por todos os nós da rede, a função de *"gatekeeping"* deixa de fazer sentido uma vez que deixa de existir um só "gate" que alguém teria a função de manter ou guardar (*"keep"*).

No entanto, isso não significa o fim do *"gatekeeping"* como conceito relevante para o jornalismo em particular e para a comunicação social em geral. O que a distribuição da capacidade de produzir e distribuir informação significa é que a função de *"gatekeeping"* passa em grande parte para os próprios utilizadores (Hall, 2001: 9). E isso, não o destruindo, altera fundamentalmente o conceito. No quadro da tese do "parêntese de Gutenberg", Pettitt considera que na era digital o conceito de *"gatekeeper"* ainda é útil, mas expressando uma capacidade de ligação (que aliás pode ser uma capacidade particularmente relevante em função da preparação especial dos jornalistas) mais do que uma capacidade de delimitação – *"confinement" versus "connection"*, no original (Pettitt, 2014: 30). Bruns, no mesmo sentido, advoga a substituição do conceito de *"gatekeeping"* pelo conceito de *"gatewatching"*. Segundo Jim Hall, as novas ferramentas digitais de produção e distribuição de informação permitem aos próprios utilizadores fazerem a agregação e curadoria da informação de forma a construírem a sua própria "dieta informativa" (Hall, 2001: 19-2)

Este é um entendimento que vemos cada vez mais representado nas notícias e relatórios sobre o funcionamento comunicativo da Sociedade em Rede, mas que está longe de ser pacífico. Crescentemente, os utilizadores recebem a sua dieta informativa através da filtragem das plataformas de mediação social nas quais participam para pesquisar, produzir ou distribuir informação (Newman & Levy, n.d.: 70). Ou seja, através dos serviços de empresas como a Google, o Facebook ou o Twitter.

Ora, isso significa outra forma de *gatekeeping*. Obviamente, uma questão que sobressai é a de saber em nome de que critérios é feito esse *"gatekeeping"*. No tempo dos *mass-media* e do jornalismo tradicional, esse papel era desempenhado pelos órgãos de informação e pelos jornalistas em nome dos valores referidos acima, procurando a verdade e confiabilidade da informação através de critérios de objetividade, imparcialidade, pluralidade, autonomia, independência, ética e sentido de serviço público, entre outros. Nas plataformas digitais de comunicação e informação em que os indivíduos cada vez mais recebem a informação, operadas por empresas privadas com vista para o lucro, o *gatekeeping* tende a ser realizado através de algoritmos (Foster, 2012: 28). Isto é problemático por duas razões. Primeiro porque os critérios que presidem à conceção desses algoritmos, operados por empresas privadas que prestam um serviço público, não são escrutináveis nos mesmos termos em que o são os critérios do jornalismo tradicional (Newman, 2011: 26-29). Pelo menos não atualmente. O jornalismo estava institucionalizado com um conjunto de regras de regulação e regulamentação que não se aplicam a essas empresas e aos seus algoritmos. Em segundo lugar, seja porque esses algoritmos procuram servir aos indivíduos informações que vão de encontro aos seus interesses (via metadados), seja porque os próprios indivíduos podem configurar o algoritmo para – novamente – lhes servir preferencialmente informações que vão ao encontro dos seus interesses, o resultado tende a ser uma redução das opiniões dissonantes, criando através de filtros automáticos uma espécie de bolha informativa dentro da qual cada indivíduo se movimenta, aquilo que Eli Pariser caracterizou como uma *"filter bubble"* (Pariser, 2011). Alguns estudos recentemente realizados têm apontado nesse sentido, realçando que os indivíduos tendem a participar mais ativamente nas discussões sociais quando as opiniões dominantes são coincidentes com as suas do que quando são opostas, o que se tende a refletir num ambiente informativo que privilegia a conformidade mais do que a diversidade e pluralidade de opiniões (Hampton *et al.*, n.d.). Esse é também o ponto de partida para Sunstein considerar que esse efeito é uma ameaça ao funcionamento das sociedades democráticas, uma vez que a exposição a opiniões e informações contrárias às de cada indivíduo é uma condição do bom funcionamento da democracia (Sunstein, 2007). Mais uma vez, importa sublinhar que esses – a diversidade e a pluralidade – eram justamente dois dos valores socialmente (e politicamente) institucionalizados pelo jornalismo que a Sociedade em Rede digital, segundo estes estudos, parece estar a ameaçar.

No entanto, a tendência para a conformidade social – de que a associação entre pessoas que partilham as mesmas opiniões é apenas uma manifestação – é um fenómeno longamente estudado na sociologia e muito anterior ao surgimento da Internet, das ferramentas digitais ou da Sociedade em Rede. No contexto do estudo citado acima, teria sido interessante, por exemplo, perceber até que ponto a tendência para a conformidade de opiniões detectada nas redes sociais mediadas atuais é mais ou menos acentuada do que a conformidade de opiniões que se poderia detectar na dieta informativa típica da era dos *mass-media*. O estudo é omisso nessa comparação. Outro estudo ainda mais recente, pelo contrário, relativiza esses resultados e, olhando para a navegação efetivamente realizada pelos indivíduos para além das suas respostas aos inquéritos, conclui que a tendência para procurar ideias concordantes *online* é apenas uma pequena parte da navegação – e portanto da exposição a diversas fontes de informação – realizada pelos indivíduos no contexto da utilização das modernas tecnologias de informação e comunicação (Dvir-Gvirsman, Tzfati & Menchen-Trevino, 2014). Ou seja, se considerarmos que – genericamente – a quantidade gera qualidade, então, independentemente das ferramentas e dos mecanismos em causa, uma maior abundância de informação tem mais probabilidade de proporcionar diversidade e pluralidade do que uma menor abundância de informação.

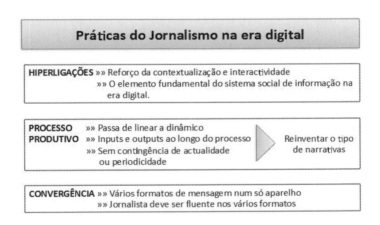

Em suma, o paradigma digital de informação e comunicação, com a sua arquitetura em rede e a sua profusão de produtores e distribuidores de informação, desregula quase completamente a função de *"gatekeeping"* que era socialmente – e institucionalmente – atribuída ao jornalismo tradicional. Mas, ainda mais importante do que isso, levanta sérias dúvidas sobre o escrutínio dessa função e sobre o efeito que os algoritmos de filtragem de informação podem ter na diversidade e pluralidade de fontes a que cada indivíduo é efetivamente exposto. Isso sugere a necessidade de institucionalizar e regular o *"gatekeeping"* da era digital, seja através de autorregulação ou de regulação externa (Foster, 2012: 43-52).

Finalmente, deve ser feita uma referência a uma outra importante função do jornalismo tradicional nas sociedades democráticas ocidentais, relacionada com o controlo dos poderes em geral e dos órgãos de poder eleitos em particular. Esta função dos *media* – que nos países anglo-saxónios recebeu a designação de *"watchdog journalism"* (ou "jornalismo de investigação") – é aquela que está mais próxima do conceito de "quarto poder", o qual expressa um serviço público prestado pelo jornalismo ao são funcionamento de uma sociedade democrática (Jebril, 2013: 2). Segundo esse conceito, a função do "quarto poder" é precisamente controlar os restantes três poderes institucionais da sociedade. Para Anderson, Bell e Shirky, igualmente, aquela parte do jornalismo que realmente importa é aquilo a que chamam *"hard news"* ou *"accounting journalism"*, ou seja, o núcleo essencial do que é o jornalismo (Anderson, Bell & Shirky, 2014: 3). Este tipo de jornalismo – cuja missão é controlar os vários poderes da sociedade – desempenha através dessa prática a função fundamental de cimentar relações de confiança entre os cidadãos e as suas instituições e assim promover a coesão social. Curiosamente, como refere Blöbaum, o jornalismo obtém esse resultado, paradoxalmente, partindo de uma posição de desconfiança em relação aos poderes instituídos (Blöbaum, 2014: 22-23). Ainda mais importante do que a função *"watchdog"* do jornalismo mas dependente dela é, segundo Anderson, Bell e Shirky, a sua função *"scarecrow"* (Anderson, Bell & Shirky, 2014: 55). O jornalismo *"watchdog"* na realidade apenas surge esporadicamente e em "casos" muito específicos. O que é realmente importante é o efeito dissuasor que a sua existência gera junto dos agentes sociais (e dos poderes públicos) para que respeitem as regras comumente aceites. É essa a sua função *"scarecrow"*.

Importa, portanto tentar perceber até que ponto e de que forma essa função é afetada pela Sociedade em Rede mediada por tecnologias digitais. Obviamente, este é um tipo de jornalismo que requer um trabalho continuado e dedicado, que exige recursos avultados por parte das instituições que praticam o jornalismo e que, portanto, não se compadece com a redução e recursos que acompanha – e tem acompanhado – a desregulação dos modelos de negócio dos *media* tradicionais. Dito de outro modo, a redução de recursos derivada da crise dos *media* tradicionais tem como consequência uma redução da quantidade e qualidade de *"watchdog journalism"* e de *"scarecrow journalism"* que é realizado. (Anderson, Bell & Shirky, 2014: 56).

Por outro lado, no reverso da medalha, o efeito combinado da maior abundância de dados em formato digital e da facilidade de acesso à produção e distribuição de informação proporciona que mais indivíduos e/ou entidades sejam capazes de fazer o tipo de controlo que o jornalismo "*watchdog*" tradicionalmente tem feito. Primeiro, a maior parte da informação hoje em dia é produzida digitalmente ou foi já digitalizada, o que significa que é muito fácil de partilhar e transmitir de computador para computador. O segredo associado às atividades nefastas monitorizadas pela função "*watchdog*" fica mais difícil de manter nessa situação. E, segundo, as ferramentas e canais de comunicação existentes – a maior parte gratuitas – tornam extremamente fácil e rápido a outras entidades ou indivíduos exercerem essa função "*watchdog*".

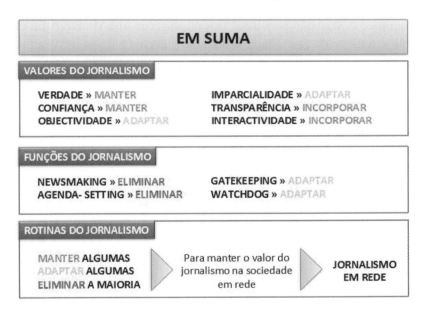

O *site* Wikileaks é um bom exemplo por duas razões: primeiro porque fez precisamente a recolha e publicação de volumes monumentais de informação em formato digital que de outra forma não estariam disponíveis, perfazendo a função "*watchdog*" à margem dos *media* tradicionais; e, em segundo lugar, porque numa segunda fase trabalhou em conjunto com os *media* tradicionais para juntar os critérios jornalísticos e a confiabilidade do jornalismo a essa função. A função "*watchdog*" desempenhada por entidades como o Wikileaks é também nalguns casos reproduzida a nível e com vocação nacional, como nos exemplos do Tugaleaks em Portugal ou o Frenchleaks em França. Aliás, também nestes casos é frequente que os *media* tradicionais peguem em temas e assuntos primeiramente divulgados por esses *sites* e os abordem segundo as suas rotinas habituais.

Esta espécie de colaboração entre entidades que poderíamos considerar os novos "cães-de-fila" da Sociedade em Rede (e que, recorde-se, devem a possibilidade de existência à digitalização generalizada da informação e à facilitação do acesso, duas traves mestras das transformações de que temos vindo a falar) e os *media* tradicionais são uma interessante ligação entre uma nova forma de exercitar a função de controlo na era digital e as instituições que o faziam na era analógica. E até pode ser uma colaboração frutuosa do ponto de vista do funcionamento das sociedades democráticas. Mas não nos deve fazer esquecer que de facto há novas formas – nativas da Sociedade em Rede – capazes de manter a função *watchdog* do jornalismo tradicional. Se o farão em paralelo com ele ou me vez dele é algo que permanece por ver (Beckett, 2012: 8).

7.4. As técnicas do jornalismo na era digital

Neste ponto impõe-se uma palavra final, ainda que muito breve, sobre a forma como a as tecnologias digitais afetam algumas das técnicas mais importantes do jornalismo. Neste aspeto, há quatro observações que devem ser feitas a propósito das hiperligações, do processo de construção noticiosa, da convergência e das novas narrativas digitais.

Uma das técnicas básicas do jornalismo é a construção noticiosa através de um triângulo invertido que destaca no título, no *lead* e no início da notícia as informações fundamentais sobre a mesma: o quê, quem, quando e como da notícia. Esta técnica, obviamente, é uma decorrência da prossecução do valor da objetividade de que falámos acima. Em parte, a abundância de informação na era digital e o tempo reduzido que as pessoas têm para a consumir até reforça a validade dessa técnica no novo paradigma informativo. Mas ela deve ser cruzada com as hiperligações, que são uma novidade para o jornalismo na era digital e têm – ou podem ter – mais implicações no modo de construir a notícia do que pode parecer à primeira vista (Pavlik, 2001: 15). Por um lado, as hiperligações permitem facilitar muito e enriquecer ainda mais a contextualização das notícias à medida que elas são desenvolvidas, uma vez que colocam

OS DESAFIOS DO JORNALISMO EM REDE

toda a espécie de dados, fontes, notícias e informações anteriores à distância de apenas um clique. Por outro lado, a hiperligação é ela própria um elemento participativo, uma vez que só se torna ativa no processo informativo, se e quando o leitor decidir acioná-la. Por isso, uma hiperligação – qualquer hiperligação – é só por si uma transferência de poder do jornalista para o utilizador. Aliás, é por isso que o jornalismo digital dos *media* tradicionais continua a incluir muito menos *links* do que a informação que é produzida pelos *media* nativos da Internet. Essa é uma situação que devia preocupar grandemente os responsáveis dos *media* tradicionais, uma vez que a hiperligação é um elemento fundamental – talvez o mais fundamental – do funcionamento do sistema social de informação na era digital.

Por seu lado, o processo de construção de notícias nos *media* tradicionais é pautado pela atualidade da informação e pela periodicidade do próprio meio. Tanto a escolha daquilo que vai ser noticiado ou reportado como a forma como isso é feito – assim como as hierarquias internas entre as várias informações – são decorrências dos critérios de atualidade e periodicidade do meio. Ora, num quadro de *"timeless time"* como aquele que Castells atribui ao novo paradigma de informação (Castells, 2011: 46) esses critérios precisam – pelo menos – de ser profundamente revistos. Por um lado, existem cada vez mais narrativas noticiosas que não são de atualidade, mesmo nos *media* tradicionais. E, por outro lado, a construção noticiosa tende a estar cada vez menos direcionada para o momento periódico da publicação uma vez que no mundo *online* e digital não existe periodicidade. Aliás, é por isso que Jay Rosen e Jeff Jarvis, professores de jornalismo, advogam a inversão do processo de produção noticioso. O processo jornalístico deixaria de ser apenas a recolha de dados e informações para a produção de uma peça jornalística no final, coincidindo com a periodicidade prevista – este é o formato clássico do jornalismo – mas envolveria uma produção jornalística diferente, com pequenos episódios de produção na forma de *tweets*, *posts* ou outros formatos, emitidos à medida que a informação é recolhida, eventualmente culminada com uma produção informativa final de contextualização ou resumo do processo.

No seu livro mais recente, a editar em breve, Jeff Jarvis propõe o conceito de notícia como um serviço e não como um produto e o fim do artigo como unidade central do processo de produção (Jarvis, 2014: 48-52). A

MODELOS DE NEGÓCIO E COMUNICAÇÃO SOCIAL

tese é que o artigo, com a sua construção clássica em triângulo invertido, deve ser decomposto nas suas unidades constitutivas e estas devem ter existência própria independentemente do artigo – um *tweet*, um vídeo, uma gravação áudio, uma imagem, um comentário, etc. A ligação entre os vários elementos é proporcionada, naturalmente, pelas hiperligações, o "cimento" informativo da era digital.

Ou seja, o jornalista passa de um processo produtivo linear em direção à criação da notícia para um processo produtivo não linear e dinâmico, com *outputs* e *inputs* informativos diversos ao longo do processo, combinados com elementos de contextualização e interatividade, como comentários e partilhas (Beckett, 2010: 3). Esta é uma alteração radical do modo de produzir jornalismo no novo paradigma comunicativo. Em parte, técnicas como o *live blogging* e ferramentas como o Storify (de que falaremos mais à frente) servem precisamente este novo formato de produção jornalística. Este é aliás um processo produtivo muito mais caracterizado pela transparência que o processo produtivo clássico do jornalismo. Por outro lado, numa época dominada pelos *social media*, a publicação de uma notícia é o início do processo, não é o final! O que obriga a repensar não só as atitudes dos jornalistas face ao processo produtivo, como também as suas competências profissionais para operar essas novas ferramentas comunicativas ao seu dispor.

No fundo, todos estes elementos conduzem à conclusão de que o jornalismo precisa de reinventar – e diversificar – o tipo de narrativas que adota na produção noticiosa. Esse é um dos aspetos em que muitas experiências interessantes estão a ser feitas, em contextos e com formatos muito diversificados (Polis, 2013). Nesta altura não sabemos se os vários tipos de narrativas que estão a ser testadas terão sucesso e se o futuro terá poucos ou muitos estilos diferentes de jornalismo, mas que a forma de veicular informação terá que mudar, por pressão das transformações da Sociedade em Rede mediada por tecnologias digitais, isso parece evidente.

Em suma, o jornalismo usa conceitos operativos como os de notícia, valor-notícia ou jornalismo de investigação, preenche funções operacionais como o *agenda-setting*, o *newsmaking* ou *gatekeeping* e usa diversas técnicas e rotinas produtivas como forma de preservar e desenvolver os valores fundamentais que lhe estão atribuídos em sociedade. Sem podermos ser exaustivos nesta parte, podemos dizer que é em nome de valores

OS DESAFIOS DO JORNALISMO EM REDE

fundamentais como a verdade, a confiabilidade, a objetividade e a imparcialidade que o jornalismo estabelece aquilo que deve ou não deve ser reportado e como deve ser reportado. É em nome desses valores que o jornalismo desenvolve as suas técnicas, as suas rotinas e consuma as suas funções. Ora, o que parece resultar da análise dessas rotinas, técnicas e funções, é que estas resistem pior do que os valores que lhes subjazem às transformações radicais introduzidas no novo paradigma digital de comunicação e informação. Isso pode querer dizer, basicamente, que os valores do jornalismo continuam a fazer sentido, mas as suas técnicas, funções e rotinas precisam de se adaptar às novas condições de exercício do seu papel na sociedade. É por isso que, como veremos, incluindo exemplos, existem oportunidades para o desenvolvimento do jornalismo na Sociedade em Rede que passam precisamente pela adaptação das formas e rotinas de produção jornalística às novas condições de produção, distribuição e consumo de informação na era digital. Nalguns casos isso implica a adição de novos valores e técnicas à base ideológica e à prática do jornalismo – como a transparência, a interatividade e as hiperligações, por exemplo. Noutros casos significa apenas praticar o jornalismo por outros meios e com outras ferramentas. Mas nunca significará apenas – como erradamente pensam muitos jornalistas e muitas organizações que produzem jornalismo – fazer o mesmo através de novos canais. Porque as transformações em curso são muito mais extensas e profundas do que simplesmente o surgimento de um novo canal ou canais de comunicação.

7.5. O Jornalismo em rede

Neste trabalho vimos quais são as transformações de fundo que estão a afetar a forma de produzir, distribuir e consumir informação em sociedade. Essas transformações afetam todo o tipo de comunicação social, incluindo naturalmente o jornalismo. Analisámos mais especificamente os valores, funções e rotinas principais do jornalismo, para ver até que ponto eram ou não afetadas pelas transformações em curso. Concluímos que alguns dos principais valores do jornalismo permanecem válidos, mas as rotinas, processos e técnicas produtivas escolhidas para os implementar precisam de mudar para se adaptar à Sociedade em Rede mediada por tecnologias digitais.

Iremos agora precisamente analisar quais são os novos tipos de jornalismo que é possível realizar na Sociedade em Rede. O objetivo é apontar os possíveis caminhos de evolução para o jornalismo abertos pelo novo paradigma de informação e comunicação em que vivemos e fornecer exemplos de empreendimentos jornalísticos inovadores que vão ao encontro do que a Sociedade em Rede espera deles e que usam as novas ferramentas digitais que a tecnologia coloca ao seu dispor. Na conclusão iremos tentar responder à questão central de saber, afinal, se existe ou não futuro para o jornalismo na Sociedade em Rede. Nesta parte, a abordagem tem um carácter mais prescritivo que analítico e aponta diversos caminhos para a evolução futura do jornalismo, das instituições que fazem jornalismo e dos próprios jornalistas.

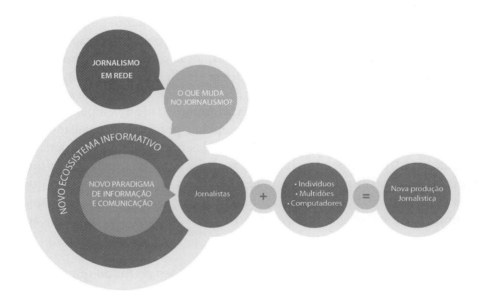

É importante recordar neste ponto que os seres humanos se relacionam em sociedade através da comunicação e da correspondente partilha de informação. O facto de hoje fazermos uma boa parte da nossa comunicação e partilha de informação, de forma mediada, através de uma panóplia de tecnologias digitais comandadas por computadores globalmente ligados em rede significa que as características dessas tecnologias, desses computadores e dessa arquitetura revestem e afetam todas as atividades humanas, incluindo naturalmente o jornalismo. Ou seja, a economia começa a funcionar em rede, a educação começa a funcionar em rede,

OS DESAFIOS DO JORNALISMO EM REDE

a saúde começa a funcionar em rede, os nossos relacionamentos sociais começam a funcionar em rede e, inevitavelmente, o jornalismo também começa a funcionar em rede. Por isso, temos que deixar de falar apenas em "jornalismo" e começar a falar em "jornalismo em rede" (Van der Haak, Parks & Castells, 2012: 2927). Ou então, em alternativa, devemos continuar a falar em "jornalismo", mas no entendimento implícito que ele será realizado "em rede", ou seja, dentro dos parâmetros do paradigma de informação e comunicação que foi descrito. Esses parâmetros – a arquitetura em rede, a migração para o digital, o domínio dos computadores, o "empoderamento" dos indivíduos e o alcance global – são precisamente os fatores que abrem as novas oportunidades para o desenvolvimento do jornalismo de que falaremos agora. Se repararmos bem nessas oportunidades – o *crowdsourcing*, o jornalismo de dados, o *live blogging*, a agregação e curadoria, o jornalismo automático, etc. – repararemos que todas e cada uma delas deriva de um ou vários dos fatores de transformação apontados neste trabalho: o "empoderamento" dos indivíduos, a importância dos computadores, a convergência de formatos, etc. Embora muitas vezes isso não seja claro – ou não seja devidamente manifesto – as novas oportunidades que se abrem ao jornalismo são precisamente aquelas que aproveitam os traços distintivos da nova Sociedade em Rede mediada por computadores e tecnologias digitais. Isso significa que o jornalismo se está a adaptar aos novos tempos através destas experiências (Beckett, 2010: 1).

Anderson, Bell e Shirky, no relatório já anteriormente citado, falam de "jornalismo pós-industrial" para significar que o jornalismo já não funciona segundo uma lógica linear, passível de ser controlada por um agente do processo – o jornalista e/ou a instituição jornalística – mas numa lógica de rede na qual existem numerosos outros atores com capacidade de influência (Anderson, Bell & Shirky, 2014: 86). A designação é diferente, mas o conceito é bastante aproximado. Como o nosso ponto de partida teórico é a tese da Sociedade em Rede de Manuel Castells, preferimos "jornalismo em rede" a "jornalismo pós-industrial".

A metáfora da rede, combinada com o "empoderamento" dos indivíduos anteriormente conhecidos como "audiência" pode levar a supor que todos os nós dessa rede – incluindo jornalistas e meios de comunicação social ou órgãos de informação – estão no mesmo patamar. De um determinado ponto de vista – que aliás é decisivo – estão-no de facto: os *media*,

MODELOS DE NEGÓCIO E COMUNICAÇÃO SOCIAL

como os jornalistas ou qualquer outro indivíduo têm igual acesso à rede (pelo menos enquanto ela for neutra) e a grande parte das ferramentas de participação na rede. Mas a metáfora da rede, embora útil e, desse ponto de vista, niveladora, não nos deve fazer esquecer que os nós não são todos iguais e que a relevância de cada um depende de vários fatores, sendo que o mais importante é o contributo que pode dar para o funcionamento da própria rede (Castells, 2011). É por isso que, como veremos na conclusão, parece haver uma centelha de esperança para o jornalismo na Sociedade em Rede digital. Como referimos, os modelos de negócio tradicionais do jornalismo são em grande parte destruídos pela redução do valor da informação que pode ser economicamente capturado (Moreno, 2014: 43). Mas os mesmos fatores que propiciam essa redução do valor económico da informação – o seu valor de troca – proporcionam um incremento historicamente inédito do valor social da informação, ou seja, do valor de uso que ela tem ou pode ter para os indivíduos, para os grupos de que fazem parte e para a sociedade como um todo (Moreno, 2014: 44). Ora, o jornalismo tem exatamente esse valor de uso, mas apenas se souber encontrar o seu novo papel no quadro da Sociedade em Rede. No entanto, se encontrar esse lugar, a sua presença na rede pode ser suficientemente valiosa para a própria rede e para os seus participantes para possibilitar alguma forma de sustentação económica para essa função. Esse é um assunto que será tratado na conclusão.

Como vimos acima, alguns dos valores do jornalismo permanecem válidos numa sociedade complexa e inundada de informação, mas as rotinas, processos produtivos e técnicas do jornalismo precisam de mudar para que este possa encontrar o seu espaço no novo paradigma de informação e comunicação digital. Em seguida veremos como deve mudar e quais as experiências que estão a ser feitas no sentido dessa mudança. Ao longo de mais de um século, o jornalismo cristalizou muitos procedimentos, muitas regras, e muitas ideias sobre si próprio e sobre a sua função e papel em sociedade. Essas ideias, regras e processos precisam de ser desconstruídos antes que alguma outra coisa possa ser construída no seu lugar. Não sabemos se as experiências que detalhamos mais à frente serão aquelas que irão vingar. Provavelmente muitas ficarão pelo caminho. Como aliás já aconteceu. Mas todas elas apontam caminhos que podem e devem ser trilhados por quem quiser desbravar o futuro do jornalismo.

7.6. O que deve mudar no jornalismo?

Como já vimos, há coisas que permanecem mas também há coisas que precisam de mudar para que o jornalismo se possa adaptar à nova realidade informativa da Sociedade em Rede. Os valores fundamentais da verdade e da confiabilidade que associamos ao jornalismo devem ser mantidos no futuro, mas os valores instrumentais da objetividade e imparcialidade terão que ser adaptados e muitas das rotinas e processos produtivos deverão ser completamente reconvertidos.

Toda a estrutura profissional de editores, redatores, ilustradores, desenhadores, fotógrafos, etc., construiu o seu autoconceito profissional e reuniu as suas competências na base do processo linear de produção de notícias que era característico da imprensa. E que a televisão e a rádio em grande parte continuaram (Anderson, Bell & Shirky, 2014: 83). Por isso, a adaptação do jornalismo ao novo ecossistema de informação na era digital vai inevitavelmente implicar o desaparecimento de algumas funções e profissões, o surgimento de outras completamente novas e a adaptação de todas as restantes. Dificilmente alguém que trabalhasse em jornalismo antes do surgimento da Internet poderá continuar a trabalhar da mesma forma no futuro. As recomendações que iremos fazer ao longo desta parte irão precisamente refletir essa necessidade de reconversão, nalguns casos, e de mudança profunda, noutros.

Para Anderson, Bell e Shirky, o novo ecossistema das notícias terá três novos protagonistas, a juntar aos jornalistas e às suas instituições: os indivíduos, as multidões e os computadores (Anderson, Bell & Shirky, 2014: 87). Os indivíduos entram no ecossistema do jornalismo porque agora, ao contrário do que acontecia antes, têm capacidade para produzir, partilhar e publicar informação sem necessitarem da mediação dos jornalistas ou das instituições jornalísticas.

As multidões tornam-se relevantes porque no novo paradigma a produção, distribuição e consumo de informação digital se faz através das redes sociais mediadas e essa mediação é ela própria geradora de informação. Por fim, os computadores (ou quaisquer outras máquinas dotadas de inteligência artificial) são protagonistas porque são eles que fazem a gestão dos dados digitais que compõem a informação. Como veremos ao longo das próximas páginas, todos estes três intervenientes, individualmente ou em conjunto, desempenham papéis decisivos nos novos modelos de jornalismo que estão a ser experimentados.

MODELOS DE NEGÓCIO E COMUNICAÇÃO SOCIAL

7.6.1. O que deve mudar nas instituições jornalísticas?

Como já foi dito anteriormente, as instituições jornalísticas, como qualquer instituição social, têm a função basicamente conservadora de reproduzir um processo ou comportamento que no passado foi desenhado, experimentado e repetido para produzir o resultado esperado.

Ora, num quadro de mudança radical e massiva como aquele em que vivemos, esses processos que o jornalismo com sucesso delineou ao longo dos últimos 100 anos são o principal obstáculo à mudança (Anderson, Bell & Shirky, 2014: 50). A própria divisão de tarefas no processo jornalístico é um travão institucional à inovação, uma vez que as pessoas tendem a resistir a fazer tarefas fora do seu programa de trabalho normal, o que está obviamente implicado no comportamento inovador, em particular em organizações – como as organizações jornalísticas – fortemente pressionadas pela convergência tecnológica e pelas linguagens de programação, por exemplo. Dito de outro modo, aos jornalistas e outros intervenientes no processo produtivo das notícias que quiserem participar na inovação em jornalismo será pedido que usem tecnologias e adquiram competências que não são as que atualmente usam ou possuem. Em muitos casos, as instituições jornalísticas receberão resistência nesse processo.

Mas, embora sendo primeiro um travão à inovação do que um seu acelerador, as instituições jornalísticas têm também atributos que, se corretamente aproveitados, podem ser trunfos importantes para a inovação em jornalismo. O primeiro desses atributos é a capacidade que (ainda) têm para alavancar projetos. É muito diferente começar um projeto inovador em jornalismo a partir do zero ou fazê-lo com o respaldo de uma instituição jornalística com ampla notoriedade e capacidade de divulgação. Este é um fator que favorece as instituições jornalísticas tradicionais no processo de inovação. Em segundo lugar, embora tenha vindo a decair consistentemente, o capital social e simbólico dos *media* ainda é assinalável. O que constitui, mais uma vez um trunfo importante para dar credibilidade a projetos de inovação. Em terceiro lugar, as organizações jornalísticas dão um carácter de continuidade ao exercício da função jornalística. E isso é um fator que dá credibilidade à sua ação em termos sociais. E, em quarto e último lugar, as instituições que praticam o jornalismo têm a capacidade de reagir com flexibilidade aos desafios do meio envolvente e adaptar-se rapidamente a novas realidades, como tem sido

312

OS DESAFIOS DO JORNALISMO EM REDE

provado várias vezes em relação à cobertura noticiosa de vários eventos. Essas instituições só precisam de conseguir aplicar essa flexibilidade e adaptabilidade aos seus processos e à sua organização interna (Anderson, Bell & Shirky, 2014: 52-65).

Anderson, Bell e Shirky introduzem o conceito de *"hackable workflow"*, para traduzir a ideia de que, na era digital, o processo de trabalho dos jornalistas deve poder ser continuamente desconstruído e reconstruído (Anderson, Bell & Shirky, 2014: 70). Para aqueles autores, o processo de trabalho associado ao jornalismo conjuga a ideia de que a função da instituição jornalística é reunir todos os recursos necessários para produzir e distribuir um determinado conteúdo noticioso e que o objetivo último é que esse conteúdo seja consumido, o que finaliza o processo. Ora, na Sociedade em Rede mediada por tecnologias digitais, o processo não tem essa linearidade nem tem um fim identificável. Os conteúdos produzidos ficam disponíveis para sempre (não são "consumidos") e podem ser reutilizados em diversos momentos, locais e contextos. O que significa que, no novo paradigma de informação e comunicação, deixa de existir um "noticiário" ou uma "edição" que sumariza as notícias dos dia ou da hora. A produção de informação é um processo permanente e a "notícia" não é nunca um produto acabado. E isso, naturalmente significa não só que a organização e os processos de trabalho das redações têm que mudar bastante, mas também, sobretudo, que eles têm que ter a flexibilidade de poderem ser alterados a qualquer momento. Têm que ser *"hackable"*, no conceito de Anderson, Bell e Shirky.

Isto equivale a dizer que a ênfase dos órgãos de comunicação social não deve continuar a estar no conteúdo, mas antes no fluxo. Ou seja, tão ou mais importante do que produzir conteúdos de qualidade é integrá-los nos fluxos de informação na rede de computadores que constitui a Internet. E integrá-los significa não apenas colocá-los lá, mas também produzi-los de maneira a que possam relacionar-se com outras informações conexas que circulam na rede, nomeadamente através de hiperligações. É por isso que alguns *sites* já permitem por exemplo *"twitar"* ou usar como citação apenas uma frase ou um parágrafo de um texto e é pela mesma razão que a plataforma Medium, por exemplo, permite desenvolver um *"thread"* de comentários relacionados a partir de cada um dos parágrafos dos textos longos que compõem aquela plataforma de publicação. Este tipo de referência detalhada a um "local" específico de um conteúdo informativo é possível devido ao facto de os computadores comandarem a informação e recolherem metadados sobre a mesma. É muito provável que no futuro este tipo de referências cruzadas seja possível também com outros tipos de conteúdos informativos, como o vídeo e o áudio, por exemplo. Isto significa que um conteúdo informativo – uma notícia, por exemplo – que não seja construído a pensar nestes fluxos em rede, está incólume enquanto produto informativo, mas não está verdadeiramente integrado nesses fluxos e torna-se portanto um "corpo estranho" no novo paradigma de funcionamento da comunicação e informação na Sociedade em Rede. É precisamente neste sentido que as organizações e empresas de jornalismo devem começar a dar mais ênfase ao fluxo do que ao conteúdo. Jeff Jarvis, por seu lado, considera que o processo deve sobrepor-se ao produto.

A informação na realidade é um fluxo que apenas se tornou um produto onde e quando precisou de se conformar às contingências de tempo e espaço dos processos de produção dos *mass-media*. Agora, libertada dessas amarras, a informação volta a assumir a natureza de um fluxo (Jarvis, 2014: 52). Como é fácil de perceber, isto tem implicações profundas na organização dos *media* e no processo de trabalho dos jornalistas. Mancini, por fim, também fala de "*hackear* o jornalismo" numa aceção próxima desta (Foletto, 2014). Para ele, *"hackear* o jornalismo" significa três coisas: colocar o jornalismo nos fluxos de conectividade em que os indivíduos estão hoje permanentemente embrenhados; conseguir envolver os utilizadores no processo de produção informativa; e organizar as instituições que praticam o jornalismo para que prestem o serviço público que se espera delas (Foletto, 2014: 73-79). Aliás, este é outro paralelo com a cultura *"hacker"*: adotar o serviço público e o interesse da comunidade como forma de nortear o jornalismo nas transformações que tem que fazer nos seus propósitos e nos seus processos (Foletto, 2014:72-73; Jarvis, 2014: 46).

7.6.2. O que deve mudar nos jornalistas?

Os jornalistas são aqueles que irão sentir mais imediatamente o embate com uma realidade em mutação rápida em profunda, justamente porque são eles que estão na linha da frente. Nas trincheiras dessa batalha, por assim dizer. E, como já foi dito antes, a partir de agora terão que partilhar o palco de produção de informação com outros atores.

Há indivíduos que criam blogues e *sites* pessoais de alta visibilidade e referência, há algoritmos que são produzidos a partir do comportamento *online* de multidões de indivíduos e há dados que são automaticamente gerados pelos computadores. E tudo isto é feito sem a intervenção dos jornalistas (Anderson, Bell & Shirky, 2014: 21). Em parte, não há como escondê-lo, alguns destes novos atores vêm ocupar espaços que eram dos jornalistas, como a crise e o correspondente emagrecimento das redações – em parte resultado da transferência de rendimento justamente para as plataformas de participação dos indivíduos – comprova claramente. No entanto, o papel desempenhado pelos indivíduos, pelas multidões e pelos computadores no novo paradigma de informação e comunicação leva Anderson, Bell e Shirky a considerarem que estes novos agentes do processo não vêm na realidade substituir os jornalistas, mas antes deslocá-los para uma posição diferente na cadeia informativa, menos ligada à recolha direta de informações e mais vocacionada para a verificação e interpretação de dados, de certa forma conferindo algum tipo de ordem "editorial" ao fluxo quase caótico de informação que atualmente circula pelos muitos canais existentes (Anderson, Bell & Shirky, 2014: 22). Ou seja, neste entendimento, estamos perto das funções de agregação e curadoria que outros autores também preveem que seja a dos jornalistas na era digital. Num ecossistema de informação em que existem muito mais vozes do que antes, nem todas dotadas do mesmo grau de credibilidade, e em que são combinados diferentes tipos de *media* – textos, imagens, vídeos, dados – as funções de curadoria são mais importantes do que nunca: saber que informação pesquisar e onde, reunir, selecionar e autenticar dados, adicionar contexto e interpretação, recomendar e dirigir a leitura, etc. (Jarvis, 2014: 59; Beckett, 2010: 17). Nalguns casos a agregação de dados ou informações pode mesmo ser feita automaticamente com algoritmos preparados para o efeito, mas o real valor que pode ser acrescentado pelos jornalistas está na curadoria desses fluxos de agregação. A agregação pode ser uma manifestação algorítmica, mas a curadoria deve envolver o contributo humano do jornalista (Grueskin, Seave & Graves, 2011: 87). Aliás, muitas plataformas de agregação de notícias que começaram por existir a partir da operação de algoritmos gerados a partir das redes sociais de cada utilizador começaram recentemente a ter equipas editoriais para fazer a curadoria desses fluxos de informação, como é o caso do Flipboard, por exemplo. O Facebook – outro exemplo – que é atualmente a mais importante fonte de notícias para a maioria dos indivíduos (cerca de 30 por cento dos indivíduos inquiridos num estudo da Pew recebem a sua informação via Facebook), começou por ter um algoritmo simples no seu *"news feed"*, conta atualmente com um algoritmo mais complexo e que pode ser customizado pelos utilizadores, mas ainda assim fez recentemente incursões na área da curadoria, com as notícias FB Newswire, e com a aplicação Paper, pensada justamente como um "jornal" baseado nos "conteúdos" que circulam naquela rede social, gerados pelos utilizadores ou disseminados pelos *media*.

RECOMENDAÇÕES PARA JORNALISTAS

- **Desenvolver novas competências narrativas** – aprender a usar vários tipos de *media* nas narrativas jornalísticas – convergência – e ganhar "faro" para identificar os temas que interessam aos utilizadores.
- **Criar e desenvolver uma comunidade de interesses e conhecimentos** – ser competente na sua área de especialização e criar uma comunidade à volta dessa área.
- **Aprender a manejar as métricas de audiências** – conhecer quem utiliza as informações e em que contexto pode ser uma ajuda fundamental para melhorar o trabalho do jornalista.
- **Aprender a trabalhar com dados na produção jornalística** – a enorme quantidade de dados produzidos e libertados pelos indivíduos, empresas e entidades públicas exige dos jornalistas novas competências no manejo e interpretação desses dados.
- **Aprender código** – não pode ser exigido aos jornalistas que conheçam todas as linguagens de programação. Mas compreender os fundamentos do código, como funciona e o que é possível fazer com ele é um importante factor de sucesso na era digital.

O autoconceito dos jornalistas está muito ligado à ideia de originalidade e relevância daquilo que reportam (Anderson, Bell & Shirky, 2014: 26). Os jornalistas veem-se a si próprios como especialmente preparados tecnicamente e deontologicamente para desempenharem essas tarefas e, sobretudo, veem-nas como o núcleo fundamental da sua função social. A relevância e importância das informações veiculadas pelo jornalismo é aquilo que, para muitos jornalistas, os distingue dos *bloggers*, por exemplo. Em parte os valores da objetividade e imparcialidade são – entre outros com eles relacionados – aquilo que explica, aos olhos dos jornalistas, essa distinção (Deuze, 2008). No entanto como já vimos e como veremos mais à frente, a emergência da Sociedade em Rede e o "empoderamento" dos indivíduos como produtores de informação desafia esse autoconceito de pelo menos duas formas. Primeiro, proporciona que outros intervenientes, que não os jornalistas, intervenham no processo de produção e informação. Em parte, isso irá implicar alguma forma de colaboração ou complemento com o trabalho dos jornalistas. E, segundo, a abundância de informação inunda a sociedade de factos e pede em contrapartida mais opinião e contextualização, o que pressiona os jornalistas para substituírem, pelo menos parcialmente, a sua objetividade pela sua transparência. Como veremos no ponto seguinte, isso é também manifesto em alguns dos caminhos de futuro que o jornalismo está a trilhar.

Por outro lado, no seu autoconceito, os jornalistas veem-se como diferentes dos agregadores de informação, sejam eles automáticos ou humanos, pelo facto de produzirem informações novas e não apenas congregarem informações que já existem. Acontece que também aqui há pelo menos duas razões para uma revisão do papel dos jornalistas no contexto da Sociedade em Rede. Primeiro, a abundância de informação e – sobretudo – a diversificação das fontes de informação sugerem uma maior importância da função de agregação de informação, que pode ser valorizada pelo trabalho dos jornalistas. E, segundo, o facto de toda a informação em formato digital ficar permanentemente disponível e referenciável e portanto poder ser usada a qualquer momento significa que as informações novas perdem peso face à informação acumulada e que esta pode sempre ser mais relevante para os indivíduos que a primeira. É por isso que a contextualização por via de hiperligações – que são referências a outras informações relevantes que foram acumuladas sobre o mesmo assunto – é tão abundante em blogues e nos meios nativos da Internet e menos frequente nas versões *online* dos *media* tradicionais. Esta maior relevância da agregação como campo de trabalho dos jornalistas é também, como veremos, uma área onde novos projetos estão a surgir. Aliás, é curioso notar que alguns dos mais bem-sucedidos projetos jornalísticos da era digital, como o Huffington Post, começaram precisamente por ser meios de agregação com critérios editoriais comparáveis aos do jornalismo e envolvendo jornalistas.

Em suma, o facto de na Sociedade em Rede, os indivíduos, as multidões e as máquinas serem produtores e distribuidores de informação

OS DESAFIOS DO JORNALISMO EM REDE

significa que nalguns casos os factos serão gerados e manipulados sem necessidade dos jornalistas; noutros casos, os jornalistas terão que conviver lado a lado e talvez até competir com esses novos produtores e distribuidores de informação; e noutros casos ainda, os jornalistas virão a ocupar um lugar diferente na cadeia de informação, complementar desses agentes, seja filtrando, interpretando e contextualizando o que eles produzem, seja produzindo notícias que podem ser filtradas, interpretadas e contextualizadas por eles. Seja como for, parece evidente que a Sociedade em Rede altera o papel ou papéis relativos dos jornalistas no palco da comunicação social e obriga a rever não só o seu autoconceito como também as suas competências profissionais.

Anderson, Bell e Shirky advogam que, para se manterem úteis no novo paradigma de informação e comunicação da Sociedade em Rede, os jornalistas precisam desenvolver ou aprimorar um conjunto de *"soft skills"* – sobretudo relacionadas com a sua atitude em relação à nova realidade com que são confrontados – e de *"hard skills"* mais ligadas a competências técnicas propriamente ditas (Anderson, Bell & Shirky, 2014: 31-39).

A primeira atitude que os jornalistas têm que desenvolver para se adaptarem ao novo paradigma é aceitarem a mudança, prepararem-se para ela e sobretudo serem capazes de ativamente procurarem a inovação. É dentro deste espírito que alguns autores falam de "jornalismo empreendedor", ou seja, uma atitude perante a evolução do jornalismo que vai ativamente (e não apenas reativamente) à procura das formas mais inovadoras de consumar a missão do jornalismo no novo quadro social em que hoje se move (Anderson, Bell & Shirky, 2014: 32). Na maior parte dos casos, "empreendedorismo" significará desenvolver de raiz novos projetos de jornalismo, mas noutros casos poderá também significar trabalhar proativamente para estimular a inovação a partir de dentro de instituições já existentes e/ou tradicionais.

O segundo conselho para os jornalistas em mudança é que mantenham e desenvolvam a sua habitual capacidade para o *"networking"*. Ser capaz de manter e desenvolver uma rede de contactos sempre foi um dos atributos centrais dos jornalistas. No novo quadro em que agora se movem, eles só têm que manter essa atitude e alargar a sua "rede" a outras entidades e indivíduos, através dos novos canais disponíveis. As redes sociais, por exemplo, são uma ótima câmara de amplificação do trabalho dos jornalistas, mas são também – talvez ainda mais importante –

um elemento central para ativação de contactos na Sociedade em Rede. Em parte, isso irá também implicar para os jornalistas o desenvolvimento da sua capacidade para colaborar com outros agentes laterais ou centrais no processo informativo. Em muitos casos, o jornalista vai ter que colaborar ativamente com programadores, *developers*, gestores de projetos, etc., para levar avante o seu projeto jornalístico.

Outra atitude que os jornalistas precisam refinar para aproveitarem as oportunidades abertas pelo novo paradigma de informação e comunicação da Sociedade em Rede é desenvolverem a sua *"persona"*. Já vimos que a separação entre opinião e factos que estava na base da procura da objetividade está a ser parcialmente substituída pela transparência e pela assunção de causas. Nesse sentido, o desenvolvimento de uma "personalidade pública" – quase como uma "marca" pessoal – deixa de ser privilégio de alguns colunistas e *"opinion-makers"* e passa ser um imperativo para todos os jornalistas. Este é aliás um fator decisivo na forma de o jornalista e a instituição a que está ligado angariarem confiança no novo paradigma de comunicação, como já vimos.

Outra coisa que os jornalistas precisam de entender, no novo quadro em que se movem, é que, ao contrário do que acontecia antes, o momento da publicação de uma notícia ou de uma reportagem não é o fim do processo, mas o seu início. Desde logo, porque o jornalista deve ser o primeiro interessado em acompanhar (e responder) aos comentários e reações que o seu trabalho suscitar nas várias plataformas pelas quais flua. Mas também porque, ao contrário do que acontecia nos formatos analógicos, o resultado do trabalho do jornalista não "desaparece" depois da próxima edição; ele continua ativo *ad eternum* e pode ser relevante em qualquer momento.

Por fim, num quadro de mudança tecnológica acelerada, com novidades a surgirem quase todos os dias, é fundamental que o jornalista tome conhecimento com o máximo possível dos aparelhos, tecnologias e plataformas que possam ser relevantes para o seu trabalho. Muitas vezes, esta "experimentação" – "meter as mãos na massa", como se costuma dizer – pode não resultar em nenhum trabalho jornalístico efetivo, mas permite ao jornalista compreender o funcionamento das tecnologias digitais e perceber como as poderá vir a integrar no seu processo produtivo em ocasiões futuras.

OS DESAFIOS DO JORNALISMO EM REDE

Em relação às *"hard skills"* – competência técnicas sugeridas por Anderson, Bell e Shirky para o jornalista do século XXI – elas envolvem continuidades evolutivas e mudanças mais radicais (Anderson, Bell & Shirky, 2014: 35-39). Por exemplo, uma das competências apontadas é a capacidade para construir narrativas, aquilo a que aqueles autores chamam *"storytelling"*. Obviamente, essa sempre foi uma competência central dos jornalistas. Mas, no quadro atual, com a disponibilidade de ferramentas digitais que existe e com a convergência de vários formatos num só aparelho, tanto ao nível da produção como do consumo de informação, a forma de construir narrativas (ou as formas possíveis de o fazer) fica muito alterada. Por isso, os jornalistas têm que atualizar as suas competências tendo em conta essas novas ferramentas e o tipo de consumos informativos que os indivíduos fazem nos seus aparelhos convergentes. Isso é algo que atravessa várias das novas experiências que estão a ser feitas no jornalismo, como veremos mais à frente, e aplica-se ao tipo de conteúdos que são incluídos numa peça jornalística (como o projeto Snowfall do New York Times, por exemplo) como também à capacidade para identificar os assuntos que possam interessar à potencial audiência. Isso também pode e deve ser visto como uma competência narrativa. Claro que nesse contexto nos lembramos imediatamente de *sites* de *"link baiting"* (captura de audiências) populares como o Buzzfeed. Mas essa mesma competência para identificar e apresentar temas e notícias que sejam apelativos para a audiência é a que está na origem de *sites* mais "respeitáveis" como o "Brain Pickings", de Maria Popova, ou o "I Fucking Love Science", de Elise Andrew. Saber identificar temas interessantes no contexto digital também é uma competência que os jornalistas precisam desenvolver, qualquer que seja o tipo de jornalismo que estão a fazer ou pensam vir a fazer no futuro. Por exemplo, o funcionamento dos *"listicles"*, artigos narrativamente compostos como se fossem uma lista, a sua popularidade e os fins que podem ou não servir, é uma competência que seria útil para todos os jornalistas adquirirem na era digital, independentemente de trabalharem ou não nos *sites* de informação que preferencialmente usam essa técnica.

Outra competência que os jornalistas têm vindo a desenvolver mas devem reforçar é a especialização. Com o acesso mais fácil à produção de informação e o correspondente aumento da presença de vozes no espaço comunicativo aumenta também a disponibilidade de especialistas. O que significa que os jornalistas têm que ser ainda mais competentes do que antes na sua área de especialidade. Alguns autores falam de uma espécie de "micro-fama contextual" para apontar aos jornalistas o desenvolvimento de comunidades de conhecimento e interesse à volta da sua área de especialização, algo que é aliás complementar da estratégia de desenvolvimento de uma "marca" pessoal que já foi referida atrás (Anderson, Bell & Shirky, 2014: 35). Isto, obviamente, é facilitado pelas numerosas plataformas e ferramentas que agora cada jornalista tem ao seu dispor para o fazer.

Vivemos num mundo inundado em dados. À medida que cada vez mais indivíduos, empresas, agências públicas e autoridades governamentais produzem e libertam dados, aumenta a quantidade e variedade de dados disponíveis e portanto também a necessidade de competências para os interpretar e manejar com o objetivo de deles retirar sentido e informação. Essa é outra competência que os jornalistas devem desenvolver e que já hoje dá origem a várias experiências ao nível do "jornalismo de dados" que têm mostrado bons resultados, como veremos adiante. Em muitos casos, neste tipo de jornalismo, os jornalistas irão colaborar com outro tipo de profissionais com maiores competências nessas áreas, mas tirarão melhor partido jornalístico dos dados se tiverem eles próprios competências nesse campo.

Uma segunda área "técnica" que os jornalistas precisam desenvolver nas suas competências é a que se refere às métricas de medição de audiências. Na era digital em que vivemos, as ferramentas disponíveis proporcionam amplas informações sobre quem consome as notícias que o jornalista produz e em que contexto. Independentemente de poder ou não ser utilizada para maximizar tráfego e visitas – essa é outra questão – essas métricas dão *feedback* importante a quem produz a informação sobre o uso que os utilizadores finais dão a essa informação. E isso pode ser muito enriquecedor para o jornalista. Donde, um conhecimento suficiente dessas métricas é fundamental na era da informação digital.

Outro assunto frequentemente debatido entre jornalistas – acerrimamente – é se estes devem ou não aprender os códigos das linguagens de programação. Nas várias manifestações da Internet atual, são usadas muitas linguagens diferentes, cada uma com as suas complexidades diferentes Por isso dificilmente poderá ser pedido a um jornalista que as domine fluentemente a todas. Até porque, no contexto da sua produção

OS DESAFIOS DO JORNALISMO EM REDE

informativa, terá a colaboração de outros agentes do processo, os programadores, com conhecimentos mais profundos dessa matéria. Mas entender a literacia básica dos códigos de programação, perceber como é que eles funcionam e o que é que se pode fazer com eles é algo fundamental para o trabalho dos jornalistas na era digital. Não só para resolverem pequenos problemas de código quando eles surgem como também para estarem em melhores condições para partilhar tarefas com os programadores mantendo o controlo do processo. Por isso, esta é talvez, das *"hard skills"* referidas, aquela de cujo desenvolvimento os jornalistas poderão tirar mais benefício a médio e longo prazo em termos do seu controlo sobre o processo de produção de informação. Nas instituições que praticam jornalismo, esta também é uma competência normalmente bastante escassa, o que, para muitas dessas instituições, é uma barreira importante à inovação na forma de fazer jornalismo.

7.7. Experiências de inovação em jornalismo digital

Para Anderson, Bell e Shirky, a confrontação das instituições de *media* em geral e as que fazem jornalismo em particular com a transformação do paradigma de informação e comunicação em que operam irá gerar três resultados diferentes. Algumas delas irão entrar em decadência e acabar por morrer sem se conseguirem adaptar à nova realidade. Outras irão ter grandes dificuldades e acabarão por conseguir fazer essa transição. E outras ainda irão nascer de raiz para responder às necessidades de informação do novo paradigma (Anderson, Bell & Shirky, 2014: 46). Em qualquer dos casos, no futuro existirão apenas instituições que estejam adaptadas às condições de funcionamento do novo paradigma de informação e comunicação da Sociedade em Rede. E, uma vez que as organizações são compostas por pessoas, isso significa que continuarão a trabalhar nesta área aqueles indivíduos – jornalistas ou não – que sejam capazes de se adaptar a essa nova realidade.

Por isso nos exemplos de inovação em jornalismo que veremos a seguir é isso que iremos encontrar. Na maior parte dos casos estaremos perante instituições e jornalistas (ou similares) que souberam fazer ou estão a saber fazer a transição que descrevemos no ponto anterior. São por isso, em cada caso, um farol para as restantes instituições que praticam o jornalismo e para os restantes jornalistas. Obviamente, nenhum dos caminhos de inovação abertos ao jornalismo – e que a seguir listamos, de forma não exaustiva – provou até ao momento ser um sucesso definitivo (e alguns já se registam como falhanço; faremos referência a eles sempre que se justifique). Mas todos eles aproveitam uma ou mais das várias oportunidades de desenvolvimento do jornalismo que são abertas pelas transformações na Sociedade em Rede. Por isso, sem ser exaustiva, a lista integra exemplos que potenciam o contributo informativo dos indivíduos ou das plataformas que os congregam, outros que aproveitam as novas ferramentas que as tecnologias digitais colocam ao dispor do jornalismo e dos jornalistas, outros ainda que tiram partido da capacidade de manipulação e informação dos computadores, e outros, finalmente, que assumem como chave o alcance global das redes de comunicação digitais.

Inovação no Jornalismo EM REDE

Acesso/novos actores
- Crowdsourcing
- User generated content
- Jornalismo independente
- Jornalismo de proximidade

Novas abordagens
- Jornalismo de actualidade
- Jornalismo de formato longo
- Jornalismo explicativo

Convergência/novas ferramentas
- Live blogging
- Jornalismo visual
- Jornalismo de ponto de vista
- Jornalismo virtual/imersivo

Computadores
- Jornalismo de dados
- Jornalismo de agregação/ curadoria
- Jornalismo automático

Alcance
- Jornalismo global

Em cada nova experiência jornalística veremos primeiro o que ela significa e como combina aquilo que são os objetivos e funções do jornalismo com as potencialidades das novas tecnologias digitais, dos computadores e da arquitetura em rede. Ou seja, não se trata aqui de apenas uma das duas coisas – fazer jornalismo por outras vias ou usar as tecnologias digitais para produzir informação – mas de uma verdadeira combinação entre as duas. Por isso é que estes exemplos – e outros que aqui poderiam estar – são apresentados precisamente como manifestações de novas formas de jornalismo na Sociedade em Rede.

7.7.1. *Crowdsourcing* e conteúdos gerados pelos utilizadores

Naturalmente, o facto de na moderna Sociedade em Rede todos os indivíduos poderem agir como produtores de informação e não apenas seus consumidores é o aspeto singular mais decisivo para a transformação da paisagem mediática. E provavelmente aquele que encerra maiores potencialidades para a evolução do jornalismo. *Crowdsourcing* refere-se geralmente a dados gerados pelos utilizadores de informação, no contexto dessa utilização, que se tornam eles próprios informação relevante. Os algoritmos funcionam deste modo. Os conteúdos gerados pelo utilizador, por seu lado, correspondem normalmente a conteúdos mais ou menos formais, de qualquer tipo, que são produzidos e distribuídos pelos utilizadores nas redes que usam para comunicar, muitas vezes através dos próprios meios de comunicação social (Van der Haak, Parks & Castells, 2012: 2928).

Face ao fluxo cada vez maior deste tipo de conteúdos – derivado da sua diversidade – o valor dos jornalistas resulta de proporcionarem verificação, filtragem, contextualização e interpretação, um valor que será tanto maior quanto mais abundante e heterogéneo for esse fluxo.

Talvez por isso, este é um campo no qual os órgãos de comunicação social mais têm estado a tentar inovar. A BBC, por exemplo, tem um núcleo interno de jornalistas – a que chama *BBC User Generated Content Hub* – cuja missão é precisamente analisar os vídeos, imagens e informações enviadas pelos utilizadores através das várias redes sociais que eles utilizam para o efeito, e que são permanentemente monitorizadas. Essa necessidade de verificar, filtrar e contextualizar os conteúdos gerados pelos utilizadores foi aliás o móbil para o surgimento da Storiful, a primeira agência de *"social news"*, destinada a fazer precisamente esse serviço para os órgãos de informação tradicionais. A *start-up*, sedeada em Dublin, surgiu em 2010 e no final de 2013 foi adquirida pelo grupo de *media* News Corporation. No entanto, algumas plataformas muito recentes, estão a tentar adjudicar esta função de filtragem e validação (*"fact--checking"*) também aos utilizadores mediante mecanismos de *crowdsourcing*. É o que faz, por exemplo, a plataforma Grasswire, que permite que sejam os próprios utilizadores a validar e avaliar as informações que são partilhadas nas redes sociais.

O Guardian, outro exemplo, lançou recentemente uma *app* para iPhone e Android na qual os utilizadores podem submeter diretamente

MODELOS DE NEGÓCIO E COMUNICAÇÃO SOCIAL

vídeos ou imagens para o jornal, sem passar pelas redes sociais convencionais. Algumas vezes, estes vídeos ou imagens são depois integrados nas peças do Guardian, nomeadamente em operações de *"live blogging"* sobre determinados eventos. Estes são dois exemplos que sistematizam algo que grande parte dos *media* tradicionais fazem com alguma frequência, que é pedir às suas audiência para contribuírem com informações, vídeos e/ou imagem sobre um determinado assunto da atualidade. Procurando participações mais sistematizadas e densas do ponto de vista da opinião, o Telegraph, por exemplo, tem desde 2007 uma secção de blogues chamada MyTelegraph, aberta a todos os utilizadores, que conta atualmente entre 10 e 15 mil participantes regulares (Beckett, 2010: 7).

Uma das dificuldades notadas neste tipo de empreendimentos jornalísticos – assinalada por exemplo, pelos próprios responsáveis do projeto MyTelegraph – é o facto de as matérias tratadas acabarem por ficar demasiado distantes e distintas das matérias normalmente noticiadas pelo jornal. As abordagens do Guardian e da BBC, por outro lado, limitam-se a aproveitar os contributos populares, sem fomentar uma grande interatividade com os seus autores. Ou seja, há aqui um espaço intermédio ainda inexplorado no qual o jornalismo pode ter uma palavra a dizer. No pressuposto, no entanto, que esteja assumido, que esse espaço intermédio – que é afinal um espaço "dos utilizadores" implica uma transferência de controlo da instituição jornalística para a comunidade que se cria através dessa participação (Beckett, 2010: 8).

Ainda no campo do *crowdsourcing*, são cada vez mais frequentes as plataformas do tipo da Ushahidi, um *website* que, em momentos de calamidade social (catástrofes naturais, etc.) permite aos indivíduos fazer contributos para o *site* através de telemóvel, *e-mail*, SMS ou Twitter com informações úteis e geolocalizadas para ajudar as equipas de salvamento. Este era um tipo de informação que passava muito pelos *media* tradicionais e que agora passa crescentemente por este tipo de plataformas e portanto "ao lado" dos *media* tradicionais. Embora sejam, obviamente, informações de interesse público.

Uma palavra final para um tipo muito específico de *"crowdsourcing"* – o *"crowdfunding"* – que pode ter consequências muito interessantes sobre o modo de fazer jornalismo em rede. O *"crowdfunding"* começou com *sites* como o Kickstarter, destinados a gerar fundos, atribuídos pelos utilizadores e troca de recompensas diversas, para o nascimento de projetos tec-

OS DESAFIOS DO JORNALISMO EM REDE

nológicos inovadores. O conceito estendeu-se ao campo do jornalismo com plataformas como o Spot.us, o Beacon e o iFundNews (em Portugal, desde 2013), onde os projetos de investigação ou produção jornalística são financiados pelos utilizadores um a um. O problema com estes projetos é que, embora interessantes como conceito, anda não provaram a sua validade enquanto modelos de financiamento para o jornalismo de investigação que pretendem servir. O iFundNews não tem nesta altura quaisquer propostas a financiamento e apenas uma – como exemplo – financiada. O Spot.us também não está nesta altura a aceitar novas propostas nem novos donativos porque – entre outras razões – os seus responsáveis estão a "reavaliar o modelo de negócio".

7.7.2. Jornalismo independente

O jornalismo independente refere-se à entrada no campo do jornalismo de indivíduos e instituições que antes não faziam jornalismo ou não produziam informação. A facilidade de acesso à produção de informação *online* (com ferramentas e recurso gratuitos ou extremamente baratos) explica o surgimento de indivíduos ou instituições que, não sendo estritamente jornalistas ou compostas por jornalistas, produzem informação e acabam por "agir como" jornalistas (Anderson, Bell & Shirky, 2014: 22). O *site* Mumsnet, por exemplo, que nasceu do esforço inicial de uma fundadora, afirma explicitamente que é feito "de pais para pais" e afirma como missão, entre outras, a independência e o serviço à comunidade (Beckett, 2010: 13-14). O blogue Scotusblog, por seu lado, é também algumas vezes dado como exemplo por causa da forma como conseguiu – antes e com mais eficácia – reportar as determinações decisivas do Supremo Tribunal norte-americano sobre a regulamentação de saúde do presidente Obama (Anderson, Bell & Shirky, 2014: 19-20). Aquele blogue – fundado por um casal, marido e mulher, com nenhuns conhecimentos jornalísticos mas uma vida inteira dedicada ao mundo das leis – conseguiu reportar essa questão mais cedo e melhor que os *media* porque, precisamente, o Supremo Tribunal é o seu único foco de interesse, em relação aos quais desenvolveu ao longo do tempo canais de comunicação muito diretos. Como estes dois poderíamos enumerar dezenas de exemplos de *websites* e blogues que, nascendo ou sendo inteiramente explorados por não jornalistas, acabam por fazer um trabalho e desempenhar funções sociais que facilmente se podem considerar "jornalísticas". Da ampla investigação

MODELOS DE NEGÓCIO E COMUNICAÇÃO SOCIAL

que já foi feita sobre blogues, existem dois traços que são comuns à maioria desses projetos e que – combinados ou em separado – explicam a sua popularidade. Primeiro, o facto de serem especialistas. Como dizia Dan Gillmor, a nossa audiência sabe mais do que nós (Gillmor, 2005: 15) e isso reflete-se na forma como em certas circunstâncias um conjunto alargado de pessoas pode produzir melhores resultados que uma só pessoa mas também no modo como um indivíduo ou um grupo restrito de indivíduos pode desenvolver as suas competências numa determinada área de especialidade. O segundo traço comum à maioria desses *websites* ou blogues de não jornalistas é que eles tendem a gerar uma comunidade fiel à sua volta, que acaba por ser atraída até mais pela pertença a essa comunidade do que propriamente pelas informações que recolhe. Desenvolver uma especialidade e criar uma comunidade, recorde-se, foram precisamente dois dos conselhos que demos atrás para a evolução dos jornalistas.

Mas esta facilidade de acesso à produção de informação (e à descoberta de públicos) proporcionada pelas tecnologias digitais abre ainda outro caminho importante para a evolução do jornalismo, que se prende com o tipo de entidades que passam a poder intervir no sistema social de distribuição de informação. Já referimos anteriormente o exemplo do *site* Wikileaks (a que poderíamos juntar o caso das denúncias de Edward Snowden) e das suas variantes nacionais como exemplos de *websites* que fazem alguma forma de jornalismo mesmo sem serem (ou terem que ser) jornalistas na aceção clássica. Mas a mesma facilidade de acesso à produção de informação e à descoberta de públicos é o que explica o surgimento de múltiplos *websites* de jornalismo de investigação associados a projetos não comerciais (*non-profit*) como o ProPublica, o Center for Investigative Reporting, o Mother Jones ou o francês Mediapart. Estes órgãos de comunicação social (a utilização da designação é intencional) empregam jornalistas, fazem o tipo de jornalismo de investigação que associamos à essência do jornalismo e fazem-no numa abordagem "*non-profit*"[9]. São obviamente um caminho de evolução possível para o jornalismo. Cumprem as suas funções mais nobres no contexto da Sociedade

---

[9] Aliás, o *site* ProPublica divulgou, mesmo quando este relatório estava a ser escrito, gravações secretas de reuniões do Federal Reserve Bank norte-americano que expõem as fragilidades da regulação financeira. O paralelo com os casos Wikileaks ou Snowden é gritante. Link: http://www.propublica.org/article/carmen-segarras-secret-recordings-from-inside-new-york-fed

OS DESAFIOS DO JORNALISMO EM REDE

em Rede e fazem-no dentro de um modelo de negócio que parece viável, desprovido de valorização económica da informação, mas sustentando o seu valor social.

Por outro lado, a facilidade de acesso à produção de informação, a facilidade em descobrir novos públicos para ela e as comunidades que é possível criar em seu redor são também um forte polo de atração para que as marcas e empresas – que tradicionalmente comunicavam através dos *mass-media* – comecem a comunicar diretamente e a desenvolver elas próprias projetos de comunicação próximos (ou confundíveis) com o jornalismo, como a *"native advertising"* e o *"content marketing"*, mas também através de conteúdos próprios produzidos e distribuídos pelos canais dessas marcas e empresas. Nalguns casos, como sabemos, há mesmo publicações licenciadas para o efeito. À primeira vista poderia parecer fácil distinguir um conteúdo editorial de um conteúdo comercial, mas essa distinção é cada vez mais difícil e a fronteira entre um e outro torna-se difusa. Com o dado contextual adicional que muitos desses empreendimentos – que obviamente não são jornalismo – aproveitam o esvaziamento dos *media* tradicionais para contratarem jornalistas ou ex-jornalistas para fazerem esse trabalho. Este é também um desenvolvimento recente que desafia o futuro do jornalismo e sobretudo desafia o próprio jornalismo enquanto conceito válido para a era em que vivemos.

7.7.3. Jornalismo de proximidade

Embora o alcance global das redes de comunicação seja um dos aspetos que mais contribui para a transformação do jornalismo, a tendência contrária também ocorre, por causa da redução dos custos de acesso à produção e distribuição de informação. A já referida facilidade de acesso à produção de informação combinada com a facilidade em descobrir públicos e em estimular o sentido de comunidade é um impulso importante para o chamado jornalismo de proximidade. É por isso que vemos surgir órgãos de informação de alcance realmente global, mas também outros vocacionados para comunidades específicas delimitadas geograficamente. O facto de estes órgãos de informação poderem operar com uma estrutura de custos bastante reduzida explica que surjam com frequência em cidades ou regiões de alguma dimensão. Em geral são canais de informação tematicamente transversal, com conteúdo editorial generalista, mas cobrindo apenas notícias e eventos relativos à cidade ou região em causa.

MODELOS DE NEGÓCIO E COMUNICAÇÃO SOCIAL

"O Corvo", em Lisboa, o "Porto24", no Porto, ou o "Tribuna Alentejo", com vocação regional, são exemplos disso. O Barista e o Batavian são dois exemplos internacionais dos mais conhecidos. O *site* Everyblock, de Chicago, está ainda um passo mais à frente e permite ao visitante inserir um código postal para ter novidades e informações georreferenciadas a esse local. Este tipo de órgãos de informação, com receitas reduzidas mas custos de operação igualmente reduzidos, continuarão provavelmente a operar no futuro segundo critérios jornalísticos.

7.7.4. *Live blogging*

O *live blogging*, que talvez pudéssemos traduzir – adaptando – como "reportagem ao vivo", é um formato que vários órgãos de informação têm adotado (já veremos exemplos) e que traduz vários elementos que já identificámos como fatores de mudança: a convergência que permite ao jornalista usar vários tipos diferentes de mensagem (texto, áudio, imagem, vídeo); a personalização da abordagem que está implicada no relato "na primeira pessoa"; e a ideia de fluxo de informação associada à produção dessa mesma informação num formato de blogue. Lille Choularaki, professora da London School of Economics em Political Science, citada por Charles Beckett, sugere que o *live blogging*, juntamente com os restantes *media* participativos da nossa era, nos estão a levar a uma realidade para além dos *mass-media* – uma espécie de mundo "pós-televisão" – no qual a lógica tradicional da narrativa está a ser substituída pela lógica das notícias como interatividade tecno-textual, uma textualidade tecnologicamente mediada. Isso é precisamente o jornalismo em rede (Becket, 2010: 5). É por isso que o *live blogging* – que no fundo é apenas uma técnica jornalística – parece estar tão bem adaptado àquilo que são os desafios do jornalismo na nova realidade comunicativa em que se move.

O inglês The Guardian, por exemplo, foi dos primeiros órgãos de informação a usar intensamente o *live blogging*, nomeadamente na cobertura das eleições britânicas de 2010 (Beckett, 2010:4) e continua a usar esse formato nos temas de atualidade que exigem um acompanhamento regular e usam várias fontes, como é exemplo a notícia (em desenvolvimento no momento) dos ataques aéreos ao Estado Islâmico. As ferramentas colocadas ao dispor dos indivíduos – e portanto também dos jornalistas – para a produção de informação vão também neste sentido de integração e personalização. O Storify, por exemplo, é uma plataforma de congregação de vários conteúdos que pode ser usada para ações de *live blogging* por quem quer que possua uma conta.

7.7.5. Jornalismo visual

O vídeo está rapidamente a tornar-se uma ferramenta de informação fundamental para todos aqueles que trabalham em jornalismo, não só nos *media* tradicionalmente "visuais", como a televisão, mas também em todos os outros, o que é uma óbvia decorrência da convergência já referida (Van der Haak, Parks & Castells, 2012: 2931). Esta tendência deverá manter-se e portanto continuará a condicionar o desenvolvimento das novas formas de fazer jornalismo. Aliás, se a tese do "parêntese de Gutenberg" (Pettitt, 2014) estiver correta, a transição de um paradigma informativo baseado na textualidade para um outro baseado na oralidade passa precisamente pelo vídeo. O que não é difícil ver manifesto no facto de até há pouco tempo o vídeo ser usado sobretudo como um complemento da notícia e agora, crescentemente, ele ser o centro da notícia, contextualizado com alguma descrição... textual. NowThis News, por exemplo, é um *website* noticioso que parte do vídeo para construir a sua oferta informativa (com ligações muitos estreitas ao mundo *mobile*, graças a aplicação nativas iOS e Android), que aliás foi recentemente incluído na órbita do canal de televisão NBC. O Vice, outro empreendimento jornalístico que tem vindo a ganhar audiência e prestigio em termos globais, baseia grande parte do impacto das suas reportagens no vídeo que frequentemente as acompanha.

Em suma, o vídeo tem vindo a ganhar importância como formato informativo e tudo indica que isso vá continuar no futuro. Até por duas razões adicionais a juntar àquelas de que já falámos: por um lado, a pesquisa e manipulação da informação em formato de vídeo digital tem vindo a refinar-se com o tempo, o que significa mais flexibilidade de utilização deste formato; por outro lado, as ferramentas *online* para edição e tratamento de vídeo também estão a ficar mais acessíveis e mais baratas, o que facilita a entrada novos "produtores" neste campo.

7.7.6. Jornalismo de "ponto de vista"

Como vimos anteriormente, a objetividade deve dar parte do seu espaço à transparência nos valores de referência do jornalismo na era da Sociedade em Rede (Van der Haak, Parks & Castells, 2012: 2931). Em parte isso significa dar mais valor a uma abordagem que, em vez de neutra, seja empenhada e integrada com a realidade que está retratar. É daí que resulta o jornalismo de "ponto de vista", no qual tão ou mais importante do que reportar um determinado evento, é descrevê-lo ou narrá-lo tal como ele é percecionado na primeira pessoa. Basicamente, o que se procura neste tipo de jornalismo é um mecanismo de identificação com os destinatários, uma vez que esse é também o tipo de utilização que eles fazem das tecnologias de informação e comunicação ao seu dispor, ou seja, a já aludida autocomunicação de massas. Obviamente, o vídeo é o formato que mais naturalmente se presta a este tipo de jornalismo de ponto de vista, seja como um apoio decisivo à narrativa, seja como o elemento central desse jornalismo. Van der Haak, Parks e Castells dão o exemplo do documentário "Deconstructing Foxconn", sobre as condições de trabalho naquela fábrica chinesa de aparelhos eletrónicos, que foi em grande parte construído com o contributo de vários estudantes em situações de jornalismo de "ponto de vista", neste caso o "ponto de vista" dos trabalhadores da fábrica (Van der Haak, Parks & Castells, 2012: 2932). Novamente, o *site* de notícias Vice, já referido, usa abundantemente as imagens de vídeo a seguirem os repórteres em situação de guerra ou conflito como forma de gerar uma certa forma de jornalismo de "ponto de vista". Igualmente certos recursos cada vez mais abundantes, como as câmaras 3D ou as tomadas de imagem panorâmicas ajudam a colocar o destinatário da informação "como se estivesse" no local, como acontece na visualização da CNN para o terramoto no Haiti, usando uma câmara de vídeo de 360 graus.

Hoje em dia muitas aplicações e plataformas *web* já utilizam as imagens do Google Street View através da API disponibilizada para esse efeito. O jornalismo tem sido um pouco mais lento a utilizar este tipo de *mash-up* sobre a sua própria produção de informação. O que significa que existe ainda um caminho a percorrer neste aspeto para utilizar todo o potencial da tecnologia.

7.7.7. Jornalismo "virtual"

Como decorre facilmente do ponto anterior, o culminar do jornalismo de "ponto de vista" é – na medida em que a tecnologia o permita – o jornalismo "virtual" (ou jornalismo "imersivo", na tradução literal do inglês *"immersive journalism"*), um tipo de jornalismo que tem por objetivo ten-

OS DESAFIOS DO JORNALISMO EM REDE

tar colocar o destinatário no lugar exato do acontecimento. A realizadora espanhola Nonny de la Peña tem vindo a trabalhar nessa área com resultados interessantes em termos de confluência entre dados provenientes da realidade com elementos que são tecnologicamente introduzidos pela realizadora.

Obviamente, uma abordagem deste género levanta questões deontológicas que transcendem o próprio jornalismo. Mas, do ponto de vista do jornalismo, são uma utilização "de ponta" de que certamente voltaremos a ouvir falar mais vezes no futuro próximo, à medida que a tecnologia que a permite realizar se vá refinando.

7.7.8. Jornalismo de atualidade

Nos tempos que correm, as redes sociais *online* são os "olhos" e os "ouvidos" do jornalista no local de um acontecimento. Cada vez mais frequentemente, os acontecimentos noticiáveis – aquilo a que normalmente se chama *"breaking news"* – são primeiro despoletados numa rede social em resultado de uma imagem, um vídeo ou um simples *post* de uma testemunha e só depois chega ao radar de um meio de comunicação social tradicional. Cada indivíduo com um aparelho computorizado no bolso – como um *smartphone*, por exemplo – é um potencial ponto de recolha de uma representação digital (imagem, som ou texto) do acontecimento. E uma vez que essa "representação digital" esteja na rede, ela fica ao alcance de toda a rede.

Um caso exemplar aconteceu com um banal acidente de automóvel que envolveu o jogador de futebol do Sporting e da seleção portuguesa Nani. O primeiro órgão de informação a noticiar o acidente terá sido o jornal Correio da Manhã na sua edição *online*, às 14.24h (atualizada às 14:40 com um vídeo), sendo que desenvolveu a história no dia seguinte, na edição em papel, com chamada de capa. Mas a verdade é que cerca de uma hora antes a plataforma Waze, para a qual os automobilistas canalizam informações de trânsito relacionadas com obras ou acidentes, já tinha dado a "notícia" através do testemunho de um utilizador de aplicação.

O que isto significa é que a rede tem uma alta porosidade e recolhe muito rapidamente informações que sejam relevantes e partilha-as com ainda maior rapidez. Para as instituições que fazem jornalismo, isto tanto pode querer dizer que são ultrapassadas pelos acontecimentos como pode significar uma possibilidade de estar mais perto dessas *"breaking*

MODELOS DE NEGÓCIO E COMUNICAÇÃO SOCIAL

news". Para isso é necessário que essas instituições e os seus jornalistas estejam efetivamente presentes e ativos nas redes onde essas informações podem vir a circular. Ou seja, que o jornalismo que praticam seja verdadeiramente um jornalismo "em rede".

Outro aspeto a considerar – que se liga com o fenómeno do *"breaking news"* mas também com o jornalismo de agregação de que falaremos mais à frente – prende-se com a questão das notificações. Num quadro informativo geral em que os indivíduos estão permanentemente inundados em informação e expostos a vários fluxos simultâneos de novidades, a capacidade para os alertar para uma informação que lhes interessa é fundamental para consumar a função informativa do jornalismo. Ou seja, não basta conseguir uma informação em primeira mão; é preciso que ela de facto chegue aos destinatários, o que implica sempre colocá-la nos canais que os destinatários efetivamente usam (leia-se, as redes sociais) e, em muitos casos, notificá-los diretamente da existência dessa informação nova. Os equipamentos móveis em que crescentemente se consomem todo o tipo de conteúdos informativos – incluindo notícias – são aqueles onde essa questão das notificações adquire mais relevância. Redes como o Twitter ou o Facebook, por exemplo, usam abundantemente as notificações para alertar os utilizadores para os mais diversos fins, que tanto podem ser uma informação nova sobre um amigo ou conhecido como uma *"breaking news"* de um órgão de informação cujo *feed* subscrevem. Aplicações e plataformas como a Breaking News ou a Inside permitem aos utilizadores definir assuntos específicos ou temas gerais que querem seguir com mais interesse e sobre os quais desejam ser notificados sempre que exista uma nova informação.

Num quadro de distribuição da informação por múltiplos canais e tendo em conta a saturação informativa de cada um desses múltiplos canais, os dispositivos, plataformas e aplicações de notificação adquirem uma relevância fundamental para o jornalismo e os jornalistas. Recorde--se aqui, a esse propósito, o estranho caso da aplicação Yo, que foi anunciada como não tendo outra função que não fosse permitir enviar um "yo" entre os participantes na plataforma. O que quem estranhou a aparente irracionalidade da aplicação não percebeu foi que ela era (e é) apenas e só um método de notificação que qualquer produtor de informação pode usar através de uma API criada para o efeito. Atualmente *sites* como o Nieman Lab e o Techcrunch e clubes de futebol como o Chelsea ou o

OS DESAFIOS DO JORNALISMO EM REDE

Paris Saint-Germain canalizam as suas informações, que tanto podem ser notícias completas como simples informações de golos, através da *app* Yo.

Para os *media* tradicionais, esta é uma realidade nova e que corresponde a um dos aspetos mais vanguardistas do funcionamento da rede. Mas é um aspeto que deve ser tomado em conta pelo jornalismo e pelos jornalistas. Mais uma vez, estar presente na rede é a primeira condição para a manutenção da validade do jornalismo no século XXI. Isso significa, neste caso estar presente nas redes de notificação sempre que uma informação seja considerada (pelos jornalistas ou pelos utilizadores) como suficientemente importante para ser objeto de uma "*breaking news*". Isto significa, no fundo, que até o conceito de "*breaking news*" deixa de estar sob o controlo único do jornalismo e dos jornalistas e passa a ser controlado total ou parcialmente pelos utilizadores ou destinatários, que anteriormente eram conhecidos como "audiência".

7.7.9. Jornalismo de formato longo

À primeira vista pareceria que a abundância e a rapidez com que a informação circula na Internet favoreceriam o consumo de notícias breves e desfavoreceriam o consumo de notícias ou reportagens mais longas. E parcialmente, isso acontece de facto. Mas, paradoxalmente, também surgem novos projetos jornalísticos que se destinam precisamente ao jornalismo de formato longo ("*long-form journalism*"). Para além da facilitação de acesso à produção de informação, que é sempre um fator a considerar em qualquer caso, há dois fatores que podem explicar esse surgimento: por um lado, a existência de novos mecanismos de filtragem e gestão da informação que permitem aos indivíduos guardar para ler mais tarde conteúdos de formato longo que não podem ser lidos em circunstâncias de fluxo informativo muito rápido; e, por outro lado, o facto de a gestão que cada individuo faz da informação em rede estar a influenciar os seus comportamentos de consumo de informação e a ser influenciada pelo tipo de aparelhos utilizados. Os *tablet*, por exemplo, mudaram e ainda estão a mudar a relação dos indivíduos com a informação, nomeadamente em termos de jornalismo de formato longo.

Com plataformas com o Instapaper, o Pocket ou o Evernote e com aplicações de leitura como o Flipboard, o Pulse ou o News360, os formatos longos encontram uma nova vida no fluxo massivo de informação da Sociedade em Rede. O Medium, por exemplo, é uma plataforma de *blogging* dos fundadores do Twitter e associada ao Twitter, que aposta decisivamente nos formatos longos. *Websites* como o The Atavist, por seu lado, apostam na distribuição de conteúdos próprios em formatos de leitura longa pensados sobretudo para os *tablets* e alguma revistas *online* tomam o mesmo caminho, como a Salon ou a New Republic.

7.7.10. Jornalismo explicativo

O jornalismo explicativo – *"explanatory journalism"* – é também um estilo de jornalismo que tem ganho alguma visibilidade recentemente, sobretudo em resultado das possibilidades abertas pela tecnologia, de um lado, e pela contingência de uma circulação rápida das notícias, de outro lado. O que se passa é que há muita informação a circular na Internet relativa ao "quem", "quê", "onde" e "quando" e muito pouca acerca do "como" e do "porquê" do jornalismo, em grande parte como resultado precisamente da redução de leitura dos *media* tradicionais, que preenchiam essas funções. Por isso, o surgimento de projetos de jornalismo dedicados a explicar o como e o porquê dos acontecimentos merece uma referência e pode ser visto precisamente como uma forma diferente – moderna e tecnologicamente sustentada – de preencher essa função tradicional do jornalismo. O Syria Deeply começou por aplicar a fórmula à situação na Síria e os *sites* Vox, FiveThirtyEight e The Upshot (uma secção específica do The New York Times). Estes são projetos jornalísticos que usam abundantemente recursos gráficos para explicar as temáticas que tratam e nalguns casos – como nos *"vox cards"* do Vox – adotam uma postura de pergunta e resposta na explicação dos acontecimentos. Como acontece no caso do The New York Times com o The Upshot, faz sentido que os grandes *media* dedicados ao "quem", "quê" e "quando" dos acontecimentos tratem o "como" e o "porquê" numa abordagem diferente e talvez até com uma marca ou equipas diferenciadas. Estas são questões (em aberto) que resultam precisamente da necessidade de reformular o jornalismo em face do novo paradigma de informação e comunicação no qual se move.

7.7.11. Jornalismo de dados

O jornalismo de dados é uma das áreas do jornalismo na qual mais experiências de inovação estão a ser feitas. A razão é fácil de perceber: com a chegada dos computadores ao comando dos processos de comunicação

OS DESAFIOS DO JORNALISMO EM REDE

e informação – hoje em dia todos esses processos passam pelos computadores – isso significa uma quantidade enorme de dados que podem ser tratado e manipulados para produzir diversos tipos de informação nos mais variados contextos. No entanto, a profusão de dados impõe também a respetiva interpretação e contextualização. É aí que entra o jornalismo, como claramente demonstraram os casos Wikileaks e Snowden, em que as quantidades massivas de dados recolhidos só se tornaram informativamente relevantes depois de receberem um tratamento jornalístico (Van der Haak, Parks & Castells, 2012: 2929). No entanto, deve ficar evidente que esta é uma área em que a colaboração entre os jornalistas e outros profissionais no campo da informação será mais necessária e premente.

Quando falamos de jornalismo de dados, podemos estar a falar da manipulação dos dados ou da visualização dos dados. Ambas as fases do processo têm que ser executadas para se produzir um jornalismo de dados com qualidade. O jornal inglês The Guardian, por exemplo, há mais de dois anos que trabalha o jornalismo de dados, para produzir informação derivada deles e para a apresentar com uma visualização gráfica adequada. As fontes de dados são obviamente todas as entidades – públicas e privadas – que já tinham esses dados e que, ao adotarem o formato digital para o tratamento dos mesmos são pressionadas no sentido de os disponibilizarem publicamente nesse formato. Que, como já explicámos, é o formato no qual os computadores os podem processar.

O atual "enamoramento" do jornalismo com os dados não é diferente do interesse que os mesmos suscitam para todas as formas de recolha e tratamento de informação em sociedade. Por exemplo, os percursos típicos dos habitantes de uma cidade não têm necessariamente um valor jornalístico. Mas têm muito interesse estatístico para os planeadores urbanos. Os dados são importantes do ponto de vista estatístico como são do ponto de vista jornalístico e pela mesma razão: por serem digitais eles podem ser operados pelas máquinas de calcular a que chamamos computadores e produzir resultados inteligentes. Ou seja, os dados recobrem toda a realidade social e não apenas a realidade jornalística.

O jornalismo de dados ganhou especial visibilidade quando o The Telegraph de Londres usou um *software* sofisticado para deslindar o caso das despesas excessivas dos parlamentares britânicos depois de ter tido acesso a um volume muito grande de dados sobre essas despesas. Na sequência desse escândalo, o The Guardian também "amassou" quan-

MODELOS DE NEGÓCIO E COMUNICAÇÃO SOCIAL

tidades monumentais de dados sobre o mesmo assunto, neste caso fornecidos por mais de 32 mil pessoas que foram convidadas a participar (Van der Haak, Parks & Castells, 2012: 2930). Este foi aliás um exemplo de *"watchdog journalism"* com contributo do público que ficou como uma referência jornalística. Outros projetos jornalísticos têm tomado o *"data journalism"* como base do seu trabalho.

No futuro, com a profusão de sensores que se espera esteja associada à chamada *"Internet of things"*, a emergência de dados será ainda mais profusa e portanto o "jornalismo" que será possível extrair deles será ainda mais abundante. É por isso que esta linha de desenvolvimento do jornalismo de dados parece oferecer um potencial de evolução muito importante.

7.7.12. Jornalismo de agregação e curadoria

O jornalismo de agregação começa também pela capacidade dos computadores para administrarem os dados digitais que compõem a informação e extraírem deles um resultado agregado (*"aggregation"*) ou curado (*"curation"*). Como já dissemos antes, há mecanismos de agregação que são inteiramente automáticos e construídos com algoritmos, como o Google News, por exemplo, e outros que são inteiramente o resultado de uma ação humana de recolha de informações e dados no fluxo normal da Internet e da sua propagação por outro fluxo diferente. No contínuo entre estes dois polos existe uma grande variedade de projetos de agregação ou curadoria que constituem outras tantas formas de entender a evolução do jornalismo.

O Huffington Post e o Drudge Report são dois *sites* de notícias norte-americanos hoje muito respeitados que começaram precisamente por fazer agregação e curadoria de notícias publicadas noutros locais, construindo com essa agregação e curadoria uma abordagem própria do que deveria ser o fornecimento de informação jornalística.

A razão pela qual a agregação e curadoria podem ter valor jornalístico está precisamente relacionada com a abundância de informação em que os indivíduos atualmente estão mergulhados. No paradigma de informação e comunicação anterior, em que a informação e os canais de informação eram escassos, o "valor" resultava da capacidade para selecionar a informação mais importante. No atual paradigma de informação e comunicação em que, pelo contrário, a informação e os canais de

338

OS DESAFIOS DO JORNALISMO EM REDE

informação são abundantes, o "valor" do jornalismo poderá estar precisamente na capacidade para agregar os conteúdos relevantes e fazer sobre eles uma curadoria que permita aos utilizadores receberem apenas (ou prioritariamente) as informações que lhes interessam. É por isso que muitos jornais *online*, por exemplo, já permitem aos utilizadores selecionarem previamente os temas sobre os quais querem ser informados. O já referido Flipboard, por exemplo, permite receber informação em formato de revista digital proveniente dos vários canais sociais do indivíduo ou mesmo construir "revistas" específicas com base em conteúdos captados nesse ou outros canais. Nesse caso, é o próprio titular de uma conta Flipboard que age como um "curador" de conteúdos a que outros da sua rede de relacionamentos podem aceder. O Paper.li faz mais ou menos no mesmo, permitindo a cada utilizado "construir" um "jornal" individual com os conteúdos selecionados por tipos ou temas e agregados numa determinada ordem. Um "jornal" que, mais uma vez, pode ser (e é) partilhado pelas redes sociais do indivíduo. Dois projetos recentes neste campo da agregação são o Vellum, um projeto do New York Times que permite agregar conteúdos do *feed* de Twitter de cada utilizador (que tende a ser normalmente um dos que tem informação mais abundante); e o Circa, um agregador especialmente vocacionado para utilização em *tablets* e *smartphones*.

Outro detalhe curioso neste aspeto é que algumas destas empresas de base tecnológica começaram por fazer agregação por meios puramente algorítmicos, mas com o tempo foram assumindo funções de curadoria que estão mais próximas das funções editoriais tradicionais do jornalismo. O Flipboard, mais uma vez, é também um exemplo disso mesmo. Isto demonstra até que ponto os dois mundos – o do jornalismo e o da tecnologia – se sobrepõem neste campo da agregação de informação. A evolução do jornalismo far-se-á certamente por via dessas sobreposições.

7.7.13. Jornalismo "automático"

O expoente máximo da ação dos computadores sobre as funções tradicionais de redação de notícias é aquilo a que se chama jornalismo "automático" ou jornalismo "robotizado". A evolução da tecnologia neste campo tem sido a tal ponto que alguns relatórios "noticiosos" já são integralmente redigidos por computadores dotados de algoritmos capazes de transformar dados quantitativos estruturados em notícias escritas

MODELOS DE NEGÓCIO E COMUNICAÇÃO SOCIAL

segundo as regras tradicionais do jornalismo. O Los Angeles Times, por exemplo, usa computadores para construir notícias a propósito de terramotos a partir de dados de hora, magnitude e localização recolhidos automaticamente no *site* das autoridades geológicas norte-americanas. A Narrative Science, por seu lado, transforma conjuntos estruturados de dados em textos inteligíveis por um leitor humano. Os relatórios financeiros de bolsa e os resultados desportivos de um determinado jogo são as temáticas mais frequentemente abordadas nesta perspetiva.

Dificilmente poderíamos considerar que uma abordagem deste género poderia ter mais valor que uma redação jornalística tradicional. Mas para certas utilizações, em face da profusão de dados que atualmente existe e sobretudo prefigurando as eventuais melhorias que esta tecnologia possa vir a sofrer, o jornalismo "automático" pode efetivamente vir a ser uma das formas de fazer jornalismo no futuro. É isso que pensa Emily Bell, por exemplo, que considerou este género de jornalismo robotizado uma ameaça séria ao jornalismo tradicional.

7.7.14. Jornalismo global
Como vimos atrás, o alcance global da rede – e portanto também da comunicação e informação que por ela flui – é um dos elementos estruturantes do novo paradigma de informação e comunicação da Sociedade em Rede. Esse alcance, combinado com a já referida facilitação do acesso ao estatuto de produtor de informação, é aquilo que apresenta o jornalismo global como uma pista para a evolução futura do jornalismo. E essa é uma possibilidade por várias razões. Em primeiro lugar, os meios de comunicação social têm, no quadro global em que agora necessariamente operam, um alcance muito mais abrangente do que alguma vez tinham tido no passado. Depois, a possibilidade de chegar a todos os pontos do globo é também um elemento de potenciação para muitos produtores de informação relacionados com a diversidade cultural, como o Global Voices. Em ambos os casos, a crescente eficiência dos sistemas de tradução automática (muitas vezes despoletados também automaticamente) dão uma ajuda na consumação desse alcance global.

Para o jornalismo, tradicionalmente acantonado numa realidade confinada a fronteiras nacionais, este alcance global das tecnologias de informação e comunicação digitais é no mínimo confuso. Porque o que o alcance global dessas tecnologias indica é que as fronteiras nacionais

OS DESAFIOS DO JORNALISMO EM REDE

deixam de fazer sentido do ponto de vista da produção de informação (sempre que esta tenha uma relevância mais do que nacional). No limite, poderíamos dizer que qualquer novo projeto de informação de vocação universal – ou seja, cuja temática não seja estritamente nacional – deveria assumir o alcance global como um dos seus atributos. E isto, manifestamente, não é o que se passa na maioria dos casos. O que significa que neste aspeto há ainda um longo caminho a percorrer

Em suma, esta enumeração das várias experiências de um novo jornalismo que estão a ser realizadas um pouco por todo o mundo teve tanto de extensa como de superficial. E isso, de um ponto de vista analítico, quer dizer duas coisas. Primeiro, que haveria muito mais a dizer e a dissecar sobre cada uma dessas experimentações. Algo que não podemos fazer aqui. E, segundo, significa que há muitas experiências interessantes a decorrer para revitalizar o jornalismo no quadro da Sociedade em Rede mediada por tecnologias digitais. Na verdade, só tomamos verdadeiramente consciência do conjunto muito amplo de experiências em inovação jornalística quando fazemos uma seriação de todas ou da maior parte delas. As páginas anteriores são bem a demonstração disso. A quantidade e diversidade de experiências a que o jornalismo está ser sujeito para se adaptar ao novo paradigma de informação e comunicação em que viemos é à partida um bom indicador para de facto poder vir a encontrar uma solução ou várias soluções para essa adaptação.

Mas há outra reflexão que é preciso fazer no fecho desta secção, reflexão essa que é dividida em duas partes. Primeiro, deve ter ficado evidente a partir do elencar dos projetos mais vanguardistas que atualmente estão a ser realizados no campo do jornalismo que todos eles usam um, dois ou mais dos traços distintivos das transformações na Sociedade em Rede que apontámos anteriormente: a arquitetura em rede dos canais de comunicação, a migração para o digital, o "empoderamento" dos indivíduos como produtores de informação e o alcance global da rede. A nossa tese, subjacente a esta análise, é que para aproveitarem verdadeiramente as potencialidades da Sociedade em Rede, o jornalismo e os jornalistas têm que tomar consciência de quais são essas transformações profundas que estão na base de todas as transformações superficiais que observamos a olho nu. Em segundo lugar, também deve ter ficado claro que as várias oportunidades que se abrem para a evolução do jornalismo no quadro da Sociedade em Rede apenas estarão ao alcance das instituições jornalísticas e dos jornalistas que souberem fazer a sua reconversão, tanto em termos de atitude como de competências, para uma realidade que será (é já) muito diferente daquela para que se preparam e na qual foram treinados. Se estas condições forem cumpridas, então sim, talvez o jornalismo tenha um futuro na Sociedade em Rede.

7.8. Conclusão: os problemas institucionais e económicos do jornalismo

Neste trabalho procurámos analisar qual o papel e funções do jornalismo no quadro da Sociedade em Rede. Primeiro analisámos as principais transformações que o novo paradigma de informação e comunicação digital introduz, depois vimos em pormenor como essas transformações afetavam tanto os valores como as práticas do jornalismo e por fim procurámos perceber como é que o jornalismo se pode adaptar aos novos tempos e que experiências estão a ser feitas nesse sentido.

OS DESAFIOS DO JORNALISMO EM REDE

Da análise efetuada parece resultar evidente e manifesto que o modo de produzir, distribuir e consumir informação em sociedade está mudar radicalmente. Tanto Manuel Castells como van Dijk consideram que, mais do que proporcionar um novo canal de distribuição de informação, o que a Sociedade em Rede mediada por tecnologias digitais faz é desregular a função social dos *media*. E portanto, por essa razão, alterar também as funções sociais do jornalismo.

Pettitt advoga a tese do "Parêntese de Gutenberg" para explicar que a emergência da Sociedade em Rede e das tecnologias digitais promove o fechamento de um parêntese histórico, caracterizado por uma cultura de tipo literário, verbal e fechado que se prolongava deste a invenção de Gutenberg. E que, portanto, a realidade que se sucede a esse fechamento é uma espécie de continuação (evoluída em vários patamares tecnológicos) do predomínio da oralidade, da conectividade e da multidirecionalidade que caracterizava a transmissão social de informação antes do surgimento da imprensa, o primeiro de todos os *mass-media*. Para Pettitt portanto, o fechamento do parêntese de Gutenberg implica o fim do jornalismo tal como o conhecemos e tal como foi desenvolvido a partir da invenção da imprensa (Pettitt, 2014). Kovach e Rosenstiel concordam que a emergência da Sociedade em Rede significa (implica) um regresso, num patamar tecnológico superior, à era dos "contadores de histórias" dos cafés europeus anteriores à revolução de Gutenberg, mas que essa é também uma tradição do jornalismo e portanto poderá ser o seu futuro (Kovach e Rosenstiel, 2001: 314). Ou seja, a discrepância entre ambos é na verdade terminológica e o que ela questiona afinal é se devemos ou não continuar a chamar "jornalismo" ao tipo de informação produzida na Sociedade em Rede com tecnologias de informação e comunicação digitais. Se associarmos à palavra "jornalismo" o conjunto complexo e articulado de valores, rotinas e procedimentos que abordámos neste trabalho, então a conclusão a tirar é que quase todos eles e todas elas são afetados ou mesmo totalmente desconstruídos pelo novo paradigma de informação e comunicação na Sociedade em Rede. Aliás, como vimos, uma grande parte das novas experiências que estão a ser realizadas para inovar na forma de distribuir informação socialmente relevante na Sociedade em Rede prescindem total ou parcialmente do jornalismo, substituído pelos computadores, pelos seus algoritmos e pelos novos atores do processos que não são jornalistas nem são tributários dos valores do jorna-

343

MODELOS DE NEGÓCIO E COMUNICAÇÃO SOCIAL

lismo. Dito de outra forma, é até bem possível que o jornalismo encontre o seu espaço nas várias formas que estão ser testadas para distribuir informação socialmente relevante na Sociedade em Rede. Mas essas novas formas de distribuir informação, assim como o papel que nelas desempenha o jornalismo, são tão diferentes – nos valores, rotinas e procedimentos – daquilo que era tradicionalmente o jornalismo que tem que ser assumido como discutível se esse papel continua a merecer o nome de "jornalismo".

Seja como for, como se disse, a questão é em boa parte terminológica. A transição da comunicação linear da era dos *mass-media* para a Sociedade em Rede mediada por tecnologias de informação e comunicação digitais, comandadas por computadores, implica mudanças em praticamente todas as áreas da sociedade e portanto também na área da comunicação social em geral e do jornalismo em particular. E em muitos casos – como neste caso – essas mudanças implicam transformações institucionais. Como vimos quando abordámos o carácter institucional do jornalismo, das suas rotinas e dos seus procedimentos, as sociedades cristalizam em instituições – materiais ou imateriais – as maneiras que encontram de resolver os problemas com que se deparam. Se os problemas não mudam durante um longo período de tempo, as instituições permanecem e ganham um "peso social" que as "naturaliza" (Anderson, Bell & Shirky, 2014: 50). O jornalismo é ele mesmo uma instituição, feito de vários outros valores, rotinas e procedimentos institucionais testados ao longo de mais de um século. A objetividade é um valor institucional do jornalismo, a função de "*watchdog*" é uma das suas funções institucionais. E estes são apenas dois exemplos. Nem vale a pena falar no código deontológico dos jornalistas, na Lei de Imprensa ou de qualquer outro dos muitos códigos e leis que regulamentam o jornalismo, aqui ou em qualquer outro lugar. Essa regulamentação o que faz é precisamente verter em letra de lei ou código uma parte do carácter institucional do jornalismo.

Ora, de facto, a realidade social para a qual o jornalismo se "institucionalizou" como hoje o conhecemos mudou radicalmente na transição para a Sociedade em Rede mediada por computadores e tecnologias digitais. Ou seja, o problema social ao qual o jornalismo, enquanto instituição (ou, mais corretamente, conjunto articulado de instituições) deve dar resposta – neste caso a produção e distribuição de informação socialmente relevante – é hoje um problema radicalmente diferente daquele que era no passado e que deu origem à instituição do jornalismo. Abundância em vez de escassez, canais organizados em rede em vez de numa formação linear, comunicação multidirecional em vez de unidirecional, em formato digital em vez de analógico, gerida por computadores em vez de por seres humanos, etc. Para os problemas novos que a comunicação digital em rede mediada por computadores coloca, a sociedade – coletivamente – está ainda a definir quais são as melhores soluções. Como é natural, aquilo que hoje aparenta ser um caos tenderá a ser a nova normalidade de amanhã (Anderson, Bell & Shirky, 2014: 106). Como recorda Jarvis, as coisas novas tendem a ser referidas em relação às coisas velhas e só depois se arranjam nomes próprios para elas. Por isso é que os primeiros carros se chamavam "carroças sem cavalo" (Jarvis, 2014: 5). O "jornalismo" realizado nas experiências vanguardistas que mencionámos pode já ser uma coisa nova mas estar ainda a ser chamado de "jornalismo". Seja como for, as novas formas de fazer produção e distribuição de informação relevante só darão origem a novas instituições se provarem ser eficazes e se o forem repetidamente, porque, como vimos, é assim que as boas práticas sociais se cristalizam em instituições.

Por isso é que dissemos que a questão do jornalismo é em boa parte terminológica. Por um lado, os autores analisados e os dados consultados não deixam dúvidas sobre a dimensão nem sobre o sentido das transformações em curso.

Por outro, a grande quantidade e amplitude de novas formas de comunicar em sociedade que ilustrámos abrem espaço para uma adaptação do jornalismo e dos jornalistas ao novo paradigma de informação e comu-

MODELOS DE NEGÓCIO E COMUNICAÇÃO SOCIAL

nicação em rede. Se é a fazer jornalismo ou outra coisa qualquer é a tal questão terminológica. Ou seja, de uma forma mais prosaica, diríamos que quem faz jornalismo e tiver capacidade de adaptação, poderá ter "emprego" no novo paradigma de informação e comunicação. Não sabemos é se será a fazer jornalismo.

Isto é o que se pode dizer sobre a adaptação institucional do jornalismo à nova realidade social e tecnológica com que está confrontado. Mas, para além do problema institucional do jornalismo, existe também a questão económica, que aliás é muitas vezes apresentada como o principal problema do jornalismo. É sobre ela que falaremos agora.

É no mínimo curioso (e no máximo sintomático) que três dos estudos mais completos sobre o futuro do jornalismo que tivemos oportunidade de consultar optem por, assumidamente, não confrontar a questão do modelo de negócio e da sustentação económica do jornalismo. Beckett afirma que o seu relatório "não lida diretamente com o modelo de negócio" (Beckett, 2010: 2), Van der Haak, Parks e Castells afirmam que estão "menos preocupados com a sobrevivência dos modelos de negócio tradicionais do jornalismo do que com a continuidade e melhoria da performance do jornalismo no interesse público" (Van der Haak, Parks & Castells, 2012: 2930) e Anderson, Bell e Shirky dizem que o seu relatório "está preocupado com a forma como os jornalistas fazem o seu trabalho mais do que com os negócios das instituições que os suportam" (Anderson, Bell & Shirky, 2014: 7).

No entanto, se a crise dos *media* é um problema económico, a crise do jornalismo é um problema social e político, por causa das superiores funções sociais que o jornalismo desempenha nas sociedades complexas em que vivemos. Ou seja, o problema do jornalismo, como vimos acima, é bastante mais complexo que o problema do modelo de negócio do jornalismo. Mas acontece que o problema do modelo de negócio do jornalismo influencia decisivamente o próprio jornalismo. Como referia Clay Shirky num artigo recente, "a morte dos jornais é triste, mas a potencial perda de talento jornalístico é catastrófica." O que Shirky pretende sublinhar é que não devemos mandar fora o bebé com a água do banho. O jornalismo presta uma função social relevante e embora as eventuais falências de empresas de jornalismo sejam dramáticas, a eventual falência do jornalismo seria ainda mais dramática. No entanto, é isso mesmo que pode estar sobre a mesa se continuar a deterioração dos modelos

346

OS DESAFIOS DO JORNALISMO EM REDE

de negócios tradicionais dos *media* e se outro enquadramento económico não for encontrado para suportar a função do jornalismo.

No relatório já abundantemente citado sobre o futuro do jornalismo, Anderson, Bell e Shirky fazem uma profissão de fé no jornalismo com cinco crenças básicas: a primeira é que o jornalismo desempenha um papel fundamental nas sociedades democráticas; a segunda é que o jornalismo sempre foi subsidiado e nunca foi verdadeiramente pago pelos utilizadores, seja qual for o país ou a época em causa (nas sociedades ocidentais, atualmente, o jornalismo é subsidiado com as receitas da publicidade); a terceira é que a Internet destrói o modelo de negócio através do qual a publicidade subsidiava o jornalismo; a quarta é que, como decorrência das anteriores, a reestruturação do jornalismo é uma imposição; e a quinta é que há inúmeras oportunidades para o fazer no novo paradigma de informação e comunicação da Sociedade em Rede (Anderson, Bell & Shirky, 2014: 2-14). No entanto, não deixa de ser apenas um ato de fé – assumido! – acreditar que os novos projetos de jornalismo serão capazes de produzir a sustentação económica do mesmo.

Charlie Beckett também acredita que o jornalismo poderá continuar a ser valorizado se for capaz de manter o seu valor na Sociedade em Rede, através da adoção de critérios de diversidade editorial, abraçando a conectividade e a interatividade como norma e procurando a relevância (Beckett, 2012: 17). Isso, obviamente é aquilo que já anteriormente definimos como jornalismo em rede. Se for capaz de o fazer, o jornalismo manter--se-á como uma instituição socialmente valiosa e poderá então procurar o modelo de sustentação económica que melhor sirva os propósitos de cada projeto jornalístico. Beckett fala em três alternativas principais: um modelo de informação gratuita baseado em conteúdos fornecidos pelos utilizadores; um modelo pago de agregação e curadoria do caos gerado pela superabundância de informação; e um terceiro modelo de financiamento público através de entidades não lucrativas, fundações, etc.

Jeff Jarvis afirma que, para se manter válido, o jornalismo tem que se adaptar à nova realidade, privilegiando o processo sobre o produto, integrando-se nos fluxos sociais de informação, procurando a conectividade e interatividade, agindo como agregador e curador de notícias mais do que como seu produtor e criando plataformas para os indivíduos participarem no processo (Jarvis, 2014). No entanto, o que resulta também evidente da sua análise é que – dêm-se as voltas que se derem – existe

MODELOS DE NEGÓCIO E COMUNICAÇÃO SOCIAL

menos dinheiro para ganhar no paradigma digital do que no paradigma analógico (Jarvis, 2014: 107).

A abundância de informação é o fator que mais contribui para a redução do seu valor económico, no sentido em que essa abundância é o fator mais imediatamente identificável que leva à desregulação dos modelos de negócio que sustentavam o jornalismo. No entanto, para percebermos realmente de onde vem essa abundância precisamos de perceber o que está por detrás dela: a arquitetura em rede, a migração para o digital, o "empoderamento" dos indivíduos como produtores e distribuidores de informação e o alcance global das suas redes, entre outros fatores. A conjugação desses fatores resulta em abundância, e portanto na destruição dos modelos de negócio tradicionais que sustentavam o jornalismo, que se baseavam na escassez de informação. Mas é errado pensar que se trata apenas de uma deslocação de valor e que bastaria aos meios de comunicação social (e ao seu jornalismo) procurar identificar onde reside agora o "valor" para o capturarem da mesma forma que faziam no passado. É esse o grande logro em que caem muitos excelentes profissionais ligados a todas as áreas dos *media*, incluindo o jornalismo.

Benjamim Bates considerava que a captura de valor por parte dos *mass-media* tradicionais estava mais ligada ao método de distribuição do que à sua qualidade ou utilidade (Bates, 1990). Charles Brown, por seu lado, considera que a "proposta de valor" dos *mass-media* tradicionais era na realidade a sua capacidade de agregar conteúdos e o que mudou na Sociedade em Rede mediada por tecnologias digitais foram precisamente as condições técnicas dessa agregação (Brown, 2013). Anderson, Bell e Shirky (juntamente com Jarvis) vão um pouco mais além e usam o conceito de "*unbundling*" para explicar o que aconteceu (Anderson, Bell & Shirky, 2014: 8; Jarvis, 2014: 68). Numa realidade em que a descoberta de informação é crescentemente feita através das redes sociais (os "fluxos" que os indivíduos usam para trocar informação), a respetiva desagregação – que as ferramentas digitais permitem e sugerem – é precisamente aquilo que está na base da desconstrução de um modelo de negócio – o do jornalismo – que tinha precisamente nos "*bundles*" (um jornal com várias páginas, um noticiário com várias notícias, etc.) a sua razão de existir. Sem "*bundles*", o jornalismo não é capaz de se fazer pagar da mesma forma que no passado. Falámos neste trabalho do efeito de desagregação que a arquitetura em rede provoca em vários aspetos da

OS DESAFIOS DO JORNALISMO EM REDE

sociedade. O modo como esse efeito de desagregação afeta as formas de produzir e distribuir informação é aquilo que verdadeiramente provoca a crise económica do jornalismo. Ou seja, a crise económica da informação não é "só" do jornalismo, mas é "também" do jornalismo.

Anderson, Bell e Shirky consideram que, globalmente, existem três grandes perspetivas sobre o futuro económico do jornalismo (Anderson, Bell & Shirky, 2014: 74-75). A primeira – *grosso modo* correspondente às análises de Beckett e Jarvis referidas atrás – afirma que existem oportunidades para uma reconversão do jornalismo às novas condições de exercício da sua função social e que essa reconversão irá ela própria gerar propostas de valor – seja na curadoria, seja na agregação, seja da disponibilização de plataformas de participação, por exemplo – capazes de sustentar o jornalismo. O problema aqui – como Jarvis também admite – é que existe globalmente menos dinheiro para ganhar na produção e distribuição de informação hoje do que existia no passado. Isso é notório em indicadores como o preço da publicidade ou o rendimento médio por utilizador e denuncia uma redução geral do valor económico da informação. A pesquisa que fizemos para conhecer as experiências inovadoras que estão a ser feitas um pouco por todo o mundo para revitalizar o jornalismo e adaptá-lo à arquitetura em rede e às tecnologias digitais revelou alguns casos de sucesso, mas também revelou alguns falhanços e muitos casos de dúvida. O *site* brasileiro Impedimento, por exemplo, queria fazer um jornalismo diferente do jornalismo desportivo convencional aproveitando as potencialidades dos meios digitais, mas teve que suspender a sua atividade por razões financeiras (as receitas não chegavam para pagar as despesas). O *site* de *crowdfunding* de jornalismo Spot.us, já referido, também suspendeu a sua atividade por razões económica, entre outras. São apenas dois exemplos. Aliás, temos quase sempre tendência a olhar prioritariamente para os casos de sucesso, mas seria certamente muito interessante que fosse feito um estudo mais sistemático e científico sobre as razões que levam tantos novos empreendimentos jornalísticos da era digital a falharem. A nossa hipótese, com base nas informações disponíveis, é que as razões financeiras são quase sempre uma parte importante ou mesmo decisiva do problema.

Para Anderson, Bell e Shirky a segunda perspetiva importante sobre o futuro económico do jornalismo, defendida por David Simon e por boa parte da indústria (Anderson, Bell & Shirky, 2014: 75), parte do "valor" do jornalismo para propor que ele seja pago, nomeadamente através de *paywalls*, e que os agregadores de conteúdos, como a Google, sejam obrigados a remunerar os produtores de informação pelos conteúdos que agregam. Como é fácil de perceber, esta é uma perspetiva que pretende instalar formas artificiais de escassez onde agora existe abundância (e onde antes existia precisamente escassez). Por isso é que Anderson, Bell e Shirky consideram que este grupo de soluções é uma espécie de "bandas sonoras" para reduzir a velocidade da Internet. Segundo esta perspetiva o jornalismo é demasiado importante para que nos permitamos, como sociedade, assistir ao seu desmantelamento sem tomar as medidas adequadas para a sua preservação. Essas medidas podem ser várias, mas há quatro tipos de soluções que encaixam neste grupo: as *paywalls*, a recompensa pela agregação de conteúdos, os *"walled gardens"* construídos pelos universos de *apps* e a Internet a várias velocidades sugerida pela supressão na *"Net Neutrality"*.

As *paywalls* têm sido implementadas um pouco por todo o lado, sobretudo nos Estados Unidos mas também na Europa, com resultados globais algo díspares. Há empresas de *media* que reclamam sucesso na sua implementação e há outras que retiram as *paywalls* (ou as "abrem" consideravelmente) depois de alguns meses de implementação. Obviamente, o desenvolvimento da tecnologia irá permitir igualmente uma sofisticação do funcionamento das *paywalls* que irá ao encontro das necessidades dos meios de comunicação social que desejam implementar essa estratégia. Mas Jeff Jarvis tem pelo menos três objeções importantes às *paywalls* (Jarvis, 2014: 145-146). Primeiro, elas são uma decorrência da ideia de que o jornalismo deve ser pago. E, para Jarvis, nenhum modelo de negócio é sustentável nessa base, uma vez que os consumidores – neste caso os consumidores de notícias – não pagam um bem ou serviço porque devem, mas sim porque querem. Em segundo lugar, a *paywall* institui um modelo de negócio que prejudica precisamente os leitores mais fiéis. E, terceira razão, o argumento de que as notícias são dispendiosas de produzir e por isso têm que ser pagas é negado pela realidade digital, na qual é cada vez mais fácil e barato usar as tecnologias que permitem produzir informação.

Tal como os *"walled gardens"*, a imposição de "portagens" aos agregadores de conteúdos ou a supressão na neutralidade da rede, as *paywalls* procuram instituir escassez no lugar da abundância. Ora, se por um lado essa abundância (e tudo o que está por detrás dela) é responsável pela

OS DESAFIOS DO JORNALISMO EM REDE

redução do valor económico da informação, ela é também responsável pelo aumento historicamente inédito do valor social da informação, permitindo aos indivíduos, aos grupos e à sociedade como um todo conectarem-se e mobilizarem recursos sociais com mais facilidade. O que significa que – segundo essa análise – se instituirmos este tipo de soluções estaremos a privilegiar o valor económico da informação em detrimento do seu valor social. Estaremos a proteger o negócio das empresas de jornalismo, a coberto do jornalismo, mas estaremos a prejudicar o interesse social.

MODELOS DE NEGÓCIO E COMUNICAÇÃO SOCIAL

Em jeito de parênteses, é interessante notar como usámos a palavra "instituir" para descrever as decisões coletivas que a sociedade tem que tomar para enquadrar socialmente a sustentação económica do jornalismo. E é mesmo disso que se trata. Todas as experiências que estão a ser feitas em termos de sustentação económica do jornalismo, incluindo as *paywalls*, poderão ou não converter-se em instituições sociais (reguladas ou não reguladas e regulamentadas ou não regulamentadas) caso provem ser uma solução eficiente e estável para o problema que pretendem resolver. A fase em que estamos é precisamente a de fazer essas experiências e aprender com elas.

Por fim, para Anderson, Bell e Shirky a terceira via para o futuro económico do jornalismo passa por separar o jornalismo enquanto realidade económica do jornalismo enquanto função social. Para muitos autores, o que está em causa nas transformações em curso não é a função social do jornalismo, mas a sua viabilidade enquanto negócio numa sociedade capitalista. Se o jornalismo for separado da sua função económica e for visto apenas na sua função social, isso significa que o seu exercício deixaria de ter o objetivo do lucro e teria apenas os objetivos sociais de produção e distribuição de informação socialmente relevante. Nesse caso, o jornalismo poderia ser mantido por formas não económicas de financiamento, como os donativos, os patrocínios e outras formas que a Sociedade em Rede conseguir "inventar" para o fazer – como o *crowdfunding*, por exemplo – (Benkler, 2006) ou diretamente através de subvenções do Estado destinadas a manter em funcionamento a função social do jornalismo (McChesney, 2014). Esta última sugestão não é sequer inédita, uma vez que o jornalismo já é mantido com fundos públicos em muitos países e em muitos sectores (aliás, já era antes da Internet) precisamente pela razão da preservação da sua função social. As objeções que se levantam a essa solução são, por um lado, a desvirtuação da concorrência no quadro de um sistema económico global que continua a ser um sistema de economia de mercado; por outro lado, a ameaça que isso pode representar para a independência do jornalismo; e, em terceiro, o facto de as redes de comunicação em que o jornalismo hoje opera serem redes globais, o que dificulta ou impede uma eficaz regulamentação nacional das mesmas. A sugestão de Benkler para a adoção de formas sociais e não económicas de financiamento do jornalismo, por seu lado, é precisamente algo que podemos ver na análise dos novos formatos de jornalismo. Entidades jor-

OS DESAFIOS DO JORNALISMO EM REDE

nalísticas como a ProPublica financiam-se com fundos sociais de diversos tipos, outras formas de jornalismo estão ao serviço de causas e são financiadas por elas e outras ainda são financiadas diretamente pelos utilizadores através de donativos ou mecanismos mais ou menos sofisticados de *crowdfunding*.

Qualquer destas soluções – novas "empresas" de informação; criação artificial de escassez; ou financiamento público e social – pode ser apresentada como a mais adequada para resolver o problema do financiamento do jornalismo no quadro da Sociedade em Rede. Todas apesentam argumentos válidos. Mas a verdade é que não sabemos ainda, nesta fase, qual virá a produzir melhores resultados. Todas as diferentes soluções propostas estão em vigor numa sociedade em mutação acelerada, com transformações tecnológicas e mutações sociais profundas em curso, e ainda para mais sujeita a relações de força complexas entre os vários agentes e instituições que a compõem. A forma como essas lutas entre vários interesses em jogo virá a desenrolar-se pode e vai influenciar a institucionalização que acabará por ser feita das formas de produzir e distribuir informação socialmente relevante na Sociedade em Rede. Pode até acontecer que essa institucionalização integre uma maior diversidade do que antes, permitindo a convivência de "jornalismos" internacionais com outros nacionais; de "jornalismos" independentes com outros que advogam causas; de "jornalismos" comerciais com outros que não visam o lucro; de "jornalismos" de autor com outros que se limitam a agregar e redistribuir conteúdos alheios; etc. Afinal, a diversidade é precisamente um atributo da Sociedade em Rede e das suas tecnologias.

O objetivo inicial deste trabalho – recorde-se – era analisar as transformações operadas pela Sociedade em Rede e pelas tecnologias digitais no paradigma de informação e comunicação social, ver até que ponto essas transformações afetavam os valores, as rotinas e os procedimentos do jornalismo e investigar – com exemplos – como é que o jornalismo se pode, se deve e se está a adaptar à nova realidade social em que se insere. A análise efetuada permite-nos concluir que as transformações em curso afetam os fundamentos de todas as atividades sociais que têm que ver com a produção, distribuição e consumo de informação e portanto também do jornalismo. A Internet e a comunicação em rede que ela materializa não é apenas um novo canal de informação. Muito mais do que isso, é uma forma radicalmente diferente de disseminar a informa-

MODELOS DE NEGÓCIO E COMUNICAÇÃO SOCIAL

ção necessária ao funcionamento da sociedade. Isso naturalmente afeta o coração do jornalismo e implica com quase todos os seus valores, práticas e procedimentos. Por isso, para se manter relevante no século XXI, o jornalismo precisa urgentemente de se modernizar e de ter a coragem de inovar, adequando a sua função ou funções sociais às condições sociais, tecnológicas e económicas do seu exercício na Sociedade em Rede. Esse é um processo que ainda está em curso e cujo desfecho portanto ainda não pode ser claramente vislumbrado. Esta é precisamente a altura de experimentar e propor soluções novas para problemas que são também novos. Esperamos que este trabalho tenha pelo menos contribuído para enquadrar essas experiências e essas soluções.

8. Modelos de Monetização do Valor Económico da Informação

CATERINA FOÀ, GUSTAVO CARDOSO

8.1. Introdução

Este capítulo resulta de um exercício de análise e enquadramento dos fenómenos em curso no panorama do Jornalismo em Rede do ponto de vista dos modelos de negócio, pretendendo organizar e sistematizar as estratégias de monetização disponíveis para as diferentes organizações ativas no mercado que as queiram adotar, desenvolver e completar.

O principal objetivo é realizar um diagnóstico da situação atual, mapeando e representando a complexidade do cenário presente, ainda que de forma incompleta, tentando estruturar as opções existentes em um modelo analítico fundado nas estratégias em vigor, perspetivando as possíveis diretrizes de evolução do sector e da prática jornalística.

A ideia subjacente assenta no propósito de agrupar a panóplia heterogénea de organizações ativas no mercado em tipologias que possam ser representativas das principais características intrínsecas para cruzá-las, depois, com as estratégias de monetização individualizadas.

Estamos perante um panorama complexo, estratificado e dinâmico onde cada organização navega num oceano em rápida transformação, adotando soluções à medida e que, muitas vezes, se cruzam e sobrepõem conforme as características específicas de cada entidade.

Apresenta-se assim uma primeira tentativa de criar um quadro conceptual a partir de dois eixos fundamentais, a lógica editorial de acordo com a dimensão do público-alvo e a orientação dos modelos de negócio em conformidade com o enfoque ser na produção de conteúdos narrativos e informativos ou na venda de serviços.

Estes dois eixos norteiam a análise para que sirva como guia para os que trabalham na área do jornalismo digital, a nível empresarial, normativo e académico, referindo que o conteúdo de cada quadrante está em constante mudança.

Considerando que a prática do jornalismo se distingue pelas suas funções sociais e económicas, o desafio colocado pelo momento atual face à sua evolução futura centra-se na pergunta **"como manter ambas as funções jornalísticas agregadas no contexto do Jornalismo em Rede?"**

Encontram-se uma multiplicidade de formas e experimentações para monetizar a prática jornalística, um universo variado e altamente diferenciado, que contempla variações constantes nas ações e exemplos únicos dependendo de diferentes variáveis. A referida heterogeneidade é devida às características intrínsecas dos agentes, à estrutura e à missão organizacional e do tipo de orientação para com o mercado.

As diferentes práticas foram agrupadas em quatro tipologias organizadas em torno das duas dimensões analíticas principais enunciadas.

Para cumprir com o objetivo da análise revelou-se necessário identificar as múltiplas opções de monetização e as fontes de receitas nas quais assentam os modelos negócios, reforçando a preocupação em seguir uma lógica de trilhar caminhos conhecidos e tentar aproximar-nos dos cenários prospetivos acompanhando as ultimas inovações.

Todos os quatro modelos apresentados têm uma forte ligação com a dimensão publicitária e o uso parcial ou total de sistemas de *paywall* no que respeita às suas principais fontes de financiamento, embora com múltiplas variantes.

Evidencia-se como é que existem, quase sempre, organizações que adotam estratégias mais articuladas passando a integrar as tradicionais fontes de receitas com novas experimentações.

A articulação destas estratégias passa por integrar ferramentas já em uso na prática pré-digital do jornalismo, nomeadamente o recurso a fundos públicos, venda de produtos, assinaturas, doações, recolha fundos junto de empresas, e instrumentos/veículos de monetização nativos da era digital.

Considerando que o modelo de negócio do jornalismo anterior ao advento do digital se baseava em larga medida na publicidade como principal fonte de receitas, começa-se por identificar as principais mudanças geradas pelo advento das tecnologias e redes digitais que influenciam a definição das novas estratégias de monetização:

- Transformação da escala de abrangência e disseminação dos conteúdos para um nível global;
- Transformação de tipos, formatos e conteúdos da publicidade;
- Transformação dos espaços publicitários;
- Transformação dos canais de mediação e distribuição da publicidade entre anunciantes e publicações;
- Transformação das estratégias de preço para a venda aos consumidores;
- Multiplicação de canais, plataformas e dispositivos disponíveis para o consumo de notícias;
- Difusão de hábitos do comércio e da compra *online vs.* comércio *off-line*;
- Transformação dos canais de atuação e dos significados simbólicos atribuídos às doações filantrópicas;
- Aceleração dos tempos de difusão, consumo e crescentes oportunidades de difusão em *real time* e em *lapse time*;
- Redução do ciclo de vida e maior rapidez do processo de esquecimento dos conteúdos noticiosos;
- Explosão da difusão de redes sociais e *social media*, com multiplicação de opções de partilha;
- Mudança do perfil e das competências do jornalista profissional e redução dos recursos humanos alocados nas redações tradicionais;
- Difusão de conteúdos criados pelos utilizadores (*user-content production*), novas formas e estruturas do exercício do jornalista profissional e paralelamente surgimento de novas figuras de especialistas em matéria fora do contexto das grandes empresas de comunicação social e *broadcasting*;
- Crescente relevância de sistemas de controlo e mapeamento da difusão através de sistemas computadorizados, algoritimos, *analytics* e *metrics*.

Uma explicação detalhada dos principais veículos de monetização para o jornalismo, independentemente da sua posição no nosso quadro analítico, resulta necessária para uma melhor compreensão da evolução em curso no sector da comunicação social analisado como um todo.

MODELOS DE NEGÓCIO E COMUNICAÇÃO SOCIAL

8.2. A Publicidade e as influências analógicas na estratégia digital

Na era da comunicação de massa a publicidade foi a principal fonte de receitas para a indústria dos *media* e em particular para o jornalismo mediante a venda de espaços para a publicação das mensagens promocionais.

As sucessivas transformações ocorridas no panorama publicitário tradicional, tanto nas formas de criação das mensagens quanto na sua distribuição e receção, primeiros sinais do complexo fenómeno hoje genericamente classificado como publicidade digital, devem-se entre outros fatores ao advento das novas tecnologias da comunicação e da informação.

Aproveitando as oportunidades proporcionadas pela inovação digital a publicidade *online* assumiu características multimédia, englobando e articulando conteúdos estáticos, como texto, fotografias e grafismos, e dinâmicos, como os audiovisuais e as animações.

Do ponto de vista da colocação das mensagens publicitárias em páginas *online* começou-se por adaptar o paradigma da publicidade tradicional, impressa em publicações ou transmitida por radio ou televisão, ao ambiente digital, vendendo espaços específicos para a publicação de *banners* publicitários.

Seguindo a tradição dos meios de comunicação *off-line*, os que se traduziram em versões *online* adotaram também uma lógica de *advertising rate card*. Esta corresponde a uma tabela de preços detalhada que contempla e menciona todas as possibilidades de adquisição de espaços e formatos de publicidade *online* e *off-line* por parte dos anunciantes diretamente junto da oferta jornalística disponível.

A transposição da *advertising rate card* para as publicações *online* na web 2.0 é definida como *digital rate card* e consiste num preçário detalhado do inventário publicitário (ou *adv inventory*), ou seja, da totalidade das porções de páginas *online* destinadas a ser vendidas como espaços publicitários, que inclui as modalidades de visualização dos anúncios, as formas de publicidade para dispositivos fixos e moveis, os *posts* pagos, os anúncios segmentados por alvos de público, os diversos canais e programas customizados para anunciantes, etc.

As dimensões de espaço publicitário de maior visibilidade e destacadas correspondem a preços mais elevados, assim como é possível adequar pacotes de diferentes espaços e programas à medida do cliente consoantes uma escala de valores. A relação entre *publisher* e anunciante pode contemplar formas de negociação, fidelização e desconto considerando que o volume de espaços adquiridos, a personalização da estratégia e a continuidade temporal da relação comercial são fatores que podem fazer oscilar o preço.

Características peculiares do mercado da publicidade são também a massiva presença e a grande relevância de diferentes intermediários, como agentes, agências e consultoras dos quais dependem em larga parte a produção dos conteúdos criativos, bem como a distribuição dos anúncios, a negociação do valor dos espaços e da visibilidade das mensagens, a definição e implementação da estratégia de *media* para publicar, e globalmente o encontro entre oferta e procura.

O desenvolvimento tecnológico e a crescente importância dos motores de busca introduziram sistemas mais sofisticados baseados em algoritmos que associam a exibição de publicidade *online* com os resultados da busca de palavras-chave relevantes para os utilizadores.

Atualmente o modelo de publicidade digital dominante é o *online performance marketing,* no qual é prevista remuneração para as páginas *online* que exibem publicidade de forma coerente com o desempenho dos seus utilizadores perante cada anúncio publicado.

Assim, por cada ação dos *online users* (registadas através de mapeamento por programas informáticos) a página que publica o anúncio recebe uma contrapartida económica.

O tipo de ação desejada/esperada é previamente definida entre o anunciante e o *medium online* determinando as opções de monetização no contexto de *online performance* marketing, assim como as descritas de seguida:

Modelo *cost-per-click*: os anunciantes pagam um determinado valor cada vez em que um utilizador clica no seu anúncio recebendo a informação promocional. Em 2011 o sistema de *pay-per-click search advertising* correspondeu a mais do 40% do total da venda de publicidade *online* a nível global.

Modelo *cost-per-action*: os anunciantes pagam um determinado valor cada vez em que um utilizador realizar uma ação previamente definida (*i.e.* subscrição da *newsletter*, pedido de informação, compra de produtos). O valor que os anunciantes pagam por cada ação dos utilizadores é superior ao valor pago por cada clique, determinando assim diferentes margens de lucro e de risco que afetam as estratégias de ambas as partes envolvidas.

Modelo *cost-per-impression*: os anunciantes pagam um determinado valor cada vez que um anúncio é exibido num ecrã do utilizador, ou seja, cada vez que a página do anuncio é visualizada. O valor pago pelo anunciante geralmente é calculado com base em milhares de visualizações.

No mercado publicitário digital a oferta de espaço é infinita e a procura dos anunciantes é relativamente estável e, mesmo quando a procura cresce isso acontece mais lentamente e de forma menor do que a oferta: consequentemente há uma tendência para o decréscimo do valor unitário por anúncio.

Rede publicitária ou *advertising network* é a definição utilizada para descrever organizações que conectam os anunciantes e *websites* (*publishers* ou publicações) que pretendem hospedar nas suas páginas *online* os anúncios publicitários. A função chave de uma rede de publicidade é a agregação de inventários publicitários (volume de oferta de espaços publicitários) das publicações para a sua combinação com a procura expressa pelos anunciantes.

Existem atualmente no mercado diferentes tipologias de redes de publicidade que podem ser classificadas da seguinte forma:

As redes de publicidade de primeiro nível: organizações que detêm propriedade ou acesso a um elevado número de *publishers* e anunciantes em diferentes sectores, tendo um nível de tráfego considerável e capacidade para fornecer às redes de segundo nível pacotes de publicidade para uma distribuição mais segmentada e localizada. Algumas redes publicitárias de primeiro nível além de externalizarem a alocação de uma parte dos anúncios publicitários dos seus clientes para as redes de segundo nível, podem tornar-se fornecedores de suporte tecnológico e informático dessas mesmas redes de segundo nível, com o intuito de lhes garantir um melhor desempenho das suas atividades.

Para exemplificar mais claramente, o funcionamento deste sistema de agregação entre procura e oferta de espaços publicitários vamos recorrer à análise da atividade de grandes grupos de *media broadcasting* e dos motores de busca, os quais possuem um nível de desenvolvimento e complexidade tal que lhes permite responder à procura dos anunciantes, gerando receitas de diferentes maneiras:

- Realizar leilões dos espaços publicitários próprios, em conformidade com as palavras-chave relevantes indicadas pelos anunciantes, para

MODELOS DE MONETIZAÇÃO DO VALOR ECONÓMICO DA INFORMAÇÃO

colocar os anúncios diretamente junto com resultados da pesquisa dos seus utilizadores finais, recorrendo para isso a algoritmos, métricas e *analytics* para monitorizar as tendências e os comportamentos dos utilizadores finais bem como o desempenho dos anúncios (por exemplo Google AdWords);

- Facilitar o *matching* entre procura e oferta de espaços publicitários através de programas próprios (por exemplo o Google AdSense), incrementando a potencial eficácia dos anúncios mediante colocação em determinados *websites*, dedicados a temáticas específicas e coerentes, remunerando diretamente os *publishers* inscritos nestes programas e ficando com uma percentagem do lucro obtido;
- Suportar as redes de segundo nível fornecendo infraestrutura tecnológica, programas e suportes analíticos para o desempenho das suas atividades (por exemplo o Yahoo Newspaper Consortium for Local Publishers).

Por sua vez, as **redes de publicidade de segundo nível** podem ter alguns anunciantes e publicações exclusivamente seus, mas a maior parte de anúncios e inventários de espaços publicitários derivam da relação estabelecida com as redes de primeiro nível que se tornam a sua primeira fonte de receitas. Assim, também para organizações (jornalísticas ou não) de média e pequena dimensão é possível criar uma rede de segundo nível, de tipo vertical, a partir da própria publicação (no caso das organizações de *media*) e ligando um conjunto de *websites* e blogues com conteúdos semelhantes, para incrementar o volume do tráfego e, para tal, utilizar uma plataforma de *clearing* para a gestão da publicidade, como por exemplo o Adify ou o Blogads:

Prosseguindo na descrição das redes de distribuição de publicidade podemos destacar várias categorias diferenciadas.

Redes verticais ou representativas que permitem aos anunciantes ter pleno controlo sobre a publicação dos seus anúncios, tendo conhecimento de quais serão as publicações editoriais *online* onde estarão visíveis. Estas redes verticais são geralmente utilizadas por grandes marcas e empresas comerciais nas suas ações de *branding* e posicionamento da marca, oferecendo elevada qualidade e partilha dos dividendos.

Redes *blind* que oferecem aos seus anunciantes preços muito competitivos em troca do controle total sobre a gestão dos anúncios, ou seja não disponibilizam a informação sobre os *websites* de publicação dos anúncios. Estas redes conseguem competir a nível de preço adquirindo grandes *stocks* de inventários publicitários e os excessos dos inventários de outras redes publicitárias, otimizando os processos de conversão tecnológica e de segmentação.

Redes de nova geração ou '*targetizadas*' que utilizam as tecnologias, definidas como comportamentais e contextuais, para a gestão do fluxo de dados dos utilizadores dos *websites*, podendo incrementar o preço dos produtos postos à venda conforme o desempenho dos anúncios.

Redes especializadas em *online mobile*, ou seja, focadas em anúncios a ser visualizados através de tecnologias para dispositivos móveis.

Outro sistema de distribuição de publicidade digital é o ***affiliated marketing***, que funciona através de um acordo comercial entre três atores: a empresa filial, mediadora das transações e gestora do programa no seu todo, os anunciantes que procuram a filial, e os *publishers* que colocam o anúncio nas suas páginas *online*.

Este é um marketing baseado no desempenho das publicações de tipo *affiliated*, mediante os seus utilizadores. Tipificando o seu sistema de funcionamento, uma empresa, que pretende anunciar os seus produtos, coloca a oferta num programa de *affiliated* marketing gerido por uma filial. O *publisher* participa no programa inscrevendo o seu próprio *website* ou portal utilizando um código Javascript que hospeda os anúncios. O *publisher,* através de atividades de promoção de tipo *search engine optimization* (SEO) e *search engine marketing* (SEM), adquire tráfego no seu espaço web promovendo os seus conteúdos, juntamente com os anúncios publicitários. As publicações subscrevem o programa e aceitam as regras de funcionamento da filial para terem nas suas páginas o anúncio e serem remuneradas por cada ação desempenhada pelos utilizadores e mapeada através de tecnologias integradas.

Um programa de afiliação eficaz é composto por um *payout* incentivante de políticas restritivas mas tuteladoras para os *publishers* que obtêm desempenhos melhores e que têm os formatos mais interessantes. As tipologias de pagamentos respeitam as normas da plataforma e as características do canal promocional, ou seja, estão unicamente baseadas em performances mapeadas através de codificações Javascript que controlam as ações dos utilizadores até vários dias depois de o clique ter sido feito no anúncio.

As publicações afiliadas operam através de *website* com conteúdos direcionados a nichos de público, como por exemplo blogues e comunidades *online* temáticas, assim os anúncios são colocados em páginas que apelam para alvos de públicos determinados e específicos em linha com o *target* dos produtos publicitados.

O sistema de recompensa é maioritariamente do tipo *pay-per action*, ou seja, relacionado com ações de compra, facto que garante uma margem de comissão importante, mas existem também formas de remuneração por clique e por número de impressões/visualizações.

O sistema é gerido por intermediários, as redes *affiliate*, que organizam a oferta e a componente informática, monitorizam as transações e gerem os pagamentos em troca de uma comissão. O esforço de marketing da filial é duplamente premiado, no sentido em que a filial ganha uma percentagem ou comissão sobre as receitas dos afiliados e os afiliados são escolhidos com base na sua carteira de utilizadores e na performance desempenhada pelo próprio *website*. Estamos perante uma forma de promoção que procura captar para os anúncios publicitários um tráfego altamente focalizado em nichos de utilizadores, contemplando também aqueles públicos que não procuram conscientemente a informação nos motores de busca.

A afirmação das redes sociais *online*, o decréscimo no número de leitores e assinantes de jornais e revistas, o surgimento de *sites* virais de *infotainment*, efeitos de *overload* informacional e a massiva concorrência entre marcas nos meios *online* figuram entre as explicações do surgimento de novas formas de fazer publicidade *online* menos focadas na performance dos anunciantes e orientadas para o estabelecimento e fortalecimento de uma relação próxima, interativa e personalizada com os vários segmentos de públicos.

A rápida difusão de portais, blogues e tecnologias para criação de *user-generated content* agilizaram a transformação do tradicional papel do consumidor em *pro-user* e *pro-consumer* mais informado e interativo, impulsionando o envolvimento direto e progressivo dos indivíduos na criação de conteúdos promocionais eficazes e positivamente relacionados com questões de autenticidade, revisões entre pares, confiança na fonte da informação, carga emocional, até a sua apropriação pelas mais recentes ferramentas de publicidade *online*.

As últimas inovações no panorama publicitário permitem otimizar e aproveitar o talento criativo dos seus consumidores bem como dos profissionais da indústria dos *media*.

Este último fenómeno reflete-se nas estratégias de **co-branding** entre marcas comerciais e publicações jornalísticas, mediante colocação nas páginas *online* de conteúdos editoriais de natureza informativa, de entretenimento ou educativa, diretamente relacionados com o produto comercial.

Por sua vez, **advertising native system** é um sistema de páginas ou *posts online* patrocinados, portanto pagos, pelas empresas comerciais e alojadas no domínio da publicação *online*. A principal novidade consiste na abordagem editorial e não meramente publicitária que permite incrementar reconhecimento e reputação da marca.

Já os **branded contents** são conteúdos editoriais criados e publicados pelos meios de comunicação *online* que podem vir a ser patrocinados pelas empresas comerciais que pagam para se apropriar dos mesmos, associando-lhes a sua marca. Uma variação desta estratégia de monetização resulta na possibilidade de criar conteúdos editoriais promocionais *ad hoc* com o objetivo de incrementar reconhecimento e interesse pela marca.

As vantagens deste modelos publicitário para as organizações de *media* são: uma maior durabilidade dos conteúdos publicados, a rentabilização do esforço criativo dos seus profissionais e a possibilidade de obter receitas garantidas ocupando porções mínimas de espaço publicitário nas suas páginas, ou seja, otimizando o valor do seu inventário publicitário e podendo albergar mais anúncios.

Voltando a considerar o potencial dos *social media* na distribuição de mensagens publicitárias destaca-se o **social media sponsorship** como sistema de criação de conteúdos promocionais criativos e relativa publicação em plataformas de *social media* por parte de indivíduos criativos e que utilizam páginas e perfis nos *social media*.

O funcionamento envolve no acordo comercial três atores: os editores criativos, a marca comercial e a plataforma mediadora, e prevê a difusão específica através de canais de *social media*.

As marcas comerciais lançam um desafio criativo colocando na plataforma um *brief* para o desenvolvimento de um projeto promocional original para os seus produtos ou serviços, segmentado por tipo de *social media* e público-alvo, indicando a dimensão do alcance pretendido.

Por sua vez, os *publishers* visualizam os desafios mediante a plataforma (modelo de acesso *freemium membership*) e ao recolhê-los assumem também o papel de criativos para o desenvolvimento do anúncio/campanha. Após validação, o anúncio (formato vídeo, foto ou multimédia) é lançado nas plataformas, páginas e perfis *social media* do *publisher*, captando o tráfego monitorizado que irá garantir-lhe a remuneração por parte do anunciante.

As plataformas ganham as suas receitas na mediação da relação e com uma percentagem aplicada a ambas as partes da procura e da oferta do conteúdo promocional criativo.

8.3. As *paywalls* do analógico ao digital

Outro instrumento de monetização transversal aos vários modelos de negócio da atividade jornalística na Sociedade em Rede é a estratégia de discriminação de preço na venda de serviços e conteúdos.

Perante a queda do valor económico das notícias, o aumento do seu valor social e a rapidez de difusão de conteúdos nas redes digitais foi preciso encontrar um compromisso entre a gratuidade da fruição *online*, experimentada sem sucesso por diferente publicações, e os elevados custos de produção procurando um equilíbrio para garantir a qualidade dos conteúdos noticiosos e a sustentabilidade financeira das organizações produtoras.

O sistema **paywall** é largamente adotado pelas organizações que pretendem colocar uma "barreira de pagamento" ou seja limitar o acesso gratuito dos utilizadores às páginas *online*. Existem no mercado diferentes versões de *paywall* articuladas e moldáveis a partir de dois extremos:

- *Paywall "hard"* (mais restritivo que bloqueia os conteúdos para quem não possui conta ou assinatura);
- *Paywall "soft"* (que permite aceder a um maior número de conteúdos sem efetuar pagamentos).

Portanto, o sistema *paywall* reflete e engloba diferentes **estratégias de discriminação do preço** dos conteúdos *online* que podem ser disponibilizados completamente ou parcialmente mediante pagamento.

MODELOS DE NEGÓCIO E COMUNICAÇÃO SOCIAL

As formas de pagamento variam das mais simples estratégias como o *paid for only* que permite ter acesso pontual a conteúdos específicos, como por exemplo um artigo, uma revisão ou uma reportagem, pagando um valor pela peça individual, ou múltiplos acessos, como no caso das assinaturas.

As **assinaturas** são uma das formas mais simples de subscrição e permitem ter acesso completo, por um limitado período de tempo, aos conteúdos.

Como demonstra o caso do jornal "Público", as assinaturas podem ter diferentes validades (diária, semanal, mensal ou anual) e oferecer acesso aos conteúdos suplementares, aos arquivos e às edições especiais, assim como podem ser dirigidas especificamente para segmentos de públicos definidos (estudantes, empresas etc.).

O modelo de *membership* representa uma outra forma de associação mais duradoura com a publicação mediante pagamento de uma quota que proporciona acesso aos conteúdos bem como a serviços e produtos exclusivos para membros (*i.e. overview, ebooks*, seminários, *webinars*, fóruns) e outras vantagens (*i.e.* convites para eventos). Fortalece, assim, a relação entre publicação e leitor-membro.

Podem ser definidas quotas de valores diferentes para atingir mais segmentos-alvos, proporcionando benefícios consoante o pretendido e em proporções definidas. Por exemplo, o "The Texas Tribune" define seis categorias de "membros da comunidade" segmentando o valor para a adesão anual e as vantagens conferidas, às quais acrescenta três categorias de parceiros especiais, cujo acesso prevê a adesão trienal estando mais direcionadas para organizações e mecenas.

Temos também o modelo de disponibilização parcial gratuita dos conteúdos *freemium* definido e concebido nos anos 1990 a partir da junção dos conceitos "*free*" e "*premium*" (Anderson: 2009).

Esse modelo consiste numa oferta temporária gratuita do acesso aos conteúdos (podendo limitar o número de artigos gratuitos como no caso do "Financial Times" ou do "Público") ou a uma parte deles (o "The Wall Street Journal" oferece gratuitamente excertos dos artigos e uma seleção de artigos completos) como exemplificado na imagem seguinte.

A estratégia base deste modelo pretende rentabilizar a produção de conteúdos, fidelizar os atuais utilizadores e atrair potenciais clientes para que, quando a oferta gratuita esgotar, se tornem assinantes pagando para tal uma quota para ter acesso à totalidade dos conteúdos.

A variante *freemium membership* consiste na oferta de todos os conteúdos mais serviços especiais adicionais para quem optar por se tornar membro, estabelecendo uma ligação privilegiada e personalizada com a publicação.

Já o *aggregated paywall* é um sistema que nasce em resposta à necessidade do consumidor de ter acesso a um conjunto variado de fontes informativas num mercado fortemente fragmentado. Para explicitar o seu funcionamento remetemos para o trabalho pioneiro na Europa desenvolvido pela empresa PianoMedia, que a partir de dois mercados, a Eslovénia e a Eslováquia, introduziu a subscrição de um valor mensal único para os leitores, proporcionando acesso a conteúdos *premium* provenientes de todos os *media* que aderiram ao acordo (60 *websites* e 20 publicações).

A inovação consiste em agrupar diferentes conteúdos de diferentes organizações de *media* pagando um único valor. O criador dos conteúdos recebe uma percentagem das receitas baseada no tráfego gerado e a PianoMedia recebe uma comissão.

Outro tipo é o denominado *metered paywall*, que corresponde a um modelo flexível de definição do preço para determinados conteúdos, adequando-se aos hábitos e exigências de consumo dos clientes mapeados através de métricas e *anlytics*, permitindo assim personalizar formatos, conteúdos, dispositivos e acesso aos conteúdos, otimizando a relação entre produtor e consumidor.

O sistema de seleção pode ser centrado na escolha de temáticas de interesse (*i.e.* seleção de algumas publicações de uma rede editorial ou por secções temáticas como desporto, economia, cultura, *food & beverage*) e ou comportamentos de leitura (*i.e.* via *mobile* durante a semana e em outro suporte no fim-de-semana) disponibilizando um serviço à medida do consumidor valorizando a sua unicidade.

Por fim, menciona-se aqui de forma breve a evolução das possibilidades de filantropia e doações voluntárias em ambiente *online* indicando a explosão do *crowdfunding* como inovação nas formas e nos significados atribuídos às doações individuais, para as quais podem ser oferecidas recompensas simbólicas (menção, agradecimento, citação), ou materiais (bens, produtos, eventos, *gadgets*).

MODELOS DE NEGÓCIO E COMUNICAÇÃO SOCIAL

O sucesso das campanhas de *crowdfunding* depende em larga parte do investimento de tempo, esforço e capital social dos próprios criadores e o valor angariado é o resultado das contribuições individuais face ao pedido inicial menos as taxas e as percentagens retiradas, consoante as regras de funcionamento das empresas privadas, de carácter lucrativo ou não, que gerem as plataformas de recolha de donativos.

8.4. Os Modelos de Monetização

O quadro seguinte resume, esquematizando, os principais modelos de negócio aplicados à produção de conteúdos e serviços relacionados com as diferentes formas de fazer jornalismo no século XXI.

FIGURA 16. Modelos de Monetização do valor económico da informação
(em detalhe nas páginas 438-439)

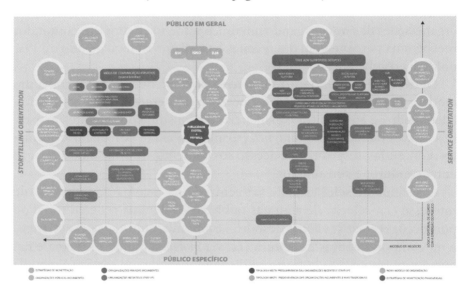

Considerando que os instrumentos de monetização a adotar são definidos conforme a missão e a orientação estratégica de cada organização, e que a sua combinação tem margem de flexibilidade e adaptabilidade, estes representam as fontes de financiamento mais relevantes e utilizadas pelo conjunto de organizações agrupadas por macrosectores no mercado e segmentos de atividade.

Uma análise explicativa e pormenorizada segue a apresentação do quadro nas seguintes páginas.

Elementos cardinais para a sistematização da informação e dos casos de estudo selecionados no âmbito da pesquisa são os dois eixos de análise aqui descritos:

– o eixo das abscissas (x) indica a **tipologia de modelo de negócio** e tem como extremos opostos os **modelos orientados para a narração** (adotados nos dois quadrantes à esquerda no quadro), que se focam na produção e na venda de conteúdos e histórias originais, e os **modelos orientados para o serviço** (adotados nos dois quadrantes à direita no quadro), que não pretendem monetizar diretamente o conteúdo jornalístico e informativo mas que o utilizam como parte do processo de construção e fortalecimento das marcas que vendem produtos e serviços relacionados. Adotamos este critério a partir do estudo *Chasing Sustainability on the Net* publicado por SuBMoJour – *Sustainable Business Models for Journalism*, um projeto internacional desenvolvido em conjunto por investigadores da Universidade de Tampere, na Finlândia, da USC Annenberg, nos E.U.A., e da Universidade de Waseda, no Japão.

– o eixo das ordenadas (y) indica as **lógicas editoriais relacionadas com a dimensão do público que se pretende alcançar**, considerando que essa pode variar entre o **grande público** (escala internacional ou nacional de largas audiências) abrangido pelos *Legacy Media*, serviço público nacional, Novos *Media*, *social media*, redes sociais e de meios de comunicação social *online* de massa (representados nos dois quadrantes no topo do quadro), e o **público especializado**, constituído por nichos construídos em volta de interesses específicos, proximidade geográfica e/ou tendências psicográficas, que são alvos preferenciais das organizações representadas nos dois quadrantes no fundo do quadro, como sendo *sites* de jornalismo especializados, blogues de empresas de serviços tecnológicos, consultoras digitais e plataformas especializadas em produtos e informação sectorial para organizações e clientes particulares. A adoção deste critério justifica-se dada a sua transversalidade e omnipresença nos diferentes modelos de jornalismo na era da informação, individualizados tanto por teóricos da comunicação (*i.e.* Tow-Knight Center) como por profissionais do sector das novas tecnologias (*i.e.* Marc Andreessen).

MODELOS DE NEGÓCIO E COMUNICAÇÃO SOCIAL

Do cruzamento dos eixos analíticos mencionados resultam quatro quadrantes que sintetizam o panorama atual, e refletem quatro tipologias de modelos de produção e monetização das atividades do sector, cujas peculiaridades passamos a explicar em seguida.

A análise de cada quadrante é estruturada por tópicos, apresentando as características salientes dos atores principais que intervêm em cada macrosector do mercado, os seus âmbitos de atuação, os principais instrumentos de monetização, as direções e o tipo de mudança em curso no que diz respeito à criação e difusão de conteúdos, a inovação nas fontes de financiamento e as tendências atuais que poderão deixar um marco importante nos desenvolvimentos futuros, e inclui referências a casos de estudo retirados do panorama internacional.

A **leitura do quadro** deve ser guiada pela legenda que ilustra as diferentes tipologias de organizações ativas no mercado e as suas fontes de receitas, apresentadas como instrumentos e estratégias de monetização.

Abordando as tipologias de organização, o quadro torna-se representativo da complexidade do mercado real recorrendo a variações cromáticas e formas geométricas indicativas.

Acompanhando a lógica analítica de construção é possível distinguir entre: **organizações incumbentes ou** *Legacy* (públicas e privadas) no mercado, **organizações recentes ou** *start-ups* e duas **tipologias mistas** que refletem a alternância conforme o modelo de negócio entre predominância de incumbentes/*legacy* ou de *start-ups*.

No topo do quadro encontramos as *New News Organizations* (NNO) que representam um modelo de nova organização com grande potencial futuro e já em desenvolvimento e adaptação no mercado atual, que tem a peculiaridade de se afirmar como *player* tanto no mercado *business-to-business* (B2B) como no *business-to-consumer* (B2C).

Entre as **estratégias de monetização** destacam-se no centro do quadro a publicidade digital e o *paywall* como instrumentos transversais aplicados nos quatro macrosectores e em volta dos eixos as restantes fontes de receitas.

A presença destas duas fontes de financiamento transversais, existentes em diferentes medidas e proporções em cada quadrante (apesar de poderem não estar ambas a ser implementadas em simultâneo em cada organização), influenciam as estratégias editoriais e comerciais de todas as organizações estudadas, definindo o cenário presente e o modelo de monetização e permitindo melhorar o seu peso a e sua centralidade em perspetiva futura.

Em torno das duas dimensões analíticas principais foram delineadas e agrupadas as diferentes práticas, sucessivamente organizadas em quatro modelos assim denominados:

1. *storytelling-oriented business model* **para público geral;**
2. *storytelling business model* **para público especializado;**
3. *service-oriented business model* **para público geral;**
4. *service-oriented business model* **para público especializado.**

8.5. *Storytelling-oriented business model* **para público geral**

Os **principais atores** neste macrosector orientado para o grande público e para a produção de narrativas originais são os *Legacy Media* que correspondem às organizações do serviço público e as empresas de *media* privadas incumbentes no mercado atual.

Estas organizações desempenham as suas funções em três **âmbitos de atuação**, nomeadamente a nível local, nacional e internacional. Este último é o panorama mais recente para o qual os *Legacy Media* estão a orientar-se de forma crescente, graças ao desenvolvimento das suas plataformas *online*, bem como à introdução da televisão via cabo, digital terrestre e à multiplicação de redes editoriais.

Passando a analisar as principais **fontes de financiamento**, é necessário distinguir entre instrumentos mais tradicionais que continuam a ser aplicados, com alguns ajustes, na era digital, como sejam:

- Os fundos públicos e os impostos aos cidadãos para a contribuição audiovisual (predispostos em benefício do serviço público);
- A intervenção na propriedade dos meios de comunicação por parte de capitais de investimento privados (famílias, grandes grupos empresarias ou *trust*);
- Os pagamentos realizados pelos utentes/espectadores para participar diretamente em concursos e promoções (sobretudo via televisão e rádio);
- A venda de espaços publicitários tanto nas versões analógicas e impressas bem como em digital.

MODELOS DE NEGÓCIO E COMUNICAÇÃO SOCIAL

A possibilidade de fornecer ao público conteúdos *on demand* e personalizados representa uma nova fonte de receitas diretamente associada ao sistema de monetização *paywall* e às novas trajetórias para a criação e difusão de conteúdos noticiosos.

Daí que, acompanhando as renovadas exigências dos seus consumidores, os *Legacy Media* venham elaborando estratégias de *customização* e *targetização* da oferta, sempre mais refinadas, que contemplam:

- A agregação de diferentes tipologias de conteúdos passíveis de seleção;
- O seu fornecimento em *time lapse* ou em direto através de sistemas multimodais;
- A difusão via canais tradicionais e *online*, no que diz respeito à escolha de plataformas, canais e dispositivos.

Destacamos assim que a mudança no paradigma de produção e distribuição de conteúdos noticiosos permite a aplicação de estratégias de discriminação de preço na sua oferta a pagamento.

Como anteriormente referido, o advento do digital (e das *boxes*) proporciona às organizações produtoras de conteúdos instrumentos de monetização e ao mesmo tempo de aproximação e fidelização dos utilizadores das suas plataformas, nomeadamente estratégias *freemium, pay for only,* assinaturas simples ou associadas ao *metered paywall,* ou seja, contemplando formas, dispositivos, conteúdos e duração do consumo previamente definidas e personalizadas.

Todavia, a entrada no mercado das "Telcos", enquanto fornecedoras de serviços tecnológicos, agregadoras e distribuidoras de conteúdos, gestoras de redes editoriais e, em alguns casos, provedoras de apoios à produção de conteúdos alterou, juntamente com outros fatores, o panorama da concorrência e o *market share* dos *Legacy Media* – ao ponto de se poder destacar a tendência crescente de os meios de comunicação, para o grande público, incumbentes no mercado estarem sempre mais frequentemente estruturados em grandes grupos editoriais e em redes de produtos editoriais.

Continuando com a análise das **inovações nas fontes de financiamento** para as organizações orientadas para criação de narrativas para o grande público é necessário mencionar também os novos formatos de **publicidade *online*** surgidos e adotados nos últimos anos.

Por um lado, temos as estratégias de ***co-branding***, as quais consistem numa forma de colaboração mais intensa entre publicações *online* e marcas comerciais baseadas na criação e publicação de conteúdos editoriais.

A transposição das tradicionais publireportagens para os *media online* consiste na criação de conteúdos patrocinados, geralmente definidos *advertorials* (mistura entre as palavras inglesas *advertising* e *editorial*) e funciona principalmente de acordo com as seguintes lógicas: conteúdos criados pelas próprias empresas comerciais ou conteúdos criados por profissionais externos e jornalistas.

Por sua vez, temos também o ***advertising native system,*** o qual é um sistema de páginas ou *posts* patrocinados, portanto pagos, pelas empresas comerciais e alojados no domínio *online* da publicação. O conteúdo de *posts* e páginas podem, por exemplo, ser criados diretamente pelas equipas de marketing das empresas, como no emblemático caso de *cobranding* entre a publicação The Atlantic e a IBM, onde é possível encontrar um artigo assinado diretamente por David Laverty, Vice-presidente Marketing, Big Data and Analytics da IBM.

Assim, no *advertising native system* a novidade consiste na abordagem de tipo editorial informativa e não meramente publicitária, na qualidade dos conteúdos criados ou selecionados pelas empresas e associados ao prestígio da marca editorial que vende o seu espaço publicitário e concorda com a publicação, sempre evidenciando que se trata de conteúdos patrocinados.

Outro exemplo pioneiro no recurso a esta estratégia de monetização dos espaços publicitários *online* são as páginas *"paid post"* do New York Times, tendo-se escolhido para exemplo o caso específico do patrocínio da marca Dell.

O acordo trimestral entre as duas organizações resulta na "Dell's Paid Posts page", ou seja uma página de conteúdo interna do *website* do NYTimes patrocinada, paga e gerida pela Dell juntamente com *banners* institucionais na *homepage* do jornal que remetem para a página *branded*.

Os conteúdos representam um conjunto de artigos selecionados entre publicações de jornalistas profissionais, conteúdos escritos pela equipa Dell Paid Posts e por autores diretamente escolhidos pela Dell, bem como outros artigos selecionados e curados a partir dos arquivos da Tech Page One da Dell e do New York Times.

MODELOS DE NEGÓCIO E COMUNICAÇÃO SOCIAL

A estratégia fundamenta-se na criação de conteúdos relevantes para os leitores, para que estes ganhem uma maior confiança nas mensagens da marca, aproveitando a credibilidade e o posicionamento da publicação editorial. O objetivo é o de capturar atenção e proatividade de consumidores, tanto atuais como potenciais, e interessá-los, fomentando o debate e a atenção em volta dos produtos e de temas percebidos como centrais ou sensíveis pela empresa comercial.

Por exemplo, nessa campanha a Dell explicitou o seu público-alvo como sendo "sobretudo os decisores e os responsáveis pela tomada de decisão na área das TI das empresas". É evidente que, tratando-se de uma forma de publicidade muito *targetizada* e direcionada para nichos de públicos específicos, a escolha do meio para a publicação é central, dependendo das características do seu público e do posicionamento pretendido pela marca anunciante.

Uma outra possibilidade de monetização da prática jornalística através da publicidade *online* é a estratégia de criação de **branded contents,** ou seja, neste caso é a própria publicação a criar e editar conteúdos editoriais que podem ser patrocinados pelas empresas comerciais através de um pagamento que lhe permite associar, diretamente, a marca a conteúdos de qualidade profissional, inicialmente redigidos sem intuito promocional. O caso do Gawker apresenta o exemplo de um artigo publicado em primeira mão pelo jornal *online* de forma independente e que, passados cinco dias *online*, passa a ser patrocinado pela Cottonelle. Após o patrocínio, o artigo foi recolocado na *homepage* da Gawker e marcado por um evidente "*sponsored by*".

Para as organizações de *media* as vantagens nesta abordagem são uma maior durabilidade dos conteúdos publicados, a rentabilização do esforço criativo dos seus profissionais e a possibilidade de obter receitas ocupando porções mínimas de espaço publicitário nas suas páginas, ou seja, otimizando o seu inventário publicitário.

Uma segunda variante da mesma estratégia *branded contents* é contemplada quando a publicação *online* cria o conteúdo especificamente para a empresa comercial, que o patrocina com o objetivo de incrementar o reconhecimento da sua marca, promovendo conteúdos educativos ou de entretenimento, como no caso do artigo do The Onion para a empresa H&R Block.

Na análise das **direções e tipos de mudança em curso na criação e difusão de conteúdos** reforçamos a importância do surgimento de **redes de produtos editoriais** do ponto de vista da otimização dos esforços editoriais, da gestão e de captação de leitores e anunciantes.

O jornal diário italiano La Repubblica integra uma rede constituída por dezenas de *media*, entre os quais figuram jornais locais, revistas, rádios, *websites* especializados e temáticos de informação, entretenimento e serviços.

O *micro-publishing* é um modelo que permite especializar a produção de conteúdos por área temática para oferecer informação aprofundada aos assinantes, estando portanto associado à otimização das *paywalls* e com a captação de subscritores, como demostrado pelo exemplo da *paywall* 2.0 do The New York Times.

Mantendo momentaneamente o foco da atenção na imprensa *online*, nota-se que a partir da realização de artigos e editoriais em formato *micro-publishing*, algumas publicações realizam uma seleção por temas ou autores, a pagamento, acessível através de assinatura ou pagamentos *pay-for-only*, transformando a publicação em uma plataforma de *digital publishing shop* dos seus próprios conteúdos.

The Awl criou para o efeito o Weekend Companion, para ir ao encontro das exigências dos leitores e das suas preferências de leitura, contemplando uma maior possibilidade de aprofundamento na leitura durante o fim-de-semana. Os produtos da *digital publishing shop* são vendidos separadamente e a um preço diferente dos conteúdos da publicação original.

A partir da ideia de *micro-publishing* e recorrendo a financiamento através de capitais privados, ou formas de colaboração com os grandes grupos de comunicação incumbentes, surge o conceito de ***personal branding journalism*** praticado por jornalistas profissionais de renome que criam uma marca distintiva da sua forma de fazer jornalismo.

Contemplam-se, entre os diferentes exemplos, os de jornalistas que se tornaram gurus na forma de exercer *personal branding journalism*, transformando as publicações em impérios de negócios, como o renomado caso de Arianna Huffington. Há, no entanto, outros exemplos de jornalistas especializados em temáticas específicas como Johanna Payton no sector da moda e do *lifestyle*.

A versão do *personal branding* adaptada às organizações recentes e *start--ups* funciona sobretudo através de sistemas de micro-pagamento parti-

MODELOS DE NEGÓCIO E COMUNICAÇÃO SOCIAL

culares, pré-venda e *crowdfunding*. Exemplo relevante é o caso da Beacon, uma plataforma temática para jornalistas e projetos emergentes, criada pelo jornalista Andrew Sullivan.

Podemos concluir que a diferença entre organizações que atuam na área do *personal branding journalism*, do ponto de vista das fontes de financiamento, é marginal, pois são maioritariamente os leitores a apoiar a realização dos projetos, tornando-se verdadeiros embaixadores das marcas na sua fase de arranque (através de doações, micro-pagamentos *crowdfunding*) para se transformarem, posteriormente, em assinantes, demonstrando grande confiança e lealdade, permitindo evidenciar analogias com o fenómeno de fidelização e identificação nas marcas de bens de consumo ou de bandas e cantores de culto.

Próximo do *personal branding* está o conceito de **one man staff**, concretizado sobretudo em organizações mais recentes, onde um jornalista-empreendedor cria e gere por completo a empresa (*start-up*), desde a idealização de conteúdos, até à gestão da componente informática e de venda (direta ou mediada) dos espaços publicitários, mas sem apostar no prestígio e na relevância do seu nome como eixo estratégico de posicionamento. O *site* Bargainbabe.com, criado por Julia Scott, fornece um excelente exemplo de **one man staff** focado em conteúdos especializados gratuitos para os leitores e financiado através de publicidade *online* e promoção direta de produtos recenseados.

Assim é possível concluir que o formato *micro-publishing* representa uma fronteira invisível, ou melhor, um elo de ligação, entre empresas incumbentes no mercado, organizações mais recentes e *start-ups*, podendo ser aplicado a diferentes tipologias de conteúdos, com um elevado sucesso na redação de conteúdos que se destacam pela especialização e qualidade, dirigidos a nichos de mercado.

A partir desta conjuntura originam-se novas formas de criação de conteúdos que podem explorar modelos de criação e venda de **peças individuais** em vez de publicações inteiras, ou de ***long form publishing*** como publicações de recensões, críticas, investigações e reportagens mais aprofundadas e imersivas. Longform e Narratively exemplificam as inúmeras publicações dedicadas a conteúdos noticiosos e de ficção que se financiam maioritariamente através de doações, *pay-for-only*, assinaturas e venda de *software* e aplicações para leitura via dispositivos *mobile*.

MODELOS DE MONETIZAÇÃO DO VALOR ECONÓMICO DA INFORMAÇÃO

Tanto para este tipo de conteúdos quanto para os conteúdos publicados em plataformas de *blogging* profissionais é possível explorar estratégias de pré-venda e micro-pagamentos (relacionados com os próprios conteúdos ou com os suportes de leitura como no caso de *apps* para dispositivos), doações (diretas ou mediadas por plataformas de *crowdfunding*) e promoção direta das marcas comerciais como alternativas ou em combinação com instrumentos de monetização transversais no mercado, quais publicidade digital e *paywall*.

Outras **tendências atuais** que podem apontar caminhos futuros para a sustentabilidade económica de organizações **orientadas para a narração e o grande público** parecem ser o fortalecimento da relação de troca entre organizações de *media* e redes sociais (troca de conteúdos originais e de qualidade por aumento de tráfego nas páginas), a promoção direta, ou por *co-branding*, de bens comerciais selecionados (garantia da qualidade do produto proporcionada pelo conhecimento, credibilidade e experiência do autor da publicação), a pré-venda de conteúdos exclusivos ou difíceis de encontrar e a comercialização de produtos acessórios e complementares ao consumo de conteúdos noticiosos.

Finalmente referimos o surgimento de um novo modelo de organização no sector dos *media* definido como *New News Organizations*, que, além de financiar-se mediante publicidade *online* e a própria venda de conteúdos, cria oportunidades de negócio no sector privado (B2B) bem como no mercado dos consumidores finais (B2C).

Destaca-se o modelo de *New News Organization* como potencial modelo aplicável no futuro das grandes organizações no sector dos *media* que engloba e ultrapassa o conceito de rede editorial, conjugando atividades B2B e B2C no seu modelo de negócio, estabelecendo parcerias com organizações relevantes no panorama das *start-ups* de jornalismo de investigação, cidadão e hiper-local, com organizações fornecedoras de *paid-content solutions*, com agências, anunciantes e marcas comerciais investindo contemporaneamente numa relação interativa, personalizada e continuada com o público de particulares.

Para melhor ilustrar o conceito de *New News Organizations* utiliza-se o exemplo da COX REPS como organização complexa no sector dos *media* que vai se ajustando às transformações em curso, através de contínuas inovações e elevada diferenciação ao nível dos seus produtos, oferecendo um variado leque de ofertas para os consumidores finais, através da sua rede de produtos editoriais multimédia, bem como para assinantes, providenciando soluções multiplataforma de apoio ao marketing e à venda.

Ou seja, trata-se de um grande grupo de *media* com dupla orientação, adotando estratégias para se posicionar no mercado B2C e no mercado B2B. Uma das suas criações mais recentes é a GAMUT que proporciona quatro soluções distintas para otimização dos resultados das publicações e dos anunciantes.

8.6. *Storytelling business model* para público específico

O segundo quadrante representa os modelos de negócios aplicados a uma multitude de organizações que produzem conteúdos narrativos para um público especializado. Trata-se portanto de um sistema muito articulado, orientado para nichos de leitores, alvo de estratégias de organizações e publicações variada, agrupáveis por tipo de temáticas e conteúdos abordados.

Uma primeira observação essencial, para uma melhor compreensão do cenário, é a presença simultânea neste quadrante de organizações com e sem finalidades de lucro, e uma elevada predominância de organizações de criação recente e *start-ups*. Estas características determinam os modelos de negócios aplicados que, ao mesmo tempo, influenciam as diferentes oportunidades de cada organização ter de recorrer às fontes de financiamento que serão discutidas a seguir.

Os grupos de intervenientes fundamentais do lado da produção de conteúdos são jornalistas e editores profissionais, ou especialistas externos aos *mass-media* mas com acesso à informação e capacidade de processamento para publicação *online*, bem como jovens profissionais da área da comunicação social e dos *media* que promovem projetos de empreendedorismo jornalístico. Estes atores dão vida a projetos jornalísticos de pequena e média dimensão do ponto de vista do emprego de recursos humanos.

A especificidade dos **âmbitos de atuação** prende-se com a possibilidade das organizações poderem oferecer conteúdos de elevada qualidade e difícil disponibilidade nos circuitos *mainstream* dos *media* incumbentes/ *Legacy Media*.

Os critérios de especialização e os nichos de mercado são definidos com base em temáticas de interesse e/ou áreas geográficas de atuação das próprias organizações, bem como do seu público. Todavia a sua abrangência em termos de audiências pode alavancar-se ao nível global aproveitando da sua intrínseca natureza *online*.

Passando a referir as principais **fontes de financiamento,** indicam-se novamente os dois mercados dos anunciantes e dos utilizadores finais, distinguindo as estratégias de monetização aplicadas.

A **discriminação de preço** na venda dos conteúdos é realizada aplicando os modelos *pay-for-only, freemium, membership* e as assinaturas.

Destaca-se a possibilidade de vender os próprios conteúdos agregados à sua concorrência. A associação em sistemas de *aggregated paywall* é vantajosa nos casos de publicações com elevados níveis qualitativos mas abrangência temática reduzida, proporcionando receitas, visibilidade e aumento de tráfego nas páginas *online*, sem obrigar os utilizadores a escolher e vincular-se economicamente com uma única publicação, nem a ter de subscrever dezenas de programas de assinaturas para satisfazer os interesses por temáticas heterogéneas não abrangidas na sua totalidade por nenhum *medium* específico.

A experiência concretizada pela agência Piano Media, pioneira na Europa na gestão de programas de *aggregated paywall*, congrega diferentes *media* e oferece aos leitores um conjunto de conteúdos de diferentes fontes editoriais mediante uma assinatura única, é demonstrativa desta inovação de sucesso e em rápida expansão.

Anteriormente mencionou-se a possibilidade de venda direta dos espaços publicitário por parte dos gestores das plataformas *online*, atividade que requer um elevado investimento em termos de tempo, trabalho, aquisição do conhecimento do mercado publicitário e a definição de um ***digital rate card***, ou seja, de uma tabela de preços que contemple e mencione todas as possibilidades de aquisição por parte dos anunciantes.

A tabela apresentada seguidamente como estudo de caso é representativa da grande variedade de espaços que constituem um inventário publicitário, bem como das possibilidades de colocar anúncios por unidade, destacá-los por impacto pretendido, por tipo de dispositivo e canal, e de endereçar a publicidade para segmentos de público específicos ou requerer programas personalizados e pacotes de espaços ou tipologias de campanhas personalizadas e à medida dos anunciantes.

Neste contexto, a própria venda de espaços publicitários para *banners* regista uma baixa aplicação do modelo *cost-for-action* perante uma larga adoção do modelo *cost-for-impression* que oferece maiores garantias à

MODELOS DE NEGÓCIO E COMUNICAÇÃO SOCIAL

publicação *online*, podendo prever e contar com receitas geradas proporcionalmente ao volume de visualizações de cada anúncio.

As experiências empíricas demostram que os consumidores destes *media online* especializados não concretizam números relevantes de ações de compra no contacto com as empresas anunciantes, o que tem repercussões também no valor do *cost-for-click* por cada anúncio.

No entanto, este último modelo de publicidade *online* proporciona também resultados positivos para alguns *media* de informação sectorial direcionados para nichos de públicos muito interessados e ativos na procura de informação, como acontece no caso do Portal dos Parados, agregador de conteúdos dedicado à população desempregada espanhola.

Também no sector das *start-up* jornalísticas, à semelhança do que acontece no sector dos *Legacy Media*, o mercado da publicidade está povoado por agências e intermediários, e frequentemente podem ser os mesmos *players* a desempenhar a função em macro-sectores de mercado distintos.

É importante referir a existência de redes publicitárias, programas de *affiliated marketing* e *social media sponsorship* nos quais cada publicação pode participar desempenhando diferentes atividades, de forma mais ou menos relevante acarretando custos e receitas muitos variáveis, como argumentado no parágrafo dedicado às inovações nas fontes de financiamento.

Os modelos de negócio mais difundidos no macro-sector em análise adaptam ao ambiente digital instrumentos de monetização derivados da prática tradicional como a participação de capitais privados, o estabelecimento de parcerias e patrocínios com marcas comerciais, o recurso a bolsas, prémios e concursos financiados por fundações e a recolha de fundos.

Mais diretamente, a recolha de fundos pode ser implementada recorrendo a instrumentos de monetização que apelam a lógicas de filantropia e mecenato ou de responsabilidade social das organizações, assim como através de doações individuais, campanhas e eventos de angariação.

A combinação e a gestão destes instrumentos na lógica organizacional apresentam muitas possibilidades de variação e requerem adaptação à dimensão, estatuto, identidade e competências estratégicas de cada ator no mercado.

Para delinear as direções e os **padrões de mudança na criação e difusão de conteúdos** noticiosos dentro desta grande macro-sector podemos

MODELOS DE MONETIZAÇÃO DO VALOR ECONÓMICO DA INFORMAÇÃO

distinguir formatos, técnicas, ferramentas bem como níveis de profissionalização dos operadores do sector jornalístico.

Reforçando a existência neste grupo de organizações com e sem finalidades de lucro, podemos defini-las como entidades de criação recente que fornecem informação e conteúdos aprofundados, de elevada qualidade e a partir de fontes de primárias e secundárias, especializadas por linhas temáticas e/ou dimensão geográfico-territorial e direcionada a um público restrito com interesses específicos.

Além dos já citados exemplos de criação de peças individuais, de formato mais ou menos extenso, e eventualmente associadas a projetos de *digital publishing shop, personal branding* e *one man staff* encontramos mais cinco tipologias de organizações recentes, criadoras de conteúdos jornalísticos especializados.

Nota-se assim que o **jornalismo hiper-local** está direcionado para a criação de conteúdos relacionados com um contexto geográfico e territorial delimitado, abrangendo diferentes sessões temáticas, como no caso da publicação francesa Dijonscope.

O jornalismo hiper-local beneficia da possibilidade de captar financiamentos através de publicidade direcionada, patrocínios, investimento e filantropia por parte de empresas locais e capitais privados, parcerias com instituições locais, sistemas de pré-venda e micro-pagamentos, campanhas de angariação de fundos diretas ou mediadas por plataformas externas (como no caso do *crowdfunding*), incentivos para o desenvolvimento do empreendedorismo social e local, bolsas e prémios de organizações públicas e privadas.

A definição de **jornalismo de investigação** abrange imensas realidades e tipologias de modelos de negócio com diferentes escalas e níveis de risco, que podem recorrer a muitos dos instrumentos de monetização acima referidos, tendo uma marcada preferência por manter os projetos independentes e autónomos da publicidade e do investimento privado, optando, portanto, por formas de financiamento coletivas como o *crowdfunding* (veja-se o caso de sucesso do De Correspondent), a filantropia, fundos, bolsas e prémios de fundações e organizações não-governamentais, estratégias de diversificação do preço e pré-venda.

O **jornalismo cidadão** é definido por Jay Rosen com as seguintes palavras «*when the people formerly known as the audience employ the press tools they have in their possession to inform one another, that's citizen journalism*» (2008)

381

MODELOS DE NEGÓCIO E COMUNICAÇÃO SOCIAL

e indica uma forma de jornalismo participativo e de interação social, que recebe e cruza contributos de jornalistas e de não profissionais e em vários formatos, através de múltiplos canais e plataformas, enraizando-se fortemente no conceito de comunidade.

Num oceano de exemplos de hibridação é ainda possível distinguir entre um jornalismo cidadão clássico, realizado através de *website* com ferramentas de partilha e agregação de conteúdos das várias fontes, e jornalismo cidadão concretizado via blogues.

O jornalismo cidadão não relata somente acontecimentos que têm os cidadãos como primeiros testemunhos diretos, mas também recolhe experiências variadas que podem estar relacionadas tanto com a dimensão comunitária e hiper-local, quanto com temáticas globais e abrangentes segmentadas por sessões de interesse.

Por exemplo, a Demotix enquadra-se como uma plataforma de jornalismo cidadão por imagens fotográficas que, ao longo da sua existência, conseguiu tirar o máximo proveito das contribuições dos utilizadores, colocando à venda alguns dos seus conteúdos para empresas e particulares, garantindo a sua sustentabilidade financeira e o respeito dos princípios éticos do jornalismo.

Reforça-se, assim, que os instrumentos e as oportunidades de financiamento podem surgir mediante parcerias comerciais, fornecimento de serviços especializados, apoios públicos e privados, concursos, prémios, doações e micro-pagamentos, sempre enfatizando a importância de criar e manter relações interativas e estreitas com o público, utilizador e participante, fortalecendo circuitos relacionais e profissionais com os principais portadores de interesse.

Em contraste com as tendências de agregação de conteúdos mediante algoritmos de *software* e sistemas computorizados existem, também, formas de realizar um **jornalismo de curadoria e agregação de conteúdos através do uso de jornalistas**, críticos e profissionais especialistas que refletem o trabalho de editores e curadores em publicações altamente especializadas em assuntos particulares e raros que atraem público fortemente informado, como, por exemplo, acontece nas áreas de arte, cultura, colecionismo e literatura.

Os principais fatores de financiamento nestes casos são os seguidores e consumidores, os anunciantes, patrocínios e parcerias e as atividades filantrópicas. Existe também a possibilidade de rentabilizar os conheci-

MODELOS DE MONETIZAÇÃO DO VALOR ECONÓMICO DA INFORMAÇÃO

mentos e a reputação do autor enquanto conferencista ou formador, participando em eventos a pagamento.

Por fim, destacamos uma tipologia de organização híbrida, assim definida como podendo optar por um modelo de negócio mais virado para a produção de conteúdos ou por um modelo de negócio orientado maioritariamente para a venda de serviços. Esta forma de jornalismo tem por base **conteúdos complexos e difíceis de serem encontrados** de forma sistematizada, que têm elevado interesse para um público reduzido.

Voltando a citar o Portal dos Parados, neste caso, os conteúdos noticiosos estão associados em páginas explicativas com informação jurídico-legal acessível, anúncios de emprego e formação. Diversas possibilidades de financiamento surgem de parcerias com organizações privadas de diversos sectores, promoção direta, publicidade, patrocínios e venda de serviços especializados.

Importantes ações **filantrópicas** por parte de empresas ou privados fizeram clamor, como no caso do The Intercept, de Glenn Greenwalls, financiado pelo fundador da Ebay, Pierre Omidyar, em nome da liberdade de expressão, da independência e da informação sob valores democráticos, na sequência do escândalo NSA-Snowden.

Acompanhando a lógica das doações voluntárias, indicamos a explosão do *crowdfunding* como inovação nas formas e nos significados atribuídos às doações individuais, para as quais podem ser oferecidas recompensas simbólicas (menção, agradecimento, citação), ou materiais (bens, produtos, eventos, *gadgets*).

O sucesso das campanhas de *crowdfunding* depende em larga parte do investimento de tempo, esforço e capital social dos próprios criadores e o valor angariado é o resultado das contribuições individuais face ao pedido inicial, menos as taxas e as percentagens retiradas consoante as regras de funcionamento das empresas privadas, lucrativas ou não, que gerem as plataformas.

Existem diferentes plataformas de *crowdfunding* especializadas em recolha de fundos para projetos jornalísticos e do sector dos *media* e das indústrias criativas. O debate sobre a eficácia do *crowdfunding* em suportar as indústrias dos *media* mantém-se aceso e aberto.

Todavia, não podendo ser abordado como panaceia nem como solução eficaz para qualquer situação, são inúmeros os casos de campanhas de sucesso que permitiram o surgimento e a continuação de projetos

MODELOS DE NEGÓCIO E COMUNICAÇÃO SOCIAL

importantes e reconhecidos, como o ProPublica, que tem ganho apoio de instituições sem fins lucrativos de renome, menções de honra e tem no seu ativo dois prémios Pulitzer.

A criação de conteúdos noticiosos para estas formas de jornalismo *online* requer competências elevadas e transversais por parte dos profissionais que podem assim recorrer a novos instrumentos de monetização do *know-how*, nomeadamente realização de ações de formação, seminários e conferências temáticas.

A título ilustrativo realçamos que o fundador do magazine Artjournal recolhe mais de 20% das receitas para a sua publicação participando em conferências e lecionando em *workshops* de formação. Em seguida, podemos verificar o caso emblemático do *website* Journalism.co.uk, que na sua página de oferta formativa vende os seus próprios cursos.

Apesar das organizações que participam deste quadrante continuarem a recorrer à publicidade como meio de financiamento, enfrentam dificuldades ao nível de gestão interna, devido às restrições na dimensão dos seus recursos humanos e à presença limitada nos seus quadros empresariais de profissionais da área comercial e de marketing para captação de anunciantes, bem como ao nível da competição em circuitos externos de distribuição dos anúncios.

Ao mesmo tempo, representando publicações especializadas para nichos de mercado, têm vantagens no que diz respeito à segmentação das suas audiências bem como à capacidade de comunicar de forma eficaz com os seus públicos, beneficiando de relações próximas e fidelizadas.

As principais inovações que permitem dar resposta às problemáticas referidas ao nível de concorrência, na angariação de clientes e na distribuição das mensagens publicitárias passam pelo envolvimento das publicações editoriais em circuitos geralmente definidos por redes publicitárias, geridas e mediadas por empresas terceiras como no caso dos programas de *affiliated marketing*, dos serviços de *cross-selling* e *advertising sale support*, cujos exemplos são os serviços AdSense e Newspaper Consortium oferecidos, respetivamente, pelo Google e pela Yahoo.

Como antecipado, o envolvimento pode concretizar-se em modos diferentes, aportando riscos e vantagens diferentes. As publicações podem-se tornar "*affiliate*" de redes publicitárias de primeiro nível, como o AdSense, ou de segundo nível, como o The Deck.

MODELOS DE MONETIZAÇÃO DO VALOR ECONÓMICO DA INFORMAÇÃO

O The Deck representa um exemplo de rede publicitária de segundo nível composto por dezenas de publicações direcionadas para um público de profissionais na área da criatividade *online* e *design*, que se tornam membros da rede para receber publicidade nas suas páginas, pagando uma percentagem das receitas à empresa mediadora, que por sua vez se financia maioritariamente através da gestão da oferta de anúncios.

Outra opção para uma publicação é tornar-se diretamente gestora de uma rede de segundo nível, recolhendo e agregando publicações do mesmo sector para responder à procura dos anunciantes-clientes.

Nos E.U.A., por exemplo, o Yahoo Newspaper Consortium for Local Publishers recorre a uma rede publicitária de segundo nível, gerida e composta por empresas de *media* locais para fomentar a criação de uma rede de venda local, agilizar a sua gestão e fortalecer as suas capacidades. Uma publicação específica pode transformar-se em prestadora de serviços B2B estando equipada e preparada para ser uma *sale support technological infrastructure*.

Continuando a explorar as alternativas de monetização mediante publicidade *online*, vê-se a possibilidade de entrar num programa de *affiliated marketing* lançado por uma empresa à procura de inventários publicitários targetizados que pretende mediar as transações controlando as tecnologias e as trocas monetárias.

A entrada nas redes de distribuição de publicidade é quase sempre gratuita para as publicações e depende da aprovação da empresa intermediária, conforme critérios previamente estabelecidos.

As diferenças principais consistem na obrigatoriedade de partilha das receitas com o intermediário, o que acontece no caso do *affiliated marketing* e dos consórcios, ou na obtenção da totalidade das receitas, como no caso do serviço ADSense da Google baseado nos ADwords pagos pelos anunciantes.

A afetação da publicidade às páginas depende do tipo da rede, da combinação das exigências e disponibilidade relevadas, tanto do lado da procura (características sociodemográficas do público-alvo, temas relacionados, visibilidade) bem como da oferta (número de utilizadores, formatos, conteúdos, objetivos económicos), sempre existindo variações conforme os acordos e as plataformas de mediação.

Uma terceira inovação nas estratégias de monetização relacionadas com a publicidade é o *social media sponsorship*, que proporciona receitas pela criação e difusão de conteúdos promocionais. Este sistema permite que as publicações ganhem pelo seu trabalho criativo difundido mediante canais próprios, e assenta em plataformas *online* de encontro e mediação entre a procura e a oferta de conteúdos criativos para a promoção de produtos ou serviços comerciais.

Os jornalistas e editores criativos podem aceder, mediante subscrição ou *freemium membership*, aos *briefings* das empresas que especificam quais conteúdos pretendem publicitar e os alvos a atingir. Os criadores ao recolher o desafio realizam uma campanha adaptada ao molde da sua publicação e consoante o seu nicho de público, que após a aprovação do anunciante é publicada nas páginas e perfis de *social media* geridos pelo mesmo criador com o intuito de captar o tráfego necessário a ganhar remunerações.

O IZEA é uma das plataformas mais conhecida de *social media sponsorship* através da qual são desenvolvidas centenas de campanhas e mensagens promocionais que vêm publicadas em *social media*, blogues, *sites* e redes sociais.

As **tendências** nos modelos de negócio para as organizações que elaboram conteúdos narrativos para públicos fortemente segmentados assentam assim em estratégias de parcerias, colaboração, rentabilização do seu *know-how*, talento criativo, otimização e rentabilização da relação com os seus utilizadores.

Os produtores de conteúdos noticiosos, consoante a definição do estatuto com ou sem finalidades de lucro das suas organizações, estabelecem parcerias com organizações do sector privado, como no caso do jornalismo participativo ou de investigação com *New News Organizations* (veja-se a o exemplo seguinte das parcerias para venda de conteúdos da Demotix com grandes grupos de *media*), ou com empresas de mediação para a venda de publicidade (referências aos modelos de *advertising network* e *social media sponsorship*) ou, ainda, com instituições público-privadas como fundações, institutos e academia podendo contribuir para a obtenção de fundos, bolsas e prémios (particularmente relevantes para jornalismo cidadão e de investigação).

Destaca-se também a possibilidade de desenvolver colaborações e formas de troca colaborativa, tanto ao nível B2B, por exemplo através da criação de sistemas de *aggregated paywall* entre *Legacy Media* e jornalismo de nicho, junto com as hiperligações entre os seus conteúdos.

No que diz respeito à venda de publicidade a participação nas redes de distribuição pode indicar um caminho para a introdução de instrumentos de monetização *business-to-business* na criação de conteúdos originais e inéditos, mas sobretudo do ponto de vista da infraestrutura tecnológica de suporte, enquanto as publicações, sobretudo no contexto do jornalismo hiper-local, podem optar por se tornar parceiros da empresa intermediária e responsáveis diretos pela venda localizada dos anúncios.

As colaborações podem ser incentivadas também ao nível B2C explorando o potencial do jornalismo cidadão e híper-local, bem como o sistema de doações-recompensas à base da lógica do *crowdfunding* e o paradigma de benefícios-audiências-remuneração que suporta o trabalho criativo de tipo *social media sponsorship*, considerando a necessidade de aumentar o capital social das publicações e de criar relevantes efeitos de *buzz* e *word-of-mouth*.

Ao mesmo tempo evidenciam-se as oportunidades de criação de novos instrumentos de monetização mediante provisão de ações de formação com finalidades info-educativas e profissionalizantes, dependendo da notoriedade, das competências e da reputação dos protagonistas.

Em visão das perspetivas que se podem delinear para o futuro destas organizações destaca-se a crescente relevância e procura de conteúdos aprofundados, de qualidade e difíceis de se encontrar de forma sistematizada e acessível. Acrescenta-se que a tendência para a comercialização de bens e serviços aponta para o *e-commerce*, sobretudo para a venda de tecnologias e aplicações *mobile* e para a comercialização de conteúdos criativos realizados *ad-hoc*.

Ao cruzamento entre o quadrante acima descrito (com orientação para a narração e público específico) e o seguinte (virado para um público mais vasto através de oferta de serviços) encontram-se as plataformas de *open social storytelling*, ou seja, uma versão aberta e em atualização dos novos instrumentos que permitem cruzar, de forma mais interativa, as funcionalidades dos *social media* com as características dos blogues.

Atualmente, como se referirá a seguir, estão disponíveis, maioritariamente por convite, plataformas que permitem organizar e integrar conteúdos próprios ou agregados através de fontes variadas em uma página pessoal, associada aos perfis de *social media* e portanto à rede social de contactos com funções de *editing* e partilha de conteúdos.

MODELOS DE NEGÓCIO E COMUNICAÇÃO SOCIAL

Estas plataformas e páginas são uma das últimas fronteiras conhecidas no atual panorama de hibridização entre narrativas *online* partilhadas, serviços associados às redes sociais e às plataformas de criação de conteúdos noticiosos e *social media sponsorship*, encontrando-se ainda em fase de introdução junto de comunidades restritas e de especialistas, contando com o apoio financeiro e tecnológico das empresas de Novos *Media*.

No mercado atual está disponível a Svbtle, uma *blogging platform* para edição e publicação de artigos, reportagens e ideias/rascunhos/*work in progress*, sendo aberta para *bloggers* e leitores que queiram participar ativamente no debate sobre construção e realização dos conteúdos, e pode ser mencionada como atual concorrente direta das plataformas de *social storytelling*.

A Svbtle optou por abrir o acesso à sua plataforma mediante subscrição, mas considera-se que ainda deve ser identificado um modelo de negócio sustentável e durável para estas plataformas de nova geração. Esta observação justifica a presença no quadro de um ponto de interrogação em lugar de um dos instrumentos de monetização para estas plataformas que preconcebem uma oferta para o "amanhã".

Apesar de não ser ainda previsível quais serão os instrumentos de monetização dominantes, estes novos serviços poderão representar novos suportes para a criação e partilha de conteúdos e poderão vir a sobrepor-se (ou até substituir) formas de jornalismo cidadão, hiper--local, *long form publishing*, jornalismo de curadoria e agregação e intervir nos modelos organizativos definidos como *personal branding, one man staff* e no oceano dos blogues e páginas de profissionais, críticos e *trend-setters*.

8.7. *Service-oriented business model* para público geral

O quadrante constituído por organizações que se direcionam para um público abrangente através de modelos de negócios direcionados para a prestação de serviços é essencialmente ocupado por **atores** como as empresas privadas globais de Novos *Media* digitais e tecnologias, que oferecem os seus serviços de base gratuita ao público, ganhando a maior parte das suas receitas através da venda espaços publicitários, outros serviços para os anunciantes e produtos e inovações tecnológicas para o consumidor final.

Caracterizadas pelo investimento de capitais privados transacionados em bolsas de valores, estas grandes empresas colocam no mercado dos

MODELOS DE MONETIZAÇÃO DO VALOR ECONÓMICO DA INFORMAÇÃO

consumidores inúmeros serviços interligados pelas próprias plataformas de base, diferenciando a sua oferta e alcançando segmentos de públicos muito heterogéneos e diversificados, inclusive particulares, empresas e organizações governamentais e outras. Alvos de principal interesse nesta análise são as organizações incumbentes/*Legacy* e multinacionais como as plataformas de *news service* originadas em empresas (como por exemplo o Google News e Yahoo News), as redes de *social media* com os seus serviços do tipo do *News Feed* do Facebook e o Event Parrot do Twitter, porque hoje em dia são sempre mais relevantes e competitivas no sector da agregação e partilha de conteúdos multimédia.

As mesmas multinacionais gerem as redes publicitárias e as plataformas de apoio ao serviço de venda de publicidade (i.e Google AD Word e AD Sense, Yahoo Newspaper Consortium) bem como as primeiras plataformas de *social storytelling,* como o Paper (do Facebook) e o Medium (financiado pelo co-fundador do Twitter).

A base destes segmentos de atividade pode ser resumida como uma forma de análise, seleção, agregação, curadoria e visualização de conteúdos mediados através da aplicação de métricas, algoritmos, *software* e aplicações para dispositivos fixos e móveis.

Paralelamente, atuam no mesmo quadrante organizações de menor dimensão, diretamente ligadas e dependentes do fornecimento dos serviços das grandes empresas globais de novos *media* e com características híbridas, misturando nos seus modelos de negócio elementos típicos das empresas incumbentes.

Com semelhanças às *start-ups* encontram-se também agências de conteúdos multimédia e consultoras de gestão de negócios *online* na área da publicidade e do marketing digital orientadas para o mercado empresarial.

Por último, mencionam-se os *websites* de partilha de conteúdos e de agregação e visualização de conteúdos virais que dependem largamente das ligações com as redes sociais, dos sistemas algorítmicos e das possibilidades de agregação de conteúdos digitais espalhados pela Internet, as quais se financiam através de modelos *freemium* e com exibição massiva de publicidade, como no caso do Upworthy.

Todos os agentes atuam no **âmbito global** e não têm correspondências paralelas no universo não digital ao nível de publicação.

MODELOS DE NEGÓCIO E COMUNICAÇÃO SOCIAL

As **principais fontes de financiamento para os Novos *Media*** são os capitais de investimento privado e a venda de espaços publicitários nos seus próprios meios e canais.

Outro instrumento de monetização é criado através do fornecimento de apoio tecnológico e patrocínios a canais de distribuição de publicidade externos e secundários mas vinculados às atividades dos Novos *Media*, segmentados por diferentes tipos de anunciantes, entre os quais figuram os *media* tradicionais *Legacy*, as *New News Organizations* e as organizações jornalísticas de nicho.

Como anteriormente referido, as redes publicitárias de primeiro nível, como os motores de busca, desenvolvem **parcerias** com as redes de segundo nível, oferecendo acesso a *inventories* de espaços publicitários e de anúncios, facilitando o encontro entre oferta e procura.

Outra fonte de receita é o suporte tecnológico e de gestão oferecido às redes publicitárias, ou seja, um serviço *business-to-business*, como o acima referido entre redes publicitárias de primeiro e segundo nível.

Estes grandes grupos empresariais na área dos Novos *Media*, sobretudos os que desenvolveram serviços de *social networking* e plataformas *social media*, recorrem também a sistemas de **native monetization,** ou seja, formas de publicidade pagas para os anunciantes adaptadas à natureza e ao conteúdo das diferentes plataformas, que permitem uma otimização do seu serviço de base, funcionando de forma integrada e consentindo um melhor desempenho das suas funcionalidades.

Exemplos clássicos são o sistema de *paid-search advertisment* ADWords do Google, que funciona mediante associação entre anúncio publicitário e a busca de palavras-chaves por parte dos utentes.

Motores de busca como o do Google ganham a maior parte das suas receitas através de mecanismos de leilão de espaços publicitários associados à palavras-chave, sendo que os preços mudam conforme a popularidade da palavra-chave pretendida para a associação com o anúncio.

O sistema de remuneração por anúncio *pay-per-click* funciona nestes casos através de ofertas que os anunciantes fazem conforme sua disponibilidade a pagar por cada visualização de anúncios. Quanto maior for o valor oferecido pelo anunciante maior relevância e visibilidade são dadas ao anúncio na página *online*, por parte do gestor do espaço publicitário, em comparação com os anúncios dos concorrentes.

MODELOS DE MONETIZAÇÃO DO VALOR ECONÓMICO DA INFORMAÇÃO

Todavia são notórias as alterações voluntárias aportadas ao sistema de funcionamento destes mecanismos por parte dos seus gestores, dando maior visibilidade e relevância na página aos anúncios mais populares e clicados, otimizando assim os seus lucros.

Os anúncios publicitários podem aparecer diretamente na página do *browser* junto com os vários resultados da pesquisa, como no caso dos Google AdWords, em que o anunciante paga diretamente à Google, ou estarem alojados a pagamento em *websites* individuais selecionados de acordo com as temáticas mais inerentes com o anúncio, como no caso do programa Google AdSense em que a Google funciona como rede publicitária para um conjunto de publicações que se inscrevem voluntariamente no programa.

Neste último caso o anunciante paga diretamente ao Google que, por sua vez, remunera o gestor do *site* onde é alocada a publicidade conforme diferentes critérios, como por exemplo o número de cliques ou de ações desempenhadas pelos visitantes do *site* da publicação.

Outros exemplos de *native monetization* são os "*likes*" vendidos pelo Facebook consoante as tabelas de preços e ao tipo de performance procurada pelos clientes, bem como os *promoted tweets* no Twitter e as ofertas especiais lançadas via redes sociais como o Foursquare.

Muitas destas empresas baseadas em plataformas e redes de comunicação mediada acrescentam ao seu serviço de base gratuito componentes adicionais, versões *business* para empresas e outras vantagens acessíveis mediante pagamento de cotas de inscrição do tipo *freemium membership*.

As organizações multinacionais deste sector, graças ao seu elevado poder computacional, ao acesso recolha e cruzamento de dados e informações sensíveis transmitidos pela Internet, recorrem a outro instrumento de monetização que consiste na venda das bases de dados (em bruto ou tratadas) e das informações relativas aos utilizadores dos seus serviços, como por exemplo dados pessoais, perfil sociodemográfico e estatísticas sobre os comportamentos de consumo e estilo de vida individuais.

As empresas e as agências de consultoria beneficiam desses dados para elaborar e vender os seus produtos, serviços, análises e para a elaboração de planeamentos estratégicos.

Os *sites* virais sobrevivem, como mencionado, essencialmente mediante *premium membership* e publicidade a pagamento e exibição de *branded contents*.

MODELOS DE NEGÓCIO E COMUNICAÇÃO SOCIAL

Neste contexto, as principais **direções e tipos de mudança em curso na criação e difusão de conteúdos** são determinados pelos Novos *Media* incumbentes e sucessivamente adotados por empresas menores e mais recentes.

Os contínuos desenvolvimentos e atualizações tecnológicas dos mecanismos que regulam algoritmos, métricas e *analytics* comportam consequências irreversíveis na apropriação pelas tecnologias digitais de alguns trabalhos e tarefas anteriormente desempenhadas por editores, curadores, consultores e analistas profissionais.

Ao lado dos motores de busca e *social media services* estão em crescimento no mercado outras empresas de dimensão menor e que podem responder à definição de incumbentes bem como de *start-ups*, cujo principal serviço consta da curadoria, agregação, mediação e filtragem de conteúdos informativos (jornalísticos, bem como de entretenimento).

Referimos o exemplo do *site* Circa como organização na área dos *media* que oferece diferentes soluções de acesso às notícias do dia e atualizações em tempo real para suportes móveis dos utilizadores finais.

Juntamente com novas plataformas de *social storytelling* e aos outros serviços personalizados que associam e fortalecem as funções características de diferentes *social media* agregando-as num único serviço para o consumidor, as tecnologias digitais estão também a alterar o panorama dos serviços de tipo B2B.

Multiplicam-se as empresas e as organizações que, muitas vezes de forma paralela à criação de conteúdos próprios originais, prestam serviços como analistas e consultores de negócio nas áreas do marketing e da publicidade para outras empresas.

Este fenómeno verifica-se de modo particular entre as organizações de tipologia recente e *start-ups*. A nível global afirmam-se as agências multimédia e consultoras de mercado especializadas na idealização e conformação de conteúdos e estratégias para o ambiente digital e os *social media*, recorrendo a ferramentas como algoritmos, SEO, SEM, Adv Analytics e Adv Networks, transformando o cenário de atuação de agências de comunicação, relações públicas, *branding* e publicidade.

Pode concluir-se que a tendência principal é a adaptação de conteúdos e estratégias para o novo ambiente digital em contínua mudança, contemplando assim a predominância da venda de conhecimentos ana-

MODELOS DE MONETIZAÇÃO DO VALOR ECONÓMICO DA INFORMAÇÃO

líticos complexos e competências de programação, adequação e elaboração dos conteúdos.

Esta reflexão leva-nos até uma revisão das **fontes de financiamento** mais relevantes para o sector, onde se encontram instrumentos de monetização do *know-how* numa ótica de elevada valorização das capacidades de manipulação, gestão de programas, *software* e conteúdos digitais para a sua otimização.

Outras fontes de monetização que ganham importância são formas sempre mais sofisticadas de recolha, análise e comercialização de dados estatísticos relativos aos comportamentos e tendências *online* e *off-line* dos indivíduos.

Salienta-se também a aplicação de estratégias de *co-branding* mistas que cruzam sistemas de *native monetization, native advertising system* e *branded contents*. A parceria entre a BuzzFeed e a Mini representa um caso de sucesso do ponto de vista das estratégias de monetização para *sites* virais e de partilha de conteúdos ligados aos *social media*, oferecendo vantagens tanto para a publicação *online* quanto para a marca comercial. O conteúdo vídeo é criado pelo editor com base em materiais promocionais da marca a promover.

O vídeo sobre a Mini tornou-se viral nas redes sociais, estando alojado no *site* da BuzzFeed (que teve um pico de visualizações) e colocado no fim de uma notícia sobre fenómenos naturais publicada pelo *account* patrocinado da Mini.

As **tendências atuais** que podem ser reveladoras para uma previsão dos desenvolvimentos futuros são o estabelecimento de um tipo de **modelo *Over-the-top* (OTT) incompleto**, marcado por um desequilíbrio na relação de poder negocial entre as partes.

As empresas de *media* como os *Legacy Media* e organizações de jornalismo de nicho criam conteúdos de qualidade que são apropriados e divulgados gratuitamente nas redes sociais e plataformas *online*, ou seja, pelos Novos *Media*.

As *News service platforms* e os *social media* estão numa posição de predominância porque determinam e influenciam a visibilidade e as oportunidades de rentabilização das outras organizações de *media* de diferentes maneiras.

Em primeiro lugar as empresas de *media* criam os seus perfis e páginas nas redes e plataformas, frequentemente pagando emolumentos às

MODELOS DE NEGÓCIO E COMUNICAÇÃO SOCIAL

mesmas para obter publicidade (nas formas peculiares *native monetization* para ganhar destaque e prioridade nos *feeds* de notícias ou nas páginas dos motores de busca).

Em segundo lugar os conteúdos mais procurados, ao tornarem-se virais, não implicam um aumento das receitas e nem sempre aumento de tráfego nas páginas da publicação de origem, podendo ser retomados por *sites* e plataformas de agregação, curadoria e partilha viral sem contrapartidas monetárias.

O terceiro ponto contempla o facto de *news service platforms* e *social media* terem acesso a dados pessoais e de consumo dos leitores-utilizadores (que podem ser vendidos aumentando as receitas das plataformas *social media*) e manipulam os algoritmos de funcionamento dos seus sistemas estabelecendo os critérios de prioridade na visualização dos conteúdos (apesar dos leilões e pagamentos para inserção de publicidade a pagamento), determinando assim aumento ou decréscimo do tráfego para determinados *sites* de notícias conforme a estruturação dos seus conteúdos.

Isto implica uma rarefação na concorrência, o desaparecimento do mercado ou o englobamento de atores menores em grandes grupos de *Legacy* e Novos *Media*, com uma forte centralização das funções em organizações sempre mais monopolísticas (*per quanto* em sistemas de oligopólio), polifuncionais, multidisciplinares, pluri-conteúdos, multi-plataformas e hiperespecializadas ao mesmo tempo, beneficiando da sua abrangência global a nível de mercado.

Assim a troca entre incumbentes até pode não ser diretamente económica mas é a nova "lei" deste mercado fundada em três pilares, conteúdos/tráfego/visibilidade, mais um quarto, a manipulação do algoritmo que determina a prioridade de visualização.

Lembra-se novamente que os efeitos destes fenómenos abrangem também a personalização **do serviço** através do *screening* da informação produzida *online* utilizando *metrics, analytics* tanto na área da consultoria para anunciantes, bem como na seleção e fornecimento de informação relevante para redações jornalísticas, assim como para os utilizadores finais, com forte aposta na adaptação para os dispositivos móveis.

Outra tendência é a evolução de empresas híbridas de ***digital publishing shop*** que podem disponibilizar *previews* dos conteúdos em diferentes canais e plataformas divulgando a pagamento os conteúdos editoriais

MODELOS DE MONETIZAÇÃO DO VALOR ECONÓMICO DA INFORMAÇÃO

por inteiro (para o público geral) e afirmando-se como fornecedoras de serviços de apoio à produção, edição, distribuição dos mesmos conteúdos (para as publicações) e também como consultoras na área do marketing e da publicidade digital.

Sublinha-se que também o *e-commerce* **de produtos e serviços sempre mais relacionados com conteúdos de** qualidade e interessantes para o consumidor final parece ser uma tendência para a manutenção e o incremento do tráfego e audiências, sendo este um fator relacionado com a captação de anunciantes porque denota o potencial de melhor desempenho na venda de espaços publicitários, bem como de produtos e serviços associados.

Uma última tendência pode ser reconhecida no crescimento de serviços de B2B Multimedia Agency e fonte de conteúdos informativos B2C, como o modelo desenvolvido pela Storyful, *website* frequentemente citado como caso de estudo entre as inúmeras agências de conteúdos provenientes dos *social media*, que encontra, seleciona e agrega conteúdos de relevo criados nos *social media*, personalizando a busca por tópicos ou por redes conforme as exigências dos seus clientes, entre os quais figuram tanto as redações jornalísticas como marcas comerciais.

8.8. *Service-oriented business model* **para público específico**

O quarto quadrante refere-se às tipologias de organizações orientadas para o serviço e que trabalham com um público mais específico e sectorial.

Considerando os **principais agentes** no mercado, novamente, destaca-se uma maioria de organizações recentes e *start-ups* que trabalham essencialmente a vertente infraestrutural, de desenho e programação, desenvolvendo soluções tecnológicas e comercializando produtos e serviços intrinsecamente digitais em combinação com alguns produtos físicos, mas sempre estreitamente relacionados com a vida em ambiente *online*.

Enquadrando o sector como caraterizado por inúmeras sobreposições das tipologias de organização e modelos de negócio, que muitas vezes se relacionam com outras práticas típicas do macro-sector dos Novos *Media* e do macro-sector do jornalismo de nicho, nota-se a velocidade na transformação da configuração deste sector existindo uma rápida desnatação das *start-ups* e frequentes aquisições e fusões destas empresas mais

MODELOS DE NEGÓCIO E COMUNICAÇÃO SOCIAL

pequenas e recentes por parte de grandes grupos incumbentes à procura de constante inovação.

Outro fenómeno bastante comum é o surgimento de novas realidades empresariais no sector da inovação tecnológica por parte de ex-trabalhadores e consultores das organizações incumbentes.

Começando por descrever as tipologias de organizações mistas localizadas no nosso quadro na interseção entre o macro-sector em análise e o quadrante dos Novos *Media* evidencia-se a existência de:

- Consultores *freelance* especializados na criação e venda de serviços específicos na área das IT, do marketing e da publicidade digital (*mix* entre incumbentes e *start-ups*). Exemplo disso é o Tweetminster que, além da sua plataforma de monitorização e agregação e visualização de conteúdos de *social media* especializados em comentários e notícias sobre assuntos relacionado com a comunicação política na Inglaterra, desenvolve um conjunto de serviços de consultoria informáticos e de curadoria bem como de gestão e visualização de conteúdos;
- Empresas de mediação que participam nos programas de *afiliated marketing* como filiais, gerindo as trocas entre procura e oferta de espaços publicitário e ganhando com a alocação dos anúncios nas páginas *online* bem como com o desempenho de cada *affiliate*. Estas empresas funcionam como filial selecionadora e agregadora de publicações segmentadas por categoria e temáticas, oferecendo um serviço abrangente e diferenciado;
- Empresas que fornecem serviços de suporte ao leitor-utilizador *online* para a maximização e diferenciação da sua experiência (tipologia *tailor made* B2C);
- Plataformas privadas que recorrem às novas tecnologias para fornecerem serviços de agregação, mediação, filtragem, curadoria e interpretação de dados e conteúdos de forma customizada, ou seja em conformidade com as exigências dos clientes (tipologia *tailor made* B2B);
- Em continuidade com as tipologias de organizações especializadas em jornalismo para nichos encontram-se publicações cujo conteúdo é altamente sectorial (maioritariamente em âmbito tecnológico e relacionados com temas de sistemas e programação, componentes físicas, *hardware* e *software*, códigos, infraestruturas IT, *games, data mining*).

Colateralmente, existe um mercado de revistas *online* do sector que recolhem e publicam revisões, comentários, conteúdos *hard to find*, recensões, e guias de especialistas, fornecendo fóruns e *chat* para resolução dos problemas em tempo real, perguntas e respostas para questões técnicas e de funcionamento, soluções de tipo *peer-to-peer* e *crowdsourcing*.

Específicas destes quadrantes são também as organizações direcionadas para hibridação do modelo de negócio, integrando sempre mais soluções B2B e B2C como a agência PianoMedia, B2B *solution provider contentes*, que oferece soluções tecnológicas multivariadas para a promoção de publicações *online*, análise do desempenho e otimização da *performance*, ao mesmo tempo que fornece soluções B2C, como os programas de *aggregated paywall*.

Redes de *online publishing* como o ISSUU, criado para suportar os editores na publicação dos seus conteúdos *online* em diferentes formatos e adaptáveis a diferentes plataformas e sistemas de visualização, sendo utilizado por empresas e particulares que criam conteúdos nas mais variadas áreas e sectores.

Acrescenta-se a existência de serviços de *web mastering*, gestores e *developers* de projetos tecnológicos aos quais são frequentemente associados conteúdos para o controle, atualizações e manutenção que requerem competências informáticas, de arquitetura tecnológica, de desenho, programação e gráfica.

Os **âmbitos de atuação** são de abrangência global e com enfoque na personalização do serviço, contemplando um vantajoso *mix* entre B2B e B2C. Existe uma grande proximidade nos campos de atuação pois tanto organizações quanto indivíduos podem vir a necessitar e a beneficiar de serviços parecidos em termos de estruturas e com diferenças do ponto de vista da acessibilidade, interface, dimensões, modalidade de consumo e suporte técnico.

Mencionamos que entre as **principais fontes de financiamento** se encontram algumas estratégias de monetização já analisadas no quadrante dedicado ao jornalismo de nicho, e ressalta-se que aqui estas estão ainda mais direcionadas para uma hiper especialização no sector da informática e das novas tecnologias da informação e da comunicação aplicadas ao ambiente web 2.0.

Em primeiro lugar, destaca-se uma grande diversificação no *e-commerce* que passa pela venda de produtos, serviços e conteúdos associados.

Em concreto apresentam-se exemplos de artigos que podem ser colocados para venda:

- Venda de licenças (*i.e.* Tweetminster cria um produto tipo marca branca tendo como modelo o seu *site*, cujo *core business* é comunicação política, para que o cliente o adapte às exigências);
- Venda de aplicações e *software*;
- Serviços e ferramentas tecnológicas para particulares e empresas;
- Venda de guias para utilizadores de sistemas informáticos, programas e aplicações e *expert reviews*;
- Venda de cursos, formações e seminários também via *e-learning*. Estas ocasiões podem ser transformadas em convénios e eventos de recolha fundos;
- Bilhetes e lugares para *stand* de expositores para eventos, feiras, convenções e conferências que podem ser organizados pela própria organização que os coloca à venda ou por outras organizações parceiras, que proporcionam uma percentagem dos lucros à publicação que facilita a venda *online*;
- *Audiobook*, *e-book*, capítulos, artigos, guias, revisões e críticas dos especialistas;
- Ofertas especiais e conteúdos de edição limitada;
- *Merchandising* e *gadgets*.

Muito difundida é a **venda e gestão de projetos e serviços de SEO** (para estruturar e modificar *sites* e conteúdos de forma a que sejam mais apelativos e relevantes quando é efetuada a procura de conteúdos nos motores de busca e redes sociais).

Retratando o segmento da venda de espaços publicitário além da predominância dos *banners* acrescentamos ainda os programas de *affiliate marketing* **hiper especializados** no sector das tecnologias digitais, nos quais as publicações podem participar simplesmente disponibilizando os seus *inventories* ou tornando-se filial, ou seja entidade gestora e mediadora.

De forma análoga funciona, como anteriormente mencionado, a possibilidade de aderir a uma **rede publicitária,** unicamente como nó da rede ou diretamente como gestor da infraestrutura tecnológica de suporte à venda de espaços publicitários.

Do ponto de vista da adaptação do **sistema *paywall*** aponta-se para estratégias de assinatura, *membership, premium membership* centradas na ótica da personalização do serviço.

As direções e tipo de mudança na criação e difusão de conteúdos mais relevantes são as formas de customização e segmentação aprofundadas dos serviços de curadoria, agregação, filtragem e mediação dos conteúdos através de métricas e outros sistemas de mapeamento e análise.

A tendência na **inovação nas fontes de financiamento** é a acentuação na venda de serviços, conhecimentos, *know-how* e competências não diretamente relacionados com os conteúdos jornalísticos, em detrimento da venda de produtos tradicionais, sejam eles físicos ou digitais.

Concluindo, apontamos para as seguintes **tendências** neste macro--sector: forte crescimento na personalização de serviços realizados à medida com elevada integração de instrumentos de monetização orientados para o mercado B2B e B2C e adoção do modelo *premium membership* como sistema *paywall*.

Resistência do *e-commerce* de serviços e produtos especializados no sector das tecnologias informáticas (patentes, *software, merchadinsing, e-books*, guias, bilhetes para eventos, componentes tecnológicas) e abertura para um modelo de agregação de itens postos à venda.

O modelo *long tail* concretiza a ideia de "vender pouco de muitos", nas plataformas de venda estão presentes inúmeros produtos com diferente taxas de procura listados em ordem decrescente para que os mais procurados sejam simples de encontrar, oferecendo ao mesmo tempo para quem quiser a possibilidade de comprar itens menos conhecidos ou mais específicos.

Do ponto de vista da venda dos espaços publicitários existem destaque e aumento de programas de *affiliated marketing* para produtos tecnológicos, explorando as fronteiras do *cross-channel* para maximizar o valor dos inventários publicitários aumentando o rendimento dos espaços publicitários, com grande aposta para o *mobile*. Investimentos em sale *support technological infrastructure* e surgimento do *social media sponsorhip* de nicho sempre no mercado B2B.

Finalmente destacam-se os serviços de resolução problemas/respostas às necessidades/opiniões dos *experts, Q&A* e fóruns *online* baseados nas lógicas *peer-to-peer* e em modelos não lucrativos como o *crowdsourcing*.

9. Estratégias de Inovação Interna
Technology Trends Management (T2m)

GUSTAVO CARDOSO, JOSÉ MORENO

9.1. Introdução

A passagem do analógico ao digital e emergência da Sociedade em Rede transformaram profundamente o processo de trabalho e os modelos de negócio dos *media*. Neste artigo procuramos analisar de que forma as mudanças introduzidas pelas novas tecnologias de informação e comunicação afetam esses processos de trabalho e modelos de negócio. Argumentamos que a gestão das tecnologias nas empresas de *media* se deve guiar por uma abordagem a que chamamos *Technology Trends Management* (T2M) de forma a incorporar a gestão do conhecimento no processo de desenvolvimento de novos modelos de negócio bem-sucedidos. Este artigo parte da análise de 30 relatórios produzidos por 17 consultoras globais acerca do estado atual e das tendências de desenvolvimento das tecnologias de informação e comunicação e do seu impacto nos modelos de negócio. Na sequência dessa análise, discutimos que abordagem devem os gestores de *media* adotar no sentido de incorporar essas tecnologias no fluxo de trabalho dos *media*. A nossa tese é que os gestores de *media* não devem focar a sua atenção apenas na tecnologia em si e no que ela pode trazer ao fluxo de trabalho, mas também nas mudanças nos modelos de negócio que a sua incorporação implica. Isto é particularmente relevante no sector dos *media*, uma vez que estas empresas, ao contrários das outras, usam a informação e as tecnologias de informação como as ferramentas mas também como a substância do seu trabalho. Por isso – argumentamos – em vez tentarem adaptar os seus negócios às nova tecnologias disponíveis, os gestores de *media* deviam focar-se sobretudo na capacidade para detetar tendências no uso das tecnologias e na compreensão de como essas tendências afetam os seus modelos de negócio.

A revolução em curso nas tecnologias de comunicação e informação está a ter um grande impacto nas empresas de *media*, tanto nos processo de trabalho como – ainda mais importante – nos seus modelos de negócio. Para se adaptarem a essas mudanças, os gestores das empresas de *media* têm melhorar a sua compreensão do que realmente está em jogo nessa transformação e que alternativas de ação são as mais adequadas para enfrentar os desafios e aproveitar as oportunidades.

Nesta parte do artigo argumentamos que a melhor maneira de compreender as transformações massivas que estão a afetar os *media* – tanto ao nível dos seus processos de trabalho como dos seus modelos e negócio – é olhar para os fundamentos da tecnologia e não para as tecnologias em si. Analisaremos, de um ponto de vista teórico, a forma como a passagem das tecnologias de informação e comunicação de um paradigma analógico para um paradigma digital são a base sobre a qual se desenvolvem as próprias tecnologias, assim como os usos e apropriações sociais que das mesmas são feitos pelas pessoas. E analisaremos também de que forma estes usos e apropriações estão a afetar o processo de trabalho das empresas de *media*, a respetiva função social e o valor do serviço que prestam. Partimos do trabalho teórico dos sociólogos Manuel Castells, Jan van Dijk e Yochai Benkler para analisar de que forma a Sociedade em Rede e as suas tecnologias de informação e comunicação afetam o negócio dos *media* e as suas estratégias de gestão.

A seguir, tentaremos fazer um diagnóstico da situação das empresas de *media* na era digital, olhando para os resultados agregados de 30 relatórios, publicados entre 2011 e 2012, por 12 consultoras internacionais que estudaram o assunto. Depois, tentaremos identificar algumas das tendências principais que estão a mudar o campo dos *media* e os seus modelos de negócio. Argumentaremos que, para serem bem-sucedidos a fazer a gestão das novas tecnologias nas empresas de *media*, os gestores precisam de desenvolver a sua capacidade prospetiva e ser capazes de identificar as tendências de evolução das tecnologias e os usos sociais que elas suscitam. Em vez de se limitarem a distribuir os seus conteúdos usando as nova tecnologias existentes, as empresas de *media* precisam de adotar uma abordagem integrada destinada a potenciar o aproveitamento dos novos usos sociais da tecnologia. O facto de as empresas de *media* serem em absoluto dependentes da informação e comunicação – que são simultaneamente os seus instrumentos de trabalho e os produtos/serviços que

ESTRATÉGIAS DE INOVAÇÃO INTERNA

propõem – torna ainda mais importante conhecer em profundidade as tecnologias que são usadas para produzir, distribuir e consumir informação, perceber de que forma elas de repercutem em novos usos sociais e como esses usos sociais podem ser potenciados do pontos de vista do negócio das empresas de *media*.

Na última parte deste artigo concluiremos propondo uma abordagem à gestão da tecnologia nas empresas de *media* que se baseia no conceito de *Technology Trends Management* (T2M), um conceito que desenvolvemos para ajudar os gestores de *media* a focarem a sua atenção não apenas na gestão das tecnologias mas também na gestão dos modelos de negócio no quadro das tecnologias disponíveis.

9.2. Do analógico ao digital: uma abordagem teórica

Muito daquilo que está a acontecer no sector dos *media* nos tempos que correm é o resultado conjugado de dois fenómenos: a adoção massiva das tecnologias de comunicação e informação digitais e a expansão das telecomunicações de banda larga (van Dijk, 2006). No meio das rápidas e profundas transformações com que são confrontados todos os dia, os gestores de *media* poderão ser tentados a olhar para os equipamentos tecnológicos em vez de olharem para a tecnologia propriamente dita. Além disso, mesmo que vão além das capacidades e potencialidades de cada equipamento, continuarão a olhar para uma tecnologia particular – o *smartphone*, por exemplo – em vez de olharem para a base tecnológica que sustenta o *smartphone* e todas as modernas tecnologias de informação e comunicação. Para compreender totalmente as tendências das mudanças tecnológicas que estão a afetar os *media*, os gestores de *media* precisam de primeiro entender os fundamentos sociotécnicos que suportam as tecnologias e os equipamentos com os quais estão confrontados no seu dia-a-dia. Precisam de fazer um percurso analítico da floresta para a árvore e só depois então para o ramo.

O principal fator que explica a forma como as novas tecnologias de informação e comunicação estão a afetar o sector dos *media* é a passagem do analógico para o digital (Moreno, 2013). Até à invenção e massificação do computador, a distribuição social de informação era quase totalmente realizada cm tecnologias analógicas, como a imprensa ou a televisão hertziana. Com a invenção do computador a manipulação e informação tornou-se digital ao longo de todas as fases do processo.

MODELOS DE NEGÓCIO E COMUNICAÇÃO SOCIAL

Atualmente, vivemos já num mundo que, do ponto de vista de todas as formas de informação é dominantemente digital (Manovich, 2010). Para todos os efeitos práticos – e portanto também para as empresas de *media*, para o seu processo de trabalho e para os seus modelos de negócio – toda a informação produzida, distribuída e consumida é agora, de alguma forma, digital. Além disso, a transmissão de banda larga permite a abundância de informação e de conexões.

É por isso que a passagem do analógico ao digital pode ser vista como o sedimento sobre o qual se baseiam todos os restantes desenvolvimentos no mundo digital (Castells, 2010). Uma subcamada de tecnologia que determina todas as outra e cujo entendimento tem que ser o primeiro passo para compreender os desafios tecnológicos com que os *media* são confrontados hoje em dia e fazer a respetiva gestão. Como veremos, esta subcamada de tecnologia resultante da passagem do analógico ao digital tem, em si própria e antes de qualquer outra manifestação da tecnologia, formas específicas de ser apropriada ao nível social e é desse modo que constitui atual paradigma sociotécnico (Castells, 2010). Esses usos sociais são o resultado do encontro entre as características das tecnologias digitais e as estruturas e relações sociais que incorporam essas tecnologias na vida quotidiana. Por isso é que compreender profundamente estas características é a melhor forma alguém se preparar para mais tarde apreender com clareza as ameaças e oportunidades que elas colocam às empresas de *media*.

Quando pensamos nas modernas tecnologias de comunicação e informação digitais como um todo podemos considerar a codificação digital como a primeira camada tecnológica sobre a qual todas as outras camadas assentam. O código digital binário é a linguagem que todos os computadores e aparelhos computorizados partilham e na base da qual operam. Depois, cada computador ou equipamento pode ter o seu sistema operativo próprio (iOS, por exemplo), com uma ou mais plataforma de *software* (web *apps*, *websites* e *apps* nativas, por exemplo), cada uma, por sua vez, com pacotes de *software*, aplicações e programas ainda mais específicos (Skype, Google Maps ou Facebook, por exemplo). Capa aplicação, programa, plataforma ou mesmo o aparelho no qual funcionam pode ser considerada uma tecnologia de informação e comunicação em particular. E muitas destas tecnológicas serão vistas pelo gestor de *media* como um canal de informação potencial, eventualmente monetizável e portanto

ESTRATÉGIAS DE INOVAÇÃO INTERNA

FIGURA 17. Camadas de tecnologias digitais

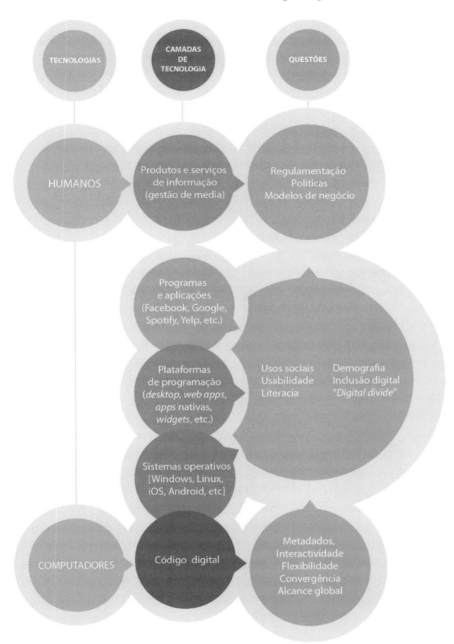

MODELOS DE NEGÓCIO E COMUNICAÇÃO SOCIAL

FIGURA 18. Características do código digital

convertível num produto ou serviço de informação. Mas, para compreender plenamente o impacto que estas tecnologias têm na sociedade e as ameaças e oportunidades que elas colocam aos modelos de negócio dos *media*, temos que olhar para os fundamentos dessas tecnologias e para as suas características básicas. São estas características básicas de todas e cada uma das novas tecnologias de informação e comunicação digitais depois se refletem num conjunto de usos e apropriações sociais, sobre as quais, então sim, os novos modelos de negócio dos *media* terão que ser construídos.

Podemos apontar cinco características distintivas das tecnologias de informação e comunicação digitais que influenciam a forma como a informação é distribuída socialmente, as formas como as pessoas utilizam a informação e as respetivas tecnologias no seu dia-a-dia e, portanto, também os processos de trabalho e os modelos de negócio das empresas de *media*.

A primeira característica distintiva do código digital é aquilo que se tornou conhecido como Metadata (ou Metadados, em português). O conceito de metadados refere-se a uma camada adicional e dados, acoplada ao corpo principal dos dados, que é em grande parte desconhecida (ou não manifesta) para o utilizador e que serve o propósito de caracterizar a informação que é veiculada por esses dados. Por exemplo, estes "dados acerca dos dados" registam a nosso histórico de navegação num determinado *site* de notícias para nos poder propor conteúdos personalizados ou informação adicional que nos seja relevante numa próxima visita. Esta camada de informação não existe nos *media* analógicos e pode ser originalmente criada pelo autor de uma determinada peça de informação (quando criamos uma notícia ou uma reportagem vídeo, por exemplo, podemos incluir metadados sobre a mesma) ou pode ser posteriormente adicionada por qualquer utilizado ou por computadores que esteja instruídos para o fazer. Se eu, como utilizador, guardar um determinado artigo na minha conta de marcadores Delicious usando *tags* (etiquetas) criadas por mim, estou a adicionar metadados (meus) aos metadados originais incluídos pelo autor do artigo. Do mesmo modo, se um número bastante razoável de pessoas marcar esse artigo em particular, o *software* da plataforma Delicious vai registar isso como metadados e conseguirá integrar esse artigo num serviço de recomendação automática de artigos usando esses metadados. É precisamente aqui que nascem os tão falados

MODELOS DE NEGÓCIO E COMUNICAÇÃO SOCIAL

algoritmos. E é por esta razão que o conceito de *"big data"* surge como uma decorrência direta desta característica do código digital. O *"big data"* não é *"big"* apenas por causa da multiplicação e fluxos de dados em sociedade; é-o sobretudo pela crescimento exponencial da informação que é recolhida a propósito de ou informação, ou seja, os metadados.

Associada à computação, a camada digital de metadados permite que uma grande variedade de operações sejam efetuadas (em muitos casos automaticamente) sobre os dados em causa – catalogando, registando, decompondo, recompondo, corrigindo, multiplicando, filtrando, ordenando, etc. – de forma a criar novos tipos de informação ou formas inovadoras de apresentar essa informação. Os *sites* de notícias personalizadas são apenas um exemplo de um mecanismo de curadoria automática que usa os metadados para filtrar e apresentar notícias de uma forma diferente da original. O Google News, por exemplo, permite ao utilizador ajustar o algoritmo à sua dieta de notícias em particular e até adicionar ou suprimir ao sistema novas fontes de notícias. Além disso, as tecnologias digitais não só atuam sobre a camada de metadados que acompanha a informação, como também proporcionam as ferramentas para cada utilizador agira sobre a informação e também sobre os seus metadados. O que significa que, com as tecnologias digitais, qualquer utilizador de uma fonte de informação – o visitante de um *website*, por exemplo – pode transformar essa informação em algo novo e fora do controlo do emissor, produtor, autor ou proprietário original. Não se trata apenas da capacidade de copiar a informação, mas também da implementação de formas mais sofisticadas de gestão da informação. O *website* www.iftt.com (iniciais de "If This, Then That"), por exemplo, permite ao utilizador sem conhecimentos de programação instruir vários serviços e plataformas *web* para fazerem determinadas operações sobre fluxos de informação com base nos dados ou metadados que circulam nesses fluxos. Esta forma de agir sobre a informação e os seus metadados é algo de novo, com consequências óbvias ao nível dos direitos de autor mas também com ensinamento passíveis de serem extraídos pelos gestores de *media*. Quando um utilizador visita sistematicamente determinada áreas de um *website*, ele não está apenas a consumir informação. Está também a deixar um rasto de metadados que pode proporcionar a base para um sistema de curadoria de conteúdos adaptados às suas necessidades e desejos.

Isto leva-nos a um segundo aspeto de todas as tecnologias digitais: a interatividade e a flexibilidade, duas formas de olhar o mesmo fenómeno. A interatividade refere-se às condições de ação e reação permitidas pelas tecnologias digitais por comparação com as tecnologias analógicas. A flexibilidade refere-se à possibilidade, que está inerente à informação em formato digital, de ela ser decomposta e recomposta em múltiplos formatos. Embora distintas, estas duas formas de olhar para o fenómeno convergem num reforço do poder do indivíduo no processo de comunicação e informação. Tanto em resultado da interatividade como da flexibilidade permitidas pelas tecnologias digitais, os indivíduos dispõem de um maior controlo sobre o tempo, o lugar e as condições em que recebem a informação e em que consomem os produtos e serviços de *media*. Esta é uma mudança fundamental que irá colocar muitos desafios e oportunidades aos gestores de *media* no futuro mais próximo.

A interatividade é maior nos *media* digitais do que nos *media* analógicos pelo menos a três níveis (Van Dijk, 2006). Primeiro que tudo ao nível do espaço, uma vez que os *media* digitais permitem a comunicação bidirecional ou multidirecional entre os indivíduos onde quer eles estejam. Numa rede global, como é óbvio, aqueles que comunicam por meios digitais podem estar em qualquer lugar do planeta e manter uma conversação bidirecional ou multidirecional. Em segundo lugar, os meios digitais também são mais interativos que os meios analógicos ao nível do tempo. Cada pessoa pode escolher consumir uma determinada peça de informação quando quiser e no contexto em que quiser, sozinha ou acompanhada, de uma forma presencial ou conectada à distância. Estes dois níveis de interatividade têm consequências massivas na forma como consumimos informação e portanto também na maneira como as empresas de *media* têm que produzir ou distribuir essa informação. Hoje em dia, a maior parte dos produtos e serviços de *media* são concebidos num quadro estrito de tempo e/ou espaço. Os jornais são diários, as revistas são semanais ou mensais, os programas de TV dão a uma hora determinada, num dia determinado da semana. Todos ou quase todos com um alcance nacional ou regional. A desregulação deste quadro não acontece apenas porque a Internet muda as condições de produção destes produtos e serviços de *media* – hoje podemos ter um *website* a produzir notícias 24 horas por dia, o qual pode ser "consumido" a qualquer altura e em qualquer lugar do mundo. Essa desregulação acontece – sobretudo

MODELOS DE NEGÓCIO E COMUNICAÇÃO SOCIAL

– porque coloca o controlo desse consumo de informação nas mãos do consumidor. Um utilizador pode decidir ler uma notícia agora, mas outro pode guardá-la para mais tarde em conjunto com outras notícias recolhidas noutros locais. Ou pode encontrá-la por descoberta própria ou mero acaso de partilha social, muito tempo depois de ela ter sido produzida. A mudança na forma como as pessoas interagem com a informação (e a forma como elas interagem socialmente na base dessa informação) é a mesma qualquer que seja o meio de comunicação ou a tecnologia digital de que estejamos a falar: um programa de televisão, uma notícia num *website*, um vídeo no YouTube ou uma galeria de fotos.

O terceiro e mais importante nível de interatividade dos *media* digitais por oposição aos *media* analógicos é o nível comportamental (Van Dijk, 2006): na era digital, o produtor e o recetor de informação podem trocar de papel no processo de comunicação. Isto é uma novidade importante face aos *media* tradicionais e basicamente significa que qualquer indivíduo pode produzir informação, o que constitui um conceito revolucionário (Benkler, 2006; Bruns, 2007). Grande parte da desregulação que afeta as empresas de *media* atualmente resulta do facto de os indivíduos estarem daca vez mais envolvidos na produção de informação, para além do seu consumo. Claro que a informação produzida por profissionais treinados é muito diferente daquela que é feita por amadores. Mas, uma vez que os indivíduos irão ficar mais capazes de o fazer à *media* que as ferramentas digitais também se vão desenvolvendo, esta é uma tendência que os gestores de *media* devem considerar nas suas estratégias. Quando estiver a ser planeado um novo produto ou serviço de *media*, por exemplo, alguma forma de participação por parte dos utilizadores deve ser prevista, com maior ou menor peso na conceção estratégia do produtos ou serviço dependendo das suas características e dos seus objetivos.

A flexibilidade, por seu lado, remete para outra importante característica dos *media* digitais. Composta por zeros e uns, e portanto passível de ser decomposta e recomposta com as mesmas unidades de base, a informação em formato digital é facilmente copiada, modificada ou remisturada. Isso, claro, é em si mesmo um desafio aos direitos de autor e à propriedade da informação. E será um problema tanto maior à medida que os indivíduos forem aprendendo a usar as ferramentas de tratamento e reprodução da informação que as tecnologias digitais colocam ao seu dispor. Mais uma vez, isto não é algo que possa ser circunscrito a uma tecno-

ESTRATÉGIAS DE INOVAÇÃO INTERNA

logia em particular, como os *tablets* ou a televisão, ou a um tipo de informação, o texto ou o vídeo, por exemplo. Esta é uma mudança que afeta todas as emanações da tecnologia pelo facto de esta ser digital. Ou seja, é a camada digital da tecnologia que está na base dos restantes desenvolvimentos. Perceber esta mudança tecnológica em toda a sua extensão e profundidade, é uma condição para lidar adequadamente com os seus efeitos ao nível da superfície em que decorre a gestão dos *media*.

A quarta característica distintiva das tecnologias digitais é aquilo que ficou conhecido como "convergência" (Jenkins, 2006). Com os dados que sustentam a informação reduzidos a zeros e uns, as tecnologias digitais diluem a fronteira entre os diferentes tipos de *media* e tratam de igual modo um vídeo, uma foto um texto ou um áudio. Para a computação operada dentro dos aparelhos digitais, tudo isso são zeros e uns. Isso equivale a dizer que os conteúdos, no formato digital, tendem à convergência de duas formas diferentes. Primeiro, diferentes formas de conteúdo convergem num único aparelho. Os nossos *tablets*, por exemplo, reproduzem vídeo, texto, imagens e sons. Associada à transição de um interface de utilização baseado no rato e no teclado para um baseado no toque e no ecrã, é esta convergência que explica que estejamos cada vez mais imersos numa sociedade dominada pelos ecrãs (Cardoso, 2013b). Isso resulta em parte da usabilidade da tecnologia dos ecrãs tácteis, mas também, ainda mais decisivamente, do facto de o mesmo aparelho poder transmitir textos, fotos, sons e vídeos. Em segundo lugar, a convergência também significa que uma única peça de conteúdo pode ser transmitida por diferentes canais digitais (televisão, computador, *tablet*, *smartphone*, etc.). Isto obviamente are boas possibilidades de distribuição para as empresas de *media*, uma vez que o mesmo conteúdo – ou diferentes versões dele – pode ser distribuídos e comercializado através de diferentes aparelhos. Mas aquilo que os gestores de *media* precisam de entender é que a convergência é tanto um fenómeno "de cima para baixo" como é "de baixo para cimas". Ou seja, à medida que os indivíduos forem aprendendo a usar as ferramentas de produção de conteúdos que as tecnologias digitais colocam ao seu dispor, ficarão mais habilitados a produzir áudio, vídeos, imagens e textos, aproveitando assim eles próprios as oportunidades criadas pelo processo de convergência. Num mesmo aparelho – um *smartphone* ou um *tablet* – as pessoas podem escrever textos, tirar fotografias, gravar sons e fazer vídeos. Em muitos casos as pessoas têm também acesso, no mesmo

411

MODELOS DE NEGÓCIO E COMUNICAÇÃO SOCIAL

aparelho ou via Internet, a um conjunto de ferramentas de edição digitais, permitindo-lhes tirar partido das possibilidades de produção de conteúdos do seu aparelhos digital. Em suma, a convergência promove a abolição dos "silos" do passado em termos de tipos de conteúdo. Mas – este detalhe é decisivo – fá-lo para todos os aparelhos digitais e para todos os utilizadores de aparelhos e tecnologias digitais, sejam eles profissionais ou amadores.

A quinta e última característica das tecnologias digitais que tem repercussões sobre as empresas de *media*, raramente é reconhecida como tal. A globalização é um processo que começou muito antes de surgirem as tecnologias de informação e comunicação digitais. Mas, considerando que a digitalização é um processo que reduz a informação a um código básico de zeros e uns igualmente entendível por qualquer computador no plantes, seja ele português, russo ou chinês, as tecnologias digitais tendem a reforçar grandemente o processo de globalização. Qualquer informação presente num computador "inglês" pode imediatamente ser manipulada também num computador "russo" que esteja em contacto com o primeiro. E vice-versa. Além disso, com a informação cada vez mais alojada em servidores localizados na rede (*"cloud"*), fica, para todos os efeitos práticos, disponível em qualquer ponto do planeta onde não existam barreiras de censura. E esse facto também tem consequências tanto no processo de trabalho como nos modelos de negócio dos *media*.

Os efeitos transformadores destas cinco características básicas do código digital – metadados, interatividade, flexibilidade, convergência e globalização – resultam da emergência e da adoção massiva das tecnologias digitais e constituem portanto a base da Sociedade em Rede (Castells, 2010), a qual implica mudança profundas em relação à organização social anterior, para a qual estavam pensados e concebidos os fluxos de trabalho e os modelos de negócio dos *media* tradicionais. Em conjunto, estas transformações criam um ambiente totalmente novo para as empresas de *media* que é fundamental que os gestores de *media* entendam. Neste novo ambiente no qual as empresas de *media* se movem, o "espaço" é cada vez menos um espaço de cidades, regiões e países e é cada vez mais um espaço de fluxos. O que importa não são os limites geográficos de uma cidade, região ou país, mas sim os fluxos de informação através das redes. Além disso, o tempo tende a tornar-se ele próprio "desprovido de tempo" (*timeless*), no sentido em que os processos de informação digital

ESTRATÉGIAS DE INOVAÇÃO INTERNA

deixam de estar constrangidos pelo tempo uma vez que toda a informação digital está disponível a todo o tempo (Castells, 2010).

As transformações elencadas atrás são os movimentos tectónicos que se manifestam como tremores de terra na superfície do ambiente em que operam as empresas de *media*. Como é óbvio, um geólogo que quisesse compreender o fenómeno não estudaria apenas o tremor de terra; estudaria também certamente os movimento tectónicos que o criaram. Essa deve também ser a atitude dos gestores de *media* neste contexto. Se um gestor estiver a dirigir uma estação de televisão, por exemplo, certamente aproveitará a oportunidade – nova – de distribuir os seus conteúdos diretamente para os *tablets* ou *smartphones* dos utilizadores. Mas isso pode ser um desperdício de recursos – ou mesmo um risco – se esse gestor de *media* não compreender que a mesma tecnologia que o permite também proporciona aos utilizadores um grau de controlo muito maior sobre as condições de consumo desses conteúdos. É por isso que se torna importante que os gestores de *media* sejam capazes de desenvolver a capacidade de detectar as tendências de desenvolvimento da tecnologia que podem vir a ter impacto dos modelos de negócio das empresas de *media*. O nosso argumento é que, para o conseguirem fazer, terão primeiro que compreender as transformações básicas que a migração do analógico para o digital implica para este sector.

9.3. O que está mudar na tecnologia dos *media*? Um diagnóstico

Depois de termos analisado do ponto de vista teórico as transformações de base resultantes da emergência das novas tecnologias de comunicação e informação digitais, é agora a altura de olharmos para as mudanças que essas transformações estão a provocar nos processos de trabalho e nos modelos de negócio das empresas de *media*. Uma análise de 30 relatórios, produzidos entre 2011 e 2012 por 17 entidades internacionais, incluindo firmas de consultoria e vários "think-tanks", mostra a evolução de um novo espaço de potencial económico na esfera digital que pode ser considerado como um "alargamento do ambiente dos *media*" (Cardoso, 2013a)

Neste contexto, deve ser sublinhado que a migração para as novas tecnologias digitais faz surgir novos modelos de criação de valor, a maior parte deles potenciando precisamente as oportunidades abertas pelo digital. A primeira conclusão em que muitos dos relatórios analisados concordam é que precisamente que – de acordo com o que escrevemos atrás – estamos já, do ponto de vista dos *media*, numa era inteiramente digital. De acordo com a PriceWaterhouseCoopers (PWC), devemos referir-nos já a uma "nova normalidade" de natureza digital. Do mesmo modo, para a Oliver Wyman (2012), já atingimos o ponto de não retorno e neste momento encontramo-nos já todos conectados. A conectividade permanente é um fenómeno ubíquo e é cada vez mais assumido como sendo a normalidade pelos consumidores e pelas empresas. Ou seja, o que lemos nestes relatórios é que o digital se tornou num conceito central, ao qual todos os modelos de negócio terão que se acomodar.

Existe uma grande abundância de dados, em todos os relatórios analisados, que aponta para a importância do digital na economia mundial dos nossos dias, o que resulta como um argumento fundamental para que as empresas de *media* convertam as suas operações para uma abordagem digital, tanto ao nível dos processo de trabalho como dos modelos de negócio que serão criados em função desta nova realidade (Boston Consulting Group, 2012a KPMG; 2012a; KPMG; 2012b).

No entanto, a transição para uma ecologia inteiramente digital é complexa e exige transformações estruturais que não são fáceis de implementar. É preciso compreender as características mais profundas dos *media* digitais para evitar adotar uma abordagem que seja puramente cosmética, algo que acontece frequentemente quando os gestores das empresas de *media* são pressionados a confrontar a revolução digital em curso. A inovação deve acontecer tanto ao nível dos produtos como dos processos. Idealmente, a própria produção e conteúdo deve ser influenciada pela nova dinâmica imposta pelas tecnologias digitais. Obviamente que tirar partido das novas oportunidades de distribuição de conteúdo será uma medida bem recebida nas empresas. Mas isso pode revelar-se insuficiente no contexto das mudanças massivas enumeradas acima. Perceber a natureza profunda dessas mudanças é um passo necessário para essa adaptação, mitigando as ameaças que encerra e potenciando as oportunidades. Por isso, é preferível investir na produção de conteúdos digitais à partida do que na adaptação de conteúdos tradicionais em suporte analógico aos formatos digitais. Do mesmo modo, deverá ser mais vantajoso descobri novos tipos de produtos e serviços de informação capazes de responder a esses desafios do que simplesmente canalizar os produtos e serviços atuais pelos novos canais digitais.

A mesma lógica deve ser aplicada ao marketing. Neste contexto, estamos já a assistir ao despertar do chamado "marketing relacional", que coloca o utilizador no centro de uma estratégia orientada para a interatividade. Esta nova forma de marketing está intimamente relacionada com as redes sociais, sendo que cerca de 90% das compras feitas por um indivíduo são objeto de influência social (Roland Berger, 2012a). Ao mesmo tempo, também se pode estabelecer uma relação entre as novas tecnologias digitais e o uso do marketing dedicado à utilização de dados (*datamining*), uma tendência que guia os gestores no sentido de uma híper-segmentação das suas estratégias. Ambas as mudanças refletem e assumem o papel ativo dos consumidores no novo ambiente informacional e o potencial do "*big data*" neste aspeto.

À medida que os *media* se vão adaptando a um contexto de uma conexão *online* ubíqua e permanente, uma nova linguagem ganha espaço, na qual o consumidor é capaz de escolher um método específico de consumo, tirando partido da convergência (cada vez mais mobile e multimédia) assim como escolhendo o tempo no qual deseja consumir a informação (ao vivo ou via *streaming*, *online* ou *off-line*, em direto ou em *podcast*) e usando a flexibilidade permitida pelo digital. Nos relatórios analisados há múltiplas indicações de como o perfil de um consumidor de *media* passivo está a dar lugar a um utilizador/produtor de informação ativo (Deutsche Bank Research, 2011). Um utilizador/produtor de informação ativo valoriza certamente a possibilidade de reagir a um produto de *media*, por exemplo comentando-o. Mas provavelmente também valorizará a possibilidade de participar (produzindo) numa plataforma concebida para esse efeito. Uma abordagem possível para uma empresa de *media* ir ao encontro deste utilizador ativo seria desenvolver e propor uma plataforma de participação desse tipo, como fizeram por exemplo o The Guardian e a CNN com os projetos GuardianWitness e iReport, respetivamente.

Acompanhando a mudança de paradigma aqui analisada, registou-se um aumento generalizado da utilização da tecnologia dos ecrãs tácteis, nos quais o toque e o ecrã substituem o rato e o teclado (DB Research, 2012a). Na prática, isto significa que os equipamentos usados para materializar as interações *online* também mudaram (KPMG 2012). As estatísticas da DB Research (2012a) demonstram como a procura de equipamentos leves e portáteis (conectados através das plataformas de computação eme rede) cresceu enormemente em 2011. A Deloitte (2011), por seu lado, sublinha como o aumento constante das vendas de *smartphones*, *tablets* e todo o tipo de computadores criou a realidade dos lares onde vigoram múltiplos ecrãs. Com a proliferação dos ecrãs tácteis, o interface torna-se ainda mais próximo e tangível.

Contrariamente a esta tendência, a base tecnológica da rede digital parece estar a ficar mais distante e inacessível devido às infraestruturas de computação em rede (*cloud*), que se tornam remotas em relação ao utilizador. Na prática, um terminal do utilizador totalmente móvel e permanentemente conectado é possível por estar sustentado num "*backoffice*" de funcionalidades alojadas na "nuvem" digital. Neste ponto deve ser sublinhado que esta migração da informação para a "nuvem" está de acordo com as características fundamentais dos *media* digitais que já forma referidas antes. Isto também explica por que razão os termos "*cloud*" e "*cloud computing*" são permanentemente referidos nos relatórios analisados como abrindo várias perspetivas em termos de oportunidades, inovação e novos modelos de negócio. Se um determinado *media* desenvolver uma plataforma para a participação dos utilizadores e a colocar na rede (*cloud*), essa plataforma estará sempre disponível para esses utilizadores. Se essa participação, numa perspetiva de comunidade, for suficientemente valiosa para esses utilizadores, talvez um novo modelo de negócio, previamente inexistente possa ser criado nessa base. A KPMG já colocou os termos "*cloud*" e "*mobile*" no epicentro da mudança (KPMG, 2012b). A combinação dos serviços na "*cloud*" com os equipamentos "*mobile*" proporciona uma oportunidade de mercado sem precedente depois da explosão da Internet nos anos 90, que permitiu a desmaterialização da informação numa escala nunca vista.

A era da conectividade permanente irá permitir a renovação dos modelos de negócio e o investimento em produtos e serviços tendentes a minimizar a perda de clientes através do reforço da lealdade do utilizador que está permanentemente conectado. No sector de publicações do iTunes, por exemplo, as assinaturas autorrenováveis são uma alavanca de marketing importante para os editores no sentido de minimizar a perda de clientes e maximizar a fidelidade dos utilizadores. Por outro lado, a abundância de informação tornada possível pela facilidade com que os utilizadores podem partilhar e copiar os conteúdos digitais é em si mesma uma oportunidade para as empresas de *media* proporem servi-

ESTRATÉGIAS DE INOVAÇÃO INTERNA

ços de curadoria, filtragem e qualificação dessa abundância. Do mesmo modo, as estratégias de *"push"* tendem a ter mais sucesso no mercado do que as tradicionais estratégias de *"pull"*, tanto ao nível da distribuição e informação como das ações de marketing (Cardoso, 2013a). Confrontados com um ritmo frenético de mudanças tecnológicas, os sectores dos *media* e das telecomunicações são as áreas de negócio mais expostas a mudanças rápidas. No entanto esses são também os sectores onde mais claramente podem surgir oportunidades capazes de contrariar a tendência decrescente dos lucros. Esta dicotomia resulta do facto de esses dois sectores usarem a informação não apenas como ferramenta mas também como substância da sua atividade. Obviamente, as atuais transformações observadas nas tecnologias de informação e comunicação afetam todos os sectores de atividade, mas, por maioria de razão, tendem a gerar impactos mais importantes naqueles que, justamente, usam a informação como a sua matéria-prima. Em parte é por isso que, no caso dos *media*, essas transformações afetam não apena os processos de trabalho mas também os modelos de negócio. E é também por isso que não chega incorporar essas novas tecnologias de comunicação e informação nos processos de produção dos *media*. Essa incorporação tem que levar em linha de conta a estruturação presente e futura dos modelos de negócio que sustentam as empresas de *media*.

A já referida importância dos múltiplos ecrãs para os modelos de negócio das empresas de *media* (Deloitte, 2011), tenderá a levá-las a otimizarem os seus conteúdos para serem convenientemente consumidos nas várias e em cada uma das plataforma disponíveis. A estação pública de televisão portuguesa RTP, por exemplo, lançou em 2014 uma família de aplicações, chamada "5i", concebidas para funcionarem em coordenação com alguns dos mais populares programas da estação e tirando partido da utilização *"second-screen"* que muitos fazem dos seus *smartphones* ou *tablets* enquanto veem televisão. Neste caso, tanto a forma como se processa o programa de TV como o modelo de negócio que lhe está associado são integrado num novo uso social das tecnologias digitais.

Do mesmo modo, a generalização das aplicações irá conduzir à expansão à escala internacional dos mercados de serviços e conteúdos de informação, consumando o alcance potencialmente global de qualquer informação que seja veiculada pelas tecnologias digitais em rede. Previsivelmente, este segmento de serviços de informação tenderá a evoluir

MODELOS DE NEGÓCIO E COMUNICAÇÃO SOCIAL

à imagem das plataformas *online* de relacionamento social: embora no início houvesse muitas redes sociais de alcance e abordagem nacional em muitos países, rapidamente um ou dois operadores globais acabaram por dominar o sector devido às economias de escala e ao efeito de rede gerados. O mesmo está atualmente a acontecer com serviços de recomendação social como o Yelp ou serviços de ajuda no trânsito como o Waze. Mesmo nos casos de serviços de informação como estes, em que a implementação geográfica é um fator decisivo, a escala tende a desempenhar um papel importante nos respetivos modelos de negócios. Nestes casos, cada serviço ou produto pode proporcionar um retorno unitário inferior, mas tornar-se mais rentável operando na escala global, graças ao efeito de multiplicação dos utilizadores com vários tipos de ecrãs em múltiplas localizações geográficas. Mais uma vez, é preciso compreender o potencial global dos produtos e serviços de informação digitais para o conseguir aproveitar. Claro que é possível montar um excelente modelo de negócio a partir de um novo serviço digital de implementação local. Mas esse serviço terá inevitavelmente dificuldades se um competidor com uma escala global entrar no mercado (tal como aconteceu com os *sites* de relacionamentos sociais "nacionais" referidos antes). Se isto acontecer, o operador nacional irá precisar de uma proposta de valor diferente ou de uma escala maior para permanecer competitivo. Idealmente, um modelo de negócio deste tipo deve cruzar uma proposta de valor única com uma escala suficientemente extensa para a tornar rentável. Mas, para isso, é preciso compreender as mutações profundas que afetam os *media* na era digital para conseguir conter as ameaças e aproveitar as oportunidades.

Finalmente, deve ser feita uma referência ao papel dos agregadores e distribuidores na indústria dos *media* (Bain & Co., 2012). Com acesso privilegiado a quase todos os tipos de conteúdo, eles congregam o poder de orquestrar a seleção de conteúdos (Bain & Co., 2012), que é atualmente uma importante fonte de rendimento (59,825 milhões de dólares de receitas totais em 2013 para a Google e 7,872 milhões para o Facebook). Os proprietários da rede e os agregadores de conteúdos – as empresas de telecomunicações, por um lado e as plataformas nas quais os utilizadores pesquisam, filtram, produzem e distribuem informação, como a Google e o Facebook, por outro – estabelecem-se como atores centrais em termos de poder negocial, capazes de influenciar as tendência de consumo de informação *online*. Em contraste, os criadores de conteúdo e os produ-

ESTRATÉGIAS DE INOVAÇÃO INTERNA

tores são relegados para um plano inferior, algo que os futuros modelos de negócio devem ter em consideração. Quem os delinear, deve analisar quais são as funções sociais que estas empresas (como a Google e o Facebook) desempenham, atuando sobre a informação, que tornam a sua operação economicamente valiosa e lucrativa. A partir dessa análise, os produtores e criadores profissionais de conteúdos, ou seja, os *media*, poderão vir a concluir – como parece poder ser deduzido desta análise – que essas empresas capturam valor económico em resultado do desempenho de certa funções sociais que estão intrinsecamente relacionadas com as características dos *media* digitais. Com a transição para as tecnologias digitais, a crescente capacidade dos indivíduos para produzirem informação e a abundância de informação proporcionada pela banda larga, a produção de conteúdos perdeu valor e a pesquisa, filtragem e curadoria de conteúdos ganhou valor. É por isso que as empresas mais valiosas na era digital são aquelas cujo objeto é proporcionarem serviços para gerir a informação ou plataformas para a participação dos indivíduos (Google, Facebook, Twitter, YouTube, etc.). Essas empresas "aprenderam" a capturar valor no negócio da informação digital proporcionando às pessoas o tipo de serviços e/ou ferramentas de que elas precisam. As empresas de *media* devem tomar isso em consideração quando estiverem a estabelecer novos modelos de negócio, de preferência combinando a sua produção de informação com novas formas de curadoria e filtragem de conteúdo, assim como com plataforma de produção de conteúdos para as suas audiências (detalhado mais à frente).

Além disso, as empresas de *media* operam sobre um tipo de produto e serviço que, pelas suas características específicas, reduz ainda mais as opções ao dispor dos gestores para reagirem às ameaças do digital: a) os *media* tradicionalmente oferecem um produto ou serviço que combina conteúdo e distribuição; b) os produtos de *media* são não-exclusivos e não-rivais, o que significa que o seu consumo por um indivíduo não afeta a sua disponibilidade para outros indivíduos; c) a maior parte das empresas de *media* dependem de receita provenientes simultaneamente dos utilizadores e dos anunciantes; d) a maior parte dos *media* estão associados a uma janela de tempo para o lançamento dos seus produtos; e e) a maior parte dos *media* estão geograficamente localizados e cobrem uma audiência geográfica, cultural ou linguisticamente delimitada (Sylvia, 2006). O objetivo é então combinar estas características específicas do negócio dos *media* com os desafios colocados pelas novas tecnologias digitais. Ambos os constrangimentos têm que ser considerados: por um lado, as exigências específicas que o negócio dos *media* coloca aos seus gestores; e, por outro lado, as mudanças específicas que as tecnologias digitais induzem no processo de trabalho dos *media*, nos modelos de negócio dos *media* e portanto também naquilo que se exige dos gestores de *media*.

Um aspeto final que muitos dos relatórios analisados mencionam é o papel central que as redes sociais terão em qualquer estratégia que seja delineada para aproveitar as oportunidades criadas pelas tecnologias digitais. No futuro, a criação de valor por parte das empresas estará ligada à forma como as redes sociais forem usadas, diz a McKinsey (2012). Tomemos o Twitter como exemplo, que atingiu 50 milhões de utilizadores em nove meses, um valor idêntico ao que a rádio conseguiu em 38 anos e a Internet angariou em três anos, respetivamente. As empresas e os gestores de *media* terão que usar as redes sociais como forma de angariarem audiência com base nas quais possam construir novos modelos de negócios.

A interação com os conteúdos ao nível das redes sociais acontece através de um ambiente com múltiplos conteúdos, múltiplas experiência e múltiplos canais, dentro de comunidades com alcance transfronteiriço entre pessoas que partilham interesses semelhantes (PWC, 2012). Fenómenos desta natureza terão impacto na definição das futuras estratégias dos *media*. A partilha, a convergência e a complementaridade serão os traços mais distintivos da nova realidade, num modelo de múltiplos ecrãs no qual os *tablets* dominarão o ecossistema sociotécnico que está a surgir e os *smartphones* servirão de complemento aos computadores e aos ecrãs de televisão. Os consumidores irão ver, ler e ouvir o que quiserem, quando quiserem e terão acesso a conteúdos através de múltiplos equipamentos, com diferentes graus de conectividade. E também descobrirão novos conteúdos de formas diferentes do que acontecia do passado, não apenas já através da pesquisa, mas também, deve vez mais, através das redes sociais atuando como dispositivos de filtragem e curadoria. Segundo a Oliver Wyman (2012), esta nova forma de organização do consumo de conteúdos e da conectividade pressupões ume integração vertical.

A consultora Booz & Co refere ainda outra dimensão, relacionada com a "*cloud*". Com esta a operar como suporte a fotos os futuros modelos de negócios, tudo será processado através de um centro de operações ou de uma base de dados central. Os serviços *"cloud"* irão facilitar a convergência digital, tornando-se eventualmente facilitadores e catalisadores da evolução das bases de dados tradicionais (WEF, 2007).

No conjunto, a análise do estado atual da migração das empresas de *media* para uma realidade inteiramente digital evidencia algumas ameaças aos seus modelos de negócio habituais, mas também alguma interessantes oportunidades para o desenvolvimento de novos produtos e serviços que tirem partido nas diferentes características da produção, distribuição e consumo de conteúdos no ecossistema digital.

Forças	Fraquezas
• Conteúdos de alta qualidade • Profissionalismo (gestão e equipas) • Marcas de *media* fortes • Relevância social e institucional	• Fracas competências no uso de novas tecnologias • Dependência de receitas publicitárias • Resistência à inovação
Ameaças	Oportunidades
• Dificuldades de controlo dos direitos de autor • Descida generalizada das receitas • Redução das tarifas de publicidade • Concorrência dos agregadores de conteúdos • Redução de audiências nos produtos e serviços tradicionais • Barreira etária nas audiências • Crescimento do *mobile* (difícil de monetizar)	• Capturar os conteúdos gerados pelos utilizadores • Reutilizar produtos de informação • Colocar o *"big data"* e os metadados ao serviço da empresa • Curadoria e filtragem da abundância de informação • Migrar para a *"cloud"* para facilitar a gestão de informação • Distribuir informação por vários canais e aparelhos • Criar efeitos de escala e de rede • Potenciar as redes sociais • Aproveitar o alcance global

As ameaças e oportunidades com as que as empresas de *media* são confrontadas na transição para o digita, juntamente com as correspondentes forças e fraquezas, podem ser sumarizadas na análise *SWOT* anterior. Embora haja certamente ameaças e oportunidades muito específicas em cada um dos subsectores dos *media* (televisão, jornais, rádio, etc...), os problemas centrais são os mesmos em todos esses subsectores e as oportunidades são também similares. Isto ocorre, obviamente, por causa

MODELOS DE NEGÓCIO E COMUNICAÇÃO SOCIAL

da pressão que a convergência impõe às empresas de *media*. Cada vez mais, as estratégias das empresas de *media* tendem a incorporar vários ou mesmo todos os tipos de *media* disponíveis. Aliás – é um facto raramente notado mas muito evidente –, mesmo empresas de *media* que não eram concorrentes passam a ser concorrentes por via da convergência, o que vem aumentar competitividade num mercado já de si em retração estrutural. Os investimentos publicitários, por exemplo, tendem a ser menores e repartidos por mais operadores de mercado. Seja como for, devido à pressão da convergência, os novos modelos de negócio a criar tornar-se-ão mais dependentes dessa incorporação e do cruzamento entre diferentes canais e tecnologias de *media*.

9.4. Como pôr a tecnologia a trabalhar para si: um prognóstico

Equipados com a compreensão dos alicerces teóricos dos efeitos das modernas tecnologias de informação e comunicação digitais; e com o conhecimento dos efeitos desreguladores que elas estão a ter na paisagem mediática, os gestores de *media* estarão preparados para formular as estratégias certas para incorporar essas novas tecnologias nos processos de trabalho e modelos de negócio das suas empresas. Tal como vimos, a conversão dos indivíduos em produtores de informação, a capacidade de cortar, copiar e colar independentemente dos direitos de autor, o rasto de dados que as pessoal deixam *online* enquanto navegam e o alcance potencialmente global de qualquer peça de informação são apenas quatro exemplos de como as nova tecnologias de informação e comunicação influenciam a sociologia e a economia dos *media*. Alguns destes efeitos colocam sérias ameaças aos atuais modelos de negócio dos *media*, mas outros (e às vezes os mesmos!) abrem também oportunidades bastante sérias para o desenvolvimento de novos modelos de negócio alimentados pela tecnologia. Para potenciar estas oportunidades, é importante que os gestores de *media* entendam o impacto e as potencialidades da tecnologia e não deixem esse assunto em exclusivo para os especialistas técnicos (diretores de informática ou de tecnologias, por exemplo). Neste contexto, é necessária uma visão abrangente do negócio dos *media* e – sobretudo – uma compreensão da forma como a tecnologia se cruza com os modelos de negócio.

Uma das competências que os gestores de *media* precisam desenvolver nesta paisagem mediática em mutação acelerada é a capacidade de detectar tendências. Como é óbvio, muitos dados empíricos apontam para várias mudanças de fundo no ecossistema dos *media*. Como a importância crescente das redes sociais e o papel central eu os equipamentos mobile assumem na dieta de *media* dos indivíduo, por exemplo. Metade dos utilizadores do Facebook recebe as suas notícias através daquela rede social, mesmo não tendo ido lá com esse objetivo. E 54% por centos da população, sensivelmente, consumo notícias em aparelhos mobile. Por outro lado, o vídeo parece estar a crescer rapidamente e quase metade das pessoas que veem vídeos *online* também recebem boa parte da sua informação por essa via (dados stateofthemedia, 2013). Para as empresas de *media* é importante detectar estas tendências. Mas é ainda mais importante justar essas informações empíricas com o conhecimento de como as tecnologias digitais afetam e são afetadas pela realidade económica e social na qual se implementam. Se os gestores de *media* o conseguirem fazer, estarão certamente melhor equipados para avaliar a potencial importância de uma determinada tendência que detectam com a ajuda de estudos empíricos. Tomemos o *"big data"* como exemplo: os estudos empíricos identificam uma tendência crescente de registo de toda e cada uma das nossas ações *online*, os nossos "gosto" e "não gosto", as nossas preferências, as nossas pertenças de todo o tipo. Isso já seria, em si mesmo, informação útil pra um gestor de *media*. Mas o que torna o *"big data"* uma tendência realmente importante para considerar na definição das estratégias de *media* é a forma como nos informa sobre o modo como as tecnologias digitais são apropriadas nos aspetos social e económico. O *"big data"* veio para ficar e deve ser considerado no planeamento estratégico das empresas de *media* (Cardoso, 2013a). Quem trabalhe no sector da distribuição de filmes, por exemplo, pode desenvolver uma aplicação que permita aos utilizadores saber em que sala está a ser exibido o filme que quer ver e depois partilhar caso tenha gostado de o ver. Da utilização acumulada dessa *app*, o respetivo *media* poderá perceber que cinemas é que a sua audiência frequenta mais, de que tipo de filmes gosta e que canais utiliza para manifestar socialmente as suas preferências. Naturalmente, dependendo do país, das regulamentações acerca da recolha e utilização e dados e dos futuros desenvolvimentos nesse campo, estas são questões que devem ser estrategicamente ponderada ao planificar esse tipo de produtos ou serviços.

A segunda principal competência que os gestores de *media* precisam incrementar para conseguirem potenciar a tecnologia nas suas empresas é a capacidade para "casar" a estratégia a desenvolver com um modelo de negócio associado. As empresas de *media* devem resistir à tentação de adotarem as tecnologias pelas tecnologias. A atual paisagem mediática está saturada de informação em parte porque está saturada de tecnologias para produzir, distribuir e consumir informação. Por isso, para os *media* pode haver a tentação de ter uma presença em cada plataforma, em cada canal e em cada novo dispositivo usado para distribuir informação. Isso pode ser um desperdício de recursos valiosos se essa presença não for estrategicamente ligada com um modelo de negócio viável e sustentável. E isso pode revelar-se mais complicado do que parece à primeira vista, porque os recursos das empresas de *media* tradicionais ainda estão em grande parte vocacionados para os modelos de negócio habituais. A primeira tentação seria a de replicar no novo ambiente os mesmo modelos de negócio que provaram ser bem-sucedidos no passado. Mas, considerando o alcance a profundidade das transformações enumerada no princípio deste artigo, isso poderá não ser a melhor solução. Provavelmente, os melhores modelos de negócios que os *media* poderão implementar para aproveitar as potencialidades das novas tecnologias digitais serão aqueles que respeitam as características básicas dessas tecnologias enumeradas acima – interatividade, flexibilidade, metadados, convergência e alcance global – de forma a capitalizar essa tecnologias em favor das empresas de *media* (Cardoso, 2013a).

Num estudo interno que em 2014 foi tornado público, o New York Times explanou a sua estratégia de *media* para os próximos anos (NYT, 2014b). Algumas das ameaças e oportunidades referidas nesse estudo são semelhantes àquelas que desenvolvemos na parte seguinte. Incumbida de definir uma nova estratégia de *media* para a empresa, a equipa responsável por esse estudo apontou, entre outros aspetos, a dominância da partilha social no processo de descoberta e consumo de notícias, a importância do *tagging* e dos metadados para a personalização das notícias e a tendência para a constituição de dietas de *media* variáveis de indivíduo para individuo.

As tendências de evolução de tecnologia mais importantes serão aquelas de relacionam várias ou mesmo todas as características básicas das tecnologias digitais mencionadas no início. Algumas dessas tendências correlacionam-se e reforçam-se mutuamente (redes sociais e conteúdos gerados pelos utilizadores, por exemplo) e têm impacto tanto no processo de trabalho dos *media* como nos seus modelos de negócio.

Eis algumas das mais importantes tendências:

a) Redes sociais – a arquitetura de-muitos-para-muitos que caracteriza as redes sociais *online* e a facilidade com que os utilizadores podem partilhar conteúdos *online* é uma oportunidade para as empresas de *media* expandirem significativamente o alcance das suas marcas de informação. O estudo do News York Times referido acima sublinha a crescente relevância dos mecanismos de partilha social para o alcance dos produtos e serviços de *media* (NYT, 2014b). Claro que isto não é em si mesmo monetizável, mas pode ser uma fonte de tráfego para conteúdos ou serviços associados aos atuais ou a novos modelos de negócio, funcionando portanto como uma alavanca do negócio. O vídeo, por exemplo, é um tipo de conteúdo cada vez mais importante nas redes sociais *online*. E muitas empresas de *media* estão a tirar benefícios do seu potencial, mesmo aquelas que não trabalhavam tradicionalmente no sector audiovisual. A convergência autoriza este desenvolvimento. Hoje em dia muitas marcas de informação originárias da imprensa já angariam boa parte das suas receitas *online* a partir do vídeo. O vídeo *online* está a crescer a um ritmo muito rápido (Insider, 2013) e as empresas de *media* estão a delinear estratégias para ir ao encontro dessa tendência. O New York Times, por exemplo, está a planear desenvolver 14 canais de vídeo *online* para expandir o alcance das suas secções mais populares do jornal (The Economist, 2014).

b) Os conteúdos gerados pelos utilizadores vão continuar a crescer. Tirando partido das ferramentas de produção e edição que lhes são disponibilizadas, as pessoas tenderão a procurar – e encontrar – novas formas de criar e reutilizar conteúdos. E fá-lo-ão tanto mais à medida que foram aprendendo a usar essas ferramentas ou à medida que novas ferramentas forem sendo criadas que lhes permitam fazê-lo. Ambas as coisas são estimuladas pelas tecnologias digitais (Pascu & Osimo *et al.*, 2007). Para as empresas de *media*, isto significa que, ao mesmo tempo que desregulam o fluxo unidirecional de informação dos *media* para as suas audiências (e os correspondentes modelos de negócio), as tecnologias digitais criam um fluxo novo em sentido inverso. Por isso, as empresas *online* que têm sido economicamente mais bem-sucedidas na era digital não são aquelas que produzem conteúdos mas sim aquelas que proporcionam as plataformas para os indivíduos criarem, alojarem e distribuírem os seus próprios conteúdos, sejam eles originais ou adaptados: YouTube, Blogger, Facebook, Twitter, Instagram, etc. (Accenture.com, 2013; Pascu & Osimo *et al.*, 2007). Isto pode ser um exemplo para as empresas de *media* que sejam capazes de surgir como plataformas de conteúdos mais do que como produtoras de conteúdos ou – idealmente e durante um período de transição – como ambas as coisas. Em Portugal, por exemplo, uma revista do sector automóvel, a revista Autohoje, lançou em 2014 uma nova aplicação de custos de utilização chamada "O Meu Carro". Nesta aplicação, os utilizadores fazem o diário de utilização da sua viatura, obtendo como vantagem vários cálculos de médias de consumo e de custo de utilização, mas convertendo-os, em contrapartida, em alvos publicitários altamente qualificados para várias empresas do sector automóvel. Quando reduzimos este modelo às suas características mais básicas, reparamos que ele corporiza afinal um modelo de negócio muito semelhante aos da Google, Facebook ou Twitter: uma plataforma para receber os conteúdos gerados pelos utilizadores que no reverso da medalha os converte em alvos publicitários mais qualificados. Deve ainda ser sublinhado que, embora não estritamente informativa, a aplicação "O Meu Carro" é um serviço de informação que beneficia da notoriedade da marca Autohoje e do acesso às suas audiências, justamente dois dos pontos fortes que dissemos acima que os *media* podiam aproveitar neste contexto. No estudo já mencionado, o New York Times também identifica os conteúdos gerados pelos utilizadores como uma tendência central para o futuro do sector e planeia adaptar os seus "Od-Eds" a uma plataforma aberta à participação dos utilizadores (NYT, 2014b:51-52).

c) A superabundância de informação também é cada vez mais um problema – e portanto também uma oportunidade. O facto de a informação digital poder ser facilmente produzida e partilhada, combinado com o efeito de rede que resulta de existir sempre vários canais de comunicação em aberto, provoca que exista sempre uma grande quantidade de informação a circular na rede. Neste contexto, o problema não é a escassez de informação, mas a sua abundância. Os utilizadores tendem a valorizar menos a informação, que é abundante, do que os modos de gerir essa abundância, que tanto podem ser ferramentas para isso ou formas de curadoria pro profissionais. Cada vez mais, os *sites* de relacionamento social e as plataformas de conteúdos gerados pelos utilizadores estão a fazer precisamente isso, com base nos metadados que os indivíduos produzem com a sua navegação e a sua participação. As marcas de *media* têm aqui uma óbvia oportunidade para inovar. O New York Times, por exemplo, está a desenvolver uma tecnologia que permite mostrar aos visitantes a informação que perderam desde a sua última visita e que pode ser de interesse para eles, com case nas suas sessões de navegação anteriores. A sobreabundância de conteúdos é assim automaticamente filtrada pelo jornal com base nos metadados individuais (NYT, 2014b:37).

d) O "*big data*", associado à computação em "nuvem", nomeadamente nas plataformas de conteúdos gerados pelos utilizadores, já é um sector com alto potencial de receita. Mas a verdade é que continua a ser quase totalmente ignorado pelas empresas de *media*, ficando à mercê das empresas nativas da Internet, que neste contexto não podem deixar de ser consideradas como concorrentes diretos no negócio da distribuição de informação. Ricas em metadados, as tecnologias de informação e comunicação digitais permitem o tratamento da informação de forma a tornar a sua apresentação mais eficiente ou de modo a refinar a segmentação e qualificação com que as audiências podem ser apresentadas aos anunciantes. Os metadados recolhidos no decurso do uso das novas tecnologias de informação e comunicação digitais são algo de novo na paisagem mediática (Cardoso, 2013b). É por isso que existem novos modelos de negócio que podem ser concebidos na base da recolha, gestão e exploração de grandes doses de metadados. Imaginemos que uma empresa de *media* com uma marca forte em informação para homens e estilo de vida decide lançar uma aplicação para os utilizadores terem acesso a sessões de treino em ginásio e poderem registar os seus treinos usando todas as potencialidades dos seus aparelhos. Quando alimentada por grandes números (tal como aqueles que uma marca forte pode congregar), essa aplicação gera um manancial de dados e metadados que podem ser usados para afinar a comunicação publicitária com essa audiência. A revista Men's Health, uma marca de informação masculina espalhada pelo mundo inteiro, tem várias dessas aplicações no mercado. No já referido estudo estratégico do New York Times são apontadas várias formas pelas quais a categorização da informação – ou seja, a adição de metadados à informação – pode melhorar o modo como a oferta de informação corres-

MODELOS DE NEGÓCIO E COMUNICAÇÃO SOCIAL

ponde à sua procura. Essa também é uma das linhas estratégicas evidenciadas no documento (NYT, 2014b:41-42).

e) O papel cada vez mais importante desempenhado pelos equipamentos móveis na computação e na paisagem mediática é um efeito da miniaturização da eletrónica e da convergência dos vários tipos de informação digital num único aparelho. Essa tendência continuará a evoluir no sentido dos equipamentos que podem ser usados pelos utilizadores e no sentido da chamada "Internet das coisas" (*"Internet of things"*). Cada um desses desenvolvimentos irá provavelmente converter-se em tendências separadas (os relógios de *fitness*, os sistemas de monitorização doméstica, etc.), mas – lado-a-lado com o atual crescimento dos *smartphones* – colocam ameaças sérias às empresas de *media*, uma vez que a adaptação dos seus produtos e serviços de informação a estes aparelhos (nos quais se faz cada vez mais, também, o consumo de informação) não é uma tarefa fácil. O mundo das aplicações desempenha um papel importante nesta tendência, não apenas porque facilita precisamente essa adaptação às características específicas destes aparelhos, mas também porque as lojas de *apps* tendem a proporcionar um elemento de escassez que faz recordar bastante os modelos de negócio tradicionais das empresas de *media*. As empresa de *media* devem aderir ao mundo das *apps* como forma de complementar a sua estratégia de informação-como--informação com uma abordagem de informação-como-serviço ou informação-como-plataforma como forma de tirar partido do ambiente *mobile* (e eventualmente da previsível "Internet das coisas" e *"wearables"*). Uma revista de desporto, por exemplo, pode ter uma aplicação de *fitness* que pode dar assistência durante o treino e, até, fornecer via *mobile* o acesso aos especialistas da revista, como um treinador pessoal no seu bolso. A Google, por exemplo, criou recentemente uma plataforma de assistência a pessoas chamada "Helpouts" que oferece ajuda – com um preço – para diversas especialidades (ver http://helpouts.google.com). Essa tendência provavelmente vai continuar a crescer e irá confrontar as empresas de *media* com mais oportunidades de negócio no futuro.

f) A convergência dos *media* e a consequente abolição da tradicional separação entre tipos de *media* irá em breve afetar a televisão. Embora os atuais operadores de TV por cabo estejam a adaptar a sua tecnologia no sentido de permitir a visualização em qualquer altura (tal como o digital permite e os consumidores pretendem), a convergência com a Internet

428

ESTRATÉGIAS DE INOVAÇÃO INTERNA

e com as empresas de tecnologia vai continuar (Accenture.com, 2013). As empresas de TV por cabo irão tentar ocupar essa "terra de ninguém" atualmente existentes entre as emissões de televisão tradicionais e a Internet vindas de um lado. As empresas de tecnologia (como a Samsung ou a Apple) tentarão também ocupar esse espaço, vinda de outro lado. E as empresas nativas da Internet, como a Google, a Netflix ou a Hulu, farão movimentações para ocupar esse mesmo "território" vindo de ainda um terceiro lado. O resultado final desta disputa é imprevisível, mas as empresas de *media* serão chamadas a desempenhar um papel significativo no fornecimento de conteúdos para alimentar essa "guerra". Como o irão fazer, irá mais uma vez depender da sua capacidade para proporcionar esses conteúdos e sobretudo para os associar a modelos de negócio válidos.

g) O "empoderamento" das antigas audiências que é potenciado pelas tecnologias de informação e comunicação digitais também afeta a forma como as estratégias de marketing as impactam. E isso é relevante para as empresas de *media* por duas razões: primeiro, porque essas tecnologias dão poder às audiências fado às próprias empresas de *media*; e, segundo, porque dão mais poder às audiências que as empresas de *media* vão querer "vender" aos anunciantes. Num contexto digital em que os indivíduos ganham controlo sobre a produção, distribuição e consumo da sua informação, o marketing tem que se tornar relacional (Cardoso, 2013a). E, embora os anunciantes tentem estabelecer esse relacionamento diretamente com as suas clientelas, as marcas de *media* mantêm a possibilidade de estabelecerem canais de marketing relacional com as suas audiências e "vender" aos anunciantes o acesso relacional a essa audiências. Esta é também uma tendência que pode ser cruzada com novos tipos de modelos de negócio.

Esta lista não esgota todas as tendências que as empresas de *media* podem vislumbrar no horizonte da evolução das tecnologias de informação e comunicação digitais. Mas sobre um número bastante razoável de ameaças aos seus modelos de negócio, assim como oportunidades para os expandirem e mesmo para criarem novos. O que é importante reter neste ponto é que, de acordo com a nossa tese, o sucesso em descartar essa ameaças e aproveitar essas oportunidades vai depender muito da capacidade do gestor de *media* para perceber o que a mudança para as tecnologias digitais significa a um nível mais profundo, e da sua capacidade para identificar as tendência mais relevantes para a sua empresa e cruzá-las com modelos de negócio viáveis. Se você é um gestor de *media* e a pergunta que se coloca é se a sua empresa deve estar presente nas redes sociais, a resposta é sim. Porque isso incrementa grandemente o seu alcance social e pode ajudar a alavancar outras iniciativas. Se o que pretende é decidir entre investir num novo *site* ou criar uma *app* de serviço para a sua audiência, deve escolher a segunda opção. Porque é *mobile* e porque satisfaz necessidades dos utilizadores que são ou podem ser direta ou indiretamente monetizáveis. Último exemplo: se a audiência de um *media* tradicional quer gerar alguma forma de conteúdo próprio muitas vezes fá-lo nas e através das redes sociais, talvez seja boa ideia proporcionar-lhe uma plataforma para o fazer e depois usar esses dados e metadados para melhorar as abordagens a essa audiência e melhorar a proposta de valor que pode ser apresentada aos potenciais anunciantes. Como é natural, este tipo de oportunidades dificilmente poderão ser capitalizadas com os recursos humanos atuais e portanto poderá ser necessário recorrer a colaboradores externos mais bem preparados para o fazer. Esse assunto já está para lá do âmbito deste artigo, mas diferentes formas de colaboração externa podem ser uma boa ideia neste contexto.

9.5. Conclusão

A gestão dos desafios tecnológicos nas empresas de *media* é uma tarefa mais complexa do que pode parecer à primeira vista. Claro que ter um canal YouTube, uma aplicação mobile ou uma *app* de Smart TV pode ser imediatamente atrativo para as empresas de *media* como forma de aumentarem as suas audiências. No entanto, há vários argumentos que podem ser usados para aconselhar uma abordagem mais cuidada e seletiva. Para começar, o ritmo de inovação tecnológica nos dias que correm é mais rápido do que até a mais abrangente estratégia empresarial poderia acompanhar. Depois, o efeito desregulador que essa tecnologias estão a ter nos processos de trabalho e nos modelos de negócio das empresas de *media* tornam urgente encontrar soluções para a relevância social e a redução de receitas dos *media* (Pascu & Osimo *et al.*, 2007). E, finalmente, a magnitude das mudanças impostas pelas novas tecnologias de informação e comunicação digitais implica transformações estruturais internas que não virão sem custos para as empresas de *media* (Cardoso, 2013a). Todas estas razões aconselham uma abordagem seletiva relativamente a que estratégias devem ser adotadas para ir ao encontro dos desafios colocados pela tecnologia nas empresas de *media*. O New York Times lançou recentemente uma nova iniciativa de *media* chamada "Now", que se dirige a duas das tendências mais importantes observáveis na paisagem dos *media*. O "Now" é exclusivo do *mobile* e adiciona a curadoria às funções tradicionais do jornalismo (Doctor, 2014). O Atlantic Media Group, por seu lado, lançou em 2012 o "Quartz", um órgão de notícias de negócios que também é baseado em *mobile* (para múltiplas plataformas através do uso de HTML5) e pretende ter um alcance global (Filloux, 2012). Ambas as iniciativas têm um modelo de negócio associado. O "Now" tem uma *paywall* parcial e o "Quartz" depende do seu alcance global para conseguir angariar novos tipos de publicidade. Como é óbvio, ambos os modelos de negócio precisam de provar a sua viabilidade. Mas uma coisa é certa: ambas as iniciativas cruzam aquilo que são os pontos fortes tradicionais das empresas de *media* com as oportunidades criadas pelas tecnologias digitais com as quais a informação é produzida, distribuída e consumida hoje em dia. No polo oposto, a aquisição do MySpace pela News Corporation em 2005, pela quantia de 580 milhões de dólares, e a sua posterior venda em 2012, por meros 35 milhões, é um exemplo manifesto de uma sucessão de más decisões de gestão, com um foco excessivo na publicidade massiva sobre uma audiência "comprada" e um foco insuficiente sobre o desenvolvimento da plataforma propriamente dita (NYT, 2014a). O desastre News Corp./MySpace serve para provar que não é suficiente ter nas mãos uma determinada tecnologia para se conseguir tirar partido dela e deve permanecer como um lembrete para os gestores de *media* de que nenhuma adoção de uma tecnologia é inteligente se não estiver integrada com os pontos fortes, a cultura e, sobretudo, os modelos de negócio da empresa.

É por isso que sugerimos que, quando se trata de tecnologia, o papel dos gestores de *media* não é apenas o de serem capazes de detectar (tão precocemente quanto possível) as tendências mais importantes para a sua empresa, mas também gerir essas tendência tecnológicas. Ou seja, combinar as tecnologias com os pontos fortes da empresa e construir com ambos um modelo de negócio eficaz. É sobre isso que fala o conceito de *Technology Trends Management* (T2M). Se uma empresa de *media* decidir lançar uma rede social ou comprar uma que já exista, está provavelmente a identificar uma tendência tecnológica (a emergência das redes sociais) que pode afetar o seu negócio atual. Mas só se essa medida potenciar os pontos fortes dessa empresa e for combinada com um modelo de negócio

MODELOS DE NEGÓCIO E COMUNICAÇÃO SOCIAL

viável é que pode ser considerada uma boa *media* de gestão. Nos exemplos citados acima, a compra do MySpace pela News Corp. não foi uma boa medida de gestão e as iniciativas do NYT e da Atlantic Media estão a tentar sê-lo.

Neste artigo argumentámos que há mudanças profundas que estão a ocorrer ao nível social e económico e que questionam a função social dos *media* e os seus modelos de negócio. A forma como a informação é distribuída na era digital é muito diferente do modo como isso acontecia na era analógica, na qual os atuais *media* desenvolveram as sua funções e para a qual conceberam os seus modelos de negócio. Há portanto muitas e vastas mudanças a ocorrer. Entender essas mudanças é a primeira condição para as poder enfrentar. A segunda condição é ser capaz de identificar as tendências que estão a emergir em resultado da forma como socialmente as novas tecnologias são adotadas. Isso significa perceber como é que a interatividade e a flexibilidade digitais reforçam o papel do indivíduo, como os metadados permitem a gestão inteligente da informação, como as redes sociais *online* se convertem no sistema central pelo qual os indivíduos utilizam os *media*, etc. E, finalmente, a terceira condição é conseguir juntar essas tendências a novos e inovadores modelos de negócio que sejam capazes de compensar as perdas registadas nos atuais. Não basta distribuir os conteúdos por novos canais. As empresas de *media* precisam de adaptar as suas propostas de valor às tendências que identifiquem como relevantes, tanto no que se refere aos utilizadores como aos anunciantes. Em muitos casos, isto pode significar que o tipo de informação que uma determinada empresa produz não tem valor na nova paisagem mediática e que será preciso reinventar o seu papel no novo quadro digital. Por isso é que quer a tecnologia quer os modelos de negócio (e não apenas a tecnologia) têm que ser centrais na tarefa de gerir a tecnologia nas empresas de *media*. E é por isso que propomos que a gestão da tecnologia nas empresas de *media* tem que ser pensada como parte do *Technology Trends Management* (T2M), uma abordagem de gestão na qual a análise das tendências de apropriação social da tecnologia por parte dos utilizadores, combinada com um conhecimento profundo da tendências tecnológicas, está no centro do desenvolvimento de novos modelos de negócio. *Technology Trends Management* (T2M) significa apenas isso: uma combinação complexa entre uma abordagem social da tecnologia e uma abordagem dos *media* orientada para o negócio.

10. Cenário, Modelos e Jornalismo

GUSTAVO CARDOSO, JOSÉ MORENO,
MIGUEL CRESPO, CATERINA FOÀ

10.1. Jornalismo e valor económico e social da comunicação social

O modo de produzir, distribuir e consumir informação em sociedade está mudar radicalmente. Mais do que proporcionar um novo canal de distribuição de informação, o que a Sociedade em Rede mediada por tecnologias digitais faz é desregular a função social dos *media*. E, portanto, por essa razão, altera também as funções sociais do jornalismo.

A tese do "Parêntese de Gutenberg", proposta por Pettitt (2014), sugere que a emergência da Sociedade em Rede e das tecnologias digitais promove o fechamento de um parêntese histórico, caracterizado por uma cultura de tipo literário, verbal e fechado que se prolongava deste a invenção de Gutenberg.

Portanto, a realidade que se sucede a esse fechamento, a atual, é uma espécie de continuação (evoluída em vários patamares tecnológicos) do predomínio da oralidade, da conectividade e da multidirecionalidade que caracterizava a transmissão social de informação antes do surgimento da imprensa – o primeiro de todos os *mass-media*.

A transição da comunicação linear da era dos *mass-media* para a Sociedade em Rede mediada por tecnologias de informação e comunicação digitais, implica mudanças em praticamente todas as áreas da sociedade e, portanto, também na área da comunicação social em geral e do jornalismo em particular. E em muitos casos – como neste caso – essas mudanças implicam transformações institucionais. O jornalismo é ele mesmo uma instituição, feito de vários outros valores, rotinas e procedimentos institucionais testados ao longo de mais de um século. A objetividade é um valor institucional do jornalismo, a função de "*watchdog*" é uma das suas funções institucionais.

Figura 19. O problema institucional do jornalismo

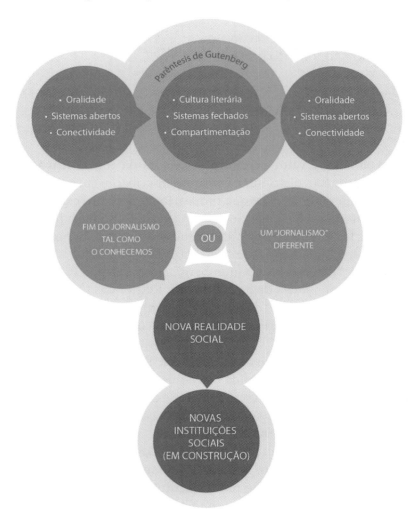

De facto, a realidade social para a qual o jornalismo se "institucionalizou" como hoje o conhecemos mudou radicalmente na transição para a Sociedade em Rede mediada por computadores e tecnologias digitais.

O problema social ao qual o jornalismo, enquanto instituição (ou, mais corretamente, conjunto articulado de instituições) deve dar resposta – neste caso a produção e distribuição de informação socialmente relevante – é hoje um problema radicalmente diferente daquele que era no passado, e que deu origem à instituição do jornalismo.

Abundância em vez de escassez, canais organizados em rede em vez de numa formação linear, comunicação multidirecional em vez de unidirecional, em formato digital em vez de analógico, gerida por computadores em vez de por seres humanos, etc.

FIGURA 20. O problema económico do jornalismo

Para os problemas novos que a comunicação digital em rede mediada por computadores coloca, a sociedade – coletivamente – está ainda a definir quais são as melhores soluções. Como é natural, aquilo que hoje aparenta ser um caos tenderá a ser a nova normalidade de amanhã.

Mas, para além do problema institucional do jornalismo, existe também um problema económico do jornalismo, que aliás é muitas vezes apresentado como o principal problema do jornalismo. É sobre esse problema que esta análise incidirá.

Se a crise dos *media* é um problema económico, a crise do jornalismo é um problema social e político, por causa das superiores funções sociais que o jornalismo desempenha nas sociedades complexas em que vivemos. Ou seja, o problema do jornalismo, como vimos acima, é bastante mais complexo que o problema do modelo de negócio do jornalismo.

Globalmente, **existem quatro grandes perspetivas de cenários evolutivos** sobre o futuro económico da comunicação social.

O **primeiro** sugere-nos uma evolução nos próximos cinco anos baseada no **aproveitamento de oportunidades para uma reconversão**

MODELOS DE NEGÓCIO E COMUNICAÇÃO SOCIAL

do jornalismo às novas condições de exercício da sua função social. Indica também que essa reconversão irá, ela própria, gerar propostas de valor – seja na curadoria, seja na agregação, seja da disponibilização de plataformas de participação, por exemplo – capazes de sustentar o jornalismo. O problema neste cenário resulta de existir hoje, globalmente, menos dinheiro para ganhar na produção e distribuição de informação do que existia no passado. Tal é notório em indicadores como o preço da publicidade ou o rendimento médio por utilizador, e denuncia uma redução geral do valor económico da informação.

As experiências inovadoras, que estão a ser feitas um pouco por todo o mundo, para revitalizar o jornalismo e adaptá-lo à arquitetura em rede e às tecnologias digitais revelam alguns casos de sucesso, mas também alguns falhanços e muitos casos de dúvida.

O **segundo** possível cenário sobre o futuro económico da comunicação social parte do "valor" do jornalismo para **propor que ele seja pago**, nomeadamente através de *paywalls*, e que os agregadores de conteúdos, como a Google, sejam obrigados a remunerar os produtores de informação pelos conteúdos que agregam.

Como é fácil de perceber, esta é uma perspetiva que pretende instalar formas artificiais de escassez onde agora existe abundância (e onde antes existia precisamente... escassez). Por isso pode considerar-se que este grupo de soluções é uma espécie de "bandas sonoras" para reduzir a velocidade da Internet enquanto canal de distribuição do jornalismo.

Perante esta perspetiva, o jornalismo é demasiado importante para que nos permitamos, como sociedade, assistir ao seu desmantelamento sem tomar as medidas adequadas para a sua preservação. Essas medidas podem ser várias, mas há quatro tipos de soluções que encaixam neste grupo:

- As *paywalls* totais;
- A recompensa pela agregação de conteúdos;
- Os *"walled gardens"* construídos pelos universos de *apps;*
- A Internet a várias velocidades sugerida pela supressão na *Net Neutrality.*

As *paywalls* têm sido implementadas um pouco por todo o lado, sobretudo nos Estados Unidos, mas também na Europa, com resultados globais algo díspares. Há empresas de *media* que reclamam sucesso na sua

CENÁRIO, MODELOS E JORNALISMO

implementação e há outras que retiram as *paywalls* (ou as "abrem" considerravelmente) depois de alguns meses de implementação.

Obviamente, o desenvolvimento da tecnologia irá permitir igualmente uma sofisticação do funcionamento das *paywalls,* que irá ao encontro das necessidades dos meios de comunicação social que desejam implementar essa estratégia. Mas há pelo menos **três objeções** importantes **às** *paywalls.*

- Primeiro, elas são uma decorrência da ideia de que o jornalismo deve ser pago. E, para Jarvis, nenhum modelo de negócio é sustentável nessa base, uma vez que os consumidores – neste caso os consumidores de notícias – **não pagam** um bem ou serviço **porque devem, mas sim porque querem**.
- Em segundo lugar, a *paywall* institui um modelo de negócio que **prejudica** precisamente **os leitores mais fiéis.**
- E, terceira razão, o argumento de que as notícias são dispendiosas de produzir e por isso têm que ser pagas é negado pela realidade digital, na qual **é cada vez mais fácil e barato** usar as tecnologias que permitem **produzir informação**.

Tal como os *"walled gardens"*, a imposição de "portagens" aos agregadores de conteúdos ou a supressão na neutralidade da rede, as *paywalls* procuram instituir escassez no lugar da abundância.

Ora, se, por um lado, essa abundância (e tudo o que está por detrás dela) é responsável pela redução do valor económico da informação, ela é também responsável pelo aumento (historicamente inédito) do valor social da informação, permitindo aos indivíduos, aos grupos e à sociedade como um todo conectar-se e mobilizar recursos sociais com mais facilidade. O que significa que – segundo essa análise – se instituirmos este tipo de soluções estaremos a privilegiar o valor económico da informação em detrimento do seu valor social. Estaremos a proteger o negócio das empresas de jornalismo, a coberto do jornalismo, mas estaremos a prejudicar o interesse social.

Em jeito de parêntese, é interessante notar como na frase anterior usámos a palavra "instituir" para descrever as decisões coletivas que a sociedade tem que tomar para enquadrar socialmente a sustentação económica do jornalismo. E é mesmo disso que se trata. Todas as experiências que estão a ser feitas em termos de sustentação económica do jornalismo,

MODELOS DE NEGÓCIO E COMUNICAÇÃO SOCIAL

incluindo as *paywalls*, poderão ou não converter-se em instituições sociais (reguladas ou não reguladas e regulamentadas ou não regulamentadas) caso provem ser uma solução eficiente e estável para o problema que pretendem resolver. A fase em que estamos é precisamente a de fazer essas experiências e aprender com elas.

Uma **terceira** via para o futuro económico do jornalismo passa por **separar o jornalismo enquanto realidade económica do jornalismo enquanto função social**. Para muitos autores, o que está em causa nas transformações em curso não é a função social do jornalismo, mas a sua viabilidade enquanto negócio numa sociedade capitalista.

Se o jornalismo for separado da sua função económica e for visto apenas na sua função social, isso significa que o seu exercício deixaria de ter o objetivo do lucro e teria apenas os objetivos sociais de produção e distribuição de informação socialmente relevante. Nesse caso, o jornalismo poderia ser mantido por formas não económicas de financiamento, como os donativos, os patrocínios e outras formas que a Sociedade em Rede conseguir "inventar" para o fazer – como o *crowdfunding*, por exemplo – ou diretamente através de subvenções do Estado destinadas a manter em funcionamento a função social do jornalismo (McChesney, 2014).

Esta última sugestão não é sequer inédita, uma vez que o jornalismo já é mantido com fundos públicos em muitos países e em muitos sectores (aliás, já era antes da Internet) precisamente pela razão da preservação da sua função social (presente no espírito da existência de um serviço público). As objeções que se levantam a essa solução são:

- A desvirtuação da concorrência no quadro de um sistema económico global que continua a ser um sistema de economia de mercado;
- A ameaça que isso pode representar para a independência do jornalismo;
- O facto de as redes de comunicação em que o jornalismo hoje opera serem redes globais, o que dificulta ou impede uma eficaz regulamentação nacional das mesmas.

A sugestão para a adoção de formas sociais, e não económicas, de financiamento do jornalismo é precisamente algo que podemos ver na análise dos novos formatos de jornalismo.

Entidades jornalísticas como a ProPublica financiam-se com fundos sociais de diversos tipos. Outras formas de jornalismo estão ao serviço de causas e são financiadas por elas, e outras ainda são financiadas diretamente pelos utilizadores através de donativos ou mecanismos mais ou menos sofisticados de *crowdfunding*.

Qualquer destas soluções – novas "empresas" de informação; criação artificial de escassez; ou financiamento público e social – pode ser apresentada como a mais adequada para resolver o problema do financiamento do jornalismo no quadro da Sociedade em Rede. Todas se baseiam em argumentos válidos.

Temos, ainda e sempre, a gestão de curto prazo, através da consolidação e reestruturação das empresas e dos seus recursos humanos. Se a procura em mercados em contração assegurar a viabilidade económica das organizações, os jornalistas poderão tentar manter um modelo experimentado e que assegura, embora com crescentes dificuldades, a relação entre valor económico e social do jornalismo numa sociedade, ela própria, já diferente do momento em que o modelo foi desenvolvido.

Mas a verdade é que não sabemos ainda, nesta fase, qual virá a produzir melhores resultados. Todas as diferentes soluções propostas estão em vigor numa sociedade em mutação acelerada, com transformações tecnológicas e reconfigurações sociais profundas em curso, e ainda para mais sujeita a relações de força complexas entre os vários agentes e instituições que a compõem. A forma como essas lutas entre vários interesses em jogo virá a desenrolar-se pode, e vai, influenciar a institucionalização que acabará por ser feita das formas de produzir e distribuir informação socialmente relevante na Sociedade em Rede.

Pode até acontecer que essa institucionalização integre uma maior diversidade do que antes, permitindo a convivência de "jornalismos" internacionais com outros nacionais; de "jornalismos" independentes com outros que advogam causas; de "jornalismos" comerciais com outros que não visam o lucro; de "jornalismos" de autor com outros que se limitam a agregar e redistribuir conteúdos alheios; etc. Afinal, a diversidade é precisamente um atributo da Sociedade em Rede e das suas tecnologias.

O objetivo deste trabalho é o de analisar as transformações operadas pela Sociedade em Rede e pelas tecnologias digitais no paradigma de informação e comunicação social. A análise efetuada permite-nos concluir que as transformações em curso afetam os fundamentos de todas as atividades sociais que têm que ver com a produção, distribuição e consumo de informação e, portanto, também do jornalismo.

A Internet e a comunicação em rede que ela materializa não é apenas um novo canal de informação. Muito mais do que isso, é uma forma radicalmente diferente de disseminar a informação necessária ao funcionamento da sociedade. Naturalmente, afeta o coração do jornalismo e implica com quase todos os seus valores, práticas e procedimentos.

FIGURA 21. Quatro estratégias para o problema económico do jornalismo

CENÁRIO, MODELOS E JORNALISMO

Por isso, para se manter relevante para a comunicação social no século XXI, o jornalismo precisa urgentemente de se modernizar e de ter a coragem de inovar, adequando a sua função ou funções sociais às condições sociais, tecnológicas e económicas do seu exercício na Sociedade em Rede.

Esse é um processo que ainda está em curso e cujo desfecho, portanto, ainda não pode ser claramente vislumbrado. Esta é precisamente a altura de experimentar e propor soluções novas para problemas que são também novos.

Considerando que a prática do jornalismo se distingue pelas suas funções sociais e económicas, o desafio colocado pelo momento atual face à sua evolução futura centra-se na pergunta:

"Como tenta o jornalismo de hoje produzir valor económico e social?"

A síntese aqui apresentada resulta de um exercício de análise e enquadramento dos fenómenos em curso no panorama do Jornalismo em Rede do ponto de vista dos modelos de negócio, pretendendo organizar e sistematizar as estratégias de monetização disponíveis para as diferentes organizações ativas no mercado que, posteriormente, as queiram adotar, desenvolver e completar.

Estamos perante um panorama complexo, estratificado e dinâmico, no qual cada organização navega num oceano em rápida transformação, adotando soluções à medida e que, muitas vezes, se cruzam e sobrepõem conforme as características específicas de cada entidade.

O principal objetivo é realizar um diagnóstico da situação atual, mapeando e representando a complexidade do cenário presente, ainda que de forma incompleta, tentando estruturar as opções existentes em um modelo analítico, fundado nas estratégias em vigor, perspetivando as possíveis diretrizes de evolução do sector e da prática jornalística.

A ideia subjacente assenta no propósito de agrupar a panóplia heterogénea de organizações ativas no mercado em tipologias que possam ser representativas das principais características intrínsecas para cruzá-las, depois, com as estratégias de monetização individualizadas.

Encontrámos nesta análise uma multiplicidade de formas e experimentações para monetizar a prática jornalística, um universo multiforme e altamente diferenciado, que contempla variações constantes nas ações e exemplos únicos, dependendo de diferentes variáveis.

MODELOS DE NEGÓCIO E COMUNICAÇÃO SOCIAL

10.2. Modelos de Monetização do valor económico da informação

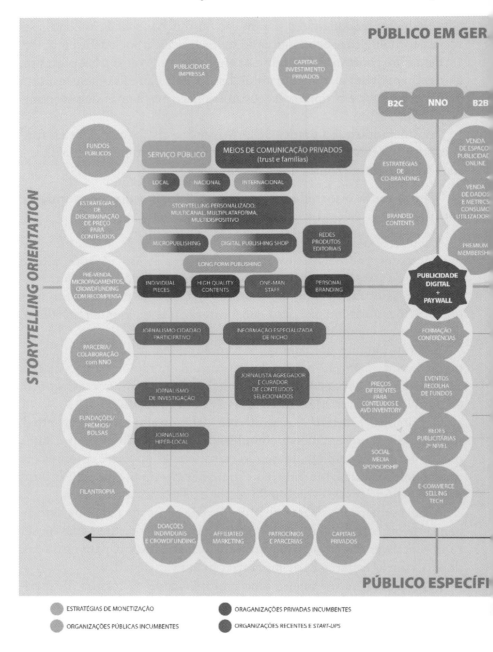

CENÁRIO, MODELOS E JORNALISMO

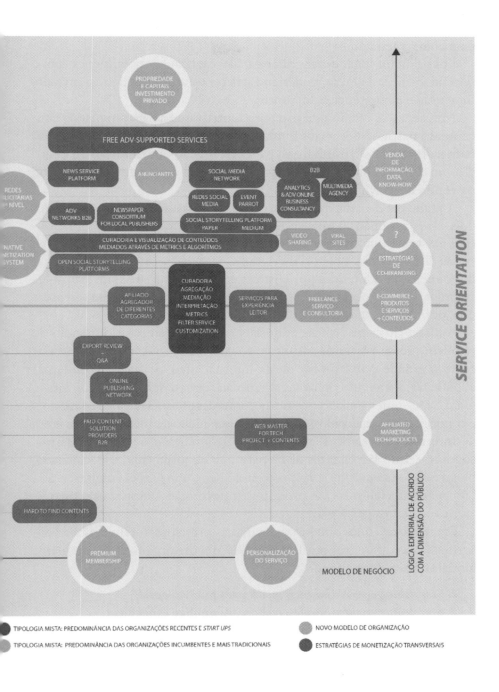

A referida heterogeneidade é devida às características intrínsecas dos agentes, à estrutura e à missão organizacional e do tipo de orientação para com o mercado.

Em primeiro lugar distinguimos a copresença de organizações com e sem finalidades de lucro, podendo estas ter estatuto público ou privado, dimensão e abrangências diferentes.

Apresenta-se assim uma primeira tentativa de criar um quadro conceptual a partir de dois eixos fundamentais: a **lógica editorial de acordo com a dimensão do público-alvo** e a **orientação dos modelos de negócio**, em conformidade com o enfoque ser na **produção de conteúdos** ou na **venda de serviços**.

A realidade de cada quadrante está em constante mudança, mas estes dois eixos norteiam a análise para adequadamente alojar as organizações existentes, considerando se aquelas se focam mais na produção e na venda de conteúdos e histórias originais, ou se não pretendem monetizar diretamente os conteúdos jornalísticos e informativos, mas sim utilizá-los como parte do processo de construção e fortalecimento das suas marcas que, por sua vez, vendem produtos e serviços relacionados.

A distinção entre lógicas editoriais relacionadas com a dimensão do público que se pretende alcançar, considerando que essa pode variar entre o grande público (em escala internacional ou nacional de largas audiências, abrangido pelos *Legacy Media*, serviço público, Novos *Media*, *social media*, redes sociais e meios de comunicação social *online* de massa), e o público especializado (constituído por nichos construídos em volta de interesses específicos, proximidade geográfica e/ou tendências psicográficas, que são clientes-alvos para *sites* de jornalismo especializado, blogues de empresas de serviços tecnológicos, consultoras digitais e plataformas especializadas em produtos e informação sectorial para organizações e clientes particulares).

Em torno das duas dimensões analíticas principais foram delineadas e agrupadas as diferentes práticas, sucessivamente organizadas em quatro modelos assim denominados:

1. *Storytelling oriented business model* **para público geral;**
2. *Storytelling oriented business model* **para público específico;**
3. *Service oriented business model* **para público geral:**
4. *Service oriented business model* **para público específico.**

CENÁRIO, MODELOS E JORNALISMO

Pretendendo simplificar a conjugação entre modelos e práticas, optou-se por definir as categorias de organizações representadas nos vários quadrantes, podendo-se assim encontrar os *Legacy Media*, as *start--ups* jornalísticas, os Novos *Media* e as *start-ups* de serviços tecnológicos associados à elaboração de conteúdos.

Para cumprir o objetivo da análise revelou-se necessário identificar as múltiplas opções de monetização e definir as fontes de receitas nas quais assentam os modelos de negócio, reforçando a preocupação em seguir uma lógica de trilhar caminhos conhecidos e tentar aproximar-nos dos cenários prospetivos, sempre acompanhando as últimas inovações.

Evidenciando que existem, quase sempre, organizações que adotam estratégias mais articuladas, passando a integrar as tradicionais fontes de receitas com novas experimentações, indica-se como todos os quatro modelos apresentados têm, no que respeita às suas principais fontes de financiamento, uma forte ligação com a dimensão publicitária e o uso parcial ou total de sistemas de *paywall*, embora com múltiplas variantes.

A articulação destas estratégias passa por integrar ferramentas já em uso na prática pré-digital do jornalismo, nomeadamente o recurso a fundos públicos, venda de produtos, assinaturas, doações ou recolha fundos junto de empresas, adaptados ao novo contexto *online*, e instrumentos/veículos de monetização nativos da era digital.

Apresentamos brevemente, em seguida, o conteúdo de cada quadrante.

O quadrante **storytelling oriented business model para público geral** tem como principais atores, que atuam neste sector orientado para o grande público e a produção de narrativas originais, os *Legacy Media*, ou seja, as empresas do serviço público e privadas incumbentes no mercado atual dos *mass-media*, que desempenham as suas funções em três âmbitos de atuação, nomeadamente a nível local, nacional ou internacional, e que têm apostado na sua conversão para o ambiente *online*.

Entre as fontes de financiamento é necessário distinguir os instrumentos mais tradicionais que continuam a ser aplicados, com alguns ajustes, na era digital (fundos públicos e os impostos aos cidadãos, propriedade e capitais de investimento privados, pagamentos realizados pelos utentes/espectadores para participação direta nos programas, publicidade digital e tradicional).

A possibilidade de fornecer ao público conteúdos *on demand* e personalizados representa uma nova fonte de receitas diretamente associada

MODELOS DE NEGÓCIO E COMUNICAÇÃO SOCIAL

ao sistema de monetização *paywall*, às estratégias de customização e targetização da oferta e às novas trajetórias para a criação e difusão de conteúdos noticiosos que contemplam a agregação de diferentes tipologias de conteúdos, fornecimento em tempo diferido ou em direto através de sistemas multimodais e a difusão via plataformas, canais e dispositivos *online* acrescentados aos tradicionais.

Portanto, as estratégias *freemium, pay for only*, assinaturas simples ou associadas às *metered paywall* podem ser analisadas como instrumentos de monetização e ao mesmo tempo de aproximação e fidelização dos utilizadores, contemplando formas, dispositivos, conteúdos e duração do consumo previamente definidas e personalizadas.

A principal fonte de inovação nas fontes de financiamento é a publicidade digital nos seus novos formatos de *co-branding* entre publicação e marca anunciante (*advertorials, advertising native system, branded contents*) que preveem a criação de conteúdos informativos e de entretenimento por parte do anunciante, ou por parte da publicação, e a sua colocação nas páginas *online*, de forma a assemelhar-se aos conteúdos noticiosos não promocionais, permitindo à marca ganhar atenção, melhor reputação e interesse do público.

As vantagens para as organizações de *media* são uma maior durabilidade dos conteúdos publicados, a rentabilização do esforço criativo dos seus profissionais e a possibilidade de obter receitas ocupando porções mínimas de espaço publicitário nas suas páginas, ou seja, otimizando os seus inventários publicitários (*adv inventory*).

Na análise das direções e tipos de mudança em curso, na criação e difusão de conteúdos reforça-se a importância do surgimento de redes de produtos editoriais, do ponto de vista da otimização dos esforços editoriais, da gestão e de captação de leitores e anunciantes, das micropublicações por tema ou autor, e da transformação da página em loja de publicações *online*, numa ótica de diferenciação de produtos vendidos separadamente e a um preço diferente dos conteúdos da publicação original.

A partir da ideia de micropublicações, e recorrendo a financiamento através de capitais privados, ou formas de colaboração com os grandes grupos de comunicação incumbentes, surge o conceito de *personal branding journalism*, praticado por jornalistas profissionais de renome que criam uma marca distintiva da sua forma de fazer jornalismo. A adaptação deste formato por parte das empresas de menor dimensão dá origem ao chamado *one man staff* que otimiza os menores recursos humanos e financeiros disponíveis para o desenvolvimento do projeto jornalístico.

Do ponto de vista das fontes de financiamento, são maioritariamente os leitores a apoiar a realização dos projetos, tornando-se verdadeiros apoiantes das marcas na sua fase de arranque (através de doações, micro-pagamentos ou *crowdfunding*) para se transformarem, posteriormente, em assinantes, demonstrando grande confiança e lealdade à marca de *media* humanizada.

A partir desta conjuntura surgem novas formas de criação de conteúdos, que podem explorar modelos de criação e venda de peças individuais em vez de publicações inteiras, ou de *long form publishing* como publicações de recensões, críticas, investigações e reportagens mais aprofundadas e imersivas.

Assim, é possível concluir que o formato micropublicação representa uma fronteira invisível, ou melhor, um elo de ligação entre empresas incumbentes no mercado, organizações mais recentes e *start-ups*, podendo ser aplicado a diferentes tipologias de conteúdos, com um elevado sucesso em conteúdos de grande qualidade, que se destacam pela especialização para nichos de mercado.

Tanto para este tipo de conteúdos quanto para os publicados em plataformas de *blogging* profissionais é possível explorar estratégias de pré--venda e micropagamentos (relacionados com os próprios conteúdos ou com os suportes de leitura, como no caso de *apps* para dispositivos móveis), doações e promoção direta das marcas comerciais, como alternativas ou em combinação com instrumentos de monetização transversais no mercado, como a publicidade digital e *paywalls*.

Outras tendências atuais, que podem apontar caminhos futuros para a sustentabilidade económica de organizações orientadas para a narração e o grande público, são o fortalecimento da relação de troca entre organizações de *Legacy Media*, Novos *Media* e redes sociais (troca de conteúdos originais e de qualidade por aumento de tráfego nas páginas), a promoção direta, ou por *co-branding*, de bens comerciais selecionados (garantia da qualidade do produto proporcionada pelo conhecimento, credibilidade e experiencia do autor da publicação), a pré-venda de conteúdos exclusivos ou difíceis de se encontrar, ou a comercialização de produtos acessórios e complementares ao consumo de conteúdos noticiosos.

MODELOS DE NEGÓCIO E COMUNICAÇÃO SOCIAL

Finalmente, refere-se o surgimento de um novo modelo de organização no sector dos *media*, definida como *New News Organization*, que, além de se financiar mediante publicidade *online* e a própria venda de conteúdos, cria oportunidades de negócio no sector empresarial (B2B) bem como no mercado de consumidores finais (B2C).

O quadrante ***storytelling oriented business model* para público específico** representa os modelos de negócios aplicados a uma multitude de organizações, entre as quais predominam *start-ups* e projetos recentes, de pequena e média dimensão, com e sem fins lucrativos.

Trata-se de um sistema muito articulado de organizações e publicações diversificadas, agrupáveis por tipo de temáticas e conteúdos abordados, que apresentam estratégias orientadas para alvos específicos que correspondem aos nichos de leitores e utilizadores.

Os intervenientes fundamentais do lado da produção são jornalistas e editores profissionais, especialistas em publicações *online* externos aos *mass-media*, jovens que promovem projetos de empreendedorismo jornalístico em *media* e comunicação.

Todos oferecem conteúdos de elevada qualidade e difícil disponibilidade nos circuitos *mainstream* dos *Legacy Media*, orientados para nichos de mercado, definidos com base em temáticas de interesse e/ou áreas geográficas de atuação das próprias organizações, bem como do seu público, apesar da sua abrangência em termos de audiências poder alavancar o nível global, aproveitando-se da intrínseca natureza *online* dos projetos.

Enquadram-se assim formas de jornalismo hiperlocal, jornalismo de investigação, jornalismo cidadão ou jornalismo de curadoria e agregação de conteúdos, conteúdos complexos e difíceis de serem encontrados de forma sistematizada e com elevado interesse para um público reduzido.

Os modelos de negócio mais difundidos adaptam ao ambiente digital instrumentos de monetização derivados da prática tradicional, como a participação de capitais privados, o estabelecimento de parcerias e patrocínios com marcas comerciais, o recurso a bolsas, prémios e concursos financiados por fundações e a recolha de fundos. Mas também se identificam o recurso a instrumentos de monetização que apelam a lógicas de filantropia e mecenato ou de responsabilidade social das organizações, doações individuais, campanhas e eventos de angariação de fundos.

As tendências nos modelos de negócio para as organizações que elaboram conteúdos narrativos para públicos fortemente segmentados

CENÁRIO, MODELOS E JORNALISMO

assentam assim em estratégias de parcerias, colaboração, rentabilização do seu *know-how,* talento criativo, otimização e da relação com os seus utilizadores.

Instrumentos de monetização B2B aplicam-se na criação de conteúdos (noticiosos, promocionais e formativos) originais e inéditos para venda, do ponto de vista da infraestrutura tecnológica de suporte, enquanto as publicações podem tornar-se parceiros da rede publicitária e responsáveis diretos pela venda localizada de anúncios e através de estratégias de *co-branding.*

As colaborações podem ser incentivadas também ao nível B2C explorando o potencial do jornalismo cidadão e hiperlocal, bem como o sistema de doações-recompensas à base da lógica do *crowdfunding* e o paradigma de benefícios-audiências-remuneração que suporta o trabalho criativo de tipo *social media sponsorship,* considerando a necessidade de aumentar o capital social das publicações e de criar relevantes efeitos de *buzz* e *word-of-mouth.*

A discriminação de preço na venda dos conteúdos é realizada aplicando os modelos de assinaturas, *pay-for-only, freemium, membership* e *aggregated paywall.* Acrescenta-se como a tendência para comercialização de bens e serviços aponta para o *e-commerce,* sobretudo para a venda de tecnologias e aplicações *mobile,* facto que remete para inovações como as plataformas de *open social storytelling,* e novos serviços que poderão representar novos suportes para a criação e partilha de conteúdos e vir a sobrepor-se (ou até substituir) a formas de jornalismo cidadão, hiperlocal, *long form publishing,* jornalismo de curadoria e agregação, intervindo nos modelos organizativos definidos como *personal branding, one man staff* ou e no oceano dos blogues e páginas de profissionais, críticos e *trend--setters* para as quais estão a ser definidas estratégias de monetização.

O quadrante **service oriented business model para público geral** é constituído por organizações orientadas para um público abrangente, através de modelos de negócios direcionados à prestação de serviços, e ocupado por atores como as empresas privadas globais de Novos *Media* digitais e tecnologias, que oferecem os seus serviços de base gratuita ao público, ganhando a maior parte das suas receitas através da venda de espaços publicitários, outros serviços para os anunciantes, ou produtos e inovações tecnológicas para o consumidor final.

Caracterizadas pelo investimento de capitais privados transacionados em bolsas de valores, estas grandes empresas colocam no mercado dos consumidores inúmeros serviços interligados pelas próprias plataformas de base, diferenciando a sua oferta e alcançando segmentos de público muito heterogéneos e diversificados. As mesmas multinacionais gerem as redes publicitárias e muitas plataformas de apoio ao serviço de venda de publicidade, sistemas de *native monetization*, bem como as primeiras plataformas de *social storytelling*.

Outro instrumento de monetização é criado através do fornecimento de apoio tecnológico e patrocínios a canais de distribuição de publicidade externos e secundários, mas vinculados às atividades dos Novos *Media*, segmentados por diferentes tipos de anunciantes, entre os quais figuram os *media* tradicionais (*Legacy Media*), as *New News Organizations* e as organizações jornalísticas de nicho.

Paralelamente, atuam no mesmo quadrante organizações de menor dimensão, diretamente ligadas e dependentes do fornecimento dos serviços das grandes empresas globais de Novos *Media*, e com características híbridas nos seus modelos de negócio, como agências de conteúdos multimédia, consultoras de gestão de negócios *online* na área da publicidade e do marketing digital, da curadoria, agregação, mediação e filtragem de conteúdos informativos (jornalísticos, bem como de entretenimento).

A base destes segmentos de atividade pode ser resumida como uma forma de análise, seleção, agregação, curadoria e visualização de conteúdos mediados através da aplicação de métricas, algoritmos, *software* e aplicações para dispositivos fixos e móveis. Menciona-se os *websites* de partilha e visualização de conteúdos virais, que dependem largamente das ligações com as redes sociais, dos sistemas algorítmicos e das possibilidades de agregação de conteúdos digitais espalhados pela Internet, que se financiam através de modelos *freemium* e com exibição massiva de publicidade

Neste contexto, as principais direções e tipos de mudança em curso na criação e difusão de conteúdos são determinados pelos Novos *Media* incumbentes, e sucessivamente adotados por empresas menores e mais recentes. Os contínuos desenvolvimentos e atualizações tecnológicas dos mecanismos que regulam algoritmos, métricas e *analytics* comportam consequências irreversíveis na apropriação pelas tecnologias digitais de

CENÁRIO, MODELOS E JORNALISMO

alguns trabalhos e tarefas anteriormente desempenhadas por editores, curadores, consultores e analistas profissionais.

Pode afirmar-se que a tendência principal é a adaptação de conteúdos e estratégias para o novo ambiente digital em contínua mudança, contemplando assim a predominância da venda de conhecimentos analíticos complexos e competências de programação, adequação e elaboração dos conteúdos.

Entre as fontes de financiamento mais relevantes encontram-se instrumentos de monetização do *know-how* numa ótica de elevada valorização das capacidades de manipulação, gestão de programas, *software* e conteúdos digitais para a sua otimização.

Outras fontes de monetização que ganham importância são formas sempre mais sofisticadas de recolha, análise e comercialização de *databases* e dados estatísticos relativos aos comportamentos e tendências *online* e *off-line* dos indivíduos. Salienta-se também a aplicação de estratégias de *co-branding* mistas, que cruzam sistemas de *native monetization, native advertising system* e *branded contents*.

As tendências atuais são o estabelecimento de um tipo de modelo *over-the-top* incompleto, marcado por um desequilíbrio na relação de poder negocial entre as partes, sendo que empresas como os *Legacy Media* e organizações de jornalismo de nicho criam conteúdos de qualidade que são apropriados e divulgados gratuitamente nas redes sociais e plataformas *online*, ou seja, pelos Novos *Media*.

As plataformas de *news service* e os *social media* estão numa posição de predominância porque determinam e influenciam a visibilidade e as oportunidades de rentabilização das outras organizações de *media* de diferentes maneiras. Em primeiro lugar considera-se que as empresas de *media* criam os seus perfis e páginas nas redes e plataformas, frequentemente pagando emolumentos para obter publicidade; em segundo lugar os conteúdos mais procurados na Internet, ao tornarem-se virais, nem sempre implicam um aumento das receitas ou tráfego para as páginas da publicação de origem, podendo ser retomados por *sites* de agregação, curadoria e partilha sem contrapartidas monetárias.

O terceiro ponto contempla a possibilidade para as *news service platforms* de ter acesso a dados pessoais e de consumo que podem ser vendidos e de manipular os algoritmos de funcionamento dos seus sistemas, estabelecendo os critérios de prioridade na visualização dos conteúdos, apesar dos leilões e pagamentos para inserção de publicidade a pagamento, determinando assim aumento ou decréscimo do tráfego para determinados *sites* conforme a estruturação dos seus conteúdos.

Isto implica uma rarefação na concorrência, o desaparecimento do mercado ou o englobamento de atores menores em grandes grupos de *Legacy* e Novos *Media*, com uma forte centralização das funções em poucas organizações sempre mais polifuncionais, multidisciplinares, multiconteúdos, multiplataformas e ao mesmo tempo hiperespecializadas, beneficiando da sua abrangência global a nível de mercado.

Assim, a troca entre incumbentes até pode não ser diretamente económica, mas é a nova "lei" deste mercado fundada em três pilares, conteúdos/tráfego/visibilidade, mais um quarto, a manipulação do algoritmo, que determina a prioridade de visualização.

Os efeitos destes fenómenos abrangem também a personalização do serviço através do *screening* da informação produzida *online* utilizando métricas, *analytics* tanto na área da consultoria para anunciantes, bem como na seleção e fornecimento de informação relevante para redações jornalísticas, assim como para os utilizadores finais, com forte aposta na adaptação para os dispositivos móveis.

Outras tendências são a evolução de empresas híbridas de publicação digital, do *e-commerce* de produtos e serviços sempre relacionados com conteúdos de qualidade e interessantes para o consumidor final, para a manutenção e o incremento do tráfego e audiências e o crescimento de serviços *multimedia agency* para B2B e como fonte de conteúdos informativos para B2C.

O quadrante ***service oriented business models* para público específico** está relacionado com o fornecimento de serviços para um público sectorial compreendendo organizações recentes, que trabalham essencialmente a vertente infraestrutural, de desenho e programação, desenvolvendo soluções tecnológicas e comercializando produtos e serviços intrinsecamente digitais, em combinação com alguns produtos físicos, mas sempre estreitamente relacionados com a vida em ambiente *online*.

Enquadrando o sector como caracterizado por inúmeras sobreposições das tipologias de organização e modelos de negócio, que muitas vezes se relacionam com as práticas típicas dos Novos *Media* e do jornalismo de nicho, nota-se a velocidade na transformação da configuração deste sector, existindo uma rápida desnatação das *start-ups* e frequentes

CENÁRIO, MODELOS E JORNALISMO

aquisições e fusões destas empresas mais pequenas e recentes por parte de grandes grupos e "Telcos" à procura de constante inovação.

Evidencia-se a copresença de tipologias de organizações híbridas relacionadas com os Novos *Media* e o jornalismo em sectores como: consultores *freelance* especialistas na criação e venda de serviços para tecnologias da informação e comunicação, do marketing e da publicidade digital; empresas de mediação e agregação para programas de *affiliated marketing* segmentados por categoria e temáticas, oferecendo um serviço abrangente e diferenciado; agências *solution providers contents* B2B e de programas de *aggragated paywall* para B2C; redes de publicação *online*; serviços de *webmaster*, gestores e *developers* de projetos tecnológicos associados a conteúdos com competências para controlo, atualizações e manutenção; empresas que fornecem serviços de suporte, maximização e diferenciação da experiência *online* dos utilizadores; plataformas privadas que recorrem às novas tecnologias para fornecer serviços de agregação, mediação, filtragem, curadoria e interpretação de dados e conteúdos de forma customizada; *start-ups* jornalísticas de nicho maioritariamente em âmbito tecnológico e relacionadas com temas como sistemas e programação, componentes físicas, *hardware* e *software*, códigos, infraestruturas TI, videojogos, *data mining*.

Paralelamente, existe um mercado de revistas *online* sectoriais que recolhem e publicam revisões, comentários, conteúdos *hard to find*, recensões e guias de especialistas, fornecendo fóruns e *chats* para resolução dos problemas em tempo real, perguntas e respostas para questões técnicas e de funcionamento, soluções de tipo *peer-to-peer* e *crowdsourcing*.

Os âmbitos de atuação são de abrangência global e com enfoque na personalização do serviço, contemplando um vantajoso *mix* entre B2B e B2C, havendo uma grande proximidade nos campos de atuação destas organizações, pois tanto organizações como indivíduos podem vir a necessitar e a beneficiar de serviços similares em termos de estrutura e com diferenças do ponto de vista da acessibilidade, interface, dimensões, modalidade de consumo e suporte técnico.

Entre as fontes de financiamento destaca-se uma grande diversificação na dimensão do *e-commerce*, que passa pela venda de produtos, serviços e conteúdos associados e pela gestão de projetos e serviços de *search engine optimization*.

453

No que respeita à publicidade, além da predominância dos *banners,* acrescentam-se ainda os programas de *affiliated* marketing hiperespecializados no sector das tecnologias digitais. A aplicação do sistema *paywall* aponta-se para estratégias de assinatura, *membership* ou *premium membership* centradas na ótica da personalização do serviço.

As direções e tipo de mudança na criação e difusão de conteúdos mais relevantes são as formas de customização e segmentação aprofundada dos serviços de curadoria, agregação, filtragem e mediação dos conteúdos através de métricas e outros sistemas de mapeamento e análise. A tendência da inovação nas fontes de financiamento é a viragem para o acentuar da venda de serviços, competências e conhecimentos, deixando em desvantagem a venda de produtos físicos.

Em conclusão, aponta-se para as seguintes tendências, considerando o elevado crescimento na personalização de serviços realizados à medida, com elevada integração de instrumentos de monetização orientados para o mercado B2B e B2C, e adoção do modelo *premium membership.*

Sublinha-se a resistência do *e-commerce* de serviços e produtos especializados no sector das tecnologias informáticas (patentes, *software,* componentes tecnológicas, *merchandising, e-books,* guias, bilhetes para eventos) e abertura para modelos de agregação de itens postos à venda, como o chamado *long tail.*

Do ponto de vista da venda dos espaços publicitários destaque-se o aumento de programas de *affiliated* marketing para produtos tecnológicos, explorando as fronteiras do *cross-channel* para maximizar o valor dos inventários publicitários (*adv inventories),* aumentando o rendimento dos espaços publicitários, com grande aposta para dispositivos móveis.

Adiciona-se a tendência para crescimento dos investimentos em infraestruturas tecnológicas de suporte à venda e surgimento do *social media sponsorhip* de nicho, sempre no mercado B2B. Finalmente, indica-se o incremento de serviços de resolução problemas/resposta às necessidades/opinião dos especialistas, *Q&A* e fóruns *online* baseados nas lógicas *peer-to-peer* e em modelos não lucrativos, como o *crowdsourcing.*

10.3. Cenários 2020 para os Modelos de Negócio na Comunicação Social

10.3.1. Os pressupostos de construção dos cenários

Produzir cenários sobre a evolução dos modelos de negócios das empresas de comunicação social para os próximos cinco anos, ou até 2020, tem presente um conjunto de três pressupostos:

- Em primeiro lugar, que vivemos hoje numa Sociedade em Rede, o que quer dizer que a forma de nos organizarmos, em rede, molda a nossa forma de agir em todas as dimensões da produção, poder e experiência no quotidiano.
- Em segundo lugar, a ideia que discutir os *media*, e a mediação, é sempre discutir o jornalismo. Mesmo quando o negócio é baseado no entretenimento, este posiciona-se para se diferenciar da função social do jornalismo do seu tempo. O que equivale a dizer que o jornalismo, a forma como as notícias são produzidas e distribuídas, influencia todas as outras formas de conteúdos e informação de um dado momento histórico.
- Em terceiro lugar, temos um problema económico (capacidade da comunicação social gerar receitas e lucros), mas também temos um problema com a função social do jornalismo.

Pensar cenários para a comunicação social é assumir que a base do sucesso do jornalismo passa pela sua capacidade de permanentemente se questionar como podem as "notícias" ter interesse para as pessoas ou, dizendo de outro modo, como pode o jornalismo criar valor para cidadãos e consumidores. Mas isso é diferente de dizer que sempre que se consegue criar valor social através do jornalismo se consegue, em simultâneo, criar valor económico.

O que hoje sabemos (e os cenários a seguir apresentados demonstram-no) é que sem tornar o jornalismo atrativo não é possível atribuir-lhe valor social. No entanto, há formas diferentes de lhe dar atratividade.

Numa lógica de manutenção da atratividade no curto prazo é possível evoluir de um jornalismo tradicional para uma prática de jornalismo digital ou, numa lógica de manutenção da atratividade no médio a longo prazo, optar por evoluir para um jornalismo em rede.

Por sua vez, os *stakeholders* da comunicação social podem optar por valorizar mais a função económica do jornalismo ou a sua função social. Podem também decidir manter o equilíbrio entre a função social e a económica, baseando-se numa renovação do modelo pré-Internet de jornalismo numa sociedade organizada em rede, ou decidir inovar com novos modelos que permitam revitalizar, simultaneamente, as funções económicas e sociais do jornalismo.

10.3.2. Os *stakeholders* atuantes e quatro cenários

Mas quem são os *stakeholders* da comunicação social que procuram ter sucesso no sector escolhendo as estratégias de produção jornalística e de monetização que melhor se enquadram no cenário por si escolhido para os próximos cinco anos?

Por um lado, temos os chamados Novos *Media*. Estamos a referir-nos a empresas globais com estratégias nacionais, que partem da distribuição e agregação mas que podem vir a evoluir para a sua produção ou parcerias com outros *stakeholders*. Neste grupo estamos a referir-nos ao Facebook, Google, Twitter, Youtube e outras empresas similares.

Por outro lado, temos as *start-ups* jornalísticas. Falamos de empresas de base tecnológica, ou seja, que conseguem criar uma estratégia que liga a produção ou distribuição de notícias a uma dada tecnologia e a uma dada estratégia de monetização que permitem dar-lhe uma dada vantagem competitiva num nicho específico de mercado. O seu sucesso normalmente leva à sua aquisição por um *stakeholder* de maior dimensão nacional ou global mas, em casos muito específicos, pode evoluir para se transformar num Novo *Media*.

Enquanto *stakeholders* neste processo encontramos também as "Telcos". São empresas de grande dimensão que normalmente começaram a sua atividade no sector das telecomunicações mas que, com o advento da Internet e da entrada no mercado da televisão por cabo, evoluíram para uma hibridização de missão e valores empresariais, aproximando-se por via da busca de rentabilidade dos anteriores produtores e distribuidores de comunicação social, ou seja, as empresas de televisão ou grupos possuidores também de presença na rádio e imprensa.

Por último, temos os *stakeholders* que há mais tempo ocupam o mercado da comunicação social, tanto de propriedade pública como privada, isto é, os *Legacy Media*. Trata-se das empresas de televisão ou grupos possuidores também de presença na rádio e imprensa que existiam previamente ao surgir da Internet ou que, tendo-se lançado no mercado na última década e meia, fizeram-no em busca de responder à questão: como podemos manter a nossa capacidade de produzir e distribuir conteúdos noticiosos e de entretenimento e manter o nosso valor económico e social na Sociedade em Rede?

10.3.3. Um Portulano digital e quatro cenários
Este processo de criação de cenários assenta na ideia de desenho de um "Portulano Digital" para a comunicação social.

Cenários de modelos de negócio da comunicação social (2015-2020)

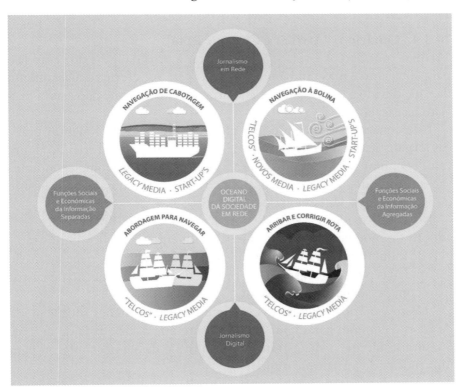

Porquê um Portulano e não um mapa? Porque, embora tenhamos já um vasto conhecimento sobre as transformações introduzidas na comunicação social pela chegada do digital, tal ainda não nos permite desenhar um mapa pormenorizado com rotas, ou modelos de negócio, totalmente tipificados para cada objetivo empresarial.

Antecessores dos mapas modernos, os Portulanos apresentavam um conjunto de instruções e informações registadas a partir da observação dos navegadores, permitindo navegar com alguma precisão e reduzindo a incerteza das rotas.

O Portulano Digital, que aqui apresentamos, tem o mesmo objetivo: reduzir a incerteza das empresas no mercado da comunicação social. Para tal, produzimos quatro cenários alternativos em função das dimensões sociais e económicas prosseguidas e das opções estratégicas dos *stakeholders* em termos do modelo de produção e distribuição jornalística e dos modelos de monetização disponíveis.

10.3.4. Cenário 1: "Arribar e Corrigir Rota"

"Arribar" nos barcos à vela significa afastar a proa da linha do vento (ou para sotavento), mas também é utilizado para se referir ao afastamento da rota, devido a tempestade, e ao entrar num porto que não estava previsto na escala.

Este cenário pretende aludir à ideia de que é possível manter práticas jornalísticas tradicionais e associá-las ao oceano digital criando algum valor económico. No entanto, tanto a sua função social como económica vão-se erodindo, porque os seus públicos não se regeneram e a sua fonte de receitas vai-se lentamente desgastando.

No contexto deste relatório, "Arribar e Corrigir Rota" refere-se à adoção de modelos de negócios essencialmente centrados em estratégias de monetização tradicionais que, para serem eficazes, necessitam de ser apoiadas pela concentração de propriedade e pela redução de custos fixos com pessoal e outros serviços.

Neste cenário, as empresas orientam as suas funções sociais ainda de acordo com um paradigma social assente numa sociedade de massas. Simultaneamente, a sua estratégia produtiva e de serviços migrou para uma prática de jornalismo digital.

O jornalismo tradicional terminou no dia em que o uso da dimensão digital contagiou formalmente todas as práticas das redações. Ou seja, se os textos são produzidos digitalmente em processadores de texto, se a paginação é digital, se a troca de comunicação entre jornalistas (e

CENÁRIO, MODELOS E JORNALISMO

por vezes fontes) é digital e as consultas da atualidade são feitas em formato digital na Internet ou na TV, então o jornalismo tornou-se digital.

No entanto, o jornalismo digital é um jornalismo em que a prática é digital mas no qual as representações sobre como se faz jornalismo são ainda, em muito, herdeiras das práticas e forma de pensar o jornalismo tradicional, ou pré-massificação da Internet nas nossas sociedades.

A combinação de estratégias tradicionais de monetização e manutenção, sob um formato tecnológico diferente, de práticas semi-tradicionais de jornalismo (jornalismo digital) assegura a manutenção da função social de criar valor para cidadãos e consumidores e é capaz de gerar, no curto prazo, mesmo num mercado em contração, lucro económico.

No estudo de caso do mercado português da comunicação social, mas também de outros mercados, os protagonistas deste cenário são as empresas de *Legacy Media*, tanto privadas como públicas, a par das "Telcos" presentes no nosso mercado.

10.3.5. Cenário 2: "Abordagem para Navegar"

A "Abordagem" é uma tática de ataque naval e a sua utilização para caracterizar este cenário pretende aludir à ideia de que é também uma estratégia possível para navegar de forma diferente o Oceano digital.

No entanto, para que este cenário possa ocorrer é preciso alterar o "modelo de navio" e alterar também as "regras de navegação". Seria necessário que fosse eliminado o atual modelo de *Net Neutrality* (ou neutralidade da Rede, referindo-se à não discriminação de velocidade e preço associada a conteúdos circulando na Internet).

No contexto deste relatório, "Abordagem" refere-se à adoção de modelos de negócio que não estão centrados numa estratégia de monetização e de prática jornalística que permita cumprir simultaneamente funções económicas e sociais da comunicação social. Neste modelo de negócio o objetivo não é a compatibilização entre funções sociais e económicas, mas sim a primazia das funções económicas. É um modelo de negócio vocacionado para a obtenção de valor económico no longo prazo e valor de tesouraria no curto prazo.

Para ser implementado necessita de uma articulação de atuação entre diferentes *stakeholders* e tem de estar ancorado num forte investimento de curto prazo para alterar o contexto regulatório, os atuais equilíbrios existentes e os paradigmas presentes. É um modelo que necessita de um novo compromisso entre o modelo de distribuição de conteúdos jornalísticos dos Novos *Media*, que lhes permite monetizar posteriormente as suas operações, e a remuneração dos produtores e distribuidores desses conteúdos: os *Legacy Media* e "Telcos".

Trata-se de um modelo que é pragmático quanto ao tipo de jornalismo que privilegiará em diferentes momentos da implementação da sua estratégia – digital ou em rede, conforme o que melhor se adapte a dados públicos e conteúdos. No entanto, porque algumas condições básicas para o seu sucesso, como sejam a introdução artificial da escassez informativa, limitam a atuação de alguns modelos jornalísticos, privilegia o "Jornalismo Digital" em detrimento do "Jornalismo em Rede".

No estudo de caso do mercado português da comunicação social, mas também de outros mercados, os protagonistas deste cenário são também as empresas de *Legacy Media*, tanto privadas como públicas, a par das "Telcos" presentes no nosso mercado. O motivo é que são estas as empresas com maior poder de alavancagem política perante reguladores e governos, e com capacidade económica para fazer frente aos Novos *Media* e à sua política de não pagamento de conteúdos aos *Legacy Media* e "Telcos".

10.3.6. Cenário 3: "Navegação de Cabotagem"

A "Navegação de Cabotagem" é a navegação mercante feita ao longo da costa marítima ou em áreas marítimas limitadas, mantendo sempre uma grande proximidade.

No contexto deste relatório, "Cabotagem" refere-se à adoção de modelos de negócio que não estão centrados numa estratégia de monetização e de prática jornalística que permita cumprir simultaneamente funções económicas e sociais da comunicação social. Neste cenário o objetivo não é a compatibilização entre funções sociais e económicas, mas sim a primazia das funções sociais do jornalismo que deve ser procurada.

É um cenário centrado na função social do jornalismo como dimensão central da comunicação social e que entende que, se o paradigma da comunicação e informação se alterou, e se não é possível manter o anterior equilíbrio entre valor social e valor económico da informação, então deve-se privilegiar modelos que nos permitam salvaguardar a dimensão social de sustentação do interesse público e da democracia.

Privilegia o Jornalismo em Rede, ou seja, o modo de exercer o jornalismo no quadro da Sociedade em Rede. Numa sociedade com fluxos de

CENÁRIO, MODELOS E JORNALISMO

informação organizados em rede, o tipo específico de informação que é o jornalismo exerce-se necessariamente no quadro desses fluxos em rede. Tanto o jornalista, individualmente considerado, como o órgão de informação jornalística para o qual trabalha, são nós dessa rede, com funções específicas para o seu funcionamento.

Exemplos de jornalismo em rede são o jornalismo de dados, jornalismo de agregação e curadoria, jornalismo automático, jornalismo de formato longo, jornalismo explicativo, jornalismo de atualidade, jornalismo global, jornalismo de ponto de vista, jornalismo virtual e imersivo, jornalismo visual, *live blogging*, jornalismo de proximidade, jornalismo independente, jornalismo *user generated content*, jornalismo *crowdsourcing*.

Este cenário pressupõe que apenas através do envolvimento direto dos cidadãos, de fundações ou do Estado será possível salvaguardar algumas dimensões da função social da comunicação social.

Os *stakeholders* deste cenário consideram que enquanto se procede à experimentação de criação de um novo mercado de comunicação social na Sociedade em Rede, que resolva como criar valor económico através do jornalismo, não se deve perder a sua função social.

No estudo de caso do mercado português da comunicação social, mas também outros mercados, os protagonistas deste cenário são também as empresas de *Legacy Media*, normalmente com financiamento público, a par de *Start-ups* jornalísticas presentes no nosso mercado.

10.3.7. Cenário 4: "Navegação à Bolina"

"Navegar à Bolina" é uma técnica de navegação contra o vento. No contexto deste relatório, "Navegar à Bolina" refere-se à adoção de um modelo de negócio que procura, através da adoção de práticas de jornalismo em rede, utilizar estratégias de monetização, de conteúdos e serviços que permitam cumprir com sucesso, e em simultâneo, funções sociais e funções económicas da comunicação social.

Pretende aludir à ideia de que é necessário desenvolver estratégias de produção e monetização que consigam utilizar a favor dos objetivos económicos e sociais das empresas de comunicação social a mudança de paradigmas informativo e comunicacional das nossas sociedades.

O relacionamento social entre os indivíduos e entre estes e as organizações e instituições da sociedade estabelece-se através de fluxos de comunicação e informação. A função social do jornalismo é precisamente estabelecer esses relacionamentos. Uma alteração radical nos modos de produzir, distribuir e consumir informação tem impactos igualmente radicais na forma como essa função social da informação é exercida.

Por sua vez, numa economia de mercado, a informação tem um determinado valor económico que pode ser objeto de transação. O modo como a informação, enquanto bem com valor económico, é transacionada no mercado e corresponde à sua função económica. Uma alteração radical nos modos de produzir, distribuir e consumir informação – como a que resulta da sua articulação em rede – tem também impacto na oferta e procura de bens informativos, afetando portanto a função económica da informação.

Este cenário tem de ser lido à luz da busca de um novo equilíbrio no sector da comunicação social. Esse novo equilíbrio tem, por um lado, o objetivo de busca de um modelo que permita gerar valor económico e valor social em simultâneo, através de um jornalismo adaptado à Sociedade em Rede, e, por outro lado, acomodar novos e velhos *stakeholders* num novo sistema dos *media*, em que cada um desenvolva o seu papel em modo complementar e não de substituição.

No estudo de caso do mercado português da comunicação social, mas também de outros mercados, os protagonistas deste cenário são todas as empresas: tanto as *Legacy Media*, como as "Telcos", a par das *start-ups* jornalísticas e Novos *Media*.

10.3.8. Cenários e probabilidade de sucesso 2020

Estes são quatro cenários para a comunicação social que considerámos mais prováveis de surgirem, tendo por base a metodologia escolhida e as análises que dão corpo às cinco partes do estudo realizado durante o período compreendido entre 2013 e 2015.

No entanto, cada cenário será mais ou menos provável de ocorrer tendo presente as escolhas a serem feitas pelas empresas de cada sector, nomeadamente ao nível de:

1. Estratégias de monetização;
2. Modelos de jornalismo adotado.

Dessas escolhas resultarão possibilidades de priorização por parte das empresas face à busca, ou não, de diferentes equilíbrios entre a função social e a função económica do jornalismo.

CENÁRIO, MODELOS E JORNALISMO

Embora as opções tomadas posicionem as empresas face aos diferentes cenários aqui traçados, não nos podemos esquecer que as empresas desenvolvem as suas funções de criação de valor social e económico numa envolvente e que, consequentemente, não dominam diretamente todas as variáveis presentes.

Daí que tenhamos identificado sete dimensões da envolvente das empresas de comunicação social que atuarão, potenciando ou criando constrangimentos, para o sucesso dos objetivos das empresas em cada um dos cenários.

Essas dimensões são:

1. Ambiente global (referindo-se à evolução política, económica e cultural da conjuntura);
2. "Empoderamento" dos participantes (referindo-se ao grau de liberdade, de envolvimento, de vontade de participação dos utilizadores e audiências);
3. Estrutura de mercado (referindo-se ao tipo de rede de criação de valor);
4. Regulação do mercado (referindo-se ao grau de concorrência e barreiras à entrada);
5. Direitos de Propriedade Intelectual (referindo-se às opções tomadas face ao grau de abertura ou fecho de conteúdos e a sua integração com a monetização);
6. Segurança e Privacidade (referindo-se ao grau de atenção dada pelos participantes e pelos stakeholders a estas dimensões);
7. Inovação (referindo-se a onde é gerada a inovação).

MODELOS DE NEGÓCIO E COMUNICAÇÃO SOCIAL

Cenários e dimensões de análise

	Arribar e Corrigir Rota	Abordagem para Navegar	Navegação de Cabotagem	Navegação à Bolina
Ambiente Global	O contexto onde se desenvolve este cenário implica instabilidade global no ambiente geopolítico o qual, por sua vez, imprime uma lógica protecionista nas atitudes e ações. A lógica identitária das diferentes sociedades sobrepõe-se às dimensões cosmopolitas, valorizando mais a especificidade nacional e local do que lógicas globais ou europeias.	O contexto onde se desenvolve este cenário implica instabilidade global no ambiente geopolítico o qual, por sua vez, imprime uma lógica protecionista nas atitudes e ações. A lógica identitária das diferentes sociedades sobrepõe-se às dimensões cosmopolitas, valorizando mais a especificidade nacional e local do que lógicas globais ou europeias.	Uma estabilidade geopolítica global promove cooperação entre o nível de atuação global, nacional e local. Predomina uma lógica de abertura e de rede, promovendo parcerias comandadas por uma perspetiva de conectividade global em rede e colaboração estratégica em torno de interesses comuns.	Uma estabilidade geopolítica global promove cooperação entre o nível de atuação global, nacional e local. Predomina uma lógica de abertura e de rede, promovendo parcerias comandadas por uma perspetiva de conectividade global em rede e colaboração estratégica em torno de interesses comuns.
"Empoderamento" do Utilizador	Não é visto como uma parte central da equação de construção de modelos e estratégias. Exceto para os Novos *Media*, em particular, para os que gerem redes sociais.	Os *stakeholders* aceitam o utilizador, o seu envolvimento e das audiências, como parte da estratégia empresarial, mas através de um controlo muito apertado. São estes *stakeholders* que capturam a maior parte do valor económico disponível e não tanto potenciais participantes com origem nos utilizadores das tecnologias ou audiências para os conteúdos. As comunidades de participantes desempenham um papel mas com poder relativo no quadro das relações de definição do valor económico e social.	Os *stakeholders* abraçam a criação e participação das audiências e utilizadores, competindo por ela, especificando, no entanto, as regras dessa relação. As atividades de utilizadores e participantes são eminentemente de carácter social, embora existindo algumas oportunidades, ainda que limitadas, de criação de valor económico.	Os *stakeholders* abraçam a criação e participação das audiências e utilizadores, competindo por ela, especificando, no entanto, as regras dessa relação. As atividades de utilizadores e participantes são incentivadas tanto ao nível social como económico, existindo uma valorização do incentivo de oportunidades de criação de valor económico.

CENÁRIO, MODELOS E JORNALISMO

	Arribar e Corrigir Rota	Abordagem para Navegar	Navegação de Cabotagem	Navegação à Bolina
Estrutura do Mercado	A estrutura privilegia a concentração de quotas de mercado e diminuição do número de proprietários no quadro da comunicação social. Promove-se abertamente o cruzamento de participações	As redes de valor são organizadas em torno de um número reduzido, mas poderoso, de intermediários em conjunto com uma vasta variedade de nichos de negócios especializados.	Revisão do conceito de Serviço Público. A sua definição passa a centrar-se no valor social criado e portanto deixa de ser exclusivo da TV e rádio para abarcar outras dimensões.	Valor de mercado é fragmentado, volátil, muito inovador, empreendedor e dinâmico promovendo uma permanente fricção entre *start-ups* e os restantes *stakeholders*.
Regulação do Mercado	As preocupações com a concentração e não descriminação baseada nos serviços prestados ou no prestador é, de algum modo, moderada em detrimento do potenciar da criação de valor económico. Abrem-se novos campos de intervenção em torno das redes e dos serviços de convergência criando novas licenças "virtuais" para os mesmos e reduzindo a entrada de novos *players* e limitando novos projetos com base na ideia de "recursos económicos escassos" e a proteção dos *players* já atuando no mercado.	Maior interdependência entre a regulação herdada do contexto de *Legacy Media* e a herdada do contexto original das "Telcos". Os Governos tornam-se neutros face à "Net Neutrality" permitindo a coexistência de múltiplas "Internets" umas mais neutras que outras face aos conteúdos, com as consequências ao nível dos pacotes de oferta de "Telcos"+*Legacy Media*. Assiste-se a uma consistente inclusão dos Novos *Media* na categoria de meios de comunicação social com práticas editoriais (tenham essas práticas editoriais base em algoritmos ou ação humana direta), implicando a regulação nacional de novos *media* como o Google ou Facebook.	Reorientação da regulação do mercado para valorizar a separação entre conceito de serviço público e propriedade pública de meios de comunicação social. Abre-se a possibilidade tanto para o financiamento público de projetos de jornalismo em rede de raiz digital, como para a adjudicação de serviço público a entidades diversificadas e não individualizadas na sua propriedade (por exemplo: vários grupos de *Legacy Media* criam empresas de propriedade partilhada entre si para atuar no contexto de prestação de serviço público com financiamento público).	Respondendo ao poder de lóbi dos *stakeholders* de maior peso no mercado nacional ("Telcos" e *Legacy Media*) e internacional (Novos *Media*) os governos e os reguladores promovem uma maior auto-regulação dos novos *players* e embarcam numa visão e prática minimalista no que respeita ao licenciamento de novos projetos e de apoio à inovação incremental e disruptiva.

MODELOS DE NEGÓCIO E COMUNICAÇÃO SOCIAL

	Arribar e Corrigir Rota	Abordagem para Navegar	Navegação de Cabotagem	Navegação à Bolina
Direitos de Propriedade Intelectual	Os *players* colocam uma maior ênfase na implementação de estratégias de gestão de direitos de Propriedade Intelectual baseados em tecnologias proprietárias. A violação dos direitos de autor é ferozmente perseguida, em particular, ao nível dos conteúdos produzidos nacionalmente por *Legacy Media*.	Os *players* colocam uma maior ênfase na implementação de estratégias de gestão de direitos de propriedade intelectual baseados em tecnologias proprietárias. A violação dos direitos de autor é ferozmente perseguida, tanto ao nível dos conteúdos produzidos nacional como internacionalmente por *Legacy Media*, Novos *Media* e "Telcos".	Assiste-se a uma diversificação do tipo de direitos de Propriedade Intelectual. Tanto os tradicionais direitos de licenciamento quanto novos direitos baseados em *Open Source* e *Creative Commons* generalizam-se. Os diferentes *stakeholders* optam por utilizar tecnologias de gestão de direitos interoperáveis, atuando à escala nacional e global, e limitam a implementação de uma visão radical de penalização da violação de direitos.	Assiste-se a uma diversificação do tipo de direitos de propriedade intelectual. Tanto os tradicionais direitos de licenciamento quanto novos direitos baseados em *Open Source* e *Creative Commons* generalizam-se. Os diferentes *stakeholders* optam por utilizar tecnologias de gestão de direitos interoperáveis, atuando à escala nacional e global, e limitam a concretização de uma visão radical de penalização da violação de direitos.
Segurança e Privacidade	Não é uma preocupação central ou estratégica dos *stakeholders*, exceto no caso dos Novos *Media* mais sujeitos ao escrutínio público nesses domínios.	Cooperação próxima entre governos e *stakeholders* imprime lógicas de exercício de maior controlo e maior segurança face aos conteúdos e aos seus utilizadores.	Parcerias envolvendo a dimensão pública e privada aumentam as lógicas de segurança digital, mas sem colocar em causa liberdade e garantias dos cidadãos.	Assiste-se a uma co-regulação entre os *stakeholders* e o Estado. Surgimento de novos intermediários na relação entre cidadãos, *stakeholders* do mercado e Estado, com o intuito de apoiar a proteção de dados dos cidadãos e ao mesmo tempo permitir um bom funcionamento do mercado.
Inovação	Inovação disruptiva dominada pelos Novos *Media*. Estratégia de inovação incremental por parte dos *Legacy Media* e de *branding* e estratégias comerciais por parte das "Telcos". A inovação baseada em *Start-ups* é residual.	Inovação liderada pelos *Legacy Media*, em articulação com as "Telcos" em competição/disputa com a inovação proposta pelos Novos *Media*. O financiamento da inovação é maioritariamente oriundo do mercado de capitais nacional e da banca nacional.	Inovação gerada por empresas *Start-ups* financiadas por fundos públicos, numa lógica de parceria "Estado-Empresas".	Inovação gerada por empresas *Start-ups* e aproveitada, posteriormente, pelos restantes *stakeholders* do sector. Financiamento da inovação baseado em capital de risco ou *seed-capital* oriundo dos *Legacy Media*, "Telcos" e Novos *Media*.

11. Bibliografia

ACCENTURE (s. d.), *Changing Faces: The TV Company of the Future*, disponível em <https://www.accenture.com/lv-en/insight-changing-faces-tv-company-future-summary.aspx>.

ACCENTURE (s. d.), *Taking the Pulse*, disponível em <http://www.accenture.com/Microsites/bravemediastudy/Pages/taking-the-pulse.aspx#/digital-expe rience-section>.

ACCENTURE (s. d.), *The Eyes Have it – Guess who Controls the Future of TV*, disponível em <http://www.accenture.com/us-en/outlook/Pages/outlook-jour nal-2013-eyes-have-it-who-controls-future-of-television-media.aspx>.

ACCENTURE (s. d.), *Video-Over-Internet Consumer Survey 2012: Winning the Battle for Consumer Trust*, disponível em <http://www.accenture.com/us-en/Pages/insight-video-over-Internet-consumer-survey-2012.aspx>.

ACCENTURE (2012a), *Taking the Pulse: Re-examining Content, Experiences and Mone-tization in the Digital World*, disponível em <https://www.accenture.com/in-en/~/media/Accenture/Conversion-Assets/DotCom/Documents/Glo bal/PDF/Technology_5/Accenture-Taking-the-Pulse-Executive-Summary.pdf>.

ACCENTURE (2012b), *Taking the Pulse: Re-examining Digital Media and Entertainment*, disponível em <https://www.accenture.com/t20150523T041600__w__/us-en/_acnmedia/Accenture/Conversion-Assets/DotCom/Documents/Global/PDF/Industries_13/Accenture-Pulse-of-Media-Infographic.pdf>.

ACCENTURE (2012c), *Taking the Pulse – The Media and Entertainment Landscape Remains in a Continual State of Flux*, disponível em <http://www.accenture consulting.no/Microsites/bravemediastudy/Pages/taking-the-pulse.aspx#/home-section>.

ACCENTURE (2012d), *"TV is All Around You", em Bringing TV to Life, Issue III*, disponível em <http://www.accentureduckcreekpolicy.com/SiteCollectionDo cuments/PDF/Accenture-Bringing-TV-to-Life-III-TV-is-All-Around-You.pdf#zoom=50>.

MODELOS DE NEGÓCIO E COMUNICAÇÃO SOCIAL

ACCENTURE (2013a), *Taking the Pulse: Re-examining Digital Media and Entertainment. Accenture Outlook*, disponível em <http://www.accenture.com/SiteCol lectionDocuments/microsites/bravemediastudy/Accenture-Taking-The-Pulse-Executive-Summary.pdf>.

ACCENTURE, (2013b), *The Eyes Have it: Guess who Controls the Future of TV. Accenture Outlook*, disponível em <http://www.accenture.com/us-en/outlook/Pages/outlook-journal-2013-eyes-have-it-who-controls-future-of-televi sion-media.aspx>.

APPLE PRESS INFO (2010), *Apple's App Store Downloads Top Three Billion*, disponível em <http://www.apple.com/pr/library/2010/01/05appstore.html>.

ASHTON, W. B., RICHARD A. KLAVANS (1997), *Keeping Abreast of Science and Technology*, Columbus, Ohio, Battelle Press.

ANDERSON, C. (2006, 1ª edição), *The long tail*, New York, Hyperion.

ANDERSON, C., Emily Bell, Clay Shirky (2014), *Post-Industrial Journalism: Adapting to the Present*, Columbia Journalism School, Tow Center for Digital Journalism, ISO 690.

BAIN & COMPANY (2012), *World Economic Forum Annual Meeting 2012. Forces Transforming the Content Landscape*, disponível em <http://www.bain.com/Images/WEF%20report%202012.pdf>.

BARNETT, E. (2011), *Net Radio station aims for BBC World Service audience*, The Telegraph, disponível em <http://www.telegraph.co.uk/finance/newsby sector/mediatechnologyandtelecoms/digital-media/8832451/Net-radio-station-aims-for-BBC-World-Service-audience.html>.

BBC News (2010), *Belgian Newspaper La Derniere Heure Issues '3D Edition'*, disponível em <http://news.bbc.co.uk/2/hi/europe/8559038.stm>.

BECKETT, C. (2010, 1ª edição), *The Value of Networked Journalism*, London, The London School of Economics and Political Science.

BECKETT, C. (2012), *Communicating For Change: Media and Agency in the Networked Public Sphere*, London, POLIS, London School Of Economics And Political Science.

BENKLER, Y. (2006), *The Wealth of Networks: How Social Production Transforms Markets and Freedom*, USA, Yale University Press.

BERMAN, S., LYNN KESTERSON-TOWNES (2012), *Beyond Digital: Connecting Media and Entertainment to Future*, IBM Global Business Services, disponível em <http://www-07.ibm.com/services/kr/gbs/documents/Beyond_Digital.pdf>.

BIBLIOGRAFIA

BILTON, N. (2010), *22 Percent of Internet Time is Social, Nielsen Says*, The New York Times, disponível em <http://bits.blogs.nytimes.com/2010/06/16/22-percent-of-internet-time-is-social-nielsen-says/?_r=0>.

BLÖBAUM, B. (2014), *Trust and Journalism in a Digital Environment*, Reino Unido, Reuters Institute for the Study of Journalism.

BLOOMBERG (2012), *Brûlé says Monocle is a Newspaper an-anti ipad Device*, disponível em <https://www.youtube.com/watch?v=JUiH4BZLHoI>.

BOOZ & COMPANY (2012), *World Telecommunications Outlook 2012+*, disponível em <http://www.strategyand.pwc.com/media/file/Strategyand_GSMA-2012_FutureCMT.pdf>.

BROGAN, C. (2009), *Grow Bigger Ears in 10 Minutes*, disponível em <http://www.chrisbrogan.com/grow-bigger-ears-in-10-minutes/>.

BRUNS, A. (2007), "Produsage", em *Proceedings of the 6th ACM SIGCHI Conference on Creativity & Cognition*, pp. 99-106, New York, ACM.

BRUSTEIN, J. (2010), *American Internet Use Catches Up with TV Use*, The New York Times, disponível em <http://bits.blogs.nytimes.com/2010/12/13/american-internet-use-catches-up-with-tv-use/>.

BUFARAH JÚNIOR, A. (2004), *Rádio na Internet: Desafios e Possibilidades*, disponível em <http://www.portcom.intercom.org.br/pdfs/14780483018709084918637003634914611648 3.pdf>.

BUNZ, M. (2010), *Most Online Readers aren't Loyal to Single Site, Study Finds*, The Guardian, disponível em <http://www.guardian.co.uk/media/2010/mar/15/pew-paywalls>.

BURGELMAN, R. A., MODESTO MAIDIQUE (1988), *Strategic Management of Technology and Innovation*, Homewood, Ill: Irwin.

BUSINESS INSIDER (2013a), *How Social Media Is Being Used To Make TV Advertising More Efficient And Effective*, disponível em <http://www.businessinsider.com/social-media-tv-advertising-efficient-2013-6>.

BUSINESS INSIDER (2013b), *How Social Media Is Driving Massive Online Video Growth*, disponível em <http://www.businessinsider.com/social-media-driving-online-video-2013-77#!JnJbh>.

CHRISTENSEN, C. M., SCOTT D. ANTHONY, ERIK A. ROTH (2004), *Seeing What's Next: Using the Theories of Innovation to Predict Industry Change*, Boston, Harvard Business School Press.

CAPLE, H., MONIKA BEDNAREK (2013), *Delving into the Discourse: Approaches to News Values in Journalism Studies and Beyond*, Reino Unido, Reuters Institute for the Study of Journalism.

MODELOS DE NEGÓCIO E COMUNICAÇÃO SOCIAL

CAPPS, R. (2009), *The Good Enough Revolution: When Cheap and Simple is Just Fine*, Wired, disponível em <http://www.wired.com/gadgets/miscellaneous/magazine/17-09/ff_goodenough>.

CARDOSO, G. (2006, 1ª edição), *The Media in the Network Society*, Lisboa, CIES.

CARDOSO, G., RITA ESPANHA, VERA ARAÚJO, VERA (orgs.), (2009), *Da Comunicação de Massa à Comunicação em Rede: Modelos Comunicacionais e a Sociedade de Informação*, Porto, Porto Editora.

CARDOSO, G., JORGE VIEIRA, SANDRO MENDONÇA (2010a), *Tendências e Prospectivas. Os "novos jornais"*, Lisboa, OberCom, disponível em <http://www.ober com.pt/client/?newsId=428&fileName=estudo_tendencias_novosJornais.pdf>.

CARDOSO, G., RITA ESPANHA, TIAGO LAPA (2010b), *Do Quarto de Dormir para o Mundo. Jovens e Media em Portugal*, Lisboa, Ancora.

CARDOSO, G., Sandro Mendonça, Miguel Paisana, Tiago Lima (2013a), *Media em Movimento 2013: Perspectivas sobre a Evolução do Mercado dos Media, a partir de uma (Meta-)análise de 30 Relatórios de Consultoras Globais*, Lisboa, OberCom, disponível em <http://www.obercom.pt/content/834.np3>.

CARDOSO, G., SANDRO MENDONÇA, MARTA NEVES (2013b), *Modelos de Negócio Alternativos e Novas Categorias de Jornalismo*, Lisboa, Publicações Obercom, ISSN 2182-6722.

CARDOSO, G. (coord.) (2013c), *A Sociedade dos Ecrãs*, Lisboa, Tinta da China.

CARLIN, J. (2009), *El Momento Crucial*, El País, disponível em <http://www.elpais.com/articulo/reportajes/momento/crucial/elpepusocdmg/20090510elpdmgrep_1/Tes>.

CARR, D. (2009), *Monocle: A Magazine, an Attitude*, The New York Times, disponível em <http://www.nytimes.com/2009/08/24/business/media/24carr.html?_r=1&>.

CARR, D. (2013), *The New York Times, More Cracks Undermine the Citadel of TV Profits*, The New York Times, disponível em <http://www.nytimes.com/2013/04/15/business/media/more-cracks-in-televisions-business-model.html?pagewanted=all>.

CARTON, S. (2012), *It's the End of TV as We Know It (And We Feel Fine): Understanding TV's New Role in Culture and Marketing*, Idfive, disponível em <http://idfive.com/its-the-end-of-tv-as-we-know-it-and-we-feel-fine-understanding-tvs-new-role-in-culture-and-marketing/>.

CASTELLS, M. (2000, 2ª edição), *The Information Age: Economy, Society and Culture, Vol. 1: The Rise of the Network Society*, Cambridge, MA, Blackwell.

BIBLIOGRAFIA

CASTELLS, M. (2002), "A Sociedade em Rede. A Era da Informação", em *Economia, Sociedade e Cultura*, Vol. I, Lisboa, Fundação Calouste Gulbenkian.

CASTELLS, M. (2004), "Informationalism, Networks, and the Network Society: a Theoretical Blueprint", em *The Network Society: A Cross-cultural Perspective*, Northampton, MA: Edward Elgar.

CASTELLS, M. (2010), *The Rise of the Network Society: The Information Age: Economy, Society and Culture*, Vol. I, Massachusetts, Blackwell Publishing.

CASTELLS, M. (2011), *The Rise of the Network Society: The Information Age: Economy, Society, and Culture*, Vol. 1, Reino Unido, Wiley-Blackwell.

CHAN-OLMSTED, S. M. (2006), "Issues in Media Management and Technology", em *Handbook of Media Management and Economics*, disponível em <http://iribu.ac.ir/sitepics/mousavian/Library/Management/Media/Handbook_of_Media_Management_And_Economics_2005.pdf>.

CHENG, R. (2010), *Cutting the Cable Cord gets Easier*, The Wall Street Journal, disponível em <http://online.wsj.com/article/SB10001424052748703440004575548083813748368.html>.

CHUI, M., *et al.* (2012), *The Social Economy: Unlocking Value and Productivity Through Social Technologies*, McKinsey & Company, disponível em <http://www.mckinsey.com/insights/high_tech_telecoms_internet/the_social_economy>.

CLARK, A. (2009), *Brazilian Newspapers Celebrate a Rise in Circulation*, The Guardian, disponível em <http://www.guardian.co.uk/media/2009/oct/12/brazil-newspapers-circulation>.

CRIDLAND, J. (2010a), *Extra Choice on Your Radio – Good or Bad?*, James Cridland's Blog, disponível em <http://james.cridland.net/blog/extra-choice-on-your-radio-good-or-bad/>.

CRIDLAND, J. (2010b), *Radio Websites: What Works, What Doesn't*, James Cridland's Blog, disponível em <http://james.cridland.net/blogue/radio-websites-what-works-what-doesnt/>.

FUCHS, C. (2014, 1ª edição). *Social Media: a Critical Introduction*, London, Sage.

DAPP, T. F. (2011), *The Digital Society: New Ways to More Transparency, Participation and Innovation*, Deutsche Bank Research, disponível em <http://www.dbresearch.com/PROD/DBR_INTERNET_EN-PROD/PROD0000000000276332.PDF>.

DAVIES, M., ADAM CANWELL (2012), *Innovating for a Digital Future – The Leadership Challenge*, Deloitte, disponível em <http://www2.deloitte.com/content/dam/Deloitte/au/Documents/technology-media-telecommunications/

deloitte-au-tmt-innovating-digital-future-leadership-challenge-011014. pdf>.

DEAN, D., *et al.* (2010), *Swimming Against the Tide – How Technology, Media and Telecommunication Companies can Prosper in the New Economic Reality*, The Boston Consulting Group, disponível em <http://www.bcg.pt/documents/ file69160.pdf>.

DEAN, D., *et al.* (2012), *The Connected World – The 4.2 Trillion Opportunity – The Internet Economy in the G20*, The Boston Consulting Group, disponível em <https://publicaffairs.linx.net/news/wp-content/uploads/2012/03/ bcg_4trillion_opportunity.pdf>.

DELOITTE (s. d.), *Media Predictions 2010*, disponível em <http://www.deloitte. com/assets/Dcom-Global/Local%20Assets/Documents/TMT/Predic tions%202010%20PDFs/Media_predictions_2010.pdf>.

DELOITTE (2012a), *Technology and TV – The Continuation of a Beautiful Friendship*, disponível em <http://www.ibc.org/files/leaders_summit_deloitte_ research.pdf>.

DELOITTE (2012b), *Technology, Media & Telecommunications Predictions 2012*, disponível em <https://www2.deloitte.com/content/dam/Deloitte/global/ Documents/Technology-Media-Telecommunications/dttl_TMT_Techno logy%20Predictions%202012.pdf>.

DELOITTE (2012c), *Transforming Retail: How to Improve Performance with Mobile and Digital Innovations.*

DEUZE, M. (2011, 1ª edição), *Media Work*, Cambridge, Polity.

DOCTOR, K. (2014), *The Newsonomics of NYT Now*, Nieman Lab, disponível em <http://www.niemanlab.org/2014/03/the-newsonomics-of-nyt-now/>.

DUTTA, S., BEÑAT BILBAO-OSORIO (eds.) (2012), *The Global Information Technology Report 2012 – Living in a Hyperconnected World*, Insead, disponível em <http://www3.weforum.org/docs/Global_IT_Report_2012.pdf>.

DVIR-GVIRSMAN, S., YARIV TSFATI, ERICKA MENCHEN-TREVINO (2014). "The Extent and Nature of Ideological Selective Exposure Online: Combining Survey Responses with Actual Web Log Data from the 2013 Israeli Elections", em *New Media & Society*, USA, Sage.

EDWARDS, J. (2012a), *CHARTS: Why Audience Ratings Have Collapsed For Cable TV Shows*, Business Insider, disponível em <http://www.businessinsider.com/ charts-why-audience-ratings-have-collapsed-for-cable-tv-shows-2012-5#>.

BIBLIOGRAFIA

EDWARDS, J. (2012b), *UH OH: New Nielsen Data Suggest People Aren't Watching TV Anymore*, Business Insider, disponível em <http://www.businessinsider.com/uh-oh-new-nielsen-data-says-people-are-turning-away-from-tv-2012-6?>.

EPPS, S. R. (2009), *New Forrester Report: Consumers Weigh in on Paying for Content*, Forrester, disponível em <http://blogues.forrester.com/consumer_product_strategy/2009/11/new-forrester-report-consumers-weigh-in-on-paying-for-content.html>.

ERC – Entidade Reguladora para a Comunicação Social (2015), *Caracterização dos Principais Grupos Económicos da Comunicação Social*, disponível em <http://www.erc.pt/download/YToyOntzOjg6ImZpY2hlaXJvIjtzOjM4Oi-JtZWRpYS9lc3R1ZG9zL29iamVjdG9fb2ZmbGluZS82NS4xLnBkZiI7c-zo2OiJ0aXR1bG8iO3M6NTA6ImNhcmFjdGVyaXphY2FvLWRvcy1wcm-luY2lwYWlzLWdydXBlcy1lY29ub21pY29zLWRhIjt9/caracterizacao-dos-principais-grupos-economicos-da>.

ERC – Entidade Reguladora para a Comunicação Social (2014), *Novos Media – Sobre a Redefinição da Noção de Órgão de Comunicação Social*, disponível em <http://www.erc.pt/download/YToyOntzOjg6ImZpY2hlaXJvIjtzOjM5OiJtZWRpYS99maWNoZWlyb3Mvb2JqZWN0b19vZmZsaW5lLzE3NC5wZGYiO3M6N joidGl0dWxvIjtzOjUwOiJzb2JyZS1hLXJlZGVmaW5pY2FvLWRhLW5vY2FvLWRlLW9yZ2FvLWRlLWNvbXVuaWNhYyI7fQ==/sobre-a-redefinicao-da-nocao-de-orgao-de-comunicac>.

ERC – Entidade Reguladora para a Comunicação Social (2015), *Públicos e Consumos de Média*, Lisboa, ERC, disponível em <http://www.erc.pt/download/YToyOntzOjg6ImZpY2hlaXJvIjtzOjM4OiJtZWRpYS9lc3R1ZG9zL29ia mVjdG9fb2ZmbGluZS82OS4xLnBkZiI7czo2OiJ0aXR1bG8iO3M6MzU6I mVzdHVkby1wdWJsaWNvcy1lLWNvbnN1bW9zLWRlLW1lZGlhIjt9/estudo-publicos-e-consumos-de-media>

ERC – Entidade Reguladora para a Comunicação Social (2009), *Relatório de Regulação 2008*, Lisboa, ERC, disponível em <http://www.erc.pt/download/YToyOntzOjg6ImZpY2hlaXJvIjtzOjM4OiJtZWRpYS9lc3R1ZG9zL 29iamVjdG9fb2ZmbGluZS84NS4xLnBkZiI7czo2OiJ0aXR1bG8iO3O3 M6NDM6InJlbGF0b3Jpby1kZS1yZWd1bGFjYW8tMjAwOC12ZXJzY W8taW50ZWdyYWwiO30=/relatorio-de-regulacao-2008-versao-integral>.

ERC – Entidade Reguladora para a Comunicação Social (2010), *Relatório de Regulação 2009*, Lisboa, ERC, disponível em <http://www.erc.pt/download/YToyOntzOjg6ImZpY2hlaXJvIjtzOjM4OiJtZWRpYS9lc3R1ZG 9zL29iamVjdG9fb2ZmbGluZS84Ni41LnBkZiI7czo2OiJ0aXR

MODELOS DE NEGÓCIO E COMUNICAÇÃO SOCIAL

1bG8iO3M6NDM6InJlbGF0b3JpbylkZSlyZWdlbGFjYW8tMjAwOS12ZX JzYW8taW50ZWdyYWwiO30=/relatorio-de-regulacao-2009-versao-inte gral>.

ERC – Entidade Reguladora para a Comunicação Social (2011), *Relatório de Regulação 2010*, Vol. I e II, Lisboa, ERC, disponível em <http://www.erc.pt/ documentos/Relatorios/v1-erc-rr-2010/index.html> e <http://www.erc.pt/ documentos/Relatorios/v2-erc-rr-2010/index.html>.

ERC – Entidade Reguladora para a Comunicação Social (2012), *Relatório de Regulação 2011*, Vol. I e II, Lisboa, ERC, disponível em <http://www.erc.pt/ documentos/Relatorios/2011_v1-erc-rr/index.html#/1/> e <http://www.erc. pt/documentos/Relatorios/2011_v2-erc-rr/index.html>.

ERC – Entidade Reguladora para a Comunicação Social (2013), *Relatório de Regulação 2012*, Lisboa, ERC, disponível em <http://www.erc.pt/documen tos/Relatorios/ERC_Relatorio_de_Regulacao_2012_Vol1_WEB/index. html#/1/>.

ERC – Entidade Reguladora para a Comunicação Social (2014), *Relatório de Regulação 2013*, Vol. I e II, Lisboa, ERC, disponível em <http://www.erc.pt/ documentos/Relatorios/ERC_Relatorio_de_Regulacao_2013_Volume1/ index.html#/1/> e <http://www.erc.pt/documentos/Relatorios/ERC_Rela torio_de_Regulacao_2013_Volume2/index.html>.

ERC – Entidade Reguladora para a Comunicação Social (2015), *Relatório de Regulação 2014*, Lisboa, ERC, disponível em <http://www.erc.pt/ download/YToyOntzOjg6ImZpY2hlaXJvIjtzOjM4OiJtZWRpYS91 c3R1ZG9zL29iamVjdG9fb2ZmbGluZS83Mi4yLnBkZiI7czo2Oi J0aXR1bG8iO3M6NTA6InJlbGF0b3JpbylkZSlyZWdlbGFjYW8t MjAxNC12ZXJzYW8tc2VtLWVkaWNhby1ncmFmIjt9/relatorio-de regulacao-2014-versao-sem-edicao-graf>.

ERNST & YOUNG (2010), *Spotlight on Profitable Growth – Media and Entertainment.*

ESQUIRE (2009), *Behind the Scenes of Augmented Esquire*, disponível em <http://www.esquire.com/news-politics/news/g371/augmented-reality technology-110909/>.

FERNE, T. (2009), *Radio for the Facebook Generation*, Slideshare, disponível em <http://www.slideshare.net/tristanf/radio-for-the-facebook-generation>.

FIDLER, R. (1997), *Mediamorphosis: Understanding New Media*, Londres, Sage.

FILLOUX, F. (2012), *The Atlantic's Quartz: Interesting ... But Will it Make a Profit?*, The Guardian, disponível em <http://www.theguardian.com/media/ pda/2012/oct/01/the-atlantic-quartz>.

BIBLIOGRAFIA

FOLETTO, L. F. (2014), ""Hackear" o Jornalismo: Pistas para Entender o Jornalismo no Século XXI", em *Leituras do Jornalismo*, São Paulo, FAAC-UNESP.

FORUM 4 EDITORS (2009), *Personal Daily: Brand Niiu Day for the Printed Press*, disponível em <http://forum4editors.com/2009/10/a-brand-niuu-day-for-the-printed-newspapers-is-coming/>.

FOSTER, R. (2012), *News Plurality in a Digital World*, Reino Unido, Reuters Institute for the Study of Journalism.

FREEMAN, C., FRANCISCO LOUÇÃ (2001), *As Time Goes By: From the Industrial Revolutions to the Information Revolution*, Oxford, Oxford University Press.

FUCHS, C. (2014, 1ª edição), *Social Media: A Critical Introduction*, USA, Sage.

FUNABIKI, J., NANCY YOSHIHARA (s. d.), Online Journalism Enterprises : From Startup to Sustainability, Renaissance Journalism Center, disponível em <http://renjournalism.org/files/StartuptoSustainability.pdf>.

FUTURE MEDIA LAB (s. d.), *Business Models*, disponível em <http://www.future-medialab.info/tag/business-models/>.

GADA, K., GREG PORTELL (2012), *The Internet Economy: Six Pense and None the Richer*, A.T. Kearney, disponível em <https://www.atkearney.com/documents/10192/345598/Sales_FO_May12.pdf/d3019b59-521f-42a6-8bc7-e7fd7301c24c>.

GERVET, E., MATTHIEU DE CHANVILLE (2012), *Does Advertising Still Need Television?*, A.T.Kearney, disponível em <https://www.atkearney.com/documents/10192/394923/Does_Advertising_Still_Need_Television.pdf/40af595e-7e07-448b-a87f-bfd636f1a892>.

GITELMAN, L. (2006), *Always Already New: Media, History, and the Data of Culture*, California, MIT Press.

GOODMAN, E. (2010), *Reactions to Rumours that the New York Times' Paywall is Coming Soon*, World Association of Newspapers and News Publishers, disponível em <http://www.editorsweblog.org/newspaper/2010/01/reactions_to_rumours_that_the_new_york_t.php>.

GRANOVETTER, M. (1983), "The Strength of Weak Ties: A Network Theory Revisited", em *Sociological Theory*, USA, Sage.

GREENSTEIN, H. (2010), *Why Feedback and Filters are Necessary in Social Media*, Mashable, disponível em <http://mashable.com/2010/06/20/feedback-filters-social-media>.

GREG (2013), *5 New Principles of Strategy for the Digital Age*, Digital Tonto, disponível em <http://www.digitaltonto.com/2013/5-new-principles-of-strategy-for-the-digital-age/>.

GRUESKIN, B., AVA SEAVE, LUCAS GRAVES (2011, 1ª edição). *The Story so Far*, New York, Columbia University Press.

HALL, J. (2001, 1ª edição), *Online Journalism*, London, Pluto Press.

HAMPTON, K., *et al.* (2014), *Social Media and the 'Spiral of Silence'*, Pew Research Center, disponível em <http://www.pewinternet.org/2014/08/26/social-media-and-the-spiral-of-silence/>.

HARKER, R. (2010a), *Is Jelli the Future of Radio?*, Radio Insights, disponível em <http://harkerresearch.typepad.com/radioinsights/2010/06/is-jelli-the--future-of-radio.html>.

HARKER, R. (2010b), *Is Pandora Musak for the 21ˢᵗ Century?*, Radio Insights, disponível em <http://harkerresearch.typepad.com/radioinsights/2010/05/is-pandora-musak-for-the-21st-century.html>.

HENG, S. (2012a), *Media Consumption: A Mere Taste of the Actual State of Change*, Deutsche Bank Research, disponível em <http://www.dbresearch.in/servlet/reweb2.ReWEB?document=PROD0000000000291210&rwnode=DBR_INTERNET_EN-PROD$CITIES&rwobj=ReDisplay.Start.class&rwsite=DBR_INTERNET_EN-PROD>.

HENG, S. (2012b), *Telecommunications: Volume Rising, Turnover Falling*, Deutsche Bank Research, disponível em <https://www.dbresearch.com/PROD/DBR_INTERNET_EN-PROD/PROD0000000000298161/Telecommunications%3A+Volume+rising,+turnover+fallin.PDF>.

HILBERT, M., PRISCILA LÓPEZ, (2011), "The World's Technological Capacity to Store, Communicate, and Compute Information", em *Science*, Vol. 332, pp. 60-65.

HOWARD, S. (2010), *Building Relationships – That are Meaningful*, Slideshare, disponível em <http://www.slideshare.net/AndrewDewey/building-relationships-scott-howard-scloho>.

HUBER, C. (2009), *Nick Bilton Describes Emerging NYT Technology*, World Association of Newspapers and News Publishers, disponível em <http://www.editorsweblog.org/multimedia/2009/03/nick_bilton_describes_emerging_nyt_techn.php>.

IZEA (s. d.), *Creator Plans*, disponível em <http://corp.izea.com/creators/creator-plans/>.

JARVIS, J. (2014), *Geeks Bearing Gifts: Imagining New Futures for News* (no prelo).

JEBRIL, N. (2013), *Is Watchdog Journalism Satisfactory Journalism? A Cross-national Study of Public Satisfaction with Political Coverage*, Reino Unido, Reuters Institute For The Study Of Journalism.

BIBLIOGRAFIA

JEFFORD-BAKER, M. (2010), *Radio in the Mobile: Golden Opportunities*, Radiodays Europe, disponível em <http://gamle.radiodayseurope.com/sites/default/files/mediafiles/webpres_Mark_Jefford-Baker_(Radio_in_the_Mobile).pdf>.

JENKINS, H. (2006, 1ª edição), *Convergence Culture: Where Old and New Media Collide*, New York, New York University Press.

JOHNSON, B. (2009), *Murdoch Could Block Google Searches Entirely*, The Guardian, disponível em <http://www.guardian.co.uk/media/2009/nov/09/murdoch-google>.

JOHNSON, M. (2006), *The World: New Brule title – Monocle puts Print Back in Focus*, Brand Republic, disponível em <http://www.brandrepublic.com/news/606577/World-New-Brule-title-Monocle-puts-print-back-focus/?HAYILC=RELATED>.

KAFKA, P. (2009), *Condé Nast's Offering for Apple's Mystery Tablet: Wired Magazine*, All Things Digital, disponível em <http://mediamemo.allthingsd.com/20091118/conde-nasts-offering-for-apples-mystery-*tablet*-wired-magazine/>.

KOVACH, B. and TOM ROSENSTIEL (2001, 1ª edição), *The Elements of Journalism*, New York, Crown Publishers (Kindle e-book).

KPMG (2012), *Digital Dawn – The Metamorphosis Begins – FICCI-KPMG Indian Media and Entertainment Industry Report 2012*, disponível em <https://www.in.kpmg.com/securedata/ficci/Reports/FICCI-KPMG_Report_2012.pdf>.

KPMG (2013a), *Majority Of U.S. Consumers Watch TV And Access The Internet At The Same Time: KPMG International Survey*, disponível em <http://www.kpmg.com/us/en/issuesandinsights/articlespublications/press-releases/pages/majority-of-us-consumers-watch-tv-and-access-the-Internet-at-the-same-time-kpmg-international-survey.aspx>.

KPMG (2103b), *The Rise of the Digital Multi-tasker*, disponível em <https://www.kpmg.com/ES/es/ActualidadyNovedades/ArticulosyPublicaciones/Documents/Digital-Debate-2013.pdf>.

LARDINOIS, F. (2009), *80% of US Consumers Won't Pay for Online Content*, The New York Times, disponível em <http://www.nytimes.com/external/readwriteweb/2009/11/16/16readwriteweb-80-of-us-consumers-wont-pay-for-online-cont-76026.html>.

LEAHUL, D. (2008), *Monocle Magazine Launches Podcast*, Brand Republic, disponível em <http://www.brandrepublic.com/news/870496/Monocle-magazine-launches-*podcast*/?HAYILC=RELATED>.

LUNDEN, I. (2010), *More European Newspapers Put Up Paywalls*, The Guardian, disponível em <http://www.guardian.co.uk/media/pda/2010/feb/08/european-newspapers-paywalls>.

MAGNO, C. (1998), *O poder visto do Porto e o Porto visto do poder*, Porto, Dividendo Ed..

MAHONEY, E. (2011), *Radio Head: Cool and Sexy Online Output*, The Guardian, disponível em <http://www.guardian.co.uk/tv-and-radio/tvandradioblog/2011/dec/27/cool-sexy-online-output-radio>.

MANOVICH, L. (2001), *The Language of New Media*, Massachusetts, The MIT Press.

MARKTEST (s. d.), *Anuário de Media & Publicidade 2013*.

MARSHALL, C., FRANCESCO VENTURINI (2011), *The Future of Broadcasting, a New Storm is Brewing*, Accenture, disponível em <http://storage03.brainsonic.com/webtv/accenture/contents/pdf/2011_The_future_of_broadcasting_a_new_storm_is_brewing.pdf>.

MASNICK, M. (2004), *Spread the News! Oh Wait, We Can't...*, Techdirt, disponível em <http://www.techdirt.com/articles/20041011/1749243.shtml>.

MASNICK, M. (2010a), *After Three Months, Newsday's Grand Paywall Experiment has 35 Paying Customers. Yes, 35.*, Techdirt, disponível em <http://techdirt.com/articles/20100126/1515217905.shtml>.

MASNICK, M. (2010b), *Fox News Sued for Copyright Infringement; Complaint Mocks Murdoch's Comments on 'Stealing' Content*, Techdirt, disponível em <http://techdirt.com/articles/20100108/1446417680.shtml>.

MATUSZAK, G., TOM LAMOUREUX (2012), *Mobilizing Innovation: The Changing Landscapes of Disruptive Technologies*, KPMG, disponível em <https://www.kpmg.com/US/en/IssuesAndInsights/ArticlesPublications/Documents/mobilizing-innovation-evolving-landscape-of-disruptive-technologies.pdf>.

MCCABE, M. (2011), *Rolex, J Crew and Krug Back Monocle's Expansion in Radio*, Media Week, disponível em <http://www.mediaweek.co.uk/article/1099032/rolex-j-crew-krug-back-monocles-expansion-radio>.

MCCHESNEY, R. (2014, 1ª edição), *Digital Disconnect*, New York, The New Press.

MCCONNELL, C. (2013), *10 Music Services You May Not Know About — But Should*, Read Write, disponível em <http://readwrite.com/2013/07/01/10-music-services-you-may-not-know-about-but-should#awesm=~oqzROShtIawRQA>.

MCGEVERAN, T. (2008), *The New Media Religion: 'Platform Agnostic'*, Observer, disponível em <http://observer.com/2008/08/the-new-media-religion-platform-agnostic/>.

MORENO, J. (2013), "Do Analógico ao Digital: Como a Digitalização Afeta a Produção, Distribuição e Consumo de Informação, Conhecimento e Cultura na Sociedade em Rede", em *Observatório (OBS*)*, Vol. 7, disponível em <http://www.scielo.mec.pt/pdf/obs/v7n4/v7n4a06.pdf>.

MORENO, J. (2014), "O Valor Económico e Social da Informação no Quadro da Sociedade em Rede", em *Observatório (OBS*)*, Vol. 9, disponível em <http://obs.obercom.pt/index.php/obs/article/viewFile/801/709>.

MENESES, J. P. (2010), "A Rádio em Crise antes da Crise Provocada pela Internet", em *Observatório (OBS*)*, disponível em <http://www.obs.obercom.pt/index.php/obs/article/view/334/320>.

MRM (2013) *Dave Ramsey on the Future of Radio's Business Model*, disponível em <http://www.markramseymedia.com/2013/01/dave-ramsey-on-the-future-of-radios-business-model/>.

NEALY, B. (2009), *Customizes 'Niiu' Newspaper Launched*, Deutsche Welle, disponível em <http://www.dw-world.de/dw/article/0,,4899459,00.html>.

NEGROPONTE, N. (1996), *Being Digital*, New York, Vintage.

NEVES, M. (2013), *MONOCLE, De Título Editorial a Marca Global*, Lisboa, OberCom.

NEWMAN, N. (2011), *Mainstream Media and the Distribution of News in the Age of Social Discovery*, Reino Unido, Reuters Institute For The Study Of Journalism.

NEWMAN, N., DAVID LEVY (2014), *Reuters Institute Digital News Report 2014*, Reino Unido, Reuters Institute For The Study Of Journalism, disponível em <https://reutersinstitute.politics.ox.ac.uk/sites/default/files/Reuters%20Institute%20Digital%20News%20Report%202014.pdf>.

NEWSPAPER ASSOCIATION OF AMERICA (s. d.), *Trends & Numbers: Newspaper Revenue*, disponível em <http://www.naa.org/Trends-and-Numbers/Newspaper-Revenue.aspx>.

NICK BILTON (s. d.), *# of Links on the Homepage of 98 Top Websites*, disponível em <http://www.nickbilton.com/98/>.

NIELSEN (2013a), *Action Figures: How Second Screens are Transforming TV Viewing*, disponível em <http://www.nielsen.com/us/en/newswire/2013/action-figures-how-second-screens-are-transforming-tv-viewing.html>.

NIELSEN (2013b), *Extra Terrestrial: Consumers Still Tuning In To Traditional Radio Despite Out-of-This World Competition*, disponível em <http://www.nielsen.com/us/en/newswire/2013/extra-terrestrial-consumers-still-tuning-in-to-traditional-radio.html>.

MODELOS DE NEGÓCIO E COMUNICAÇÃO SOCIAL

NIELSEN (2013c), *Global AdView Pulse Lite – Your Connection to Global Advertising Trends, Quarter 1, 2013*, disponível em < http://www.momri.org/library/files/25.pdf>.

NIELSEN (2013d), *Radio Delivers – Fall 2013*, disponível em <http://www.nielsen.com/content/dam/corporate/us/en/reports-downloads/2013%20Reports/Radio-By-the-Numbers-Fall-2013.pdf>.

NIEMAN Lab (s. d.), Business Model, disponível em <www.niemanlab.org/tag/business-model>.

OBERCOM (s. d.), *Anuário da Comunicação 2007-2008*, disponível em <http://obercom.pt/client/?newsId=28&fileName=anuario_comunicacao_2007_2008.pdf>.

OBERCOM (2009), *A Sociedade em Rede em Portugal 2008 – Multitasking e Preferências de Media na Sociedade em Rede*, disponível em <http://obercom.pt/content/554.np3>.

OBERCOM (2010), *Barómetro da Comunicação*, disponível em <http://obercom.pt/client/?newsId=25&fileName=barometro_09_10.pdf>.

OBERCOM (2011), *Barómetro da Comunicação*, disponível em <http://obercom.pt/client/?newsId=25&fileName=barometro_comunic_11.pdf>.

OBERCOM (2012), *Barómetro da Comunicação*, disponível em <http://obercom.pt/client/?newsId=25&fileName=barometro8.pdf>.

OBERCOM (2013), *Barómetro da Comunicação*, disponível em <http://obercom.pt/client/?newsId=25&fileName=barometro2013.pdf>.

OBERCOM (2014), *Barómetro da Comunicação*, disponível em <http://obercom.pt/client/?newsId=25&fileName=barometro_2014.pdf>.

OFCOM (s. d.), *Facts & Figures*, disponível em <http://media.ofcom.org.uk/facts/>.

OFCOM (2013a), *Communications Market Report 2013*, disponível em <http://stakeholders.ofcom.org.uk/binaries/research/cmr/cmr13/2013_UK_CMR.pdf>.

OFCOM (2013b), *The Communications Market: Digital Radio Report*, disponível em <http://stakeholders.ofcom.org.uk/binaries/research/radio-research/drr-13/2013_DRR.pdf>.

OLIVER, W. (2012), *Painting the Bigger Picture: An Industry Being Reshaped – The State of the Telecommunications, Media & Technology Industry 2012*, disponível em <http://www.oliverwyman.com/content/dam/oliver-wyman/global/en/files/archive/2012/OW_Comms_Media_Tech_SOI_2012.pdf>.

BIBLIOGRAFIA

Ostrow, A. (2009a), *Facebook's 2010 Revenue Estimated at $710 Million*, Mashable, disponível em <http://mashable.com/2009/12/07/facebook-2010-revenue>.

Ostrow, A. (2009b), *Social Media Marketing Spend to Hit $3.1 Billion by 2014*, Mashable, disponível em <http://mashable.com/2009/07/08/social-media-marketing-growth/>.

Ostrow, A. (2010), *Behind The Internet TV Revolution*, Forbes, disponível em <http://www.forbes.com/2010/10/14/yahoo-boxee-roku-technology-internet-tv.html>.

Ovide, S. (2009), *Esquire Flirts with Digital Reality*, The Wall Street Journal, disponível em <http://online.wsj.com/article/SB10001424052748704222704574 501122991439500.html?mod=WSJ_hpp_MIDDLENexttoWhatsNewsTop>.

Pariser, E. (2011, 1ª edição), *The Filter Bubble*, New York, Penguin Press.

Pascu, C., David Osimo, Martin Ulbrich, Geomina Turlea, Jean-Claude Burgelman (2007), "The Potential Disruptive Impact of Internet 2 Based Technologies", em *First Monday*, Vol. 12, disponível em <http://firstmonday.org/article/view/1630/1545>.

Pavlik, J. (2001, 1ª edição), *Journalism and New Media*, New York, Columbia University Press.

Pettitt, T. (2014), *Closing the Journalism Parenthesis: News Mediation in a Post-Gutenberg Environment*, disponível em <https://www.academia.edu/4945533/Closing_the_Journalism_Parenthesis_News_Mediation_in_a_Post-Gutenberg_Environment>.

Peoples, G. (2013), *Business Matters: Spotify's 2012 Revenues More Than Double, Net Losses Increase Indicating Workable Business Model*, Billboard, disponível em <http://www.billboard.com/biz/articles/news/digital-and-mobile/5337666/business-matters-spotifys-2012-revenues-more-than>.

Pérez-Peña, R. (2009), *About Half in U.S. Would Pay for Online News, Study Finds*, The New York Times, disponível em <http://www.nytimes.com/2009/11/16/business/media/16paywall.html?_r=1&scp=1&sq=pay%2048%&st=cse>.

Pereira, M., *Monocle Magazine: A Case Study in the Fusion of Technology and Traditional Publishing*, disponível em <http://www.ebookbotics.com/2010/10/monocle-magazine-case-study-fusion-technology-traditional-publishing/>.

Pew Research Center (2012), *In Changing News Landscape, Even Television is Vulnerable*, disponível em <http://www.people-press.org/2012/09/27/in-changing-news-landscape-even-television-is-vulnerable/>.

MODELOS DE NEGÓCIO E COMUNICAÇÃO SOCIAL

PEW RESEARCH CENTER (2013), *The State of the News Media 2013 – An Annual Report on American Journalism*, disponível em <http://stateofthemedia.org/2013/audio-digital-drives-listener-experience/audio-by-the-numbers/>.

PFANNER, E. (2009), *Publisher Lays Out Plan to Save Newspapers*, The New York Times, disponível em <http://www.nytimes.com/2009/12/07/business/media/07iht-springer07.html?_r=2&ref=media>.

PICARD, R. (2010, 1ª edição), *Value Creation and the Future of News Organizations*, Lisbon, Media XXI.

PIGGOTT, N. (2008), *The Hidden Value of Local Radio*, Blogging Nick Piggott, disponível em <http://nick.piggott.eu/blog/2008/03/22/the-hidden-value-of-local-radio/>.

PIGGOTT, N. (2009a), *Is the Money in the Meta-Data?*, Blogging Nick Piggott, disponível em <https://nick.piggott.eu/blog/2009/10/24/is-the-money-in-the-meta-data/>.

PIGGOTT, N. (2009b), *The Future of Radio – Is Curation...*, Blogging Nick Piggott, disponível em <https://nick.piggott.eu/blog/2009/11/02/the-future-of-radio-is-curation/>.

PLAMBECK, J. (2010), *With All it Considers, NPR Music is Growing*, The New York Times, disponível em <http://www.nytimes.com/2010/06/24/arts/television/24npr.html?ref=media>.

POLIS (2013), *New Narratives for the Digital Age (Polis Summer School Guest Blog) #PolisSS*, The London School of Economics and Political Science, disponível em <http://blogs.lse.ac.uk/polis/2013/07/14/new-narratives-for-the-digital-age-polis-summer-school-guest-blog-polisss/>.

PORTELL, G. (2012), *Cuts and Bruises: What We are Learning From the Pay TV Wars*, A.T. Kearney, disponível em <http://www.cmo.com/articles/2012/7/26/cuts-and-bruises-what-we-are-learning-from-the-pay-tv-wars.html>.

PQ MEDIA (2010), *Social Media Sponsorships Forecast 2010-2014*, disponível em <http://corp.izea.com//wp-content/uploads/2010/09/PQ-Media-Social-Media-Sponsorships-Forecast-IZEA-MASTER-05.28.10.pdf>.

PRATA, N. (2008), *Webradio: Novos Gêneros, Novas Formas de Interação*, disponível em <http://www.intercom.org.br/papers/nacionais/2008/resumos/R3-0415-3.pdf>.

PUOPOLO, SCOTT, *et al.* (2011), *The Future of Television: Sweeping Change at Breakneck Speed. 10 Reasons You Won't Recognize Your Television in the Not Too Distant Future*, Cisco Point of View, disponível em <http://www.cisco.com/web/about/ac79/docs/sp/10_Reasons_Future_of_TV_IBSG.pdf>.

PwC – PricewaterhouseCoopers (2009), *Moving into Multiple Business Models. Outlook for Newspaper Publishing in the Digital Age*, disponível em <https://www.google.pt/url?sa=t&rct=j&q=&esrc=s&source=web&cd=1&ved=0CB8QFjAAahUKEwi2tbfvwNrGAhWC8RQKHcYVB_g&url=https%3A%2F%2Fwikileaks.org%2Fgifiles%2Fattach%2F109%2F109284_NewsPaperOutlook2009.pdf&ei=-PCkVbbZJoLjU8arnMAP&usg=AFQjCNG8OXxdF6MG66TUZlHuLaMIr_1Hhw&bvm=bv.97653015,d.d24&cad=rja>.

PwC – PricewaterhouseCoopers (2011), *Pwc Global Entertainment and Media Outlook 2011-2015*.

PwC – PricewaterhouseCoopers (2012), *Pwc Global Entertainment and Media Outlook 2012-2016*.

RAINIE, L., KRISTEN PURCELL (2010), *The Economics of Online News*, Pew Research Center, disponível em <http://www.pewinternet.org/2010/03/15/the-economics-of-online-news/>.

RAMSEY, M. (2009), *Transforming Radios Business Model with Multiple Revenue Streams*, Slideshare, disponível em <http://www.slideshare.net/mramsey1/transforming-radios-business-model-with-multiple-revenue-streams>.

RAUCHFUSS, A., OLAF REHSE, JOACHIM STEPHAN (2010), *Lean Advantage in Media, Rethinking Operations and Building New Business Models*, The Boston Consulting Group, disponível em <http://www.bcg.pt/documents/file69205.pdf>.

REALLY PRACTICAL CONTENT (2009), *Is Monocle the Future of Publishing – and Content Marketing?*, disponível em <http://contentmarketing.hivefire.com/articles/423/is-monocle-the-future-of-publishing-and-content-ma/>.

REID, D., TANIA TEIXEIRA (2010), *Are People Ready to Pay for Online News?*, BBC News, disponível em <http://news.bbc.co.uk/2/hi/programmes/click_online/8537519.stm>.

RITZER, G., NATHAN JURGENSON (2010), "Production, Consumption, Prosumption. The nature of capitalism in the age of the digital 'prosumer'", em *Journal of Consumer Culture*, Vol. 10, Sage.

ROLAND BERGER STRATEGY CONSULTANTS (2012a), *Casual Games are for Everyone and Everywhere*, disponível em <http://www.rolandberger.com/media/pdf/Roland_Berger_taC_Casual_Gaming_20120928.pdf>.

ROLAND BERGER STRATEGY CONSULTANTS (2012b), *Changing the Game*, disponível em <https://www.rolandberger.com/media/pdf/Roland_Berger_taC_Changing_the_game_with_social_media_20101002.pdf>.

ROSEIRA, L., SOARES, T. M. (Org.), (2013), "Regular e gerir a mudança em contexto mediático", Síntese V Conferência Anual da Entidade Regula-

dora para a Comunicação Social. <http://www.erc.pt/download/YToyOntz
Ojg6ImZpY2hlaXJvIjtzOjM5OiJtZWRpYS9maWNoZWlyb3Mvb2JqcZ
WN0b19vZmZsaW5lLzEzNC5wZGYiO3M6NjoidGl0dWxvIjtzOjE3OiJ
zaW50ZXNlY29uY2x1c2l2YSI7fQ==/sinteseconclusiva>

ROSEN, J. (2008), *A Most Useful Definition of Citizen Journalism*, Press Think, disponível em <http://archive.pressthink.org/2008/07/14/a_most_useful_d.html>.

ROSENBERG, S. (2009), *Memories of a Paywall Pioneer*, The Guardian, disponível em <http://www.guardian.co.uk/media/2009/dec/03/memories-paywall-pioneer>.

ROSENSTIEL, T., MARK JURKOWITZ, HONG JI (2012), *The Search for a New Business Model*, Pew Research Center, disponível em <www.journalism.org/2012/03/05/search-new-business-model>.

ROTH, D. (2010), *The Future of Money: It's Flexible, Frictionless and (Almost) Free*, Wired, disponível em <http://www.wired.com/magazine/2010/02/ff_futureofmoney/>.

SAMBROOK, R. (2012), *Delivering Trust: Impartiality and Objectivity in the Digital Age*, Reuters Institute For The Study Of Journalism, disponível em <https://reutersinstitute.politics.ox.ac.uk/sites/default/files/Delivering%20Trust%20Impartiality%20and%20Objectivity%20in%20a%20Digital%20Age.pdf>.

SAWERS, P. (2013), *The Future of Radio*, The Next Web, disponível em <http://thenextweb.com/insider/2013/11/27/the-future-of-radio/#!p0mRF>.

SCHMIDT, E. (2009), *How Google can Help Newspapers*, The Wall Street Journal, disponível em <http://online.wsj.com/article/SB10001424052748704107104574569570797550520.html>.

SCHONFELD, E. (2009), *Murdoch Warns that Without eTablets, "Newspapers Will Go Out of Business."*, TechCrunch, disponível em <http://www.techcrunch.com/2009/11/17/murdoch-*tablets*-newspapers>.

SHARMA, A., ALEXANDRA CHENEY (2013), *Netflix Makes Some History With Showing at Emmys*, The Wall Street Journal, disponível em <http://online.wsj.com/news/articles/SB1000142405270230375960457909206150556052 6>.

SHERMAN, G. (2010), *New York Times Ready to Charge Online Readers*, New York Magazine, disponível em <http://nymag.com/daily/intel/2010/01/new_york_times_set_to_mimic_ws.html>.

BIBLIOGRAFIA

SHIRKY, C. (2009), *Why I Ignore All "5 Year Plans": 5 Years Ago, YouTube and Twitter didn't Exist, and Facebook was Only for College Kids*, Twitter, disponível em <http://twitter.com/cshirky/statuses/4945196958>.

SILVERSTONE, R. (2007), *Media and Morality: On the Rise of Mediapolis*, Cambridge, Polity Press.

SINGER, J., GREG PORTELL, LISA TAN, KIMBERLY CAPP (s. d.), *Long Live the Reader. Breaking Magazines' Dependence on Advertising*, A.T. Kearney, disponível em <https://www.atkearney.com/documents/10192/524844/Long_Live_the_ Reader.pdf/e0b03ad7-c42c-45ab-b11b-2ff9de6bde49>.

SIRKKUNEN, E., CLARE COOK, (eds.) (2012), *Chasing Sustainability on the Net*, Tampere, Comet, disponível em <https://tampub.uta.fi/bitstream/handle/ 10024/66378/chasing_sustainability_on_the_net_2012.pdf?sequence=1>.

SOARES, T. M. (Org.), (2010), "Por uma Cultura de Regulação – Média e Cidadania: Velhas e Novas Questões", Síntese IV Conferência Anual da Entidade Reguladora para a Comunicação Social. <http://www.erc.pt/docu mentos/VersaoFinalsiteSinteseConclusivaIVConferenciaAnualdaERC.pdf >(18/10/2010)

SOARES, T. M., GONÇALVES, T. (Org.), (2009), "A comunicação social num contexto de crise e mudança de paradigma", Síntese III Conferência Anual da Entidade Reguladora para a Comunicação Social. <http://www.erc.pt/docu mentos/Conf_09/SinteseConclusiva.pdf> (21/10/2009)

SOARES, T. M. (2006), Cibermedi@: Os Meios de Comunicação Social Portugueses Online, Lisboa: Escolar Editora.

STARRETT, C. (2009), *App Store: 500 Million Downloads, 15,000 Apps*, iLounge, disponível em <http://www.ilounge.com/index.php/news/comments/ *app*-store-500-million-downloads-15000-*apps*/>.

STELTER, B. (2011), *News Corporations Sells MySpace for $35 Million*, The New York Times, disponível em <http://mediadecoder.blogs.nytimes.com/2011/06/29/ news-corp-sells-myspace-to-specific-media-for-35-million/>.

SUNSTEIN, C. (2007, 1ª edição), *Republic.com 2.0*, Princeton, Princeton University Press.

SWEETING, P. (2012), *Will Web Radio Become More a Feature Than a Business?*, Gigaom Research, disponível em <http://research.gigaom.com/2012/10/ will-web-radio-become-more-a-feature-than-a-business/>.

SZALAI, G. (2010), *Online Viewers Still Loving Regular TV, Poll Shows*, Reuters, disponível em <http://www.reuters.com/article/idUSTRE6AE0OF20101115>.

MODELOS DE NEGÓCIO E COMUNICAÇÃO SOCIAL

Taga, K., Clemens Schwaiger (2012), *Over-the-top Video – "First to Scale Wins". Does this Mean the Return of National Heroes?*, Arthur D. Little, disponível em <http://www.adlittle.com/downloads/tx_adlreports/TIME_2012_OTT_Video_v2.pdf>.

The Economist (2009a), *Network Effects*, disponível em <http://www.economist.com/businessfinance/displaystory.cfm?story_id=15108618>.

The Economist (2009b), *Now Pay Up. Charging for Newspapers Online*, disponível em <http://www.economist.com/node/14327327>.

The Economist (2009c), *Poor Circulation*, disponível em <http://www.economist.com/daily/chartgallery/displayStory.cfm?story_id=14739939&source=features_box4>.

The Economist (2010), *The Wiki Way*, disponível em <http://www.economist.com/node/17091709>.

The Economist (2014), *Media Firms are Making Big Bets on Online Video, still an Untested Medium*, disponível em <http://www.economist.com/news/business/21601558-media-firms-are-making-big-bets-online-video-still-untested-medium-newtube>.

The Futures Agency (2009), *The Future of Radio Broadcasting is Curation*, disponível em <http://www.mediafuturist.com/2009/03/the-future-of-radio-broadcasting-is-curation-.html>.

The Independent (2010), *Monocle: 'It's the Media Project that I've Always Wanted to do'. Tyler Brûlé tells Matthew Bell how his Magazine Turns a Profit, and why 'The Guardian' Hates him*, disponível em <http://www.independent.co.uk/news/media/press/monocle-its-the-media-project-that-ive-always-wanted-to-do-2040516.html>.

The Magaziner (2011), *Monocle on Bloomberg Debuts Tomorrow*, disponível em <http://themagaziner.com/2011/01/monocle-on-bloomberg-debuts-tomorrow/>.

Thompson, D. (2012), *What's Going to Kill the TV Business?*, The Atlantic, disponível em <http://www.theatlantic.com/business/archive/2012/11/whats-going-to-kill-the-tv-business/264949/>.

Thurman, N., M. Myllylahti (2009), "Taking the Paper out of News. A Case Study of Taloussanomat, Europe's First Online-only Newspaper", em *Journalism Studies*, disponível em <http://openaccess.city.ac.uk/59/2/thurman_myllylahti.pdf>.

BIBLIOGRAFIA

Titlow, J. P. (2012), *5 Companies That Will Define The Future Of Radio*, Read Write, disponível em <http://readwrite.com/2012/12/12/5-companies-that-will-define-the-future-of-radio#awesm=~oqth0Oz3zUVveF>.

Titlow, J. P. (2013a), *Google Just Launched A Grenade At Spotify – And It Just Might Work*, Read Write, disponível em <http://readwrite.com/2013/05/15/google-just-launched-a-grenade-at-spotify-and-it-just-might-work#awesm=~ompMGRWSP18tUz>.

Titlow, J. P. (2013b), *Looking For Radio's Future? Check The Car*, Read Write, disponível em <http://readwrite.com/2013/01/10/looking-for-radios-futu re-check-the-car#feed=/tag/radio&awesm=~ompiHoLUlIEgMW>.

Tschmuckis, P. (2013), *Is Streaming the Next Big Thing? The Business Models of Music Streaming Services*, Music Business Research, disponível em <http://musicbusinessresearch.wordpress.com/2013/06/17/is-streaming-the-next-big-thing-the-business-models-of-music-streaming-services/>.

Van der Haak, B., Michael Parks, Manuel Castells (2012), "The Future of Journalism: Networked Journalism", em *International Journal of Communication*, Vol. 6, disponível em <http://ijoc.org/index.php/ijoc/article/viewFile/1750/832>.

Van Dijk, J. (2006), *The Network Society. Social Aspects of New Media*, SAGE Publications, disponível em <http://m.friendfeed-media.com/7392e7f753694 35f86fd59e00cd043297ab2f8be>.

Van Grove, J. (2009), *Google's News Experiment Gets 24 More Publishers*, Mashable, disponível em <http://mashable.com/2009/12/16/google-fast-flip-additions>.

Varian, H. (2010), *Newspaper Economics: Online and Offline*, Google Public Policy Blog, disponível em <http://googlepublicpolicy.blogspot.pt/2010/03/news paper-economics-online-and-offline.html>.

Visual Economics (s. d.), *How the World Spends its Time Online*, disponível em <http://www.penn-olson.com/wp-content/uploads/2010/06/timespenton line.gif>.

Weiss, T. (2009), *TrendSpotting's 2010 Consumer Trends Influencers: Predictions in 140 Characters*, Slideshare, disponível em <http://www.slideshare.net/TrendsSpotting/trendsspottings-2010-consumer-trends-influencers-pre dictions-in-140-characters>.

White, M. A., Garry D. Bruton (2007), *The Management of Technology and Innovation. A Strategic Approach*, Mason, OH: Thomson/South-Western.

MODELOS DE NEGÓCIO E COMUNICAÇÃO SOCIAL

WHITNEY, L. (2010), *Poll: Most won't Pay to read Newspapers Online*, Cnet, disponível em <http://news.cnet.com/8301-1023_3-10433893-93.html>.

WILLS, A. (2014), *The Full New York Times Innovation Report*, Scribd, disponível em <http://pt.scribd.com/doc/224608514/The-Full-New-York-Times-Innovation-Report>.

WIRED (s. d.), Podcast *Storyboard Episode 30 – How to Watch Television*, disponível em <http://podbay.fm/show/329499352/e/1284552000?autostart=1>.

WORLD ECONOMIC FORUM (2007), *Digital Ecosystem Convergence Between IT, Telecoms, Media and Entertainment: Scenarios to 2015 – Executive Summary*, disponível em <http://www3.weforum.org/docs/WEF_DigitalEcosystem_Scenario2015_ExecutiveSummary_2010.pdf>.

WORLD'S FAIR USE DAY (2012), disponível em <http://worldsfairuseday.org>.

WORTHAM, J. (2013), *Rediscovering Radio Through Apps*, The New York Times, disponível em <http://bits.blogs.nytimes.com/2013/07/05/digital-diary-rediscovering-radio-through-apps/?_r=0>.

YOUTUBE (2008), 1981 *Primitive Internet Reporto on KRON*, disponível em <http://www.youtube.com/watch?v=5WCTn4FljUQ>.

YOUTUBE (2009a), *Sports Illustrated – Tablet Demo 1.5*, disponível em <http://www.youtube.com/watch?v=ntyXvLnxyXk>.

YOUTUBE (2009b), *The Economics of Abundance*, disponível em <http://www.youtube.com/watch?v=VuxMJ8lnYA4>.

YOUTUBE (2011), *Tyler Brûlé Monocle on Bloomberg*, disponível em <http://www.youtube.com/watch?v=5DHtWP7DjM8>.

ZYKOVA, A. (2010), *French News Sites to Launch Paywalls*, World Association of Newspapers and News Publishers, disponível em <http://www.sfnblog.com/financials/2010/01/french_newssites_offer_paywall.php>.

Sites consultados:

APCT <http://www.apct.pt/>
Bargain Babe <www.bargainbabe.com>
Beacon <www.beaconreader.com>
BuzzFeed <www.buzzfeed.com>
Chris Brogan <http://www.chrisbrogan.com>
Circa <www.circanews.com>
CitizenTube <http://www.youtube.com/user/citizentube>
Compare My Radio <http://comparemyradio.com>
Cox Media Group <www.coxmediagroup.com>

De Correspondent <www.decorrespondent.de>
Demotix <www.demotix.com>
Don't Make Me Steal <http://www.dontmakemesteal.com/>
Entidade Reguladora para a Comunicação Social <www.erc.pt>
Foursquare <https://pt.foursquare.com>
Gawker <www.gawker.com>
Harris Interactive (Nielsen) <http://www.harrisinteractive.com/>
Issuu <www.issuu.com>
Johanna Payton <www.johannapayton.co.uk>
La Repubblica <www.repubblica.it>
Longform <www.longform.org>
Marc Andreessen <http://blog.pmarca.com/>
Monocle <http://monocle.com/radio/>
Narratively <www.narrative.ly>
New Business Models for News Project <www.newsinnovation.com>
Newspaper Association of America <http://www.naa.org>
Personalize Media <http://www.individuatednews.com>
Piano Media <www.pianomedia.com>
Playground (Last.fm) <http://playground.last.fm/unwanted>
Pordata <http://www.pordata.pt/>
Portal Parados <www.portalparados.es>
ProPublica <www.propublica.org>
Público <www.publico.pt>
Radiocentre <http://www.rab.co.uk>
Storyful <www.storyful.com>
SuBMoJour – Sustainable Business Models for Journalism <http://www.submo-jour.net/>
SVBTLE <https://svbtle.com>
The Atlantic <www.theatlantic.com>
The Awl <www.theawl.com>
The Deck <www.decknetwork.net>
The Intercept <www.theintercept.com>
The New York Times <www.nyt.com>
The Onion <www.theonion.com>
The Texas Tribune <www.texastribune.com>
The Telegraph <www.telegraph.co.uk>
Tow-Knight Center for Entrepreneurial Journalism <http://towknight.org/>

MODELOS DE NEGÓCIO E COMUNICAÇÃO SOCIAL

Twitter <www.twitter.com>
Unesco <www.unesco.org>
Upworthy <www.upworthy.com>
Zinepal <http://www.zinepal.com>

AUTORES

CARDOSO, GUSTAVO (ORG.)
Doutorado em Sociologia e investigador, professor catedrático de Media e Sociedade e Diretor do Curso de Doutoramento em Ciências da Comunicação no ISCTE-IUL em Lisboa. É editor associado do Journal IJOC da USC Annenberg e Chair do painel de avaliação das Starting Grants do European Research Council. É investigador do do CIES-IUL, do CADIS na EHESS em Paris e Director do OberCom. Autor de várias publicações, destaca-se "O Poder de Mudar" e "Sociedade dos Ecrãs" (Tinta da China), "Aftermath" (Oxford University Press) e "Os Media na Sociedade em Rede" (Fundação Calouste Gulbenkian).

MAGNO, CARLOS (ORG.)
É jornalista e preside à ERC desde novembro de 2011. Licenciou-se na Escola Superior de Jornalismo. Especializado em Filosofia da Comunicação, é professor desta área no Instituto Superior de Comunicação Empresarial em Lisboa. Começou a fazer jornalismo na Rádio Universidade mas foi na RDP que se especializou em política. Foi Diretor-Adjunto de Informação da Antena 1 e Editor do Expresso no Porto durante dez anos. Fundou a TSF no Porto, onde foi Administrador e Diretor. Esteve também na Direção do Diário de Notícias e fundou a atual RTPI. Nos últimos anos fez comentário político na RTP e dois programas semanais na Antena 1.

SOARES, TÂNIA DE MORAIS (ORG.)
Mestre em Comunicação, Cultura e Tecnologias de Informação pelo ISCTE-IUL, Licenciada em Sociologia da Comunicação e Doutoranda em Sociologia. É Socióloga e Diretora do Departamento de Análise de Media da ERC. Repre-

MODELOS DE NEGÓCIO E COMUNICAÇÃO SOCIAL

sentante do secretariado permanente da Plataforma das Entidades Reguladoras da Comunicação Social dos Países e Territórios de Língua Portuguesa. Docente do Mestrado em Comunicação, Cultura e Tecnologias da Informação do ISCTE--IUL, desde 2004, onde leciona Políticas Europeias para os Media. Membro do International Working Group on Media Statistics do Instituto de Estatística da UNESCO. Foi investigadora no ISCTE-IUL e Membro do Comité de Peritos da Divisão de Media do Conselho da Europa. Lecionou na ESCS, no INP e no IPIA-GET. Conferencista e autora de publicações sobre novos media e televisão.

CRESPO, MIGUEL (ORG.)

Jornalista e especialista em comunicação digital, é doutorando em Ciências da Comunicação e mestre em Comunicação, Cultura e Tecnologias da Informação pelo ISCTE-IUL. É investigador assistente no CIES-IUL, coordenador operacional da Pós-Graduação em Jornalismo ISCTE-IUL/ Media Capital e assessor da direção e vogal do conselho técnico-pedagógico do Cenjor. É docente no ISCTE-IUL, na pós-graduação em Marketing Digital do IPAM e formador do Cenjor desde 2001. Foi jornalista em vários diários nacionais e diretor, diretor editorial e publisher de diversas revistas e projetos online. Recebeu uma dezena de distinções nacionais e internacionais com projetos online e multimédia.

CALADO, VANDA

Socióloga, Mestre em Comunicação, Cultura e Tecnologias da Informação pelo ISCTE-IUL. É analista de *media* na ERC desde 2006 e investigadora colaboradora do Centro de Investigação Media e Jornalismo. Formadora de cursos de SPSS e *Análise de Conteúdo Aplicada aos Media* no ISCTE-IUL. Foi investigadora do OberCom entre 2001 e 2006. Especialista na aplicação de técnicas de análise de conteúdo e de *softwares* de apoio, tem como áreas dominantes de investigação o jornalismo e a comunicação política. É autora e coautora de várias publicações na área dos estudos dos media e jornalismo.

FOÀ, CATERINA

Doutoranda e investigadora em Ciências da Comunicação no CIES -IUL com um projeto de pesquisa sobre desenvolvimento de novos modelos financiamento e marketing para media e industrias criativas no contexto digital, com particular referência às redes sociais e ao crowdfunding. Membro do grupo de trabalho português que integra o projeto europeu Crebiz.eu – business development laboratory study module for creative industries.

AUTORES

MARTINS, CARLA

Mestre e Licenciada em Filosofia, pela Faculdade de Letras de Coimbra, é Doutorada em Ciências da Comunicação pela FCSH. É docente na Licenciatura de Comunicação e Jornalismo e Ciências da Comunicação e da Cultura, e no Mestrado em Jornalismo, Política e História Contemporânea da Universidade. É Assessora (Gabinete da Presidente) na Assembleia da República. É investigadora do Departamento de Análise dos Media da ERC, do Centro Interdisciplinar de Estudos do Género e do Centro de Investigação Media e Jornalismo. É autora de "Mulheres, Liderança Política e Media" e "O Espaço Público em Hannah Arendt: O Político como Relação e Ação Comunicativa".

MENDONÇA, SANDRO

Doutorado pelo SPRU, University of Sussex com uma tese em economia e inovação. Professor na ISCTE Business School onde dirige a Licenciatura em Economia. Tem trabalhado sobre política pública e prospetiva estratégica. As suas publicações têm sido referenciadas por diversas organizações internacionais como a Comissão Europeia, o Senado dos Estados Unidos, a OCDE, a Organização Mundial de Propriedade Intelectual, entre outras. É membro da Comissão Executiva do OberCom e Gestor Científico do CYTED – Programa Ibero-Americano para a Ciência e Tecnologia.

MORENO, JOSÉ

José Moreno é licenciado em Comunicação Social pelo ISCSCP-UTL e mestre em Comunicação, Cultura e Tecnologias de Informação pelo ISCTE-IUL. Estuda as temáticas referentes às tecnologias de informação e comunicação digitais e suas implicações sociais e económicas, nomeadamente no que se refere aos modelos de negócio dos média. É Sub-director de Multimédia na Motorpress Lisboa, onde é responsável pelo desenvolvimento de novos produtos e serviços digitais para todas as revistas editadas pela empresa. É casado, pai de dois filhos e vive em Lisboa.

NEVES, MARTA

Doutoranda em Ciências da Comunicação (CIES- ISCTE/IUL), dedica-se à pesquisa das interacções de crianças e jovens com o mundo digital. Nos últimos três anos trabalhou como investigadora em vários projectos do CIES-ISCTE/IUL, como "Modelos de Negócio e Comunicação Social, Telcos, Legacy Media e Novos Media em Navegação Digital"; A Leitura Digital: Transformação do

MODELOS DE NEGÓCIO E COMUNICAÇÃO SOCIAL

Incentivo à Leitura e das Instituições do Livro" e ainda "Projecto Jornalismo e Sociedade". Foi colaboradora do OberCom, trabalhou na criação de conteúdos digitais, passou pela área da publicidade e pelo jornalismo. É mestre em Comunicação, Cultura e Tecnologias da Informação pelo ISCTE. É licenciada em Direito por Coimbra.

PAISANA, MIGUEL

Doutorando em Ciências da Cominicação no ISCTE-IUL, está a desenvolver investigação relacionada com as dinâmicas de mercado no sector da televisão. Licenciado em Sociologia e Planeamento pelo ISCTE-IUL em 2008, concluiu o Mestrado em Comunicação, Cultura e Tecnologias da Informação na mesma instituição, em 2011, com dissertação de mestrado na área da comunicação, território e despovoamento. Tem como principais áreas de interesse os sectores da televisão, rádio, imprensa e Internet. Colabora com o CIES -IUL e com o Ober-Com – Observatório da Comunicação desde abril de 2011.

QUINTANILHA, TIAGO LIMA

Doutorando em Ciências da Comunicação no ISCTE-IUL e licenciado em Sociologia pela mesma instituição. Investigador do Centro de Investigação e Estudos de Sociologia do ISCTE-IUL, desde 2010, e colaborador no Observatório da Comunicação desde 2009. Desenvolve trabalhos de investigação sobre os media e, em particular, nas áreas da imprensa e jornalismo. É *journal manager* da revista científica internacional OBS*Observatorio, desde 2010. Os seus interesses abrangem ainda questões relacionadas com o cinema.

VIEIRA, JORGE

Doutorado em Sociologia e mestre em Comunicação, Cultura e Tecnologias de Informação do ISCTE-IUL é Professor Auxiliar Convidado do Departamento de Sociologia da Escola de Sociologia e Políticas Públicas do ISCTE-IUL. Ensina e orienta nos programas de mestrado de Comunicação, Cultura e Tecnologias da Informação; Empreendedorismo e Estudos da Cultura, bem como na Licenciatura em Sociologia e Doutoramento em Ciências da Comunicação.Para além da docência desenvolve investigação no CIES-IUL e no OberCom. As principais áreas de interesses são os media, comunicação e cultura.

ÍNDICE GERAL

INTRODUÇÃO	9

1. MODELOS DE NEGÓCIO E COMUNICAÇÃO SOCIAL · 13

1.1. Fluxos de mudança, Modelos de Negócio e Comunicação Social	13
1.2. A força estratégica dos *Weak Signals*	16
1.3. "Telcos", *Legacy Media*, Novos *Media* e *Start-ups* Jornalísticas em navegação digital	22
1.4. Ventos e marés digitais que moldam o oceano digital de 2020	23
1.5. Portulano Digital 2020 para o desenho de modelos de negócio	28
1.6. As questões-chave para os cenários 2020	32
1.7. O Jornalismo em Rede	39

2. GERIR INCERTEZA · 43

2.1. Introdução	43
2.2. O contexto do sector: mais convergente, mais digital	46
2.3. Proprietários e Gestores de Grupos e Empresas de *Media* e Reguladores	52
2.3.1. Estado da comunicação social	52
2.3.2. Novas formas de ganhar dinheiro	56
2.3.3. Conceito de consumidor	59
2.3.4. Evolução do mercado nos próximos cinco anos	60
2.3.5. O projeto ideal	61
2.4. Diretores/Editores na área da Televisão	63
2.4.1. Estado da comunicação social	64
2.4.2. Novas formas de ganhar dinheiro	68
2.4.3. Evolução do mercado nos próximos cinco anos	71

MODELOS DE NEGÓCIO E COMUNICAÇÃO SOCIAL

2.4.4.	O papel do Regulador	72
2.4.5.	O projeto ideal	74
2.5.	Diretores de Jornais	77
2.5.1.	Estado da comunicação social	77
2.5.2.	Novas formas de ganhar dinheiro	82
2.5.3.	O leitor tipo	84
2.5.4.	O Papel do Regulador	87
2.5.5.	Evolução do mercado nos próximos cinco anos	90
2.5.6.	O projeto ideal	92
2.6.	Gestores da Indústria de Telecomunicações	94
2.6.1.	Estado da comunicação social	94
2.6.2.	Novas formas de ganhar dinheiro	97
2.6.3.	A natureza do negócio dos operadores de telecomunicações	98
2.6.4.	Evolução do mercado nos próximos cinco anos	101
2.6.5.	O projeto ideal	104
2.7.	Conclusões	106

3.	OS DESAFIOS DA SOCIEDADE EM REDE	113
3.1.	Introdução	113
3.2.	Transformações em curso	116
3.3.	Sociedade em Rede	117
3.4.	Do analógico ao digital	120
3.5.	As pessoas anteriormente conhecidas como "a audiência"	125
3.6.	*Mass-media* e Novos *Media*	127
3.7.	O valor económico e social da informação	129

4.	OS NOVOS JORNAIS	137
4.1.	Introdução: dez ideias para os "novos jornais"	137
4.1.1.	Os múltiplos percursos de mudança	140
4.2.	Enquadramento geral e internacional	145
4.3.	Modelos de negócio	151
4.4.	Inovação e produtos	159
4.5.	O *case study* The New York Times	164
4.6.	O *case study* Monocle	175

5.	RÁDIO, TENDÊNCIAS E PROSPETIVAS	189
5.1.	Introdução	189

5.2. Cartografando os caminhos da mudança	190
5.3. As adaptações da rádio ao seu contexto	191
5.4. Dinâmicas-chave do sector radiofónico	193
5.5. Novos projetos para novos modelos de negócio: do "ouvir rádio" à experiência áudio	195
5.5.1. Protagonistas e abordagens ao negócio	201
5.5.2. Novos modelos de rádio = negócios rentáveis?	208
5.5.3. Atividades radiofónicas: exemplos de modelo de negócio	214
5.5.4. Produção e difusão de conteúdos: os vários contextos da rádio	218
5.6. Conclusão	227
6. ECRÃS EM REDE: TELEVISÃO – TENDÊNCIAS E PROSPETIVAS	231
6.1. Introdução	231
6.2. Novas formas de ver televisão e modelos de negócio alternativos	234
6.2.1. O que está a mudar na caixa que mudou o Mundo?	234
6.2.2. A paisagem futura dos *media* e do entretenimento	244
6.2.3. Novos modelos de negócio	248
6.2.4. A Empresa de televisão do futuro: que perfil?	250
6.2.5. A face da televisão daqui a 20 anos	252
6.2.6. A centralidade e transversalidade da televisão	257
6.2.7. Da televisão para os múltiplos ecrãs	264
6.2.8. Cenários possíveis	266
6.2.9. O panorama global	271
6.2.10. Consumidores/Utilizadores	273
6.3. Conclusão	274
7. OS DESAFIOS DO JORNALISMO EM REDE	283
7.1. Introdução : o que é o jornalismo?	283
7.2. Os valores do jornalismo na era digital	285
7.3. As funções do jornalismo na era digital	295
7.4. As técnicas do jornalismo na era digital	304
7.5. O Jornalismo em rede	307
7.6. O que deve mudar no jornalismo?	311
7.6.1. O que deve mudar nas instituições jornalísticas?	312
7.6.2. O que deve mudar nos jornalistas?	315
7.7. Experiências de inovação em jornalismo digital	323
7.7.1. *Crowdsourcing* e conteúdos gerados pelos utilizadores	325

MODELOS DE NEGÓCIO E COMUNICAÇÃO SOCIAL

7.7.2.	Jornalismo independente	327
7.7.3.	Jornalismo de proximidade	329
7.7.4.	*Live blogging*	330
7.7.5.	Jornalismo visual	331
7.7.6.	Jornalismo de "ponto de vista"	331
7.7.7.	Jornalismo "virtual"	332
7.7.8.	Jornalismo de atualidade	333
7.7.9.	Jornalismo de formato longo	334
7.7.10.	Jornalismo explicativo	336
7.7.11.	Jornalismo de dados	336
7.7.12.	Jornalismo de agregação e curadoria	338
7.7.13.	Jornalismo "automático"	339
7.7.14.	Jornalismo global	340
7.8.	Conclusão: os problemas institucionais e económicos do jornalismo	342

8.	MODELOS DE MONETIZAÇÃO DO VALOR ECONÓMICO DA INFORMAÇÃO	355
8.1.	Introdução	355
8.2.	A Publicidade e as influências analógicas na estratégia digital	358
8.3.	As *paywalls* do analógico ao digital	365
8.4.	Os Modelos de Monetização	368
8.5.	*Storytelling-oriented business model* para público geral	371
8.6.	*Storytelling business model* para público específico	378
8.7.	*Service-oriented business model* para público geral	388
8.8.	*Service-oriented business model* para público específico	395

9.	ESTRATÉGIAS DE INOVAÇÃO INTERNA	401
9.1.	Introdução	401
9.2.	Do analógico ao digital: uma abordagem teórica	403
9.3.	O que está mudar na tecnologia dos *media*? Um diagnóstico	413
9.4.	Como pôr a tecnologia a trabalhar para si: um prognóstico	422
9.5.	Conclusão	430

10.	CENÁRIO, MODELOS E JORNALISMO	433
10.1	Jornalismo e valor económico e social da comunicação social	433
10.2.	Modelos de Monetização do valor económico da informação	442
10.3.	Cenários 2020 para os Modelos de Negócio na Comunicação Social	455

ÍNDICE GERAL

10.3.1.	Os pressupostos de construção dos cenários	455
10.3.2.	Os *stakeholders* atuantes e quatro cenários	456
10.3.3.	Um Portulano digital e quatro cenários	457
10.3.4.	Cenário 1: "Arribar e Corrigir Rota"	458
10.3.5.	Cenário 2: "Abordagem para Navegar"	459
10.3.6..	Cenário 3: "Navegação de Cabotagem"	460
10.3.7.	Cenário 4: "Navegação à Bolina"	461
10.3.8.	Cenários e probabilidade de sucesso 2020	462

11. BIBLIOGRAFIA   467